ポリティカル・サイエンス・クラシックス＊10

河野勝・真渕勝［監修］

通産省と日本の奇跡

産業政策の発展 1925-1975

MITI AND
THE JAPANESE MIRACLE:
The Growth of Industrial Policy, 1925-1975
Chalmers Johnson

チャルマーズ・ジョンソン

［訳］
佐々田博教

MITI AND THE JAPANESE MIRACLE:
The Growth of Industrial Policy, 1925-1975

by Chalmers A. Johnson

This translation is published by arrangement
with Stanford University Press, www.sup.org.
through The English Agency (Japan) Ltd.

ポリティカル・サイエンス・クラシックス　刊行にあたって

河野勝・真渕勝

クラシックスとは，時代が移り変わってもその価値を失うことのない一握りの作品に付与されるべき称号である。しかし，だからといって，クラシックスは古い時代につくられたものだけを意味するのではない。それまでの常識を打ち破ったり，まったく新しい手法や考え方を取り入れたりして，後世に名を残すことが運命付けられた作品は，どの分野においても，才能のある人々により不断に創造されている。それらは，人間の知識や感性に大きな変革をもたらし，われわれの活動のフロンティアを開拓し進歩させている。

本シリーズは，現代政治学に大きく貢献し，また将来にわたってもその発展に寄与し続けるであろうと思われる代表的な研究業績を，日本の読者に邦語で紹介することを目的として編纂された。ここで邦訳として刊行する書物は，それぞれ高く評価され，欧米の政治学徒が必須文献として読むものばかりである。日本では，政治学の「古典」というと，プラトンやアリストテレスらのギリシャ時代，あるいはルソーやマキャヴェリといった，せいぜい 18 から 19 世紀ぐらいまでの人々の著作を思い浮かべることが多く，その意味では，ここに集められたいくつかの業績は，「新古典」と呼ぶべきであるかもしれない。しかし，今日の政治学は，こうしたより新しい研究業績から得られる知見を正しく理解することなしには，学ぶことができない。

われわれ監修者二人は，日本の政治学において，海外で広く受け入れられている基礎的業績の紹介が遅れてきたことにずっと危機感をもってきた。本シリーズの出版社である勁草書房は，かつて 1960－70 年代の政治学における主要な外国文献を紹介する任を担ったが，それ以来，学術書の体系的な邦訳が待ち望まれていたところであった。そこで，われわれはおもに若手の政治学者を対象にしたアンケートを行い，英語で書かれた文献で，研究および教育の両方の観点から，翻訳があったらよいと思われる本を数冊ずつリストアップしてもらった。その中には，前々から望まれていたにもかかわらずなぜか翻訳されていなかった本や，すでに出ている邦訳が絶版だったりして手に入りにくい書物が含まれていた。それらを，日本政治，比較政治，国際政治，そして政治理論の四分野に分け，それぞれの分野で一冊ずつ，数期にわたって刊行することとして，本シリーズが実現したのである。

日本における政治学は，研究者の数や研究の層の厚さからいって，欧米の政治学にはるかに及ばない。このシリーズがきっかけとなり，初学者や一般の読者の中から，政治学へさらなる興味をもってくれる方々がひとりでも多くでてくれることをのぞんでいる。

*

チャルマーズ・ジョンソンの *MITI and the Japanese Miracle* は，日本政治研究に燦然と輝く，まぎれもない金字塔である。戦後日本の高度経済成長が，日本人の勤勉性などの文化要因や冷戦下でのアメリカの世界戦略といった外的要因ではなく，長期的及び国家的視点から通産省の官僚たちが練り上げた産業政策によってもたらされたという本書の主張は，日本の政策決定に関するいわゆる「官僚優位説」に実証的根拠を与えたばかりか，「発展指向型国家」という一般的枠組みのもとで，西欧や他のアジア諸国との国際比較の中で日本を位置づける画期的契機となった。この研究は，世界では日本政治を学ぶ者たちがテキストとして必ず授業で読む古典であるにもかかわらず，日本では旧訳が長らく絶版となっていた。ここに，現代日本の原点を見据える魅力あふれるモノグラフを，全面的に改訂した新訳でお届けする。

経済の生産性を高めるものは，経済や政府そのものではなく，それらの組織を運営している人々である。

ピーター・F. ドラッカー『乱気流時代の経営』

この研究分野の先駆者であった
ウィリアム・W. ロックウッド教授（1906-78）を
偲んで

はしがき

政治経済研究において最も古くそして最も基本的な研究対象は，政府機関と経済活動の関係であろう。自由貿易と重商主義，社会主義と資本主義，自由放任と社会目標設定，公的セクターと民間セクター，そして経済成長の過程に関する関心（自由）とその結果に関する関心（平等）などといった対立する概念は，現代政治分析の根幹を占めてきた。日本はこれらに関する議論において，非常に重要なモデルあるいは事例を提供してくれる。日本の戦後の経済的な成功は，前例のない経済成長をもたらし，日本を世界第2位の生産性を持った自由経済にした。日本は，現在存在する中で最も成功した政府主導の市場経済システムの例である。そして日本は，多くの発展途上国（または先進工業国）にとっての，手本のひとつになっている。

本書は，国家経済を主導する政府アクターとして，日本の経済官僚（なかでもとくに有名な通商産業省〔通産省〕の官僚）に注目する。こうした役割を果たしたのは通産省だけではなかったし，日本経済に対して政府がつねに支配的な力を持っていたわけでもないが，通産省が果たした役割について必要以上に控えめな評価は避けたいと思う。日本の経済成長のスピードや過程や結果について，通産省が行った貢献に言及することなしに，説明することはできない。政府と民間企業との協調体制が日本経済システムの特徴であるということは，よく知られている。しかし，この協調体制における政府の役割については，長いこと適切に分析されることがないまま，政府の傲慢な行為であるとして非難されたり，政府の役割は補助的なものにしか過ぎないとして過小評価されてきた。そのため本書は，経済成長における政府の役割を適切に分析することを目的としている。

通産省の歴史は，現代日本の経済史と政治史の根幹を占めている。また同様に重要なことは，日本の経済官僚の手法と業績が，共産主義における計画経済を支持する者と西側諸国の市場経済を支持する者との間の議論にも大きな影響を与えているということである。国家官僚によって完全に統制された計画経済は，資源の配分に失敗したり，技術革新を阻害したりすることが多い。またそうした国家の官僚らは，国民を鉄のカーテンのような壁で外部から隔離する必要がある。他方で，自由経済の国家においては，「英国病」のような状態を招いたり，アメリカのように複雑すぎる法体系に悩まされることなく，政治的に決定した国家の優先事項を市場システムに組み込むことは非常に困難である。もちろん，日本人がこうした問題に対して完全な答えを持っているというわけではない。しかし，20 世紀後半における深刻な問題（エネルギー供給，環境保護，技術革新など）への対策には，官僚機構の拡大がある程度必要であることを考慮すると，日本の政策課題や政策手段は非常に重要な教訓を与えてくれる。少なくとも，日本の成功が何の代償もなく得られたものではないということは知っておく必要があるだろう。

日本は後進開発国の典型的な事例であり，西欧の市場経済や共産主義の開発独裁システムや戦後の新興国とは，違った特徴を持っている。日本経済の最も重要な特徴は，経済における政府の役割の一端を民間企業が担っているということ，そして経済成長を達成するために市場をどのように動かせばよいかを公的セクターと民間セクターの両方が知っているということである。日本の成長パターンは，世界経済の歴史の中で最も成功した事例であるといえる。日本の成長戦略は，今日東アジアの新興工業国（台湾・韓国）や東南アジア諸国において導入されている。共産主義諸国にみられる国家によって完全に統制された計画経済よりも，日本の経済システムのほうがはるかに有効なものであるということは明白である。中国でさえも，毛沢東の死後は，資本主義発展指向型国家システムの有効性を理解するようになっている。

本研究は歴史的な分析を基本としているが，その理由については本書第 1 章において詳しく説明する。本研究の分析対象は，1925～75 年の期間である。それは産業政策を担当する官僚機関が正式に発足し，産業政策の主な政策課題が発生し，その対策が議論され，戦前から戦後にかけて組織的かつ人的な面で直接的な連続性が生じた期間という意味で，非常に重要な意味を持っている。通産省の歴史的な分析の序論として，本書第 1～2 章においては，産業政策そのものや政府における官僚主導体制に対する論争について詳述する。最終章においては，本書で取り上げたテーマのいくつかを総括し，日本の政治経済システムに関する分析モデルの構築を試みる。

また本研究における歴史分析を通じて，日本の官僚達が使用する言語にみられる概念・比喩・スローガンなどといったものも，明らかにしていくつもりである。日本語を話さない読者にとっては，本書に数多く挿入された日本語の用語はうっとうしく感じられるかもしれない。もしそうであれば，あらかじめお詫びしておきたい。しかし，日本の官僚が使う言語は比喩に富んでいて，曖昧なものが多い。日本について学び，日本語を習得した者は，筆者がどの用語について言及し，どのように翻訳したかを知りたいと思うだろう。日本の法令や組織の名称は，しばしば別の形で英訳されたりすることがある。同時に，日本に興味があるが，日本語の文献を読めない読者のために，〔原著では〕すべての用語・法令・著書名・組織名などは英訳したものを表記している。読者の中には，ローマ字で書かれた日本語の名字（たとえばNakamura，Naganuma，Nakayama，Nagayamaなど）の区別がつきにくいかもしれない。しかし，これについて筆者はお詫びしない。官僚機構と国家政策に関する研究の多くは，実際に起こった事象の詳細に触れることなく，抽象的な分析にとどまるものが多い。本書は，実在する官僚についての研究であり，彼らの名前に言及することは避けられない。

本研究を行うにあたっては，実に多くの人々や組織から支援を受けた。日本においては，とくに東京都立大学の升味準之輔教授と赤木須留喜教授に感謝したい。両教授には，資料探しを助けていただき，研究課題に関して議論をさせていただき，どういった題材が重要かといった点について有益な助言をいただいた。1978～79年にかけてカリフォルニア大学バークレー校に留学していた通産省の横川浩氏は，筆者が担当した日本政治のゼミにおいて多くの重要な貢献をしてくれた。過去の通産省の失われた資料を探す作業にあたっては，カリフォルニア大学バークレー校東アジア図書館のYutani Eiji氏，東京都目黒区の村田書店の村田司郎氏から多大なる力添えをいただいた。カリフォルニア大学バークレー校東アジア研究所日本研究センターは，本研究に対する研究助成や日本への渡航資金を提供し，筆者の研究アイディアに対する同僚研究者からのさまざまな助言や支援を受けるすばらしい環境を与えてくれた。本研究に着手した1972年から，筆者の研究助手としてサポートしてくれたカリフォルニア大学バークレー校の大学院生であるFujimoto Tetsuya，Yasuda Ryuji，Kawamoto Chizuko，Gotoda Teruo，Mikumo Akiko，Matsumoto Yoko，Chang Daljoongの各氏に感謝したい。またカリフォルニア州パームスプリング市のPauline D. Fox には，8 年間 *Los Angels Times* 紙の記事の切り抜き作成を担当してもらったことにお礼を述べたい。

そして，筆者の手書き原稿に校正を加えて，原稿のすべてをタイピングしてくれた Sheila K. Johnson に最大の謝意を表したい。

これらの方々から多大な支援を受けたが，本研究における通産省と昭和時代の日本の事実関係やその解釈に関する問題は，すべて筆者の責めに帰するものである。

バークレーにて　　　　　　　　　　　　　　　　　　C. J.

1980 年 12 月

ポリティカル・サイエンス・クラシックス 10

通産省と日本の奇跡

産業政策の発展 1925-1975

目　次

第1章　日本経済の「奇跡」

いわゆる日本経済の「奇跡」は，日本における通説では1962年に始まったとされている。イギリスの経済誌である*The Economist*の1962年9月1日版には，「日本についての考察」と題する長大な記事が掲載されている。この論文は後に単行本として出版され，その日本語訳も『驚くべき日本』（竹内書店，1963年）というタイトルで出版された。だが，このころまだ大多数の日本人は，日本の歴史上かつてないほどの経済成長率が達成されつつあるという事実に対して，疑いの目でみていた。当時日本の知識人や専門家らは，好景気がいつか行き詰まること，経済危機が訪れること，政府の政策の非合理性などに関連した警告的な記事ばかり書いていた[1]。日本人が，無責任な政府予算やオーバーローンや過剰な国内需要などに気をとられている一方で，*The Economist*誌は，需要拡大，高い生産性，比較的穏やかな労使関係，そして非常に高い貯蓄率などに注目した。そして戦後日本経済に対する称賛と，「奇跡」の原因究明が始まったのである。

まずは，この「奇跡」の詳細な説明から始めよう。表1は，1925年から1975年にかけての鉱工業生産指数の推移（1975年＝100と設定）を示しているが，ここからいくつかの興味深い点が見てとれる。まず，奇跡は実際には1962年の時点ではまだ始まったばかりで，当時の生産水準は75年の3分の1であった。日本の驚くべき経済成長の半分は，1966年以降に達成されたのである。また表1には，1954年・65年・74年の「不況」がはっきりと示されているが，この不況を契機として日本政府は，これまでとは違った創造的なイニシアティブをとるようになった。そしてこの表は，日本経済がこれらの逆境から力強く立ち直る能力を持っていたことを示している。さらに産業部門間の重点の移り変わりも見てとれる。たとえば，石炭が石油に代替されたことによる鉱業の衰退，そして日本では「重化学工業化」と呼ばれている繊維産業から機

表1　鉱工業生産指数（1926～78年）

（1975年＝100）

年次	産業総合	公益事業	鉱工業	鉱業	製造工業											
					総合	鉄鋼業	非鉄金属鉱業	金属鉱業	機械工業	窯業・土石	化学工業	石油・石炭・炭製品	パルプ・紙	繊維工業	木材・木製品	食料品
1926	—	2.5	—	54.5	—	1.5	4.0	—	—	—	1.5	0.7	4.9	17.4	—	—
1927	—	2.8	—	59.7	—	1.7	4.1	—	—	—	1.7	0.8	5.3	18.8	—	—
1928	—	3.3	—	62.0	—	2.0	4.6	—	—	—	1.8	1.0	5.8	18.1	—	—
1929	—	3.6	—	63.2	—	2.2	4.6	—	—	—	2.2	1.0	6.4	18.9	—	—
1930	5.5	3.9	5.8	62.0	5.3	2.1	4.8	—	1.4	8.4	2.5	1.0	5.5	21.8	15.8	21.0
1931	5.0	4.0	5.2	58.8	4.7	1.8	4.4	—	1.1	8.5	2.6	1.1	5.3	23.0	15.2	19.0
1932	5.3	4.3	5.5	60.0	5.0	2.3	4.9	—	1.0	9.2	3.2	1.2	5.3	24.9	16.0	20.8
1933	6.4	4.9	6.7	68.6	6.1	3.1	5.7	—	1.4	10.3	3.7	1.4	5.8	28.6	18.8	22.3
1934	6.9	5.3	7.2	75.1	6.5	3.7	5.6	—	1.4	10.0	4.3	1.7	5.4	31.5	24.0	22.5
1935	7.3	6.0	7.6	81.0	6.9	4.4	6.7	—	1.4	11.6	5.2	1.8	5.9	33.4	26.4	22.5
1936	8.2	6.5	8.6	89.6	7.8	4.9	7.4	—	1.7	12.0	6.2	2.1	7.0	35.8	27.6	23.0
1937	9.6	7.1	10.0	97.5	9.2	5.7	8.7	—	2.3	12.7	7.1	2.5	8.0	40.8	27.9	25.2
1938	9.9	7.7	10.3	103.8	9.4	6.5	9.1	—	2.5	13.5	8.1	2.7	7.2	33.6	27.5	25.5
1939	10.9	8.1	11.4	108.8	10.5	7.2	10.3	—	3.1	14.2	8.6	3.2	8.3	33.6	32.2	26.1
1940	11.4	8.3	12.0	116.7	11.0	7.3	10.1	—	3.8	14.7	8.5	3.4	8.3	30.4	26.8	22.7
1941	11.8	9.1	12.4	117.1	11.3	7.5	9.6	—	4.4	13.1	8.5	4.0	8.5	24.6	33.5	19.7
1942	11.5	9.1	12.0	114.4	11.0	7.9	10.9	—	4.5	10.8	7.1	4.0	6.7	19.5	31.7	17.5
1943	11.7	9.2	12.1	115.5	11.1	8.9	13.3	—	5.0	9.6	6.1	4.0	5.7	12.7	28.0	14.5
1944	11.9	9.0	12.4	105.1	11.4	8.3	14.7	—	5.8	7.5	5.7	3.2	3.3	6.8	24.8	11.9
1945	5.2	5.4	5.3	55.5	4.8	2.9	5.5	—	2.5	2.9	2.3	0.9	1.6	2.6	14.8	7.9
1946	2.3	6.9	2.2	40.9	1.8	1.0	2.9	—	0.8	3.1	1.4	0.4	1.7	4.3	22.7	7.0
1947	2.9	7.8	2.7	54.0	2.3	1.3	4.0	—	0.9	3.8	1.9	0.5	2.4	5.8	29.9	6.3
1948	3.8	8.5	3.6	66.2	3.0	2.1	5.5	—	1.4	5.8	2.5	0.8	3.5	6.6	34.7	7.7
1949	4.8	9.6	4.6	75.7	4.0	3.7	6.3	—	1.7	7.6	3.5	0.9	4.9	8.9	34.8	11.7
1950	5.9	10.3	5.7	80.0	5.1	5.1	7.3	—	1.8	9.0	4.7	1.7	6.7	12.6	36.5	13.1

1951	8.0	11.0	7.8	91.4	7.1	6.9	8.8	—	2.9	12.5	6.3	2.8	9.1	17.9	54.7	16.8
1952	8.6	11.9	8.4	94.4	7.7	7.1	9.3	—	3.0	13.0	6.9	3.6	10.4	20.3	58.2	17.2
1953	10.4	12.7	10.2	101.2	9.5	8.4	9.9	—	3.8	15.4	8.6	4.6	13.3	24.4	55.7	26.3
1954	11.2	13.5	11.1	97.5	10.4	8.8	11.5	—	4.3	17.5	9.8	5.4	14.5	26.5	54.6	28.5
1955	12.1	14.5	11.9	98.0	11.3	9.8	12.2	—	4.3	17.7	11.3	6.2	16.6	29.6	54.4	30.3
1956	14.9	16.7	14.6	108.3	13.9	12.0	14.7	—	6.2	21.5	13.6	8.0	19.2	35.2	60.8	32.0
1957	17.3	18.6	17.3	119.3	16.5	13.6	16.4	—	8.7	25.3	16.0	9.6	21.7	38.9	64.1	30.7
1958	17.4	19.7	17.3	115.7	16.6	12.8	16.0	15.6	9.3	23.9	16.0	10.0	21.3	34.8	61.8	35.6
1959	20.9	22.6	20.8	114.6	20.1	17.0	21.0	19.2	12.0	28.3	18.5	12.4	27.9	40.6	65.9	37.7
1960	26.0	26.5	25.9	125.2	25.3	22.4	27.8	24.4	16.5	25.7	22.3	15.8	33.6	47.9	73.2	39.9
1961	31.0	30.8	31.0	134.0	30.4	28.3	33.3	28.8	21.4	41.5	25.5	19.0	40.5	51.7	77.5	43.1
1962	33.5	32.9	33.6	137.0	32.9	28.3	32.5	30.3	24.0	45.3	29.2	21.4	43.4	54.5	79.3	46.6
1963	37.3	36.0	37.4	135.9	36.7	31.9	37.2	34.0	26.5	48.1	32.2	25.6	48.0	58.6	83.8	57.8
1964	43.2	40.6	43.3	137.1	42.6	39.7	45.6	39.6	32.3	55.5	36.6	30.3	54.5	64.8	88.9	62.7
1965	44.9	43.3	44.9	135.2	44.3	40.8	45.3	40.5	32.8	57.1	40.1	34.8	55.7	69.4	90.0	66.7
1966	50.7	47.6	50.8	143.1	50.2	47.2	51.0	48.0	38.1	62.2	45.3	40.0	62.5	76.4	95.4	73.1
1967	60.5	54.0	60.7	141.0	60.2	61.1	61.6	58.6	49.6	72.8	53.0	48.1	69.6	83.3	102.5	76.8
1968	69.7	59.6	70.1	142.1	69.6	68.4	74.3	71.0	61.5	81.4	62.6	56.9	76.9	88.4	107.0	78.7
1969	80.7	67.0	81.3	142.9	80.9	82.6	86.6	84.0	74.8	90.3	73.7	67.9	86.6	97.0	113.9	83.6
1970	91.8	75.9	92.5	139.2	92.2	94.2	93.8	96.9	87.7	101.0	86.8	79.8	98.2	105.2	118.7	89.9
1971	94.3	80.6	94.9	131.6	94.6	91.2	95.7	100.1	89.8	102.6	91.6	87.4	100.6	109.4	117.1	92.6
1972	101.1	87.4	101.8	121.9	101.6	98.7	108.4	111.0	87.3	109.5	97.2	91.5	106.7	110.8	120.7	97.8
1973	116.2	97.4	117.0	112.8	117.0	118.8	128.6	133.4	117.4	126.5	110.2	106.6	119.3	118.5	122.1	98.6
1974	111.7	97.3	112.3	105.8	112.4	116.9	112.6	123.0	116.2	117.0	109.9	104.4	113.7	106.1	109.1	97.5
1975	100.0	100.0	100.0	100.0	100.0	100.0	100.0	100.0	100.0	100.0	100.0	100.0	100.0	100.0	100.0	100.0
1976	111.0	108.5	111.1	100.0	111.2	109.5	119.3	116.8	113.7	110.4	111.5	102.7	113.3	108.4	106.8	101.1
1977	115.6	113.7	115.7	103.1	115.7	108.1	125.0	124.9	121.3	115.2	117.2	104.7	115.3	106.7	104.4	104.6
1978	122.7	119.9	122.8	105.9	123.0	110.1	135.0	134.9	131.5	121.0	131.0	104.0	120.8	107.7	107.0	106.1

出典：毎日新聞社編（1980）『昭和史辞典』毎日新聞社，457ページ。

械・金属産業への移行などである。

基準年次を少し変えて，たとえば1951～53年を100とすると，国民総生産指数は1934～36年が90，61～63年が248，71～73年が664となる，そして工業生産指数については34～36年が87，61～63年が400，71～73年が1350となる。これは第二次大戦後の1946年から76年までの間に，日本経済は55倍に拡大したことになる[2]。世界の表面積の0.3パーセント，世界人口の3パーセントしか持たない日本が，最近では世界の経済活動の10パーセントを占めるに至ったのである。これを「奇跡」と呼ぶか否かはともかく，研究に値する経済発展であることは確かである。

これに関してはすでに多くの先行研究が存在するが，それらを考察することは本研究の導入と筆者独自の見解を示すにあたって必要不可欠である。「奇跡」という言葉が頻繁に使われていることからもわかるように，日本に有利な条件が枯渇したり失われたりしても，その度に復活を繰り返してきた日本の経済成長を説明することは，容易なことではない。そして「奇跡」と呼べるのは，ただ単に1955年に始まった急速な経済成長に限ったものではない。すでに1937年には，若き日の有沢広巳（戦後の産業政策を構築した代表人物のひとり）は，1931～34年にかけての81.5パーセントの工業生産の伸びを説明するために「日本の奇跡」という言葉を使っている[3]。今日われわれは，この奇跡がなぜ起きたかという理由を知っている。それは当時の大蔵大臣・高橋是清の通貨膨張による赤字財政政策によるものであった。しかし高橋は，自らの政策にブレーキをかけようとしたため，1936年2月26日に起きた二・二六事件のさなか81歳の時に若い士官によって暗殺された。

しかしこの戦前期の奇跡は，学者にとっては解明しがたいものであった。Charles Kindlebergerは，「日本がケインズ抜きで，どのようにケインズ主義的政策を打ち出せたのか」は「謎」であるとし[4]，日本人は高橋を「日本のケインズ」と呼ぶことで簡単に片付けている[5]。後述するように，このような見解は的を射ていない。1930年代の日本においては，ケインズ主義以上の国家介入がみられるからである。また有沢や当時政府内部にいた彼の同僚らが，その思想形成期において学んでいた学説は，欧米における財政政策の主流となったものとは全く異なったものであった。

Kindlebergerの言う「謎」は，日本経済の奇跡を研究する人々の大半の関心を集めたのは確かである。こうした研究者たちは，日本の事例に欧米（おもに米・英）の経済に関連した概念や問題や規範を当てはめようとする。彼らの国においては，そのような研究が何らかの価値を持つのかもしれないが，ここでは詳しく取り上げる必要もないだろう。この種の研究は，日本の事例を説明することよりも，むしろ日本の成功に照らして自国の失敗をあげつらうか，日本の経済成長がその他の国に及ぼす影響について警告することを目的としている。上述の *The Economist* 誌の優れた記事も，「日本の現状からみたイギリスについての考察」といったようなタイトルのほうがふさわしいかもしれない。同記事の真の狙いは，そこにあったからである。その後も，Ralph Hewins の *The Japanese Miracle Men*（邦題：奇跡の日本人）（1967 年），P. B. Stone の *Japan Surges Ahead: The Story of an Economic Miracle*（急成長する日本——ある経済の奇跡）（1967 年），Robert Guillain の *The Japanese Challenge*（日本の挑戦）（1970 年），Herman Kahn の *The Emerging Japanese Superstate*（超大国日本の挑戦）（1970 年），そして，Hakan Hedberg の *Japan's Revenge*（日本の報復）（1972 年）などが出版された。そして，おそらくこの分野の中で最も有名な作品は，Ezra Vogel 著 *Japan as Number One: Lessons for Americans*（ジャパン・アズ・ナンバーワン——アメリカへの教訓）（1979 年）であろう。この本は，日本の目覚ましい成長をもたらしたものについての分析というより，むしろアメリカ人が日本から学ぶことを奨励する著作である。本書は，こうした先行研究のように日本の制度を他の国で採用することを奨励するものではなく，日本の経済分野における主要な制度について詳細に解明することを目的としている。しかし本書を読むことで，日本の制度を採用したいと思う人々にとっては，その結果が（意図するかしないかにかかわらず，あるいは意に反して）どのようなものになるか，ある程度予想できるようになるであろう。

日本の奇跡に関する全く異なった第二の説明をしているのが社会経済学派である。筆者はそれを時に「政治以外のすべてのもの」アプローチと呼んでいる。この学派は，4つの主要なタイプに分けられる。これらのタイプは重複する部分も多いが，明確に区別することも可能である。とは言え，すべてが完璧な形で現れるわけではない。第一のタイプは，おもに人文学者（とくに文化人類学者）がとるアプローチで，「国民性・価値観・合意」に注目した分析である。第二のタイプは，おもに経済学者が好む「奇跡は起こらなかった」とする分析である。第三のタイプは，「独自の構造的特徴」をとらえた分析であり，おもに労使関係，貯蓄率，会社経営，銀行制度，福祉制度，総合商社などといった，現代日本の諸制度を研究する人々によるものである。第四のタイプは「ただ乗り（free ride）」論に基づいた分析で，第二次大戦後の国際情勢の中で日本が急成長することを可能にした一過性の有利な条件に注目したものである。これらの研究の妥当性を検証する前に，筆者もこれらのアプローチが提示する説明に対してある程度同意する部分があるということを述べておきたい。これらの研究が明らかにした事実や，それらと日本経済の奇跡との関連性について疑問を呈することは，本書の関心ではない。しかしながらこれらの研究の多くは，より基礎的な分析，とくに国家の政策の効果といったところに集約されるべきであり，これらのアプローチとは違って，政府とその産業政策により比重を置くべきであろう。

国民性に基づいた説明によると，日本人は互いに協力しあうという独自の文化と能力を持っているとされ，それが日本経済の奇跡を可能にしたという。この相互協力の能力は，さまざまな形で現れている。たとえば，比較的に低い犯罪率，個人の集団への従属，集団に対する強い忠誠心，愛国心，そして経済的な成功。日本文化が経済に与えた最大の貢献は，日本社会における「合意」の形成によるとされる。それは政府・与党・財界リーダー・一般国民の間で，社会全体の経済目標の優先順位と目標達成手段に関する合意である。こうした日本人の文化的な能力を表現するために生み出された用語には，次のようなものがある。「弾力的合意」[6]，「民間主導集団主義」[7]，「先天的集団主義」[8]，「クモがいないクモの巣」[9]，そして「日本株式会社」[10] などである。

こうした国民性に基づいた説明は，議論を一般化しすぎる傾向があり，より深い分析を妨げがちであるという欠点がある。集団内の合意や団結といった要因は，日本の経済成長において重要な役割を果たしてきたのは確かであるが，それらは日本人の基本的価値観に由来するものというよりは，むしろ Ruth Benedict が言うように，日本が置かれた「状況的」動機（経済開発の後発性，資源の欠乏，国際収支の制約など）に由来するものである[11]。日本人の「協調性という独自の能力」を日本社会の根源的な文化的要因と仮定してしまうと，「なぜ日本人は一定の状況下で協調するのか」（実際，本書が扱う期間のほぼ半分において，日本人は協調的ではなかった），またはこうした協調が政府やその他のものによって意図的に作り出されうるのかといった疑問から目をそらすことになってしまう。David Titus は，戦前日本において，社会的対立を「社会化」するのではなく「私物化」する目的で天皇制が利用されたことについて研究しているが[12]，合意の問題を考察する上で，このような研究は非常に有意義であると言えるだろう。

本書において取り上げる事例の中から，どのようにして政府が国民を意図的に誘導したか，またそれにより国家統制下にあった戦時期よりも戦後のほうが良い結果が得られたかといった点が明らかにされる。最終的には，日本人の基本的価値観は西洋人のものとは違ったものであるとの結論に至るとしても，そうした違いは当然のものとして仮定するのではなく，なぜそうした違いが生じたのか詳しく検証される必要がある。したがって，基本的価値に基づいた社会的行動の説明は，経済的な分析によってもなお説明できない行動（いわば残余の部分）にのみ適用されるべきものである。文化論的な説明は，「奇跡」が日本にのみみられた時期には，いまよりももっと広く使われていた。しかしいまや奇跡は，韓国，台湾，香港，シンガポール，そしておそらく東アジア以外の地域でも起こっており，文化的観点からの分析に対する関心は失われてしまった[13]。

「奇跡は起こらなかった」とする学派は，文字通り日本経済には何も起こらなかったと主張しているわけではなく，日本で起きたことは奇跡的なものではなく，市場の実勢のごく当然の帰結であると主張している。こうした主張は，日本の経済成長に関する専門的な分析に基づいており，それ自体は非の打ちどころのないものが多い。しかしそれらの結論は不当に拡大解釈され，それらのモデルに含まれていない，分析範囲外の事象にまで言及しようとする傾向がある。たとえば，Hugh Patrick は，自らを「日本経済の成果は，何よりもまず商品と労働力に関する非常に自由な市場がもたらす機会を活用した個人や民間企業の活動と努力に負うものであるとする学派に属するひとりである」とし，「政府はたしかに成長のための環境作りを行ったが，時としてその役割は誇張されている」と主張している[14]。しかし Patrick も，そうした分析にひとつの問題があることを認めている。彼の著書では，「労働力および資本投入量の増加ならびにそれらのより生産的な配分などといったマクロの観点からの戦後日本の経済活動をみた場合，40パーセント以上の生産高の伸びや労働生産性の伸びの半分については，説明がつかない」と述べている[15]。もし政府の産業政策によって，特定の戦略産業に対して，（たとえば，石油化学産業と自動車産業の生産と販売を促進させるために）資本投入比率を他の産業よりも高くしたことを明らかにできれば，おそらく政府の役割は誇張されていなかったと言えるだろう。本書では，こうした事実の証明を試みる。

政府は経済成長の環境作りの他には何もしなかったというPatrickの結論に対しては，多くの日本人から異論が噴出するだろう。元通産事務次官の佐橋滋は，日本政府は経済活動全体に責任を持つと主張し，「政府は環境づくりだけやればよい。意見をのべる機会は与えないというのは，全く身勝手な［ビジネスマンの］見方ではないだろうか」と結論づけている[16]。産業界や企業が，政府の指導に抵抗した時期もたしかに存在した（そしてそれは，戦後政治の中でも最もセンセーショナルな出来事のひとつであった）。しかしそれが常態化するようなことはなかった。

日本経済に関する純粋に経済学的な議論は，分析以前に仮定の段階で破綻しているように思われる。たとえばこうした議論において，日本のような「発展指向型国家（developmental state）」[訳注1]とアメリカのような「規制型国家」は，同様に扱われている。Philip Trezisは，「日本の政治は本質的には他の民主主義国家と異なるものではない」と主張している[17]。しかしたとえば，予算手続きにしても大きな違いがある。日本では予算の割り当てが承認よりも先に行われ，「1972年に政府の不手際と野党勢力の結束が重なって防衛予算が多少削減されたという唯一の例外を除けば，1955年以降国会において予算が修正されたことはなかった」[18]。そして1972年までは，官僚が作成した予算案に対して，国会は機械的に承認する以外のことはしなかった。

日米間には，銀行制度にも大きな違いがみられる。戦前の日本企業の自己資本比率は約66パーセントで，これは現在のアメリカ企業の52パーセントと同等である。しかし戦後になると日本企業の自己資本比率は低下し，1972年時点でも約16パーセントしかない。大企業は銀行融資を通じて資金を調達し，銀行は貸出超過に陥るため，日本銀行による保証に全面的に依存する。そして日本銀行は，1950年代に大蔵省との激しい争いに敗れてからというもの，実質的には大蔵省の実行機関となっている。したがって政府は，「戦略的産業」（この言葉は広く使われているが，軍事的な意味合いはない）の盛衰に直接的かつ密接に関与し，それは日本と他の国の市場制度についての形態上あるいは法制上の単純な比較からだけでは満足に説明できない。たとえば，1974年に通産省が「計画的市場経済制度」という考えを導入したのは，ただ単に通産省

訳注1 「開発型国家」とも訳される。

の自己宣伝のためだけではなかった。それは，通産省が過去20年間に行ってきたことに対して，名称を与えて，分析を行うという試みであった（通産省は試行錯誤を重ね，20年を費やしてこの制度を完成させたのである）[19]。この計画的市場経済制度は明らかに「他の民主主義国家の政治」とは異なるものをいくつも持っており，奇跡的な経済成長を促進させる役割もそのひとつである。

「奇跡は起こらなかった」とする学派は，日本が経済成長を成し遂げたことについては同意するが，それは何の制約もなく自由に相互作用しあう資本，労働力，資源，および市場が存在したからであると主張する。そしてこの学派は，日本人が経済を論じ，運営する上で生み出し，採用してきたすべての概念（たとえば「産業構造」，「過当競争」，「投資調整」，「官民協調」）といったものを，経済理論にそぐわず紛らわしいものとして受け入れようとしない。とくに問題なのは，この学派が政府の介入は何の効果も持たないと最初から断定し，その分析を避けてしまうことである。その結果，John Robertsが言うように，「日本が1960年代に一流の経済大国として『奇跡的に』台頭したことについては，国内外の研究者によって詳細に記述されてはきたが，それが誰の手によってどのように成し遂げられたかについて説得的な説明を提示した研究はほとんどなかった」[20]のである。本書は，こうした疑問に答えることを目的としている。

日本の奇跡に関する第三の説明は，日本固有の諸制度の影響に注目するもので，上述の４つのタイプの中ではとくに重要なものであり，日本国内外において最も徹底的に議論されてきたものである。簡単に言えば，戦後の企業家たちが俗に言う「三種の神器」，つまり「終身雇用制」，「年功序列型賃金制」，「企業別組合」が，日本経済に特別な利点をもたらしたというものである[21]。たとえば通産省の天谷直弘は，この３つの制度について，自らが日本経済の「内輪の経済体制」と呼ぶ制度の根幹を成していると述べている。また1970年のOECD（経済協力開発機構）工業委員会への報告の中で，当時通産事務次官であった大慈弥嘉久は，日本経済の急成長を促進したさまざまな日本的現象に言及しているが，その中に三種の神器も出てくる[22]。要するに，これらの制度のお陰で，日本は競争相手国に比べて，労働者が献身的になり，ストライキによる損害が少なく，技術革新や品質管理が容易になり，より多くの優れた製品を早く創り出すことが可能になったというわけである。

こうした説明はたしかに的を射たものであるが，体系化されたものではなく，非常に単純なものである。したがって，いくつかの点について明確にしておく必要がある。第一に，三種の神器だけが特別な制度であったわけではなく，それらが最も重要であったわけでもない。その他の特別な制度としては，個人貯蓄制度，流通制度，官僚の天下り，系列システム，産業の二重構造（Clarkが言うところの「階層化された産業」[23]）と複雑な下請け体制，税制，極端に弱い株主の企業に対する影響力，100を超える特殊法人，そしておそらく最も重要なものとして日本開発銀行や財政投融資制度といった政府が管理する金融制度があげられる[24]。

これらの制度の多くは，少しでも日本経済について学んだ者ならば当然知っていることなので，ここで逐一説明する必要はないだろう。またそのうちのいくつかは，政府が経済に影響を与え指導する上で重要な手段となっているものなので，後ほど詳しく検証する。重要なことは，これらの制度が，特定の個人や機関が計画的に作り上げたシステムではなく，日本における経済開発の後発性や成長政策への場当たり的な対応，もしくはその意図せざる結果生まれたシステムであるということである。これらを1つのシステムとしてとらえた場合，それは経済成長を促進するための強大な制度（天谷の比喩を借りれば「GNPマシーン」）を構成するものであると言えるが，そのひとつひとつを個別にみると，大した意味を持っているものではない[25]。これは，日本のように特異な制度を説明するにあたって，頭に入れておかなければならない点である。これらを個々別々に分析したのでは，中途半端で部分的な説明にしかならないのである。

一例をあげてみよう。日本の経済的奇跡が世界的に認識されるようになってからというもの，アメリカの経営学者が自国の企業家に対して，三種の神器のひとつもしくは全部を試験的に導入することを推奨するようになった。日本式の手法も，適切に修正が加えられれば，他所でも機能するかもしれない[26]。しかしアメリカの企業家が終身雇用制を，他の日本的な制度が存在しない土壌で採用しても，うまくいくはずはない。日本の終身雇用制は一生涯続くものではなく，50歳代半ばもしくは後半までのものである。また賃金は年功に応じて上がるが，雇用保障はそうではない。企業の業績が悪化した時に，真っ先に解雇されるのは，経費が高い最も年配の労働者である。また終身雇用制は「非正規労働者」には適用されず，彼らの多くは生涯そうした立場で労働することを余儀なくされる。そして日本における非正規労働者の割合は，アメリカの労働組合ならば決して容認しないほど高くなっている（たとえば，1960年代にはトヨタ自動車の42パーセントが非正規労働者であった)[27]。

仮にこうした問題を何とか処理できたとしても，アメリカの企業家は，日本のように不況下で締め付けを行うことができる中小下請け企業群を支配下には持っていない。富岡隆夫は，このような下請け企業を日本の景気循環における「緩衝装置」と呼んでいる。つまり大企業が既存の労働コストを負担できなくなると，そのしわ寄せを受けるのが中小下請け企業なのである[28]。一方でアメリカの労働者には，日本の労働者のように万が一解雇されても，その後の生活で依存することができる必要以上に巨大で無駄の多い流通システムのようなものはない。日本の流通システムは，不況時には失業者を吸収する巨大なスポンジの役割を果たすのである。日本には幾層にも重なる仲買人が存在する証として，日本における問屋間での取引高と小売販売高の比率が1968年には4.8対1であったのに対して，アメリカでは1.3対1であった[29]。日本の流通システムに参入しようとして苦労をしている外国のセールスマンからの強い抗議にもかかわらず，日本の有識者が流通システムの変革に消極的なのは当然のことである。この流通システムは，政府が失業保険に十分な財源を確保するための負担を軽減するという流通以外の機能も果たしているのである。

日本型終身雇用制は，経済成長の観点からみると多くの利点を持っている。雇用者にとっては，最大生産能力ないしそれに近い生産量力で操業することへの強いインセンティブを与える。また企業横断的な労働組合運動を抑制する。大川一司とHenry Rosovskyによれば，日本の終身雇用制は，日本の企業家に対して「技術革新や組織的な進歩（例えそれが労働節約型のものであっても）に対して抵抗するインセンティブを持たない労働力」を提供するという[30]。しかしそれは，その他の「独特な制度」なしには，存在することも機能することもできないのである。

これらの制度に関して重要な第二の点は，それらがいつごろ構築され，どのように維持されてきたかという点である。この点において，日本の独特の諸制度に注目するこの学派は，日本の文化と国民性が経済を支えているとする第一の学派と同質化してしまうのである。たとえば，天谷は三種の神器の起源を伝統的な家，村，国に求め，これらが一体化し今日の日本企業の中に再生されていると考えている[31]。この種の主張は，これらの独特の制度を（おもに外国の）批評家の反対意見から弁護するためのプロパガンダの一種であると言わざるを得ない。国内外の研究者の詳細な研究によって，これらの独特な制度のほとんどすべてが20世紀に入ってから現れたもので，たいていは第一次大戦以降に作られたものであることが明らかになっている。

たとえば，終身雇用制の起源としてはいくつかの要因があげられる。その中には第一次大戦中に左翼の社会革新運動の発展を阻止しようとした努力の結果であるとか，1920年代における朝鮮人・台湾人労働者の大量導入によって日本人労働者が全力で身分の保障を求めた結果であるとか，戦時期の軍需工業が優れた熟練労働者を確保しようとした結果であるといった説明が含まれる。日本産業研究の権威のひとりであるRonald Doreは，この点に関しての研究状況を次のようにまとめている。「1900年における日本の雇用制度は，イギリスと同様にかなり市場志向型のものであった。日本人による意識的な制度改革によって，その後の20年間に日本的な制度が形成され始め，30年代に企業家族主義の制度が完成し，さらに40年代末に労働組合の新しい力にも対応すべく制度が刷新され，今日の『福祉協調主義（welfare corporatism）』と呼ばれるものが構築された」[32]。

中村隆英は，一連の重要な制度の起源が戦時統制の時代にあるとしている。それらには，銀行中心の系列システム（当時の指定金融機関制度に基づく企業集団）や下請制度も含まれる。下請制度は戦前から存在していたが，中小企業の巨大機械製造企業との強制的合併（本書第5章で取り上げる「企業整備運動」）によって大幅に強化されたのである[33]。

政府は，これらの特別な制度の構築に対していろいろな方法で影響を与えてきた。それらの多くは，1930年代の「産業合理化」運動や太平洋戦争遂行の過程で構築された。政府が直接作り上げなかった場合でも，政府の目的に照らしてその有用性を認め，それらを強化するための措置を講じた。貯蓄制度がその一例である。多くの評論家が主張しているように，日本人の個人の家計における貯蓄率の高さ（平時の市場経済の中ではGNPに占める貯蓄率は日本が最も高い）は，日本人の生来の倹約性から来ていると言えるかもしれない。しかし日本人に貯蓄を奨励する強力な圧力が，存在しているのも確かである。たとえば，比較的脆弱な社会保障制度，年2回まとまった額が支給されるボーナスを含んだ賃金体系，60歳になる前に所得が大幅に減ることになる退職制度，子どもの大学教育のための教育費，さらには新築住宅および宅地の不足，未発達の消費者金融制度，高い金利が保障された官営の郵便貯金制度，個人貯蓄に代わりうる十分発達した資本市場の欠如，貯蓄金利に関する税制上の優遇などがある。政府は，これらの貯蓄に対するインセンティブについては当然理解しており，郵便貯金に預金された資金が直接大蔵省の予算勘定に入る（そしてそれが政府の計画にそって投資される）こともわかっている。貯蓄制度の中で日本人持ち前の倹約性が果たした役割もあるだろう，しかしその倹約性は，政府が苦心して作り出したものなのである。

奇跡についての第四の説明である「ただ乗り」論は，日本が日米同盟の受益者であり，日本の高度経済成長のすべての部分とは言わないまでも，少なくとも奇跡的な部分は日米同盟によるものであると主張する。日本がただ乗りを享受したとされる点は，おもに次の３つである。防衛支出の削減，巨大な輸出市場への容易なアクセス，そして比較的安価な技術移転である。

日本が国民所得の多くを軍備に使う必要がなかったのは事実であるが，それは経済成長率には大した影響を与えなかった。もし日本の総合的な投資比率が，かつての中国のように低かったならば，防衛費は経済成長を遅らせる効果を持ったかもしれない。しかし高度成長期に資本形成がGNPの30パーセントを超えた日本では，防衛支出の少なさによる効果は，きわめて限定的であった。この点は，日本がとった大規模投資戦略を採用し，日本と同様ないしそれ以上の成功を収めた韓国と台湾のケースからもわかるだろう。これらの国では多額の防衛支出を計上したが，経済成長にはほとんど影響を与えなかった。

輸出の点は，より重要である。日本は第二次大戦後に世界中で発達した自由貿易体制から莫大な恩恵を受けた。日本政府の指導者たちは，GATT（関税及び貿易に関する一般協定）やIMF（国際通貨基金）や1971年まで続いた安定した為替相場などの制度（日本はそれらの構築に何の役割も果たしていない）が，日本に大きな利益をもたらしたことを認めている。通産省のリーダーたちも，日本の大きな経済的成功は，明治維新から第一次大戦まで，あるいは1945年から1970年までといった世界貿易が比較的自由な時期に達成されたと考えており，1970年代以降は1920年代〜1945年の状況に類似してくるのではないかと悲観的な懸念を表明している[34]。

しかしここでの議論にとって重要なのは，日本の経済成長は（人口においてアメリカ市場の半分の大きさを持つ）国内市場に依存しているほどには，輸出には依存していなかったという点である。Eleanor Hadleyによると，1960年代初めの日本経済は，1934年から36年にかけての経済の約３倍の規模となったにもかかわらず，GNPに対する輸出の割合は1930年代半ばの約３分の２であったという[35]。1960年代末の日本のGNPに占める輸出の割合は，カナダの19.8パーセントに比べると9.6パーセントにすぎない[36]。1953～72年の間には，実質価格でのGNPに対する割合でみると，フランス・西ドイツ・イタリア・イギリス，およびヨーロッパのOECD加盟国全体よりも，日本の輸出入に対する依存度は一貫して低かったのである。日本のGNPに占める割合は，輸出が約11.3パーセントで，輸入が約10.2パーセントであったのに対して，OECD加盟国の場合は輸出が21.2パーセントで，輸入は20.9パーセントであった[37]。人口密度が高く資源に乏しい日本が，必要不可欠な物資の輸入を確保するために輸出しなければならなかったのは確かであるが，高度成長期において輸出は経済活動を推進する根幹的な要素というわけではなかったのである。

1955年からの20年間にわたって日本の経済成長を牽引してきたのは，国内需要であった。もちろん1955年以前にも国内需要は重要であったが，1956年12月に石橋湛山内閣が発足し，池田勇人が大蔵大臣に復帰すると，この2人は「積極財政」政策を打ち出した。1957年度予算のベースとして「1千億円減税は1千億円の救済」というスローガンを掲げ，池田はかつてないほど国内需要を刺激した[38]。「なべ底不況（1958年6月が底とされる）」の間は，国際収支問題を抱えて積極財政は抑制されたが，経済は政府の政策にすばやく反応し，「岩戸景気（1958年8月～1961年12月）」の中で勢いを盛り返した。この岩戸景気のさなかに，池田は首相に就任し，「所得倍増計画」を打ち出した。当時とその後の経済の推進力は，政府が作成した長期的見通しに促された民間投資であって，輸出ではなかったのである。

第三の「ただ乗り」要素である技術移転に関して言えば，これは正確には「ただ」ではなかった。たしかに，技術移転が日本の経済成長に与えた影響は甚大で，当時日本が支払った対価は，今日の基準で考えればきわめて少ないものであった。日本は，基幹産業および高度成長産業に必要な技術のほとんどをおもにアメリカから輸入した。しかし特許権・技術・ノウハウの欧米からの移転を「ただ乗り」と表現するのはあまりに表層的で不正確である。なぜなら事の重大性は，ここにあるからである。

技術移転は，戦後日本の産業政策の核心的要素のひとつであり，この問題を取り上げれば，通産省と日本政府の役割を議論せざるを得ないのである。1960年代末から1970年代に資本自由化が行われるまでは，通産省の承認なしにはいかなる技術も日本に移転することはできなかった。通産省による審査なしにはいかなる合弁事業も実現することはできず，その条件は頻繁に変更された。また特許権の購入にあたっては，通産省が売り手に対して圧力をかけて特許使用料を引き下げさせたり，日本の産業全体にとって有利なように修正させたりした。そして海外からの技術移転計画は，通産省とその諮問委員会が移転時期を適正とみなし，当該産業の育成方針が決定されて初めて承認されたのである。

1950年に外資に関する法律（外資法）（その後30年間存続）が施行されて以来，政府は技術移転を管理してきた。技術移転が行われた経緯は，「ただ乗り」の結果などではなく，「産業政策」の名で知られるようになった官民間のきわめて複雑な相互作用の結果なのである。そして産業政策の策定と実施を担った主な政府機関こそが，通産省であった。

さて，いよいよ筆者自身も属する最後の学派，すなわち経済的奇跡における発展指向型国家の役割に注目する学派について述べたい。本書ではこの主題についての議論を進めていくことになるが，その前に導入としていくつかの事項について論じておく必要がある。まず「発展指向型国家」とは，いったい何なのか。これは決して難しい問いではないのだが，米・英においては容易に理解されるものではないようである。それは，マルクス・レーニン主義との長年にわたる論争の結果，共産主義国家以外にも発展指向型国家が存在するということが無視されるか忘れられてきたからである。日本の経済学は，正に「経済国家主義」もしくは新重商主義と言われるドイツ歴史学派の系列に属するものである。しかしこうした学派は，英語圏では必ずしも経済学の主流にはなっていない。したがって，日本はつねに実際の姿とはかけ離れた「変異種」として扱われている。そのため発展指向型国家を議論するにあたっての前置きとして，それを明確に定義する必要があるだろう。

ここで議論するものは，経済に対する国家介入の問題ではない。すべての国家は，さまざまな理由から経済に介入する。たとえば，国家安全保障（軍産複合体），労働安全の確保，消費者保護，弱者救済，自由企業体制下での独占・私的支配の防止，市場取引における公正性の促進，自然独占における公益の確保，規模の経済の達成，過当競争の防止，産業育成，重要資源の分配，環境保護，雇用の確保などがあげられる。問題は，なぜ，どのように政府が介入するかである。これは20世紀の政治における重要課題のひとつであり，時を経るにつれて深刻さを増している。日本の銀行界に精通しているLouis Mulkernは，「1980年代の主要国にとって，経済における政府の役割を定義できないことほど重大な欠点はないだろう」[39]と述べている。政府の経済的役割に関しての，また政府の役割と経済的奇跡の因果関係に関しての日本独自の見解は，20世紀の終盤になって「政治経済学」への関心が再び高まった主な理由である。

政治経済学の分野ほど西欧独特の二元的思考方法が顕著にみられるところはない。近代では，マックス・ウェーバーが「市場経済」と「計画経済」について明確な区別を試みた。最近における類似のものとしては，Ralph Dahrendorf による「市場合理性」と「計画合理性」，Ronald Dore による「市場志向型システム」と「組織志向型システム」，そして George Kelly の「規則統治国家」と「目的統治国家」などの分類があげられる[40]。これらの分類のいくつかについては，本書でも後ほど借用するのだが，まず初めに強調しておかなければならないことは，これらの分類で対となっているものの後者（「計画合理性」など）は，ソ連型の統制経済を指すものではないということである。ソ連型経済は，**合理的計画**によるものではなく，**イデオロギー的計画**によるものである。ソ連やその衛星国および模倣国においては，生産手段の国有，国家による計画立案，官僚による目標の設定は，（かつてはそうであったとしても）目標を達成するための合理的な手段ではない。それはそのシステム自体に根本的な存在価値があるのであって，そのシステムが効率的であるかどうか，あるいは効果的かどうかといったことが検証されることはない。その意味では，日本経済は合理的計画に基づくものであるが，統制経済ではない。1925 年以降の日本の歴史をみれば，なぜ統制経済が合理的計画に基づくものではないかという点について多くの証左があり，日本人はそのことをよく理解している。

市場と計画との違いは，基本的には経済に関する国家の役割についての考え方の違いである。制度としての国家は，人間社会と同様に古くから存在するものである。19 世紀くらいまでは，国家はどこでもたいてい同じような役割を果たしていた。それは大規模な社会組織が存在することを可能にするような機能であり，個人や家族や村落が単独では果たすことのできない役割であった。そうしたものには，国防，道路建設，水資源管理，貨幣鋳造，司法行政などがある。産業革命が起こると，国家は新しい機能を果たすようになった。早期に産業革命を達成した国においては，国家は新しい形態の経済活動の形成に関与することはなかった。しかし 19 世紀の終わりにかけて，競争の維持や消費者保護のために，国家が**規制上**の機能を担うようになった。Henry Jacoby が言うように，「資本主義が伝統的な社会のあり方を変えたことで，競争の有効性，移動の自由，社会保障のための制度の欠如といった要因が，国家に個人の保護と福祉に関連した責任を負わせるようになった。また個人が自分自身に対して責任を持つ個人主義が社会原理になったことで，国家はほぼ唯一の規制権力として残った」のである[41]。

産業化の開始が遅れた国においては，国家自体が産業化を推進させるという発展指向型国家機能を担った。民間経済活動に対する２つの異なった姿勢，つまり規制型と発展指向型は，２つの異なった政府と経済の関係を生み出した。アメリカは規制志向が主流である国家の典型例であり，日本は発展指向が主流である国家の典型例である。規制型・市場合理型の国家は，経済競争の形式と規則について――もっと言えばルールについて――関与するが，競争の本質的な部分には関与しない。たとえば，アメリカ政府は企業の規模に関連した独占禁止関連の法規を数多く持っているが，どの産業が存続すべきで，どの産業がもはや不必要であるかといったことについては関与しない。これとは対照的に，発展指向型・計画合理型の国家は，その顕著な特徴として，社会的・経済的な目標の設定を行う。

両者を区別するもうひとつの方法は，経済政策における国家の優先度選択について考察することである。計画合理型国家において政府は，産業政策（つまり国内産業の構造，とくに国際競争を強めるような構造の強化）を最優先する。産業政策の存在そのものが，経済に対する戦略的・目標志向的な姿勢を意味している。他方で，市場合理型国家はそもそも産業政策を持っていない（あるいは持っていたとしても，それを産業政策とはみなさない）。その代わりに，それらの経済政策（貿易政策を含む）は，規則や権利を強調したものである（しかし物価の安定や完全雇用というような産業分野を特定しない目標に影響されることはありうる）。またそうした国々の貿易政策は，普通は全般的な外交政策に従属しており，貿易政策を通じて経済的利益を追求するよりも，他国との政治的関係を強化することに利用されることが多い。

このような分類は何の役に立つのだろうか。それは，1868年の明治維新以降，日本が発展指向型・計画合理型国家として登場し，その経済志向が産業政策と連動していたことを教えてくれるのである。これとは対照的に，アメリカは日本とほぼ同じ時期に，規制型・市場合理型の道を選択したが，それは外交政策に連動した選択であった。近代において，日本はつねに経済活動を規制する特定の方策よりも，国家としてかかげる総合的な経済目標の設定に重点を置いてきた。明治時代の国家目標は有名な「富国強兵」であった。これに続く1930～1940年代の国家目標は，景気回復，戦争準備，戦時生産，戦後復興であった。こうした国家目標が明確になったのは，1960年の所得倍増計画以降であるが，1955年ごろから高度成長が目標となり，「欧米に追いつけ，追い越せ」というスローガンが生まれた。天谷は，過去一世紀の間における日本の国家目標を詳しく取り上げている。殖産興業，富国強兵，生産力拡充，輸出振興，完全雇用，そして高度成長などである[42]。しかし，1970年代に入って，日本でもようやくいくらか規制的・外交政策重視の目標設定に変化しつつある。ちょうどそのころ，アメリカでは，新しい発展指向型・産業政策志向の初期的兆候を見せ始めた。しかしながら，基本的な部分では日本の体制は計画合理型のままであり，アメリカも市場合理型のままである[43]。

両国のシステムの違いは，経済と政治における意思決定の側面を検証することで，明確に理解することができる。日本では，発展指向型・戦略的経済政策は，いわゆる経済官庁（大蔵省・通産省・農林省・建設省・運輸省・経済企画庁）の要職を占める官僚によって審議される。これらの官庁は，国内の上位の大学から最も優秀な人材を集め，その幹部職員はいまでも日本において最も高い社会的地位を持つとされている。圧力団体や政治家の影響を受ける面もあるが，こうした官僚たちは，日本の最も主要な政策決定を行い，ほとんどすべての法案を立案し，国家予算を管理するとともに，すべての主要な政策革新の源となっている。それと同様に重要な点は，彼らが通常50～55歳程度で官庁を退職した後に，民間企業・銀行・政界・各種特殊法人などで有力な地位を占めるということである。これはアメリカのエリートとは，全く正反対の動きである[44]。有能で社会的地位が高く強力な官僚の存在は，計画合理型システムの当然の帰結である。

一方，アメリカのような市場合理型システムのもとでは，通常の場合，最も優秀な人材が公務員になることはなく，国家的な意思決定は官僚ではなく選挙で選ばれた専門家によってなされ，そのほとんどが法律家の資格を持っている。エリートは，政府から民間部門に転身するのではなく，政治任用によって民間から政府の役職を得ることが多い。そして政治任用制度は，日本よりもはるかに広く適用されている。アメリカにおいて日本の通産省に相当する機関は，商務省ではなく国防総省である。それは，国防総省が本来の性質および機能として，通産省と同様に，戦略的・目的志向型の視点を持っているためである。実際，アメリカにおいて「日本株式会社」という言葉が持つ意味合いは，アメリカ政府と軍需産業との密接な関係を指す「軍産複合体」という言葉の意味合いと似ている（日本でも，日本政府と産業の関係を「官産複合体」と呼ぶ者もいる）[45]。アメリカでは，経済に関する意思決定はほとんど議会で行われる。議会は予算も支配しており，その意思決定は結果よりも規則に対する市場合理的な観点を反映したものである。アメリカでも 1970 年代になって，エネルギー省のように産業政策を扱う官僚機構を試験的に導入しているが，その地位は低いままである。

計画合理性と市場合理性の違いを明確にするもうひとつの方法は，それぞれのアプローチの対照的な性質に注目することである。第一に，市場合理性において最も重要な価値基準は「効率性（efficienty）」である。しかし計画合理性においては，効率性は「有効性（effectiveness）」よりも優先度が低い。アメリカ人も日本人も，効率性と有効性の意味を混同することがよくある。アメリカ人はしばしば自国の官僚機構の非効率性を批判するが，官僚にとって効率性というものは必ずしも適切な評価基準ではないということを理解していない。目標志向的・戦略的活動を評価するのに適切な基準は，有効性なのである[46]。一方で，日本人は非常に非効率的で不適当であるとさえ思われる農業体制を容認し続けているが，その理由のひとつとして，日本の農業体制が国内での食糧生産を行うという点で，ある程度有効性を持っているからである。

第二に，「外部性（externality）」に関する対応の違いがある。それは Milton Friedman が「近隣効果」と呼んだもので，例えるならば，公害のように生産に伴う社会コストのことである。この点に関して計画合理型システムは，市場合理型システムよりも大きな問題を抱えている。計画合理型システムでは，国家目標に関連する外部効果を認識し，それに対応すべく視点を移すことが容易ではない。その意味では，計画合理型システムは，軍事組織に似ている。軍のトップは，戦闘の勝敗で評価されるのである。もし軍事力の使用を最小限に抑えれば（効率的であれば）それに越したことはないが，それは当人にとって勝敗ほど重要なことではない。それゆえに，日本においてはきわめて深刻な環境破壊の存在が広く知られるようになってからも，長期にわたって高度成長を追求し続けたのである。しかし，計画合理型システムがいったん公害問題の解決を国家目標に設定すると，市場合理型システムよりも効果的に対応するのである。これは，1970 年代のアメリカと日本の公害への対応の仕方を比較することでわかる。

第三に，計画合理型システムは高度成長のように，広く社会的な合意が得られた目標のあり方に大きく依存する性質がある。このような社会的合意があれば，計画合理型システムは，GNP 成長率などといった基準において，市場合理型システムよりも優れた成果を上げるものである。しかし同意が得られなかったり，主要目的をめぐって争いが生じた場合には，計画合理型システムは行き詰まり，基本的なことでさえ対応できず，その失敗の責任を明らかにできないこともある。1971 年の「ニクソン・ショック」や 1973 年の石油ショックの時期のように，予期せぬ事態によって社会的合意に揺らぎが生じた場合には，日本は不安定な状態に陥った。一般的に言って，計画合理型システムの最大の強みは，日常的問題を処理する上での有効性にあり，市場合理型システムの最大の強みは，危機的な問題を処理する上での有効性にある。後者においては，規則や手段や執行責任に重点を置いているが，かつてないような未知の重大な問題が生じた際には，それらが政府の対応を促す上で有効となる。

第四に，これら 2 つのシステムにおいては，意思決定がそれぞれ違った機関（日本ではエリート官僚，アメリカでは議会）に集中しているため，政策転換の過程も全く違った形で現れてくる。計画合理型システムにおける政策転換には，官僚の間での論争や派閥間・省庁間の抗争がつきものである。一方，市場合理型システムにおいては，政策転換には議会における猛烈な立法論争と選挙戦がつきものである。たとえば，日本における 1960 年代末から 1970 年代にかけての保護主義から自由化への転換に際して，通産省内では「国内派」と「国際派」との内部抗争が生じた。日本政府がより開放された自由貿易の方向へシフトしている確かな証は，この主要官庁が国際派の官僚に支配されるようになった事実にみられる。アメリカ人は，日本の政治家の発言に注目しすぎる上に，日本の官僚についての知識がないために，日本の経済政策について困惑することが多い。一方で，日本人はアメリカの官僚の意見に重点を置きすぎて，連邦議会議員とそのスタッフに十分な注意を払っていない。

歴史的にみて，近代日本は 1868 年から計画合理型・発展指向型の国家となった。およそ 15 年にわたる政府による直接的な企業経営の後，日本は計画合理性が陥りやすい最も顕著な落とし穴に気がついた。それは，腐敗，官僚主義，非効率的な市場独占であった。日本は計画合理型を維持し続けたが，経済の国有化に関してイデオロギー的なこだわりを持つことはなかった。日本にとって重要だったのは，経済発展目標を達成するための有効性という合理的な物差しであった。それゆえ明治日本は国営企業主義から民間企業との協調というアプローチへと方向転換を始めた。そして新技術を迅速に採用する能力があり，経済発展と軍事力強化という国家目標に貢献した企業を優遇した。この方向転換を機に，日本における政府と大企業との協力関係が発展した。戦前にはこの協力関係は，政府と財閥の間の緊密な結びつきという形をとった。政府は，発展が必要と考えた分野に財閥が進出するように促した。財閥は，日本における新技術の商業化の先駆となり，製造業や銀行業において世界の他の工業国と同等の「規模の経済」を確立させた。政府と財閥の協力は，巨大な先進企業と小さな後進企業という二重構造の進展といった多くの重要な帰結をもたらした。しかしそれらの中で最も重要なものは，計画合理型システムの中に競争原理を組み込んだことである。

戦後になると，占領期の改革によって財閥企業は創業者の同族支配から解放され，近代化が進んだ。こうした改革によって民間企業の数が増加し，労働運動の発展が促進され，また古くからの農民の不満も減少したが，体制は計画合理的なままであった。しかし，戦後復興と海外からの援助への依存解消が求められていた状況においては，他の選択肢はなかったのである。経済成長へのアイディアのほとんどは官僚が生み出し，それに対する経済界の対応は「受動的依存」と呼ばれた[47]。政府が業界に直接指示することはほとんどなかったが，政府が発信するシグナルをとらえて適切に対応した企業には，資金調達，税制，外国技術導入や合弁企業設立の認可などにおいて優遇措置が与えられた。しかし企業が，政府のシグナルに必ずしも応答しなければならないというわけではなかった。日本のビジネスに関する文献には，政府との強いつながりを持たずに成功した大企業（たとえばソニーやホンダなど）の興味深い事例が取り上げられているが，そうした事例がそれほど多く存在するわけではない。

市場合理型システムを持つ国の研究者らは，しばしば計画合理型システムを誤解することがある。それは計画合理型システムが，経済に基づくものではなく，政治的なものに基づいているということを理解していないからである。たとえば，1960年代に日本人を「エコノミック・アニマル」と呼ぶことが流行したころ，見識の高い海外の研究者らはその言葉を使わなかった。その理由は，Dan F. Henderson の言葉を借りれば，「日本の中枢部分は，経済ではなく政治であることは間違いない。そしてそれは，学界や野党に多く存在したマルクス主義系の経済決定論にとって，困惑の元であった」[48]。こうした誤解は，経済決定論者やマルクス主義者に限らず，英語で書かれた日本に関する文献には頻繁にみられた。

J. P. Nettl のマルクスに関する論評もこの点に関係がある。Nettl は「近代国家権力が，資本家階級のビジネスを助ける機関にすぎないという認識は，マルクスによる最も見当違いな一般化のひとつであった」と言う[49]。こうした認識は，歴史的にみても不適切であるばかりか，発展指向型国家において経済的利害が政治的目的に従属させられているという事実を無視している。発展指向型国家という概念そのものは，工業化が遅れた国家であるという状況に規定されたナショナリズムから生まれたものである。発展指向型国家の目標は，つねに他国の経済との比較において引き出されるものであった。発展指向型国家の政治的動機については，アダム・スミスの学説に基づいた Daniel Bell の見解の中で明確にされている。つまり，人々が経済的動機のみに支配されているのであれば，必要以上の生産を行う要因はほとんど存在しないということである[50]。「発展途上国において経済成長を必要とする背景には，経済的動機があったとしても，ごくわずかにすぎない。それは産業文明に参加することによって，人間として確固たる地位を得たいという欲求から来るものである。産業文明への参加は，自国や自国民を他と同等に扱わせる唯一の方法だからである。産業文明に参加できなければ，近隣諸国に対して軍事的に不利になり，自国民に対する行政管理もできなくなり，文化的にも国際的な水準に達することができなくなってしまうのである」[51]。

こうした政治的動機のすべてが明治期の日本に影響を与えたが，日本独特の動機もあった。そのひとつは，19 世紀に西欧帝国主義国家と初めて接触した時に締結させられた不平等条約に基づいたものであった。日本は，1911 年まで関税自主権を持っていなかった。したがって，当時の市場志向理論が推奨していたように保護関税などを使って発展途上の産業を育成することができなかった。その結果，日本が経済的自立を達成するには，政府が経済発展に直接関与するより他にはなかった[52]。

日本独特の動機の 2 つ目は，1960 年代末まで続き，一時的に消滅したものの，1970 年代の石油ショックの後に再び出現した。それは国際収支の赤字であり，その結果として生じた外貨節約の必要性であった。天然資源に乏しい日本において，これは非常に厳しい問題であった。すでに 1880 年には，関税収入と外貨支払いの均衡を保つために，「すべての政府機関が通常の円建ての予算の他に，外貨による予算を組んでおく必要があった」と，Arthur E. Tiedamann が指摘している[53]。そのような外貨建て予算は1937年に再び導入され，形を変えながら貿易自由化が行われた1964年まで存在し続けた。高度成長期には，外貨建て予算の管理は，経済全体を支配することを意味した。この管理権限を行使したのが通産省であり，外貨の配分は通産省が産業政策を遂行する上での決定的な手段となったのである。

計画合理性の政治的性質は，別の方法でも明らかにすることができる。通産省は経済官庁ではあるが，エコノミストの官庁ではない。1970年代に入るまでは，通産省の上級官僚の中で，経済学の博士号を持った者は2人しかいなかった。他の者は経済学の学士号，より一般的には公法や行政法の学士号を持っていた。1957年6月に上野幸七が事務次官になって初めて近代経済理論が通産省の計画立案過程に導入された（上野は事務次官に就任する前に，長期にわたって結核治療を受けていたが，その期間中に経済学を学んでいた）。天谷直弘は実務家と学者の見解を比較する際に，通産省の経緯を踏まえて，理論家にとって非論理的な多くのものが実務家にとっては非常に重要なのであると述べている。たとえば，ナショナリズムの高揚が経済の積極的要因になることがある。天谷は「日本経済の研究」は，「一般的な経済学」とは明確に区別されるべきであり，物理とは違って経済は国家的な要因の影響を受けると主張している[54]。市場合理型国家と計画合理型国家のもうひとつの大きな違いは，前者においてはエコノミストが政策決定を支配し，後者においてはナショナリスト的な政治的官僚が政策決定を支配しているということである。

発展指向型国家である日本においては，大蔵省，経済企画庁，外務省などを含めた多くの官僚機構の間で，権力闘争が生じる。しかし最も大きな影響力を行使するのは，産業政策を立案し，それを実施する通産省である。この分野における通産省の支配的立場について，ある日本人評論家は通産省のことを「パイロット役」と評している。そして通産省に対して普段から批判的な朝日新聞のある記者も，通産省は「まさに日本最大の頭脳集団といってよい」ことを認めている[55]。通産省の所管分野は，競輪の運営から電気料金の設定にまで広がっているが，その本当の権力の源は産業政策の支配である。発展指向型国家においては，産業政策の立案と実施が行われるとしても，産業政策そのもの，つまりそれが何であり，どのように実施されるかについては，意見が分かれるところである。

Robert Ozakiによると，産業政策は「西欧の経済学用語辞典にはない日本独特の用語である。しかし日本経済に関する文献を読めば，その定義を推察することは可能である。産業政策とは，国内産業の保護，戦略的産業の発展，内外の変化またはその予測に対応する経済構造の調整に関連した政策の複合体を指す。この政策は，通産官僚が考える国益に基づいて，通産省が立案し，遂行されるのである」[56]。この定義はやや循環論法的ではある（通産省が産業政策と呼ぶものが，産業政策であるとする）が，Ozakiはひとつの重要な点を明らかにしている。それは，産業政策が「経済ナショナリズム」を反映したものであるという点である。ただしここでいうナショナリズムとは国益を最優先する理念であるが，必ずしも保護主義，貿易統制，経済戦争などといったものを伴うものではない。ナショナリズムはそのようなものを意味することもあるが，特定の時期においては自由貿易が経済的な国益に沿ったものであることもありうるのである。1970年代の日本にとっては，そうであった。しかし産業政策は，世界経済を自由競争型モデルの尺度では決して理解できないと考える。それは，労働力が自由に国境を越えることは決してなく，技術の国家間移転も同様に困難だからである。

産業政策には2つの基本的な構成要素がある。それらは経済のミクロおよびマクロな側面に対応したものである。前者は日本人がいうところの「産業合理化政策」であり，後者は「産業構造政策」である。前者は，日本においては1920年代末までさかのぼる長い歴史がある。後述するが，当初は全く不完全にしか理解されていなかった。通産省の『産業合理化白書』（1957年）は，産業合理化とは日本の「国際的後進性」を認識し，技術・設備・経営・産業立地および産業組織の分野における「矛盾」に対峙し，これらを解決していくような経済発展の論理を内包するものであるとしている。

この『白書』によれば，産業合理化とは具体的には次のような意味であった。(1) 企業の合理化，つまり新しい生産技術の採用，新しい設備と施設に対する投資，品質管理，コスト削減，新しい経営技術の採用，経営管理の徹底，(2) 企業環境の合理化，つまり陸上・水上輸送および産業立地の改善など，(3) 産業全体の合理化，つまり同一産業内のすべての企業が公正な競争が行えるような枠組み，あるいは相互扶助のためのカルテル的組織の中で協力できるような枠組みの創設，(4) 国際競争水準を満たすための産業構造そのものの合理化[57]

(最後の要素は「産業構造」という概念を通産省が考え出すまでは産業合理化に含まれていたが，1960年代以降は含まれていない)。

産業合理化の簡潔な定義としては，ミクロ・レベルでは，経営改善を目的とした個別企業の経営への細部にわたる国家の介入（時には企業の解体も伴うもの）である。名和太郎は，産業合理化とは個別企業が最小の費用で最大の利益を生み出すために何をやっているかを国家が探り，同一産業内のすべての企業がそうした手法と技術を採用するようにさせる政策であると述べている[58]。

形態の差があるとは言え，産業合理化とはアメリカの進歩主義時代（1890〜1920年）にFrederic W. Taylorが提唱した「科学的経営管理」に起源を持つ古くて広く知られた運動である。それはすべての工業国に存在するか，かつて存在したことのあるものであるが，おそらく他のどの国よりも日本においては長く維持され，かつ広範に実施された[59]。一方で産業構造政策は，もっと大胆で，より賛否の分かれるタイプの政策である。それは，GNPに占める農業・鉱業・製造業・サービス業の比率に関わるものである。また製造業の中にあっては，軽工業と重工業の間，労働集約型産業と知識集約型産業の間の比率に関わるものである。そして各産業の比率を，政府が国家にとって有利であると考えられる比率に変えようとする時に，こうした政策が適用される。さらに産業構造政策は，需要の所得弾力性，比較生産費，雇用吸収力，環境問題，関連産業に対する投資効果，輸出見通しといった基準に基づいている。この政策の核心は，発展させるべき戦略的産業の選出，あるいは他のセクターに転換させるべき産業の選出にある。

Robert Gilpinは，企業組織には構造的硬直性があるとの仮定をもとに，次のように産業構造政策に対する理論的擁護を展開している。

> 企業には，ある分野が衰退しつつあっても，その産業分野や生産ラインに投資し続ける傾向がある。つまりそうしたセクターは，技術革新の舞台とはなり得ず，産業界における先導的分野ではなくなるのである。すると企業は，国際競争の激化と相対的衰退への対応として，国内市場の保護を求めたり，古い製品のための市場を海外に求めるようになる。この構造的硬直性には，いかなる企業でも自らが所持する経験・不動産・ノウハウのために，比較的限定された範囲の投資機会しか選べないという背景がある。それに対する本能的な反応は，既存のものを守ろうとすることである。そ

のため，新しい産業と経済活動にエネルギーと資源を大幅にシフトさせるような強い誘因は存在しない[60]。

これが真実かどうかは意見が分かれるところであるが，少なくとも日本の通産省は，それが真実であり，同省の主要な任務が新しい産業と経済活動にエネルギーと資源を大幅にシフトさせる誘因を作り出すことだと考えている。Gilpin と同じように，通産省は市場の力だけではこのようなシフトが生み出されることはないと信じている。戦後の通産省は自由企業や私的財産権や市場システムの発展に全力を傾けてはいたが，産業構造調整の必要性について公然と語ることを憚ることはなかった。

そもそも自由な資本主義システムのもとで，産業政策が存在すべきか否かという疑問もあるだろう。だがより現実的な議論は，存在すべきか否かではなく，いかに適用されているのかという点である。本書は，日本に産業政策が初めて出現して以来，政策手法についてたたかわされてきた議論についての研究である。産業政策を遂行する手段については，広くよく知られているところである。高度成長期においては，保護主義的側面での手段として，差別関税，国産製品への優遇税制，外貨割り当てに基づく輸入規制や外貨統制があげられる。経済発展的（あるいは「育成的」）側面の手段としては，目標となる産業に対する政府系金融機関を通じての低金利資金の供給，補助金，特別償却，指定重要設備に関わる輸入関税の免除，海外からの技術導入の認可，公共投資による工業団地や輸送施設の整備，通産省による「行政指導」があげられる（通産省の権限の中で最も有名な行政指導については，第7章で分析を行う）[61]。これらの手段は，さらに政府の権限に基づく許認可権による分類が可能である。そして行政指導のためのさまざまな間接的手段（たとえば，通産省の行政指導のきわめて重要な形態である「設備投資調整」など）による分類も可能である。

こうした政策遂行手段の組み合わせは，日本経済が必要とするものや，政府の中での通産省の地位の変化などを反映しながら，時とともに変化していく。手段の組み合わせについての真に論争的な側面，そしてその有効性を大きく左右する側面は，政府と民間セクターの関係である。ある意味で通産省の歴史は，Assar Lindbeck が言うところの「市場適応型の政府介入」の追求の歴史である[62]。1925年に商工省が設立されて以来1970年代半ばに至るまで，通産省はさまざまな形でこのような介入方法を見つけ出すことに成功してきた。日本では，経済にうとい人も含めて誰もが，このことを知っており，通産省の介入の行き過ぎについて懸念している。政府が真の産業政策を遂行することを可能にし，同時に経済界において競争と民間企業システムが維持されるような政府と企業との関係を，通産省は長い年月をかけて探し求めてきた。しかしながら1935年から1955年までは，日本経済は過剰な国家統制のもとに置かれていた。不謹慎な言い方ではあるが，通産省がこの期間を「黄金時代」と呼ぶのも理解できなくはない。

かつて産業政策の司令塔であった企業局の次長であった高島節男は，産業政策を遂行する上で，官僚統制，自主調整，誘導行政という3つの方法があると言う[63]。1925年から1975年の間に，日本政府はこれら3つの方法をすべて駆使し，実に多様な成果を上げた。しかし日本では，個別の産業や経済状況に対して，これらのうちどの方法がより好ましいか，これらの適切な組み合わせはどれかといった点についてつねに議論が行われてきた。政策策定のためのこのような論争とその結果の歴史は，すなわち通産省の歴史であり，その歴史をたどることで，日本の産業政策を容易に他国に移し替えることができると考える人たちを躊躇させることになろう。

産業政策は，どのような効果をもたらすのか。これも通産省の存在意義に関する議論の一部である。上野裕也は，産業政策の費用対効果分析を行うことは困難であると認めている。それは意図せざる効果として，煩雑な行政手続き，寡占，官民の区別の不明瞭化，政治的腐敗などを生む可能性があるからである[64]。計量経済学の専門家は，経済面の事象を説明する上で必要がないという理由で，産業政策の概念を意図的に避けているように思われる。たとえば，Ohkawa and Rosovskyは「一般的な経済理論と歴史考察に基づく経済行動に関する想定」のひとつとして，「民間投資に関する決定は，何よりも資本産出高比率と人件費の状況に影響された経験による収益見通しによってなされるものである」と述べている[65]。

特定の日本の産業が，政府の産業政策なしでは全く成長・発展しない，あるいはできなかったということを証明することは不可能である（しかしそれに該当すると思われる産業はたやすくあげることができる）。だが，産業政策が存在しなかった場合に想定されるある産業の発展のコースと，産業政策が存在した場合の発展のコースの違いを示すことはできると考える。遡及的であるにせよ，以下の点について定量的な分析を行うことは可能である。(1) いかにして外貨割当制と貿易統制が，国内の幼稚産業の供給能力の水準にまで潜在的国内需要を抑制してきたか，(2) いかにして高い輸入関税が，外国産業の価格競争力を国内産業の水準にまで抑制してきたか，(3) いかにして消費者の低い購買力が，目標を定めた税制上の措置や消費者金融制度によって引き上げられ，それによって新規産業の製品が購入できるようになったか，(4) 生産拡大と単価引き下げを図るために，いかにして産業が，政府系あるいは政府保証銀行から借入能力を超える資金を借りたか，(5) 特定の新しい機械などへの投資にかかる加速償却によって，いかにして効率性が高められたか，(6) 国内市場が飽和状態に達した場合に，いかにして輸出のための税制上のインセンティブが海外市場を拡大することにつながったか。児玉文男は，日本の自動車産業について，その幼稚産業期，成長期，安定期における実際の軌道と，政策なしの軌道の差を数理的に算出した（将来の下降期についてのデータはまだ存在しない）[66]。児玉の用いた方法は，各期において政府がとったさまざまな自動車産業政策の的確性・有効性を分析する手段でもある。

産業政策をめぐる論争はすぐに答えが見つかるものではないし，ここで決着を付けることを意図しているわけではない。重要なことは，通産省に対して否定的な人も含めてすべての日本の研究者が，その費用対効果は別として 1950 年代に起きた重化学工業化を促進し，そうした動きを起こしたのも，政府であったと信じていることである。Ohkawa and Rosovsky は，通産省などが同省の主要な業績であると信じているものを測定している。「1950 年代の前半には，輸出の約 30 パーセントが依然として繊維と織物であり，20 パーセントは雑貨であった。そして機械類は 14 パーセントにすぎなかった。しかし 1960 年代の前半までには，大規模な投資促進の結果として，輸出品の構成に大きな変化が生じた。繊維と織物は 8 パーセント，雑貨は 14 パーセントに縮小し，機械は 39 パーセントで主要輸出品となり，その次が金属および金属製品（26 パーセント）となった」[67]。

この「産業構造」の変化は，経済的奇跡が起こるメカニズムそのものであった。政府全体が，もしくは通産省が，奇跡を可能にしたのであろうか。あるいは，もっと慎重な言い方をするならば，政府ないし通産省がその方向を示し，それを加速したのだろうか。今日得られる最も適切な答えは，Andrea Boltho の比較評価であろう。「日本と比較しやすい 3 カ国（フランス，ドイツ，イタリア）も，日本が当初持っていた有利な条件のいくつかあるいは全部を持っていた。たとえば，弾力的な労働供給，きわめて有利な（実際，日本よりもより有利な）国際環境，最新の先端技術を使った産業構造の再構築の可能性などである。しかしながら，他の条件が異なっていた。その中で最も重要な条件の違いは，おそらく経済政策である。日本政府は，これらのヨーロッパ諸国のどの政府よりも大規模な介入と保護を行った。そうすることで日本は，計画経済システムを持つ国々に近いような経験をすることになったのである」[68]。

奇跡において通産省が果たした役割が重要であり，それに関しての詳細な研究が必要であるということが確かであるとしても，なぜ本書は1925年から1975年という期間に注目するのであろうか。日本で奇跡が起こったのは戦後であったのにもかかわらず，なぜ戦前と戦時期についても考察するのか。それにはいくつかの理由がある。第一に，本書の主要な研究関心は，産業政策とそれを遂行するための通産省の「国家システム」であるが，通産省がやってきたことが，発展指向型国家理論に則したものであると指導者やその他の日本人が気づいたのは，経済成長の途中になってからである。つまり通産省は，1960年代になるまでは，産業政策の論理もモデルも作り出していなかったのである。確固とした基盤に立った産業政策の分析作業が始まったのは，1964年に産業構造審議会が設置されてからであった。この点に関しては，関係者のすべてが同意している。これに関して天谷直弘は，ヘーゲルが述べた夕闇に翼を広げるミネルヴァのフクロウを引用し，もしミネルヴァのフクロウが全く目を覚まさなかったとしても，おそらく結果は同じであったろうと述べている。その理由として天谷は，当初もてはやされ，その後失敗した「特定産業振興臨時措置法案（1962～63年，本書第7章の主要テーマである）」の決定的な欠点は，長きにわたって通産省の産業政策に暗黙の了解として受け入れられてきたものを，公然のものとしてしまったことだと結論づけている[69]。

通産省は，日本の産業政策が自然とできあがったもので，その合理化と体系化を試みたのは1970年代になってからであると1973年になって記述している[70]。したがって日本の経済システムに関心がある人々には，アダム・スミスやレーニンのように基盤となる理論的枠組みや古典的な視座が存在しない。理論的基盤がないということは，どのようにして通産省と産業政策が「自然とできあがった」かを知るためには，歴史的分析が欠かせないということである。通産省に関して議論の余地のない点もいくつかある。たとえば商工省が1925年に設立され，1943年に軍需省として再編され，1945年に再び商工省となり，

1949年に組織改編されて通産省が設立されたというこの過程は，誰かが計画したものではなかったという点である。通産省の最も重要な権限（またそれがひとつの官庁に集中しているということや，通産省が広大な管轄権を持っていること）の多くは，すべて政府内における官庁間の熾烈な抗争によってもたらされた意図せぬ結果であった。そして通産省は，そうした抗争に表面上は負けても，実質的な勝利を収めることがしばしばあった。この歴史は，通産省内部の人間にはよく知られたことで，通産省の伝統の一部であり，彼らの強い団結力の源でもある。しかし一般の日本国民にはあまり知られておらず，外国人には当然ほとんど知られていない。

通産省の歴史を振り返るもうひとつの理由は，通産省内部のすべての人間が，産業政策がどのように機能するかということを学んだのは，戦前と戦時期であったと述べているからである。次章以降で明らかになるように，戦前から戦後にかけて，通産官僚の間には直接的な連続性が存在し，それは戦後の公職追放によってもほとんど影響を受けなかった。本書が分析する期間における最後の事務次官（1974年12月～1976年7月）であった小松勇五郎は，1944年に入省した。小松以前のすべての次官[訳注2]は，彼より入省年次が古かった。戦後最初の次官は，1923年入省の椎名悦三郎（商工次官）で，1976年に事務次官に就任した和田敏信は，軍需省時代を経験していない初めての事務次官であった。

中村隆英は，産業政策および行政指導の「根源」が1930年代の統制経済であったとし，通産省を戦時期の商工省・軍需省の「再来」と呼んでいる[71]。有沢広巳も1970年代の繁栄が「統制期」の産物であるとしている。そして，商工次官，通産大臣，自民党副総裁などを歴任した椎名悦三郎は，彼自身や岸信介を含む商工官僚の満州における経験が，重要だったとしている[72]。戦時期の企画院の有力官僚で戦後は通産官僚となった田中申一によると，戦時期の経済統制が，戦後の経済安定本部と商工省の業務の基礎になったという[73]。そして通産省の研究で有名な前田靖幸によれば，「戦時期経済の遺産は，当時行われた重化学工業化の試みである。そしてさらに重要なことは，戦争が無数の『政策手段』とノウハウをもたらしたということである」[74]。

通産省関係者や研究者のさまざまなコメントよりもさらに興味深いのは，日本経済が1930年ごろにきわめて明確な形で変化し始めたということである。

訳注2　1949年以降は「事務次官」。

何らかの形の産業政策が明治時代から存在していたのは事実であるが，20世紀初頭には政府がかつての国内経済（植民地や属領は除く）への介入政策を縮小させ，その後30年間にわたってレッセ・フェール（自由放任主義経済）に近いものが広まったこともまた事実であった。Rodney Clarkの「日本と西欧の産業組織は，1970年代よりも，1910年代のころのほうが，似たような性質を持っていた」という考察は，驚くべきものであるが，また同時に真実でもある[75]。

通産省と現代日本の産業政策は，まぎれもなく昭和という時代が生み出したものである。したがって本研究の分析範囲は，昭和天皇の在位期間と重なるものである。それ以上過去にさかのぼれば，戦後日本経済の奇跡から焦点がずれてしまう。しかし戦前の商工省の歴史を組み込まなければ，通産省の伝統と集団意識を無視することになってしまう。通産官僚は，商工省・軍需省・経済安定本部において仕事を学んだ。これらの官庁は，かつてはその名前を聞けば泣く子も黙ると恐れられたものであった。筆者のように日本の奇跡を称賛する者には，いかにして1940年代の悲惨な国民的体験が，1950～60年代の成功をもたらしたかということを示す義務があるだろう。

注

1　著名な経済学者である篠原三代平は，政府の経済政策について深く理解しておらず，賞賛もしていなかったが，その後立場を変えている。篠原（1976）を参照。*The Economist* 誌の反響については，有沢（1976）p. 371を参照。

2　Lockwood, William（1975）“Economic Developments and Issues,” in Passin（1975）p. 89; Uchino Tatsurō（1976）*Japans Postwar Economic Policies*, Tokyo: Ministry of Foreign Affairs, p. 6.

3　有沢（1937）p. 4.

4　Kindleberger（1973）p. 17.

5　後藤（1977）.

6　Halloran, Richard（1970）*Japan: Images and Realities*, New York: Knopf, p. 72.

7　Hadley（1970）p. 87.

8　*Consider Japan*（1963）p. 16.

9　Haitani（1976）p. 181.

10　Kaplan（1972）p. 14.

11　Benedict, Ruth（1946）*The Chrysanthemum and the Sword*, Boston: Houghton Mifflin, p. 316.

12 Titus（1974）p. 312.

13 Chen（1979）.

14 Patrick, Hugh（1977）"The Future of the Japanese Economy: Output and Labor Productivity," *The Journal of Japanese Studies*, 3, p. 239.

15 *Ibid.*, p. 225.

16 佐橋（1972）p. 190.

17 Trezise, Philip H.（1976）"Politics, Government, and Economic Growth in Japan," in Patrick and Rosovsky（1976）p. 782.

18 Campbell（1977）pp. 2, 200. 微小な予算の修正は，1977から78年にかけても行われた。

19 Industrial Structure Council（1975）*Japan's Industrial Structure: A Long Range Vision*, Tokyo: JETRO, p. 9.

20 Roberts（1973）p. 439.

21 「三種の神器」については，Shimada, Haruo（1980）"The Japanese Employment System," *Japanese Industrial Relations*, Series 6, Tokyo: Japan Institute of Laborを参照。三種の神器の背景や参考文献に関しては，Organization for Economic Cooperation and Development（1977a）を参照。

22 天谷（1975）p. 18；Organizatiojn for Economic Cooperation and Development（1972）p. 14.

23 Clark（1979）p. 64.

24 Johnson（1978）.

25 天谷（1975）p. 20.

26 Johnson, Richard, and William Ouchi（1974）"Made in America（Under Japanese Management）," *Harvard Business Review*, Sept.-Oct., pp. 61-69; Wallace, William（1972）"The Secret Weapon of Japanese Business," *Columbia Journal of World Business*, Nov.-Dec., pp. 43-52.

27 Allison（1975）p. 178.

28 富岡（1974）pp. 15-16.

29 Yoshino（1971）p. 17.

30 Ohkawa and Rosovsky（1973）p. 220.

31 天谷（1975）pp. 9-69.

32 Dore, Ronald（1979）"Industrial Relations in Japan and Elsewhere," in Craig（1979）p. 327.

33 中村（1974）pp. 165-67.

34 戸田（1977）を参照。

35 Hadley（1970）p. 393.

36 Kaplan（1972）p. 3.

37 Boltho（1975）p. 140.

38 安原（1974）pp. 200-201.

39 Mulkern, Louis（1980）"U.S.-Japan Trade Relations: Economic and Strategic Implica-

tions," in Abegglen et al.（1980）pp. 26-27.

40 Mommsen, Wolfgang J.（1977）*The Age of Bureaucracy: Perspectives on the Political Sociology of Max Weber*, New York: Harper Torchbooks, p. 64; Dahrendorf（1968）p. 219; Dore, in Craig（1979）p. 326; Kelly, George（1979）"Who Needs a Thoery of Citizenship?" *Daedaulus*, Fall, p. 25.

41 Jacoby, Henry（1973）*The Bureaucratization of the World*, Berkeley: University of California Press, p. 147.

42 天谷（1975）p. 51.

43 Vogel David（1980）"The Inadequacy of Contemporary Opposition to Business," *Daedalus*, Summer, pp. 47-48.

44 Johnson（1974；1975）.

45 柴垣和夫「産業構造の変革」東京大学社会科学研究所編（1975）第8巻, p. 89.

46 Drucker（1973）.

47 Allison（1975）pp. 34-35.

48 Henderson（1975）p. 40.

49 Nettl（1968）pp. 571-72.

50 Bell（1976）p. 22, n.23.

51 Gellner, Ernest（1973）"Scale and Nation," *Philosophy of the Social Science*, 3: 15-16.

52 Black（1975）p. 171.

53 Tiedemann（1974）p. 138.

54 天谷（1975）p. 1.

55 角間（1979a）p. 58；名和（1975）p. 88.

56 Ozaki（1970）p. 879.

57 通産省（1957）pp. 3-4.

58 名和（1974）p. 22.

59 Haber, Samuel（1964）*Efficiency and Uplift: Scientific Management in the Progressive Era*, Chicago, Ill: University of Chicago Press.

60 Gilpin（1975）pp. 70-71.

61 上野（1978）p. 27.

62 *Can Pluralism Survive?* The Willian K. McInally Lecture, Ann Arbor: Graduate School of Business Administration, University of Michigan, 1977, p. 24.

63 高島（1963）p. 30.

64 上野（1978）p. 14.

65 Ohkawa and Rosovsky（1973）p. 200.

66 Kodama（1978）.

67 Ohkawa and Rosovsky（1973）p. 182.

68 Boltho（1975）pp. 188-89.

69 天谷（1975）p. 78.

70 通産省（1973）『産業政策と通産省の役割』通産省, p. 1.

71　有沢（1976）p. 133；中村（1974）p. 164.
72　尾林（1971）p. 69；椎名（1976）p. 164.
73　田中（1974）pp. 655-56.
74　前田（1975）p. 9.
75　Clark（1979）p. 258.

第2章　経済官僚機構

政治分析を通じて，一般的に受け入れられている原則と実際の社会現象との間に乖離が発見された時，研究者は正当性の欠如や隠された権力構造や偽善性に関して警鐘を鳴らしたい衝動に駆られるものである。その結果として生まれるものは，往々にして暴露本的なものか批判書的なものとなる。そして日本政治研究の分野においても，日本国内外の研究者の手によるこうした著書が数多く出版されてきた。筆者自身も，日本の官僚機構にみられる特異性の一覧表にいくつかの新しい知見を加えようとするわけであるが，それは批判を目的にしたものではない。筆者の関心は，戦前は天皇，戦後は国会に付与された正当な法的権限（立法権）と，実際には官僚が持つ権力がなぜ乖離し，なぜそれが持続しているのか，そしてなぜそれが発展型国家の成功に寄与したのかということを説明することにある。

日本の政治システムにおいては，長きにわたって，主権と統治，立法機関と行政機関，政権与党と官僚機構，そして法的権限と実際の権力との間に，明確な線引きをしてきた。その結果，憲法の規定と実際の主権の所在に乖離が生じたのである。そして，こうした乖離を議論するために「表」と「裏」，「ホンネ」と「タテマエ」といった用語が使われてきた[1]。

国内外の研究者らは，こうした乖離が偽善と曖昧な言い回しを生み出すことを知っているので，折に触れてそうした偽善性を批判したりする。たとえば，角間隆は，戦後の財界が実際は伝統的な官僚との関係を維持しているだけにもかかわらず，通産省の権力に「不本意ながら屈している」ふりをするのを好むと主張する[2]。郷司浩平は，財界のリーダー達が自らの決定を，自分の孫ほどの歳の省庁の課長を引き合いに出して正当化する一方で，日本工業倶楽部では彼らの悪口ばかり言っていることに腹を立てている[3]。尾林賢治は，役人と企業家が政策の調整を行う数々の審議会が，実際は通産省による産業界の遠隔操作を隠蔽するものであると信じている。そして彼は，こうした現状を多少の皮肉を込めて「日本式自由競争」と呼んでいる[4]。さらにJohn Campbellは，「日本の予算作成に関与する人のほとんどが，政権与党が果たす役割を大きく見せようとする」という事実に注目している[5]。

このような法的権限と権力の分離の起源は，かつての日本の封建制度と明治時代における発展型国家の出現にたどることができる。後述するように19世紀後半の日本は，ウェーバーが「立憲君主制」と呼び，ビスマルクがドイツ帝国に構築した新しい政治体制を採用した。ウェーバーの著書の編者は，ビスマルクが作り上げた政治体制を，以下のように記述している。「首相は，議会にではなく国王に対して責任を負い，軍隊も王の指揮下に置かれる。しかしこの制度は実際には，まずビスマルク，次いでプロシアと帝国の官僚に，君主と議会に対する強大な権力を与えていた」[6]。ビスマルクが数名の明治政府のリーダーに与えた個人的な影響に加えて，明治政府は日本独自の理由から，「近代化」の過程において調査したその他の国の制度よりも，ドイツ型の政治体制が最もふさわしいと判断した。この政治体制を採用したことで生じた最も重大な結果のひとつは，君主と議会不在の中で1941年に下された英米への宣戦布告の決定であった。しかしおそらく最も重要なことは，1947年に施行された新憲法によって形式的には廃止されたにもかかわらず，太平洋戦争終結から30年以上過ぎてなお，この政治制度が維持され，さらに強化されているということである。

現代日本の官僚たちの祖先は，封建時代の武士である。徳川幕府のもとでの2世紀半にわたる平和な時代にあって，封建時代の武士たちは，一部の学者らが「政務階級」または「公務貴族」と呼ぶような存在へと次第に変化していった[7]。当時の総人口の約6〜7パーセントを構成した武士は，ウェーバーが最も合理的かつ非個人的な国家行政の形態と考えた近代官僚機構を形成していたわけではなかった。ウェーバーにとって，官僚の真の権力は，「組織」に帰属し，「非個人的かつ実務的な目的に充てられるものであり，封建的ないし世襲的権威のもとでの家臣や弟子のような個人的な関係を形成するものではない」[8]。徳川時代には，武士は戦士ではなく行政官になったが，特殊な技能に応じて給料を得たのではなく，その身分に応じて禄を得ていた[9]。職務の成果ではなく身分を重視する考え方は，明治憲法下の官僚にも引き継がれ，彼らの地位は1947年の新憲法施行までは法的に保証されていた。そして，それから30年以上経っても，非公式的にこうした地位が維持されているが，それは戦前からの伝統と戦後の官僚支配によるものである。

明治政府の指導者たちは，武士による政府が姿を変えて存続することを目指したのではなく，また近代的官僚国家を構築することに関心があったわけでもなかった。彼らが中立的な文民官僚機構を作った理由は，実は非常に政治的なものであった。まず，倒幕を果たした薩摩と長州という2つの封建勢力による権力の独占が，汚職を招いているという大衆の厳しい批判に対処しなければならなかった。また，日本に押し付けられた不平等条約を改正するために，日本が「近代化した姿」を欧米諸国に示そうとした。そして最も重要なことに，新しい議会（帝国議会）が開設され，政党が権力の分散を求める大衆運動を始めた1890年以降においても，明治政府の指導者たちは権威と支配を保持し続けることを望んだ[10]。

国家官僚機構と内閣は，明治憲法発布や帝国議会設置や政党の結成といった出来事の5年から20年も前に設立されていた。その結果は，初めから予想しうるものであった。政党の主導者らによる権力の分散を求める要求をあらかじめ封じるために，元老たちは，脆弱な議会制度を作った。そして議会との権力均衡を図るために，元老たちの支持者もしくは個人的に支配下にあるものを配置した官僚機構を作り上げた。ところが，官僚機構が政府の中枢に据えられたことと，元老たちが他界していったために，時が経つにつれて，（軍部・文民双方の）官僚たちが権力を拡大することになったのである[11]。

戦前の官僚たちは，国民に好かれていたわけではないが，尊敬を受けていたことは確かである。国民の多くは，明治維新の後に薩摩と長州の出身者が特権を持っていたことに憤りを感じていた。そのため，能力がある者ならば誰でも受験することができる公平な試験によって選ばれ，専門的な訓練を受けた者によって構成された新しい官僚機構は，薩長支配に比べればより好ましいものであった。政党は国家官僚の代わりになるものではあったが，政治の舞台に登場したのが遅かったために，つねに不利な立場にあった。官僚は，自らは国家の利益を代表し，政党は地方や特定の利益を代表していると主張していた。日本が工業化を進めるにつれて，政党は財閥や地主らの利益を代表するものとして徐々に影響力を強めたが，国民全体の支持を集めることはできなかった。その理由のひとつは，選挙権の拡大がきわめて慎重に進められたことにある（表2を参照）。もうひとつの理由は，帝国議会の貴族院が官僚に支配されていたこ

表2　日本の有権者数の推移（1890～1969年）

選挙	日付	有権者（100万人）	人口（100万人）	比率（%）	選挙資格
1	1890年7月1日	0.45	39.9	1.3	男子，25歳以上 直接国税15円以上納付[a]
7	1902年8月10日	0.98	45.0	2.18	同，10円以上
14	1920年5月10日	3.1	55.5	5.50	同，3円以上
16	1928年2月20日	12.4	62.1	19.98	同，納税額要件廃止
22	1946年4月10日	36.9	75.8	48.65	男子，女子，20歳以上
25	1952年10月1日	46.8	85.9	54.45	同
29	1960年11月20日	54.3	93.2	58.30	〃
30	1963年11月21日	58.3	95.8	60.82	〃
31	1967年1月29日	63.0	99.8	63.11	〃
32	1969年12月27日	69.3	102.7	67.47	〃

出典：磯村英一編（1972）『行政最新問題事典』帝国地方行政学会，705ページ
a：直接税という形で徴収されていたため，投票権が与えられたのは，実質的には資産家か富裕層だけであった。

とである。官僚は，勅令による任命によって退職した高官を貴族院に送り込み，彼らの政治手腕を使って華族議員らを圧倒した[12]。つまり，明治以降の軍部・文民官僚が本当に最も有能な指導者であったかどうかはすでに意味のない問いとなった。彼らに対して挑戦するかもしれない権力をことごとく抑え込んでいたからである。もちろん戦前にも数多くの政治抗争が起こり，その帰結は必ずしも予測通りのものではなかったが，最終的には，官僚としての経歴が，政治権力への最も重要な要素となった。たとえば，1941年に組閣された東条内閣には，選挙で選出され国会議員となった者はひとりもいなかった。

戦前の官僚は，「公僕」ではなく，天皇によって任命され，天皇にのみ責任を負う「天皇の官吏」であった。「官」の身分は天皇の任命によって与えられたが，「官」という漢字の元々の意味は，（古代中国の）郡県を治める役所の居住者であった。現在においても裁判官を指す場合に，こうした元々の意味が多少残っている（ある法学の権威によると，「官」は法律によってあまり拘束されない権力を持つ役人を意味するという）[13]。この高い社会的地位は，法的に与えられた外因的な権限ではなく，内因的な権力を持つという意味で，過去においては武士と，現在においては戦後の官僚と通底するものである。つまり，彼らは外部からの干渉や制約にはあまり影響を受けない存在であったということである。Dan Henderson は，「今日の官僚は，徳川幕府の武士や戦前の大学卒の官僚とはもちろん同一ではない。しかし彼らはつい最近まで，武士や戦前の官僚と同様に，独立した司法審査を受けないという意味で，法律を超越した

存在であった」と言う。Hendersonによると，これは「法の支配」ではなく，「官僚による統治」であると主張する[14]。磯村英一や黒沼稔も，こうした意見に同意している。彼らは，戦後になっても日本の官僚機構は「国民のためのもの」ではあっても，「国民の参加による」ものではなかったと指摘する。彼らによるとそれは，「法律を通じた行政」であって，「法の支配」ではない[15]。

現代日本の官僚は，社会的地位に加えて，道徳観やエリート意識といったようなものも武士階級から引き継いでいる。金山文二は，非常に難関である上級国家公務員試験に合格して入省した若い官僚が想起させるエリート主義と能力主義の意識に注目する。そして金山は，彼らが不平をもらすことなく長時間の労働に従事することを期待されていること，海外の有名大学院への派遣，ほとんどの省庁でみられる「公益への奉仕」という概念，そして政財界の大物となった者を含む「先輩」たちからの入省後における指導などの慣行を例にあげて，それらがかつての「武士道」と同じような「官僚道」を形成していると言う[16]。もちろん戦前の官僚の多くが実際に武家の出身であり，武家では武士階級が消滅した後も何十年にわたって奉仕精神が受け継がれていた。Cyril E. Blackとその共同研究者たちは，「武士による統治が終わった後，武家の総数のおよそ10分の1の規模で文民官僚機構が形成され，当初そのほとんどが旧武士階級の出身者によって占められた。それまでのように将軍や大名の代理ではなく，天皇の忠実な代理として高い地位を享受しながら，以前は武士に与えられていた特別の『オーラ』の一部を持つようになった」[17]。

以前は武士が持っていたこの「オーラ」は，官僚に関連した用語の中にいまでもみられる。たとえば，政府の権限機関を指すためによく使われる言葉に「お上（かみ）」というものがある。また日本人は，武家の先祖伝来の刀である「伝家の宝刀」に対する尊敬があるために，政府の権威に疑問を持つことはないと言われる。そうした宝刀は，殺生の道具というよりも，武士の身分を象徴するものであった。山内一夫によると，この「伝家の宝刀」という言葉は，法律は現実に権力者が使う必要があるものではなく，（法律自体が）権威の象徴であるという一般的な意識を反映しているという。そして，旧憲法から新憲法へ変化した後も，こうした意識に変化はなかったという。たとえば，通産省の非公式な行政指導の効力も結局は，伝家の宝刀の威力によるものであるという。つまり，政府も産業界も訴訟や罰則といった権力（宝刀）の行使よりも，こうした原則に基づいて行動するほうが便利だと考えているというのである[18]。

1930年代に政党が軍部からの激しい圧力にさらされていたころ，文民官僚と軍部官僚は，それまで彼らの管轄外にあった分野へと活動の範囲を広げるようになった。Peter DuusとDaniel I. Okimotoによると，1930年代は「民主的」な政府の崩壊の時代ではなく，官僚政府の安定が確立された時代であり，それは明治時代から潜在的に存在していた傾向であったという[19]。Albert M. Craigは，明治時代に西洋から借り受けた価値や制度が，「土着化」したのが1930年代であったという[20]。しかし，1930年から1945年の15年間において，日本政府はそれ以前の時代よりも官僚的で国家支配的になったともいわれる。

第二次世界大戦の終了によって，この官僚的な政府は，占領軍による民主化改革への圧力とともに，自らが国にもたらした惨禍に対して国内からの激しい批判にさらされることとなった。しかし，占領期の官僚機構にはめずらしいことが起こった。完全に占領軍の改革を免れたわけではないが，官僚機構の一部，とくに経済官僚は，その権力を強化されたのである。実際に，占領期（1945～52年）の間，政府による経済統制は，それ以前にもその後にもみられなかったほどのレベルで徹底して行われた。それは太平洋戦争中に行われたレベルをもはるかに越えるものであった。そして，これは本書の第4章と第5章で詳細に論考する点であるが，占領期の官僚制度の「改革」は，その後の日本政治において，官僚が中央省庁の内外で突出した重要性を持つようになったことを理解するのに必要な前提となるものである。

理由はあまり定かではないが，占領軍（連合国軍最高司令官総司令部，いわゆる「GHQ」[訳注1]）は，日本の文民官僚機構を抜本的な改革の対象とすることはなかった。しかしGHQは，文民官僚の主な政治的ライバルである軍部を政治から完全に排除し，さらにもうひとつのライバルであった財閥を解体し，大幅に弱体化させた。そして経済官僚は，こうして生まれた権力の空白状態の中に押し出された。同様に重要なことに，GHQは戦前の明治憲法のもとで最も高い権威と強大な権力を持っていた内務省を解体した。旧内務省の権力は，おもに建設省，労働省，厚生省，自治庁（当初は「地方自治庁」と呼ばれ，1960年に自治省に昇格），防衛庁，警察庁などといった新設官庁に分散された。この内務省の権力の消失は，経済官僚が新しい分野へと権限を拡大することを可

訳注1　同司令部は，英語ではその頭文字をとって「SCAP」と呼ばれ，原文でもその呼称が使われているが，ここでは日本で一般的に使われている「GHQ」という呼称を使用する。ちなみに「GHQ」とは「General Headquarters」（総本部）を指す。

能にした。たとえば，戦時期には内務省の地方部局や警察が行っていた配給の権限は，商工省と経済安定本部へと移管された。

GHQはまた文民官僚を，公職追放指令の対象に加えていた。公職追放指令は，戦争に部分的に責任を持っていたと指定された人物を，公共・民間のポジションから追放するキャンペーンであった[21]。そしてその目的は，若くて新しい人材を政府に登用することであった。しかしながら，公職追放も経済官僚には大した影響を与えなかった。それは，経済官僚の多くは経済復興に不可欠な人材であるとされたためである。実際に追放された経済官僚の数を把握することは困難であるが，一説によると，わずか42名の局長以上の高官が商工省・軍需省から，9名が大蔵省から追放されただけであったという。公職追放処分を受けた1800名の文民官僚の70パーセントは，警察関係者を中心とした内務省の官僚であった[22]。

元通産省官僚の天谷直弘は，官界ではなく経済界のリーダーを追放したことが，戦後の経済にとって有益であったとし，それは明治維新における幕臣の排除と同様のものであったと言う[23]。戦後の経済リーダーの追放に伴って，いわゆる「金利生活者」が産業活動から追放された。こうした人々は，ウェーバーが言うところの「専門家階級」（起業家や有能な経営者などを含む）ではなく，「資産階級」に属する人々であった。この結果，財閥企業が合理化され，新しい財閥が生まれることにもつながった。産業活動から追放された金利生活者の中で，おそらく最も重要なのは，戦前・戦時期の「国策会社」の大株主であった皇室であったと思われる[24]。しかしこれらの変化にもかかわらず，経済官僚はほとんど公職追放の影響を受けなかったのである。

GHQによる官僚組織改革の試みは，全体としては失敗であったと一般的には認識されている。アメリカの公務員法に基づいて「国家公務員法」（1947年10月21日法律第120号）を作成した「Blaine Hoover調査団」の一員であったFoster Roserは，以下のように結論づけている。「公務員法の原案は1947年秋に国会に提出された。しかし残念なことに，日本政府の中枢にいた封建的かつ官僚的な考えの持ち主たちは，こうした現代的な行政法が彼らの職権および権力を縮小させる危険性を抜け目なく読み取った。その結果，最終的に国会を通過した法律は，調査団によって勧告された内容を完全に骨抜きにしたものであった」[25]。

「アメリカ・カナダ公務員会議」の元議長であったBlaine Hoover自身も，

軍部が1930年代と戦時期に各省を中央集権下に収め，人事権を収奪しようと努力したこと，そしてそうした試みを内務省や大蔵省が阻止することに成功したことについて全く知らなかった。各省庁は，公務員制度の改革を妨害することに関しては長年の経験を持っていた[26]。Hooverが起草した法律は，公務員試験を実施し，給与体制を決め，不利益処分の審査を行う人事院を内閣の付属機関として設立した。しかしこの法律は，各省庁を監督するために必要な権限と人員を，内閣または総理府に付与することはなかった。とくに重要なことに，予算編成権は大蔵省に残されたままにされた（大統領府に行政管理予算局を置くアメリカとは対照的であった）[27]。

1948年に行われた国家公務員法の改正は，事務次官から課長補佐までのすべての公務員に再試験を強制した。年長の公務員の反対にもかかわらず，試験は1950年1月15日に実施された。しかし実施後すぐに，この試験は「ゴクラク試験」と呼ばれるようになった。それは受験者が喫煙したり，茶を飲んだりすることが許された上に，試験時間も無制限に与えられ，中には一晩かけて受験した者もいた。試験の結果，30パーセントの現役職員が再任されなかった。だが，同時に政府は，30パーセントの人員削減を行ったので，実質的には通常の採用以外に，新しい系統の人材が官僚機構に入り込むことはなかった。

占領期に経済官庁が急速に台頭した背景には，以下のようないくつかの要因がある。第一に，GHQの占領行政が間接統治であったことである。GHQが自ら統治機構として日本政府にとって代わるのではなく，日本政府に指令を与えることで間接的に統治を行った。多くの日本人にとって，これは好ましい統治形態ととらえられたと思われるが，官僚機構に自らを防衛する道を与えてしまった。ある評論家に言わせれば，それは「面従腹背の七年」であった[28]。

行政学の権威である辻清明教授は，内閣や国会に制約されない国家官僚制度を「天皇制」官僚制と呼び，そうした体制が維持された主な理由は，間接統治と日本政府によるアメリカが起草した新憲法の速やかな受諾にあるという。新憲法が迅速に受諾されたのは，日本政府が受諾をためらうのであれば，憲法原案を直接国民に提示して国民投票に付するとマッカーサーが脅したからであった。辻は，新憲法が非常に信頼できる民主的な政府を構築し，占領軍による積極的な民主化政策の最も重要な点であったと認めている。しかし，官僚の権力を維持するためには，政治への国民の直接参加を排除する必要があることを，官僚が見抜いていたということが重要であると，辻は主張する。新憲法は疑いもなく自由主義的なものであるが，明治憲法と同様に上から授けられたものであった[29]。

ある大蔵官僚がJohn Campbellに語った以下のコメントは，辻の論点を明確に説明している。「『市民革命』というものは，市民の間に『この政府はわれわれが自分で作り上げたものだ』という意識を生むだろう。しかし日本は過去に一度も『市民革命』を経験したことがない」[30]。辻は，社会，労働，工業，農業といった分野においてかなりの社会的流動性が達成されたにもかかわらず，市民による革命の機会は，占領期に失われてしまったと考える。しかしながら，発展指向型国家の効果的な運営には，経済発展を主導する経済官僚が，長期的な産業発展の優先順位を計画し，それを達成するために，（最も強力な一部の圧力団体を除く）すべての利益集団から隔離されている必要がある。現代の開かれた社会の中に存在するさまざまな圧力団体や利益団体が政府への効果的なアクセスを持つようなシステムでは，たとえ他の目標が実現しようとも，経済発展は達成されない。経済官僚が持っていた影響力を，ほぼそのままの形で維持することに成功したことが，1950年代における産業政策の成功には必要不可欠な条件であった。

官僚機構は，ただ単に影響力を維持しただけではなく，2通りの方法で影響力のさらなる拡大に成功した。第一に，経済復興の必要性が，官僚機構を巨大に膨張させることになった。Harry Wildesの研究によると，終戦後3年間に官僚機構の規模は，戦時の最高水準を84パーセントも超えたという[31]。GHQがこのことを皮肉に感じたか否かは別として，日本人がそう感じたのは間違いない。1947年8月号の『中央公論』の有名な論説の中で，同誌の論説委員は以下のように述べている。

> 官僚の問題をつつむ現在の条件は複雑なかつ奇妙なものであるといってよい。すなわち，一方からみれば，官僚は軍閥や財閥とともに明白な戦争責任を有する。戦争の勃発と進展と終末とを通じて，われわれは到るところに官僚の黒い大きい影を見てきた。すでに多くのひとびとは声を大にして彼らの責任と罪過とを糺弾している。しかしながら，他方よりこれをみれば，敗戦の現実が自由放任の経済への復帰を不可能にしている以上，いや，経済生活のあらゆる側面にわたって必然的に計画と統制とがますます増大せられる以上，官僚の機能と意識とはむしろ日をおって増大するもの

といわねばならぬ。このように軍閥や財閥が解体せられるのと同じ意味において官僚の解体が云々せられぬのみか，専門的技術家の集団としての官僚は，行政部門の拡充と複雑化とにともなっていよいよその重量を増さざるをえない[32]。

問題は官僚の職務が増加したことだけではない。より重要だったのは，戦前には政府と財閥の間で分担されていた経済的機能を，戦後は政府が独占するべきであるとGHQが主張したことであった。第4章でみるように，戦前の官僚は必死で経済機能の集中のために尽力したが，民間勢力の抵抗にあって断念せざるを得なかった。辻によると財閥の権力を強制的に政府に移管した時に，GHQはそれが何を意味するかを十分に理解してはいなかった。その理由は，GHQがアメリカの政治理論に従って，官僚機構を政治的な組織ではなく，「非政治的な道具」として認識していたからである。さらにGHQ自体が官僚組織である米軍の一部であり，自らと同様に政治的アカウンタビリティを持たず，専門的なサービスを提供する機関を問題視することはなかったからである。

官僚機構が影響を拡大した第二の理由は，GHQが旧体制にとって代わらせるべく育成した政治勢力が，相対的に力不足であったことである。新憲法によって再び政府の指導的地位に返り咲いた旧政党の幹部たちはかつて（少なくとも約20年間）政治的権力を行使した経験を持っていなかった。しかも，彼らの中で最も有能な政治家の多くは，追放処分を受けていた。そもそも，党幹部が行政や法案の起草などに深く関与するアメリカ式の伝統は，日本ではほとんど発展していなかった。たとえば，1947年5月24日に誕生した片山内閣では，閣僚が政策知識を持っておらず，立法過程にきわめて不慣れであったため，閣議では助言をもらうために次官を隣の席に座らせていた[33]。このような状態は，1949年1月に第三次吉田内閣が発足したことで，ようやく終了した。吉田茂は，外務省の元高官という経歴を持っており，今日においても日本政治の主流をなしている「官僚主導体制」を構築した人物である。

1949年に行われた第24回衆議院議員総選挙において，42人の官僚出身議員が誕生した。彼らのほとんどが吉田の部下もしくは盟友で，吉田に立候補を勧められた者であった。これらの新しい政治家の中に，大蔵次官を退任したばかりの池田勇人と運輸次官を退任した佐藤栄作がいた。当選後すぐに，池田は第三次吉田内閣の大蔵大臣に就任し，佐藤は自由党幹事長となった。またこの選挙の直前の1948年12月24日には，岸信介が巣鴨拘置所から釈放された。岸は阿部，米内，近衛内閣の商工次官，東条内閣の商工大臣（後に軍需次官）を務め，戦後はA級戦犯被疑者として逮捕され，拘留されていたが，不起訴処分となった。1952年4月29日年には追放が解除され，翌年国会議員に選出された。いずれもその出身省庁において輝かしい経歴を持っていたこれら3名の元官僚は，1957年から72年まで日本政治を主導することとなった。岸は1957年2月から60年7月まで，池田は60年7月から64年11月まで，佐藤は64年11月から72年7月まで，それぞれ首相を務めた。元外務次官で駐英大使であった吉田茂は，1946年5月から47年5月，48年10月から54年12月の間，首相を務めた。

これらのリーダーに加えて，多くの中堅国会議員も中央官僚機構の出身であった。1946年に自由党の官僚出身議員は全体のわずか2.7パーセントであったが，吉田はこれを1949年までに18.2パーセントまでに引き上げ，以来この割合が維持されてきた。1970年には衆議院69名（23パーセント），参議院50名（37パーセント）が自由民主党所属の官僚出身議員で，1977年にはそれぞれ27パーセント，35パーセントとなっていた[34]。

選挙区に安定した「地盤」を持っていた党人派の政治家たちは，こうした官僚出身議員の台頭に動揺した。党人派の政治家の多くは，官僚たちが政治家にとって代わり，行政府と立法府の境界を曖昧なものにしてしまう危険性を持っていると危惧し，今日でもそう信じている。1952年10月に行われた衆議院選挙では，329名いた戦前・戦時期の政治家が追放処分を解除され，その約40パーセントが国会議員として再選された。これらの政治家は，国会の約30パーセントの議席を占めていた。この時に，戦後の国会政治の基本的な構造が確立されたのである。すなわち，いわゆる保守勢力の主流派が官僚出身議員によって形成され，反主流派が官僚経験を持たない「生粋の」党人派によって形成されるという構造である。1955年に，当時勢力を拡大していた社会党に対抗するために，戦前の政友会と民政党の流れをくむ保守系の主要な2つの政党が合併した。これによって自由民主党が設立され，その後の一貫して国会を支配することとなった。

自民党の内部では，反主流の党人派と主流の官僚派が互いに競い合い，通常は官僚派が優勢であるが，党の分裂を防ぐために，どちらかが完全に排除されるということは起きなかった。1958年に成立した第二次岸内閣では，12省庁のうち8つが官僚出身の大臣に率いられることとなり，官僚による支配が確立した。また官僚出身者は，各省庁の法案や予算が審議される党の政務調査会，そして国会の主要常任委員会の要職の多くを占めた。官僚出身議員たちは，政府内における経験を生かして，より早く閣僚レベルの役職に就くことができる。ある研究によると，官僚出身の政治家は当選7回で閣僚級の役職を得るのに比べて，ジャーナリスト出身者や財界出身者は当選9回，地方政治出身者は連続当選10回が必要であるという[35]。

当然のように，国会内における官僚出身議員の影響力は，戦前からの官僚支配を継続させ，さらに強化させた。Robert Spaulding Jr. は，明治憲法下において国会で立法化された法律の91パーセントが，国会ではなく行政府で立案されたものであったと指摘するが[36]，こうした傾向は戦後の国会でも同様である。たとえば，1947年5月20日から12月9日まで開かれた新憲法下での第1回国会において，官僚の意向を受けた内閣は，161の法案を国会に提出し，そのうち150が成立したのに対して衆議院議員は20の法案を提出し，成立したのは8つであった。1957年12月20日から翌年4月25日まで開かれた第28回国会では，内閣が175法案を提出し145が成立したのに対して，衆議院議員が提出したのは68法案で，そのうち成立したのは15であった[37]。議員による立法は，より難しいものになってきていると言える。内閣提出の法案は，おもに各省庁において立案され，国会へ提出する前に自民党の同意を得る必要がある。慣例として，各省庁の役人が法案を説明し，質問に答えるために国会に出席する。

法案に関する実質的な議論は，法案が内閣に送られる前に，各省庁内および省庁間で行われる。そして，この過程で民間人も一定の役割を果たす。省庁に支配された一種の疑似審議が，各省庁に付属している「審議会」(その数は1975年の時点で246に上り，「審査会」，「協議会」，「調査会」，「委員会」などとも呼ばれる）で行われる。これは，大臣によって設置された公的な常設機関であり，大臣によって任命された民間の専門家らによって構成され，省庁の政策や法案について審議する。75年の時点では，総理府に最も多い51の審議会が設置されているが，通産省はこれに次ぐ36の審議会を設置している。

日本では，法案が審議会において官僚機構の外部の人間から審査され，討議される程度以上のことは，特別になされない。国税や税関法といった国会にとって重要な事案でさえ，審議会で審議された後は，国会によって追認されるだけである。たとえば，税制調査会は国会から何らかのインプットをもらうこともなく毎年税法と税率の改正を勧告するが，通常この勧告が国会で修正を受けることはない。同様に，関税率審議会が関税率と税関手続きに関して決定を下し，国会はこれに修正を加えることなく承認をする[38]。審議会が数々の非常に重要な事項を扱っていることは疑いのない事実であるが，問題は審議会の委員の人選や審議の手続きや省庁との関係（独立性の程度）である。

この問題については，多くの議論が行われている。審議会は，本当に官僚機構の意思決定に対して民間からの提言を行っているのであろうか。それとも見せかけだけの協議や合意形成を国民に見せることで，官僚の影響力を隠すための隠れ蓑なのだろうか。元通産事務次官の佐橋滋はインタビューで，自分が知る限りでは，審議会は官僚機構についてのさまざまな批判を前もって沈黙させるための道具としてとくに重要であったと述べている[39]。河中二講によると，審議会は官僚が特定の政策を推進する時に，省庁内や省庁間で起こりうる闘争で有効な武器となるという。一般市民には大した意味を持たなくとも，審議会委員のネームバリューが，ライバル官僚に大きな影響を与え，牽制する役割を果たすという。つまり，ある省庁の審議会のメンバーの影響力が，別の省庁の審議会のメンバーの影響力を相殺するというわけである[40]。

日本のジャーナリストの意見は，もっと辛辣なものである。毎日新聞の経済専門家らによると，審議会は独自のスタッフを持たず，すべての提案は事前に省庁の同意を得ていると指摘し，審議会はただの「カラクリ」であるという。一方で彼らも，経済関連の最も重要な審議会である経企庁の経済審議会や通産省の産業構造審議会や大蔵省の外資審議会に関しては，ただの「飾り」というわけではないと述べている[41]。しかし，通産省記者クラブの所属記者によると，そのうちのひとつである外資審議会に関しては，少なくとも資本自由化までは，通産省の外資企業への影響力を隠すための「隠れ蓑」であったという[42]。

もしこれらの批判が的を射たものであるならば，なぜ国会が自ら法案を起草し，それを審議するという重要な役割を果たさないのであろうか。その答えは，日本の国会が，ウェーバーの言う「機能的な議会」つまり「機能を継続的に分担することで，行政を監督する機関」ではないということである[43]。政府の最も重要な機能は，別の所で果たされ，国会はそれを承認するだけなのである。すでに指摘したように，国会の官僚機構への依存は，戦前の構造に起源を持っている。それが維持され，さらに強化された背景には，困難を極めた戦後復興がある。1940年代末から1950年代初めにかけて，当時のあまり有能ではなかった政党による干渉に対して，官僚機構は自らの政策を押し進めるべく戦った。そしてこうした闘争は，官僚機構は国益を代表し，政党は地域的で利己的な特定の利益のみを代表しているという伝統的な考えを喚起させた。全般的な英知は国家の中に存在し，個別の英知は社会にあるとする政治哲学は，GHQが設立した民主的制度のいくつかとは矛盾していたが，日本人にとっては受け入れやすいものであった。小島昭はこのイデオロギーの起源は，明治政府が権力を独占し，公益とされないものは定義上，すべて私利私益であり，それは公益に従属するとして「公共利益の正統性」を確立し，民間の利益よりも公益を優先するとしたことにあるという[44]。

日本にも多数の利益団体は存在するが，彼らの行動を正当化する多元主義の理念は存在しない。戦前の政党は民間利益を代表することによって権力を持つようになったが，こうした過去の遺産は戦後の政党に受け継がれている。議員の起草による法案が国会で可決されることがきわめて少ない理由のひとつは，それらのほとんどすべてが選挙区からの陳情に基づくものであるか，特定の利益のみを反映したものであるからである。政党政治家の多くは，国家の活動と議員の活動は縦の関係にあるという伝統的な見方を受け入れている。John Campbellによると，「有権者を動かすものは，広範な社会政策の問題への関心ではなく，特定の利害や利益供与に関する欲望であると，政治家は考える傾向がある」[45]。

日本における行政府と立法府の間の融合関係は，自由主義を志向する者には不満かもしれないが，発展指向型国家の観点から言えば，隠れた利点がある。戦後，国会は，David Titusの言う「最高承認者」（他の機関でなされた決定を最終的に正当化する機関）として，天皇にとって代わった[46]。明治憲法下における天皇と同様に，国会は国家主権の中心となるものであるが，権威（authority）と権力（power）との間に以前から存在した乖離が依然として維持されており，そのような乖離が存在する理由のいくつかはかつてと全く同じである。しかしひとつ大きな違いも存在する。戦前の天皇制に比べて，国会はこうした重要な機能をより安全に，効果的に，そして民主的に果たしている。戦後日本では，官僚が重工業部門に集中的に資源を動員することを可能にするために，利益団体や個々の市民からの陳情を阻止する必要があった。官僚の高度経済成長政策が，結局はすべての市民の生活水準を引き上げ，それによって多様な利益に応えたことになったわけであるが，市民の意見がとり入れられるようなことはなかった。官僚の政策に必要であった資金，法律，制度は，Hurry Wildes が言う「傀儡国会」によって作られたのである[47]。

しかしながら，国会で多数を占める自民党が支配するこの「傀儡国会」は，国家と社会の間の仲裁者としての役割を果たしてきた。つまり，農業や中小企業などの無視できない利益に国家が便宜を図ることを強制し，そして時には公害のような深刻な問題に関して国家が政策転換をするよう要求してきた。同時に，開発計画を妨害するような要求を掲げる団体を遠ざけたり，そこから妥協を引き出してきた。全般的に言って，国会は負担や痛みの分担や所得分配をかなり公平な形で行ってきた[48]。

国会はこうした仲裁機能を担うと宣言しているわけではないが，日本においては広く分析・検証されてきた。研究者の見解はさまざまであるが，その多くは日本社会を２組の社会グループや機関に分類している。つまり，中核的なものと周辺的なもの（あるいは特権的なものと通常のもの，上級と下級）に分けられるというのである。中核的なものとは，個別の利益ではなく，社会全体の利益のために発展指向型国家を運営するとされる。中核的な機関（官僚機構，自民党，財界）はゆがんだ三角関係を構成している。自民党の役割は，官僚機構の政策が国民の容認できないほどに逸脱しないよう確認しつつ，官僚の仕事を正当化することである。そして，これは自民党自身の利益にもかなうことがある。自民党は，国会と官僚がつねに農家の要求に応えるようにさせる。それは，自民党が過大代表された農村票に大きく依存しているからである。一方で官僚機構は，自分たちが国家全体のためになると考えることを政党が確実に履行するように，退職した高官を自民党に送り込み，経済界を成長目標へと誘導する。他方で経済界は，自民党が政権を維持できるように多額の資金を提供するが，政党を支配するまでには至らない。政党は経済界よりは官僚機構のほうを向いているからである。

この三角関係は，時によって抗争をともなったり，また時には協調的であるようにみえるが，河中二講によれば，どちらの印象もまやかしであるという。河中が「元請的グループ」と呼ぶ重要産業を代表する利益団体は，つねに官僚機構との特権的関係を持っているという。官僚と財界は，民間の産業団体や企業が，政策の柔軟な執行と部分的・技術的な修正を求める場合に，時として衝突することがある。政府は企業合併を斡旋したり，資金援助を与えたり，外資系企業を牽制したりすることがある反面，政府が計画するゴールへ導くために新しい条件を産業に課したりもする。こうした衝突は，重要で手間がかかるが，河中によると，「身内」の間のものと理解すべきであるという。

部外者の場合，たとえば消費者団体，地方の環境保護団体，日米同盟に批判的な団体については，政府の政策はこれらを無視することがあり，もしこれらが非常に強力になった場合は，自民党を通じて妥協を模索する。日本人は，こうした政官財の三角関係を原則論として受け入れているのではなく，政官財が達成した成果として理解し，それを支持している。日本政府において，河中が「結合した二重構造」と呼ぶ特性が発達してきたが，これは政策決定構造の補助的あるいは従属的な部分にある者が，優越的または指導的立場にある者の意向を忖度し，あたかも指導者の政策が彼ら自身のものであるかのように，自らの政策を形成する傾向を持っていることを意味する。これは，部外者の目には合意にしかみえない。しかし，実際は権力のバランスと日本が脆弱な国であるという感覚によって左右されるものである。河中によると，同意というよりは，官僚と自民党と財界の間の象徴的な関係を意味する「相互連鎖的な意思決定」と呼ぶべきものであるという。こうした相互連鎖的な意思決定の特徴は，官僚の主導的役割と，不明確な責任の所在，まるで血縁であるかのような緊密な関係にあるという[49]。

本書の研究関心にとってより重要な特徴としては，さまざまなグループと政府のつながりに多様性があるということである。「元請的グループ」ときわめて重要な支持団体は，確立されたアクセスを持っているが，戦略的に重要ではないグループは（明治憲法下よりはましであるが）容易に政府にアクセスすることができない。優遇されたグループのアクセスは公式化されたものではないが，審議会を通じて，官僚から政界や財界へのエリートの異動を通じて，また後述する巨大な OB ネットワークを通じて行われる。その結果生まれたのは，共産主義的統制経済よりも柔軟で（より効果的で）許容しやすく，市場合理型システムよりもはるかに高い目標の設定・達成能力を持つ発展指向型国家なのである。

この巧妙で柔軟なシステムにおける官僚と政治家の人的関係は，非常に複雑なものである。各省庁において政治的に任命されるのは，大臣・長官の一名だけである。大臣は，必ずというわけではないが，ほとんどの場合において国会議員である（憲法第 67 条および 68 条は，首相は国会議員から選出されることと定められているが，他の大臣は過半数が国会議員であればよいとしている)。これに対して，官庁の他の職はトップの事務次官を含めてすべて政治任用の対象ではない。日本の首相は，わずか20人の大臣と党の4つの役員を指名する力しか持たない。しかしアメリカでは，大統領は官僚機構において少なくとも1000人の政治任用を行う（ある日本の研究者によれば1977年のカーター大統領の場合は916名であった)[50]。さらに大臣の任命にあたって首相は，自民党内の派閥のバランスという政治的要請によって動かされ，個人の資質に基づいて大臣を選ぶということはめったにない*。

日本の官僚機構は，大臣より下のレベルでの省庁人事を政治的な介入から守るために懸命に戦っている。そうすることで，彼らの主張が政治的な要求を超然とし，国益のためにのみ働くことができると信じている。官僚が最も恐れるのは，内部問題への政治の介入であり，官庁が党や政治家に卑屈になってしまうことである。たとえ大臣が法的には官庁のすべてのことに命令権と責任を持つとしても，大臣と事務次官の間には微妙な関係がつねに存在する。通常，大臣は官僚を恐れ，官僚によって操作されている。あるジャーナリストは，大臣がその職務を楽しむのは，皇居における認証式で正装し写真に収まる時だけであるという[51]。この状態にある限り，官僚は十分に満足である。しかし，官僚が本当に欲しているのは，官僚の好きなように仕事をさせ，いざという時には省庁のために責任をとり，他の政治家や外部の団体（とくに経済団体）の干渉から守ってくれる大臣である。それには非常に強い政治的影響力を持ち，自らの政治信念をしっかりと持った人物が必要となる。もし大臣が官僚出身議員で，とくに担当省庁の出身であった場合は，非常に複雑な問題が生じる。

大蔵省の役人は，大蔵省出身の強力な大臣，たとえば賀屋興宣や池田勇人や福田赳夫といった人物を恐れると証言している[52]。とくに池田はどの省庁の大臣になった時も，行動的な大臣であった。彼は高度経済成長計画に立ちはだかった財政健全派を排除するため，そして大蔵省を自身の政治的野心の協力者に

---

* 自民党の党四役のひとつである幹事長は，24名の政務次官（大蔵，農水，通産は衆参両院から2名，その他は1名）を任命する。それらの政務次官は，省庁と国会の仲介役を果たすことになっているが，議員にとってこの政務次官の地位の利点は，省庁とのパイプを使って，自身の選挙区や他の議員に便宜を与え，選挙や党内での立場を有利にすることができることである。Thayer, Nathaniel B. (1969) *How the Conservatives Rule Japan*, (Princeton, NJ: Princeton University Press). 毎日新聞によると，副大臣の任命は省庁や国会の機能強化というよりは，派閥に報酬を与えるために行われ，政務次官にこれといった重要な機能はなく，「省庁の盲腸」とも呼ばれている（*Japan Times*, 1974年5月7日，1975年12月27日）。

組み込むために，大幅な人事の入れ替えを行ったことで有名になった[53]。池田は通産大臣在任中，通産官僚には一般的に好まれた。それは，通産官僚らが政策面において池田に同意するところが多かったからである。しかし，たとえば1960年の貿易自由化のペースについて池田と通産官僚らの意見が食い違った時には，池田の意見が優先された。さらに池田は，通産官僚がメディアと接触するのを禁じたことがあった。それは池田が聞いたこともない経済政策案を新聞で読んで驚くことが何度もあったからである[54]。しかし，池田も通産省の人事には干渉することはなかった。

池田は，官僚出身議員が行動派大臣になっためずらしいケースであった。一般的には官僚出身の大臣が官僚に対して真の脅威となることはない。問題となるのは，党人派からの行動派大臣である。彼らは省庁に対する影響力を拡大し，長期間にわたって日本政治に大きな衝撃を与えることがある。このような例は，日本政治に関連した著書などで数多く語られている。中でもおそらく最も有名なものは，河野一郎が農林省を自身の個人的統制のもとに置こうとした例である。

河野は戦前の政友会で鳩山一郎の門下生であった。1951年の公職追放解除後，吉田の官僚主流派への抵抗勢力として政治に復帰した。保守合同によって自民党が発足した後は，第一次鳩山内閣の農林大臣，第一次岸内閣の経済企画庁長官，第二・三次池田内閣の農林大臣，建設大臣を務めた。1964年には建設大臣として，戦後世界における新興工業国としての日本のデビューとなった東京オリンピックの責任者となった。池田の死後，河野は党の主導権を握るために，党人派の結集に努力するも，佐藤栄作に敗れ，まもなくこの世を去った。

河野がはじめて1954年に農林大臣になった時に，農林省の内部人事に強力に介入した。このときに彼の右腕となったのは，安田善一郎という農林官僚であった。安田は多くの先輩たちを飛び越し，農林省では事務次官になる最終ステップであり省内人事を担当する官房長に抜擢された。そして安田は，河野に批判的な官僚を左遷または降格させた。安田がこうした任務を喜んで果たしたのは，退官後に河野派の一員として政界に進出することを考えていたからである。安田は，食糧庁長官を務めた後に退官し，衆議院に立候補したが，落選した[55]。安田の例は，官僚が秩序を乱し，政治家の走狗として利用された結果として起きた悲惨な例として他の省庁でも話題になった。

農林省は，自民党によって最も「政治化」されやすい省庁とよく言われている。それは，自民党が農村票に大きく依存しているからである。どこの国でも，農業関係の役所は政治的である。日本には少なくとももうひとつ，つねに自民党の強い統制のもとに置かれた省庁がある。それは文部省であり，その理由としては左翼勢力に支配された教職員組合とのイデオロギー的な闘争がある。教育分野においては，官僚の独立性というものは全く存在しなかった。通産省に関して言えば，1949年の発足以来，首相も大臣も支配力を獲得し，彼らの政治的目的のために通産省を利用しようと試みたが，通産官僚は河野と農林省の件を悪しき例としてたびたび引用しつつ，こうした試みに抵抗してきた。こうした通産省の事例は，しばしば基本的な産業政策に影響を与えたのであるが，それについては本書の後半において分析を行う。

党人派大臣の中には，たとえ行動的な大臣であっても，彼らの国会内での手腕を買われて，通産官僚に歓迎された者もいる。田中角栄や中曽根康弘や河本敏夫などが，その例である。しかし，大臣と官僚がいくら良い関係を築いていても，党人派大臣に関わると，汚職に関連してしまう危険性があるとの危惧を官僚は持っている（官僚出身議員が汚職に関わったとされたことも過去にはあるが，たいていのケースは党人派議員であるとされている）。また，大臣が事務次官を指名したり（通常は辞職する事務次官が後任を指名する），あるいは省庁の内部規定を変えようとすると，衝突は避けがたい。通産官僚は，政務次官が出席に固執した場合には幹部会を中止したり，私的な会合に切り替えてしまうことで知られている[56]。通産省の観点からすれば，理想的な大臣は椎名悦三郎のような人物である。椎名は，官庁の仕事に干渉しようとしない元商工官僚であるとともに，強力な自民党政治家であり，国会における有能な答弁者でもあった（有能な答弁者とは，日本的な意味では，低姿勢で長々と本質的には何も意味をなさないことを答弁することを意味し，椎名はこうした答弁の達人であった）。一般的に言って，戦前の大臣のほうが省庁に対してより強い影響力を持っていたが，これも戦後に官僚機構の権力が拡大した結果と言える。

日本の政治システムにおいて，官僚と政治家の関係は，たしかに複雑なものであるが，官僚の行動の焦点はあくまで省庁の中にあり，内部規範がときおり侵害されることが彼らを熱情的にするのである。Martin Landau と Russell Stout Jr. によると，「官僚制は，人工的に作られたものと，自然に発生したものとの融合物である。形式的な特徴とは別に，利益団体，個人的なネットワーク，パトロン・クライアント関係，仲介者，派生的連合などによって性格づけられている」という[57]。これらの非公式な結びつきは，忠誠心を生じさせ，意思疎通を容易にし，新規参入者を仲間に取り入れ，価値観の衝突が起きた際に新しい見解を生み出すなどといったことを通じて，組織の「文化」を支え，それを効果的に機能させている。本書の全編を通じて筆者は，通産省の組織構成，とくに公的なの組織として1939年から1973年まで存続した有名な業種別の原局と呼ばれる組織について分析する。しかし，公的な組織に命を吹き込み，より興味深いものにするのは，非公式な活動と伝統である。

草柳大蔵は，日本社会におけるすべての人間関係は，閨閥・郷土閥・学閥・財閥という4種類の「閥」に基づいていると主張する[58]。これらはすべて官僚機構の中にもみられるものであるが，最初の2つは大して重要ではないので，簡潔に述べるのみにする。

閨閥の証拠は，通産省にもみられる。いくつかの例をあげると，元通産省工業技術院の物理学者で退官後ソニーの技術部門の責任者となった鳩山道夫は，鳩山一郎元首相の次女と結婚している。1969年に通産省を辞めて経済企画庁事務次官となった高島節男の妻は，元式部官の黒田長礼の娘である。1975年に資源エネルギー庁に就任した増田実は，結婚を通じて富士製鉄元社長で戦後日本経済の偉大なリーダーのひとりである永野重雄の甥となった。これら以外にも多くの例がある。

戦前の例をあげると，商工省には伊藤博文の非嫡出子の伊藤文吉男爵のような高い身分の人物がいた。伊藤は，通産省の歴史で最も重要な人物のひとりである吉野信次の支援者でもあった。華族の木戸幸一は，戦前には商工省に在籍し，戦時中は内大臣になった。椎名悦三郎は，明治時代の台湾総督，南満州鉄道（満鉄）総裁，関東大震災後の東京復興の責任者となった後藤新平の甥であった。

日本において，こうしたつながりとその影響は非常に重要であり，偶然の産物ではない。非常に多くの若い官僚が，課長に結婚の世話を依頼し，課長は閨閥を念頭に入れて見合い話を進める。それにもかかわらず，ほとんどの研究者は，戦後の閨閥は戦前ほど重要ではないと結論づけている[59]。しかし，通産省官僚の中には，良い閨閥を持っていることは自身の経歴には有利であると言う者もいる。そして久保田晃によると，1949〜59年の期間において上級国家官僚について検証した結果，有名な父親を持つ者よりも，有名な岳父を持つ者のほうが大幅に多かったという[60]。日本においては，官僚の地位を持つことは，婿候補としては非常に有利であるということが見てとれる。

官僚機構においては「郷土閥」も存在し，多少の影響がみられる。元通産事務次官の徳永久次（退官後は新日鉄の重役）にとって，彼が事務次官であった時の大臣であった石井光次郎は，学校の先輩であり，福岡県の同地方の出身であった。徳永によれば，こうしたつながりは石井と仕事をする上で，むしろ徳永の活動を多少抑制するものであったという[61]。岸信介と松岡洋右と鮎川義介はいずれも山口県出身で，それは1930年代の満州の産業開発において，彼らの協力関係に寄与したと本人たちは言う（さらに岸は，佐藤栄作の実兄でもあった）。また戦前の商工省の主要人物であり，1950〜60年代に国会議員を務めた小金義照の経歴には，閨閥と郷土閥の影響を見てとれる。小金は1898年に小田原の平民の家に生まれたが，若手官僚として森恪の妻の妹と結婚したことで，政友会の幹事長が叔父となった。このつながりと神奈川出身という背景を通じて，後に森の安定した選挙区である神奈川3区を引き継ぎ，約20年にわたって国会議員を務めた[62]。

閨閥と郷土閥は大きな組織にはたいていみられるものであるが，日本の国家官僚機構において間違いなく最も重要な影響力を持っているのは学閥である。大学の同窓生は，官僚生活において切っても切れないものである。なぜならば，官僚を他のエリートと区別するものは，彼らの出身大学と国家公務員試験での成功だからである。また学閥は，社会全体に広がる卒業生ネットワークを形成している。

1886年3月2日に政府は，次のような勅令を公付した。「帝国大学ハ国家ノ須要ニ応スル学芸技芸ヲ教授シ及其蘊奥ヲ攻究スルヲ以テ目的トス」。この勅令に基づいて，政府の中で長州と薩摩の武士にとって代わる行政実務家を養成するための機関として，東京帝国大学が設立された。こうして政府が採用した人材のほとんどは当初東大卒業生であったが，20世紀に入って他の近代的な大学が設立され，政府は東大卒業生も含め採用を試験によって行うようになった。この高等文官試験はきわめて難しいもので，Robert Spauldingの調査によると，1928年から43年における不合格率は90パーセントに達したという[63]。公務員試験制度は，多少の修正を加えただけで，戦後も維持された。1977年には5万3000人が受験し，合格者はわずか1300人で，競争率は41倍に上った。そしてつねに最大の合格者を出しているのは，東京大学であるが，それはもともとこの大学が役人のための教育に向けられていたので，その成績の優秀

表3　上級国家公務員試験の大学別合格者数（1975，76年）

大学	合格者数	
	1975	1976
東京大学	459	461
京都大学	172	193
東北大学	67	51
名古屋大学	34	42
九州大学	29	41
東京工業大学	44	38
早稲田大学	28	32
大阪大学	44	32
北海道大学	45	31
東京教育大学	24	22
名古屋工業大学	7	19
東京農業大学	18	15
横浜国立大学	19	14
千葉大学	14	12
神戸大学	14	12
一橋大学	22	10
慶應義塾大学	6	10

出典：『週刊朝日』1977年7月15日号，21～23ページ
注：この2年間に10人以上の合格者を出したのみ記載。

さによる（表3参照）。

しかし，省庁のすべての職員が公務員試験に合格しなければならなかったというわけではない。戦前は，試験を合格した者は勅任官となり，試験を経ていない者は判任官となった。この違いは，軍隊における将校と下士官の差違とほとんど同じであった。現在では，すべての公務員は採用試験に合格しなければならない。だが旧システムの特徴は，合格した試験の難易度に基づく区別によって維持されている。今日，高級官僚を目指す者は上級甲種または乙種の試験に通らなければならない。上級試験に合格し，省庁に採用された者は，事務次官を含む高い役職に就くことができるが，中級試験を通った者は課長ポストを超えて昇進することはなく，一般的には課長ポストにも届かない。

公務員を目指す大学生は，大学の最終年次に上級試験を受験する。試験に合格し採用された者は，省庁における新入職員の一員となる。どの年次に入省したかというアイデンティティが，各人の官僚生活のすべて，そして退官後にも続く最も重要な属性となる。年次は，キャリア官僚のタテの関係，つまり先輩・後輩関係を確立する。課長への昇進や退官時期なども，厳格に年功序列に基づいて行われる。官僚機構における，年功序列と年次尊重は，省庁の内外で彼らの行うすべての活動に影響を与える。たとえば，岸信介はいまでも農商務省における昔の経験から，吉野信次のことを先輩と呼んでいる[64]。元運輸次官で全日空社長の大庭哲夫は，国会でロッキード事件の証人として喚問された時，ある国会議員からの質問に対して怒りを抑えるのに必死だったと新聞に書かれた。それは，質問をした議員が運輸省の後輩で，後輩が先輩を尋問するという非礼が，大庭を激怒させたというわけである[65]。

研究者によっては，学閥という言葉を使う代わりに「東大閥」という言葉を使うことがある。これは，官界や金融界や産業界の上層を東大出身者が支配しているからである。東大閥の間にも，閥の中の閥とされる東大法学部卒業生の存在がある。彼らの影響力を理解するには，新しく入省した職員が，事務官と

技官という２つのキャリア・パスに分けられるということを知る必要がある。この区別は，キャリアとノン・キャリアとの違いとは異なるが，ほぼ同じように重大な結果をもたらす。事務官と技官の区別は，大学での専攻に基づいている。

しかし，技官でも事務次官にまで昇進できる省庁がひとつだけある。それは，建設省である。建設省は戦後誕生した省庁であるが，内務省土木局が核となり，内務省から多くの事務官が移った。事務官と同等の扱いを求めた技官たちの建設省内での激しい闘争は有名である。新設された建設省の最初の次官を指名したのは，片山哲の社会党内閣であった。旧内務省幹部は，警察出身の事務官であった大橋武夫を推したが，技官たちは岩沢忠良を推した。旧内務省の各部局の組合も，それぞれが大橋か岩沢を支援して片山政権に強い圧力をかけた。最終的には，社会党書記長であった西尾末広が，岩沢を選んだ。西尾によると，大橋を選ばなかった理由は，軍国主義の時代に西尾が岡山で警察に苦しめられたという個人的な経験を持っており，その時の岡山県警察部長が大橋であったからだという。西尾の選択の結果，次官は事務官と技官の間で交代に出すとの不文律ができ，これは現在まで引き継がれている[66]。

通産省では，技官ポストは鉱山保安局長だけであるが，ここにも事務官と技官の交代制が確立している。さらにこのポストに就くことができる技官は，東大工学部鉱山学科の卒業生に限定されている。建設省と省庁の付属研究機関とその他専門機関を除いて，通産省およびその他の省庁の主要ポストは，ほとんど事務官に独占されている。そして事務官の最大の供給源は，東大法学部である。

人事院の調査によると，1965年１月１日の時点で，法学部，経済学部，文学部出身の483名の部長以上の職員のうち，355名（73パーセント）が東大法学部出身であった[67]。しかし東大法学部の学生で官庁に就職するのは一部のとくに優秀な学生のみで，残りの者は重要な民間企業の要職に就く。東大法学部卒業生のつながりは伝説的である。表４は1975年と76年の東大法学部卒業生の就職先を示している。毎年約690名の卒業生のうち，150から250名は就職をしないが，彼らは大学院へ進学するか，上級公務員試験に失敗したため翌年の受験の準備をする。約130名が官庁に就職しているが，自身の成績と省庁の格付けに基づいて，上位層は大蔵省や通産省や外務省に，下位層は厚生省や文部省や労働省を就職先として選択している。*Mainichi Daily News* によると，

表4　東京大学法学部卒業生就職先（1975，76年）

就職先	1975	1976
1. 中央官庁		
大蔵省	17	15
通産省	13	14
外務省	10	11
法務省	4	N.A.
郵政省	12	13
警察庁	7	12
自治省	13	10
農林省	11	9
運輸省	9	9
建設省	8	9
文部省	4	8
厚生省	11	7
労働省	5	4
人事院	2	2
最高裁	1	2
総理府	1	1
環境庁	1	1
防衛庁	1	1
国税庁	0	1
北海道開発庁	0	1
小計	130	130
2. 都道府県庁	3	18
3. 特殊法人	12	37
4. 銀行	92	117
5. 証券	4	8
6. 生命保険	26	27
7. 不動産	4	2
8. 造船	8	3
9. 自動車	0	5
10. 商社	26	27
11. 電機	5	4
12. 鉄鋼	20	22
13. 化学	3	4
14. 繊維	3	4
15. 建設	1	1
16. 倉庫・運送	4	4
17. 公益事業	3	9
18. マスコミ	7	10
19. その他	100	111
合計	451	543

出典：『週刊読売』1976年4月3日号，156～159ページ

「卒業前に東大のカウンセラーが，『大蔵省でも大丈夫』，『大蔵省は難しいが厚生省なら大丈夫』，『大手民間企業はどうか』といったような就職指導を行う」という[68]。

官庁の内外の東大出身者は互いに交流を続けるが，民間企業が東大出身者を喜んで迎え入れる理由は，官庁とのパイプ役を期待しているからである。おそらくより重要な点としては，省庁のオフィスと企業の役員室とに，同じような人間がいるということである。東大出身者のつながりは，アメリカのロー・スクールで用いられる意味での「法的」なものでも，ビジネス・スクールで用いられる「起業家的」なものでもない。東大法学部は，大陸ヨーロッパ系の公法および行政法の優れた講義を提供しているが，これは英語圏における法律学というよりも，政治学と呼ばれるものに近い。東大の学生は，1年目には必須科目の経済学原論を，2年目には選択科目の経済政策論を，そして3年目には必須科目の財政学を受講し，経済学も学習する。この帰結として生じる官民間の均質化は，戦前に始まったものである。Rodney Clarkは企業経営の観点から観察し，「1920年代まで高等教育（とくに国立・私立の一流大学）の中でもとりわけ東大における教育は，主要企業の経営者になるために最も適した資格であると考えられるようになった。公法学重視は，企業経営を官僚的で協同事業的なものととらえる見方を強調することになった。すなわち，市場の中で企業家的意志をつらぬくこと，あるいは優れた技術や勇気や判断を育てることよりも，会社をどう統治するかを強調することになった[69]。

官僚機構に入ると，同期の間の東大グループは，自分たちの仲間が成功し，グループ外の人物が良い

ポストに就くことを妨げるために，協力して仕事をする。元大蔵官僚で大学教授の榊原英資によれば，榊原と同期の1965年大蔵省入省者は18名で，うち16名が東大，2名は京大出身で，18名中5名が経済学部卒で，残りは法学部卒であった。より一般的なのは，1966年入省組で，21名中20名が法学部卒であった[70]。そのような状況下では，東大以外からの官僚が，課長レベル以上に昇進することは非常に困難である。過去に早稲田大学出身者が農林省で局長になった時には，全新聞が取り上げたほどであった[71]。

局長・長官・事務次官の人事にあたっては，省庁の中で激しい競争が起こる。入省後の官僚は，（「外回り」と言われるとおり）いろいろな課での異なった職務の間を1〜2年の間隔で回ることになっており，加えて通産省では，ほとんどの者が領事館や大使館や大学やジェトロ事務所といった海外ポストを経験する。しかし，すべての課やポストが平等というわけではない。総務課は，それぞれの局内では最も重要で，大臣官房の秘書課・総務課・会計課の3つは省内で最も重要な課である。これらの課のいくつかを経験し，課長になることが，エリート・コースであるといわれる。

ノン・キャリアの官僚は，それほど頻繁には異動しない。よくあるパターンは，1つの課で長年務め，「生き字引き」と呼ばれるようになることである。時々，生き字引きのノン・キャリア官僚が，課長になることもあるが，これは稀なケースで，主要な政策を立案する課では起こらない*。

キャリア官僚には，よほど大きな失敗をしない限り課長ポストへの昇進が保証されている。表5は，1975年末時点での5つの経済官庁における昇進の相対的早さを示している。大蔵省も通産省も，事務次官は1944年組から出ているが，大蔵省のほうが課長になるのに3年長くかかっている。昇進についての競争が始まるのは，課長レベルを超えてからである。

官庁にある局長ポストは限られているので，当然のことながら同期の全員が

---

*　たとえば，上級公務員試験を受験せずに通産省に入省した阿部新七元陸軍会計官が，重工業局車両課の課長に昇進し，その後同省の四国通商産業局の局長に就任した。しかし，これらは重要なポストではなかった。車両課は，競輪とオートレースを管轄していたため，キャリア官僚からは敬遠されていた。そして自動車課は，通産省内で唯一スポーツ紙を講読している部局と言われていた。占領期の終わりごろに，競輪は非合法勢力によって支配されるようになった。世論の批判を受けて，政府は通産省の管轄下に置いて，非合法勢力を追放し，公営ギャンブルからの売り上げを公共事業や地方財政のために使うことにした。この業務を担当したのが車両課であった。車両課は，同局の自動車課とは別の部署で，自動車課のほうは重要用ポストと目されていた。政策時報社編（1968）『通産省——その人と組織』政策時報社，pp.205-206を参照。

表5　入省年次による昇進状況（1975年12月1日現在）

省庁名	次官	外局長官	内局局長	次長・部長	大臣官房三課長	総務課長	初任課長	地方局長
大蔵省	1944	1946	1946-48(I)	1948(II)-50	1951-52	1951-52	1958	1948-52
通産省	1944	1945-47(II)	1947(I)-48(II)	1948(II)-51	1952	1952-53	1961	1949-51
農林省	1945	1945-47(I)	1946-48	1948-53	1952-54	1953-54	1960	1948-51
運輸省	1943	1946	1946-48(II)	1948(I)-51	1953	1953-55	1961	1952-54
建設省	1944	1945	1945-49	1949-52	1951-52	1952-53	1958	—

出典：渡辺保男（1976）「公務員のキャリア」『行政学講座』第4巻，東京大学出版会，191ページ
注：経済官庁は経済統制下の業務拡大に対応するため，1947年と1948年には，春（I）と秋（II）の2回採用を行った。

局長になれるわけではない。昇進を続けている者は事務次官レースにとどまり，そうでない者は退職を余儀なくされ，特殊法人や民間企業へ天下りする。最終的には，下から上がってくる後輩からの避けがたい圧力によって，全員が省庁を去り，天下りをすることになる。退官する年齢は，事務次官でも50代である。こうした天下りの慣習は，官僚機構の厳格な年功序列制度に基づくものであるが，後述するように，国家が社会とコミュニケーションをとる上で，有効かつ重要なチャンネルとなっている。

官庁にとどまる人物と早期退官する人物を分けるプロセスは，「肩たたき」や「間引き」と呼ばれる。早期退官者の肩をたたき，彼らに良い天下り先を斡旋するのは，事務次官や官房長の責任である。退官する事務次官が次の事務次官を指名すると，新しい事務次官が省内の最年長者となるように，その同期はすべて退官することになり，天下りの最終的な整理が事務次官レベルで行われる。新しい事務次官は，同期の退官者が良い天下り先を得られるように尽力することになる。退官する事務次官の新しい就職先は，大臣と省庁の先輩が斡旋する。

省庁内の高いポストをめぐる競争は，通常は各年度の入省組の間で起こり，個人の間では起こらない。たとえば，大蔵省1947年入省組の25人は「五月会」という会を作り，最後に残った大蔵真隆主税局長が同省を去るまで，30年以上続いていた[72]。正式に会を組織していなくとも，省内で緊急事態が起きた際には，共通の政策について合意を得るために同期の仲間が集まることがある（たとえば，1963年に佐橋滋が通産事務次官の座を逃した時は通産省の歴史の中でも大きな危機であり，その時はいろいろな年次の同期が会合を持ったのだが，これについては第7章で詳しく述べる）。

すべての年の入省組が，事務次官を輩出できるわけではない。事務次官の在任期間がたった2〜3カ月というようなことになってしまうと，官庁の最高幹部の有効性に大きなマイナスとなる。そのため事務次官人事では，いくつかの年次が飛び越されてしまうことになる。その結果，官房秘書課長は，自身の同期のために，他の入省組のメンバーを競争から排除することがある。佐橋の多くの反対派は，彼が人事を操作するために秘書課長としての在任期間を使ったと批判した。1935年と36年の入省組は，その時の事務次官の同期（1934年）と佐橋の同期（1937年）との間にあり，彼らの同期はすべて終着のポストに就かされていた。事務次官を輩出しなかった「負け組」は，1935年，36年，42年の入省組である。

各入省組には，それぞれの「花」，つまり事務次官候補の本命と目されているものがおり，同期は自分たちの代表に誇りを持っている。たとえば，通産省の1943年入省組の「花」は，荘清，矢島嗣郎，三宅幸夫，山下英明であった。1973年，荘は中小企業庁長官，三宅は特許庁長官，矢島は重工業局長を最後に退官し，山下が1973年7月から1974年11月まで通産事務次官を務めた。1つの入省組から2人の事務次官が出たのは，通産省では過去に2回あるが(1955〜60年の間に1932年入省組から石原武夫と上野幸七，1963〜66年の間に1937年入省組から今井善衛と佐橋滋)，言うまでもなく，このような時には省庁の内部規律に大きなひずみが生じることになる。

年功序列制度は戦前にも存在したが，戦後ほどには厳格に適用されていなかった。1913年入省組の吉野信次が商工省の次官になったのは1931年（辞めたのは1936年）で，43歳の時であり，先輩を飛び越して昇進した。さらに彼の個人的な要請で，吉野の先輩であった中松真卿（1908年入省組）は，退官せずに5年間特許局長官を務めた。新しい次官が生まれるとすべての同期と先輩が退官するという通産省の慣行は，岸信介が（商工）大臣に就任し，椎名悦三郎を次官に任命した1941年10月に始まったようである。岸と椎名は，軍部と近い関係を持っていた満州派商工官僚の代表で，自らの目的に関して明確なビジョンを持っていた。そして岸は，政策面で意見を異にする椎名の先輩官僚すべてに退官を求め，彼らは実際に岸の指示に従った[73]。

戦後社会においては，官僚機構の著しい拡大に伴って「年功の尊重」がより重視されるようになった。戦前に比べて，給与レベルがかなり引き下げられた官僚に対して生活の安定を与えると同時に，官僚機構の内部人事に明確な秩序をもたらすことが必要だったからである。官僚機構の拡大を示す具体的な数値として，渡辺保男は1894〜1943年の間に高等文官試験に合格したのは約9008名であったのに対して，1948〜1973年の間に国家公務員上級甲種試験に合格したのは1万8898名に上ったと指摘している[74]。

しかしすべての官僚が，年功序列と強制的な早期退官の制度を支持しているわけではない。佐橋滋は，自らもかつてこの制度を使う側にいたわけではあるが，その不条理さをたびたび批判している。1970年代までには，官僚も国民もこのシステムに不満を感じていた。1974年に退官を求められた通産官僚が，退官を拒否したことで通産省に衝撃を与えた。林信太郎（1947年入省・経済学博士）は，立地公害局長を1年弱務めた時点で，退官を求められた。林には民間企業での天下り先もあったが，立地公害局長の仕事を重要なものと考え，十分に局長としての仕事ができるようになる前に交替させられるのは，行政としてなっていないとして拒否した。林は，戦後日本のミシン産業を輸出産業に発展させたことで有名になり，通産省内での人気も高かった。そして西ドイツのジェトロ事務所で数年勤務し，「アメリカ資本がいかに西欧経済を侵略したか」を学んだ[75]。彼の退官拒否は，数名の若手官僚や報道機関から称賛を受けた。しかし，彼は仕事のない官房付に配置換えとなり，給与もカットされた。その後間もなく林は退官し，大手チェーン・ストアのジャスコの副社長に就任した。

佐橋や林の見解とは対照的に，元通産事務次官の大慈弥嘉久はこの制度を擁護している。厳格な年功序列と早期退官の制度は，日本のトップ官僚を他国よりも若々しくエネルギッシュにしており，彼らの活力ゆえに，より多くの新しいアイディアを生み出すことができるというのである。同時に，先輩・後輩関係は省庁への在勤期間を超えて広がっており，官僚の行動は経験豊かな先輩たちによって監視されている[76]。早期退官と民間企業や政界への天下りは，官僚とその他のアクターとの連携をさらに形成する。官僚の天下りの慣行は，日本社会の中核的グループにおける一種の党派的結合を生み出しているのである。

上述のように，日本の国家官僚は早期に退官し，民間の大企業や公共法人や政界で新しい職を得る。この慣行には当然のことながら悪用の余地があり，日本の評論家の多くは，それが濫用されていると批判してきた。たとえば，通産省担当の記者たちによると，賢い官僚は課長時代には，新しいアイディアを生み出し，それを採用するよう産業界に圧力をかけるが，局長になると自分の天下りのことを考えるようになり，省庁の顧客に従順になるという[77]。御園生等は，早期退官と十分ではない年金の組み合わせが，官僚の仕事を退職後の再就職のための見習い期間にしてきたと主張する[78]。農林官僚であることに嫌気が差し，同省を辞めて消費者運動の活動家に転じた竹内直一によると，大蔵省主計局は退職した大蔵官僚のポストを公共法人や産業界に探してくれる官庁には予算を増やしたりすることがあるという[79]。

日本の政府高官による汚職が全くないわけではないが，それほど多くはない。一般的に日本の国民は，政治家や財界のリーダーよりも，公務員の廉直さにより大きな信頼をおいている。民間からの贈答やゴルフや食事や旅行への招待といったささいな汚職もあるにはあるが，それは高官よりもノン・キャリアの間によくみられる。そうした汚職は1950年代の物資不足の時代によく起きたが，最近はそうでもない[80]。そうした事件に高官が関与した場合には，マスコミや国民は彼らを厳しく糾弾する。たとえば，1979年と1980年にいくつかの公共法人での公的資金の濫用の疑いが浮かんだ時には，違反者の逮捕を目指した捜査が全国的に報じられた[81]。そして新聞と野党は，違法行為に厳しい目を向けた。たとえば*Mainichi Daily News*は，次のような記事を載せている。「1973年11月末に野末陳平参議院議員は，ユニークな調査を実施した。いかに節約政策が実行されているかを探るために，建設省と運輸省のゴミ箱を調べた。7日にわたる調査の結果，2省のゴミ箱はジョニー・ウォーカー等の高級洋酒や贈り手の名前のついたままの贈答品の空き箱であふれていたことがわかった」[82]。

日本において深刻な問題は，時折起きる高官による職権の濫用ではなく，予期せぬ結果をもたらすこともある政府と大企業との協力のパターンである。過去に日本は，政府が関与した一連の大きな汚職スキャンダルを経験してきた。とくに有名な汚職事件には，1914年のシーメンス事件，1918年の八幡製鉄所事件，1934年の帝人事件，1948年の昭和電工事件，1954年の造船疑獄，1974年の田中金権政治事件，1976年のロッキード事件などがある。これらの事件はとくにセンセーショナルなものであったが，他にも同様の事件が数多く起こっており，そのうちの4つの事件は政権の交代につながった[83]。

こうした事件ほどは悪質ではないが重要な意味を持つものには，政府が一部の民間企業に対して優先的に機密情報を与えて，便宜を図ることがある。たとえば，1931年のドル買い事件，1945年の軍需物資払い下げ事件，1971年に起きた「ニクソン・ショック」時の（円が切り上げられるという確実な情報のもとでの）日銀のドル買い介入などである。1971年のケースでは，世界中の外国為替市場ですでに切り下げられていたドルを買うために，日銀は8月27日の1日だけで約12億ドル（これは1931年の時の6倍にあたる）を投入したとされている。1971年に日銀が為替市場で買い集めたドルの年間の総額は，（1ドル308円ではなく1ドル360円で計算すると）およそ60億ドルにも上った。結果として，民間企業に対して約10億ドルの利益を供与したことになった。一部の新聞記者はこうした行為を「構造汚職」と呼んだ。一方で，不利な価格で製品を売らなくてはならなくなる産業のために政府が講じた手段であったとして擁護する声もあった[84]。

経済戦略上重要な産業と目される産業において，退官した官僚が役員職に就くことは，両者が親密な関係を築くことを可能にする。その典型的な例のひとつとして，1950年代後半に西武と東急という2大私鉄会社の間に起きたいわゆる「箱根鉄道戦争」がある。この2社の競争は，富士山中およびその周辺のバス乗り入れと観光鉄道の開発，伊東から下田までの鉄道，そして熱海－大島間の観光船などに関するものであった。これらに関して，運輸省はすべて東急に対して認可を与えた。東急社長の五島慶太は，鉄道省の元官僚であり，また東条内閣の運輸大臣も務めた。東急副社長であり，関連企業である東映社長の大川博も，国鉄の出身であった。さらに東急取締役で東急車両の社長であった吉次利二は，鉄道省に20年以上も勤務していた。くわえて，東急専務取締役の唐沢勲，京浜急行電鉄（東急子会社）社長の川原道正，相模鉄道（東急子会社）副社長の鳥居菊造，箱根登山鉄道（東急子会社）社長の柴田吟三，江ノ島電鉄（東急子会社）社長の梶浦浩二郎，静岡鉄道（東急子会社）社長の川井健太郎，これらの人物はすべて鉄道省あるいは運輸省の出身である。これらの「先輩」たちが，東急の計画を精査する立場にあった運輸官僚に対して，ある種の影響を与えたと言われている。現役官僚の中には，退官後に「東急帝国」に天下りしようと考えていた者がいたのであろう[85]。

このように，民間企業が官僚の天下りに協力する理由のひとつは，多方面にわたる政府の許認可権にある。企業は元官僚を取締役として受け入れることが，官庁から許認可を得る近道だと信じている。建設省は建設業者に対して，運輸省は鉄道・航空・バス・タクシー業者に対して，大蔵省は銀行に対して，そして通産省は基幹産業（1950年代には鉄鋼や電力や化学工業，1960年代には自動車や機械，1970年代には電気製品，1980年代はコンピューターやロボットや代替エネルギー）の業者に対して許認可権を行使することができる。このことを念頭に置くと，1950〜60年代に外資系企業に天下りした元通産官僚がきわめて少なかったこともうなずける。また，1970年代になると，日本経済の国際化への取り組みの一環として，アメリカ松下電器や日本IBMや日本テキサス・インスツルメンツなどに天下りするようになったことも理解できる[86]。

こうした企業と政府の関係を「腐敗」とみなすのは，正しくない。これはむしろ，特殊な行政環境に企業が適応した結果なのである。これと同様の適応は他の国にもみられる。しかしアメリカでは，企業が求めているのは，軍需産業を除けば，元官僚ではなく元議員である。そのため，1970年代にはアルバート・ゴア元上院議員がオキシデンタル・ペトロリウム社の顧問弁護士に，ポール・ロジャース元公共保険小委員会委員長がマーク・アンド・カンパニー社の取締役に，ブロック・アダムス元議員・元運輸長官がトランス・ワールド・エアライン社の顧問弁護士に就任した[87]。アメリカの企業が官僚よりも議員を好むという事実は，アメリカの市場合理性を反映している。そしてそれは，日本の計画合理性と対照的なものである。

日本において重要産業が政府と親密な関係を持っていたのは，発展指向型国家の予期せぬ「結果」というよりは，発展指向型国家の「目的」であったと言える。そしてここに天下りの真の意義がある。このシステムの欠点として，企業が利益を得るために時々悪用されることがある。しかし日本人の観点からすると，円滑な政策の立案と実施という天下りの利点のほうが，こうした欠点よりも大きいのである。日本人は元官僚とその後輩である現役官僚が行う協議を「根回し」と呼ぶが，それは政府と企業の意思決定のための土台を作ることである。だが，これは外国人の目には「合意」と映る。

最もランクの高い天下り先（たとえば通産事務次官の退官後の職——表6参照）は，戦略的な産業を調整するための基地となる。そこでは西欧流の公と私の区別は意味を持たない。これに関連して，Eleanor Hadleyは，戦前の財閥について次のように述べている。「財閥の力は国家の力とみなされていたが，財閥の利益は個人の所有物と判断されていた」[88]。相対的に国家の権力が強くなったということを除けば，戦後においてもこの関係は続いている。三井銀行元頭取佐藤喜一郎は，「（中略）今日われわれが計画され統制された経済を当たり前のことと思うのは，戦時中そして戦後においてそれほどまでに統制されて

表6　通産次官の天下り先（1978年）

氏名（通産省在籍期間）	次官在任期間	天下り先
1. 山本高行（1929-52）	1949年5月～52年3月	富士製鉄副社長（1961年死亡）
2. 玉置敬三（1930-53）	1952年3月～53年11月	東芝社長，後に同会長
3. 平井富三郎（1931-55）	1953年11月～55年11月	新日鉄社長，後に同相談役
4. 石原武夫（1932-57）	1955年11月～57年6月	東京電力副社長，後に監査役
5. 上野幸七（1932-60）	1957年6月～60年5月	関西電力副社長，後に同顧問，関西石油社長
6. 徳永久次（1933-61）	1960年5月～61年7月	新日鉄副社長，後に石油開発公団総裁
7. 松尾金蔵（1934-63）	1961年7月～63年7月	日本鋼管会長
8. 今井善衛（1937-64）	1963年7月～64年10月	日本石油化学社長
9. 佐橋　滋（1937-66）	1964年10月～66年4月	佐橋経済研究所，余暇開発センター理事長
10. 山本重信（1939-68）	1966年4月～68年5月	トヨタ自動車工業副社長
11. 熊谷典文（1940-69）	1968年5月～69年11月	住友金属社長
12. 大慈弥嘉久（1941春-71）	1969年11月～71年6月	アラビア石油社長
13. 両角良彦（1941秋-73）	1971年6月～73年7月	電源開発総裁
14. 山下英明（1943-74）	1973年7月～74年11月	三井物産常務取締役，イラン化学開発社長
15. 小松勇五郎（1944-76）	1974年11月～76年7月	神戸製鋼取締役

いたからである」と述べている[89]。

経済界のトップ・リーダーのレベルでは，政府と企業の関係が全体の利益のために効果的に運営されるかどうかが最大の関心事である。天下りは共通の目的に貢献することにおいてこそ意義がある。それは，東大での教育，ゴルフクラブの会員（通産省の天谷は，彼らがゴルフ場でゴルフ以外のことをしていることを認めている），共通の戦争体験といったものと同様である[90]。経団連の歴代会長である石川一郎，石坂泰三，植村甲午郎，土光敏夫，稲山嘉寛のうち3人は元官僚（1人は逓政省，2人は商工省），4人は東大卒である（1人は工学部，1人は経済学部，2人は法学部）。これら5人はみな政府と密接に仕事をしたということを除けば，彼らの経歴とその政策の間に相関関係を見出すのは困難であろう。最も政府に協力的であったのは，石川（民間の技術者）と植村（元官僚）と稲山（元官僚）であった。土光（東大出身ではない技術者）はそれほどでもなかった。そして驚くべきことに，石坂（東大法学部出身の元官僚）が，最も政府に非協力的であった。

天下りは，政府と経済界と政界にひとつの連絡網を形成している。中村隆英によれば，天下りが官僚と財界をつなぐ主要なパイプであるという[91]。しかし天下りの影響は，学閥，閨閥，派閥，審議会，先輩・後輩関係，そして退官官僚が組織している各省庁の団体を通じたヨコ割りの影響によって加減されている（たとえば，通産省のOB団体である「火曜会」には，1963年には588名の会員が在籍していた）[92]。それ以外にも，人間関係が影響を与えている。利益追求のために財界に関係するのは官僚としてふさわしくないという理由や，自分の古巣にいる後輩相手にロビー活動をするのが嫌だという理由から，天下りを好まない官僚もいる。たとえば，岩武照彦は通産省を退官後，神戸製鋼所に入社したが，天下りには反対であった。同社の社長争いで，元大蔵省官僚の井上義海が岩武を下した時，岩武は関連企業の社長の座を打診されたが，これを断り長年の夢であった東大文学部の講師となった[93]。

日本政府と産業界の関係は，表面に現れているほどいつもスムースなわけではない。その有効性の主な障害となるのは，「セクショナリズム」と呼ばれる省庁間の縄張り争いである。これは日本政府の最も重要な特徴であり，政府の潜在的な有効性を制限するとみる研究者もいれば，巨大な権力が生じるのを妨げているとみる者もいる[94]。セクショナリズムを表現するために一般的に用いられる「群雄割拠」という言葉から察するに，日本人はそれが武士の時代からの遺産であると信じているようにも思われる。セクショナリズムの原因のひとつは，明らかに1889年に公布された明治憲法であった。そこには「天皇に対してのみ個々に責任を負う」という条項があるが，これは大臣や各省庁が首相や内閣や議会に対しては責任を負わず，天皇に対してのみ責任を負う（結局は，自分自身以外に対しては責任を負わない）ということを意味している。憲法起草者の意図は，寡頭政治に挑戦する者が権力に接近し，敵対して政府を利用することを防ぐことにあったが，実際には軍部出身の大臣がすべての権威を無視するという極端な独立行動に出るという結果をもたらした。そして多くの学者は，太平洋戦争における陸軍と海軍そして他の政府部局間における調整の欠如が，日本の圧倒的な敗北の主な原因だと信じている[95]。

これに対して，新憲法は，「行政権は，内閣に属する」（第65条），そして「内閣は，行政権の行使について，国会に対し連帯して責任を負ふ」（第66条）と定めている。にもかかわらず，内閣は調整機関を持っておらず，行政権は戦前と同様に各省庁に残された（会計検査院と内閣法制局という内閣に設置された2つの機関があるが，いずれも各省庁に対する監督権や調整権は持っていない）。大臣はもはや単に辞任するだけでは，政権を倒すことはできず，強い独立性と縄張り争いという古い伝統が続いている。元通産事務次官の佐橋滋は，この点では明治憲法下での内閣制度が現在まで本質を変えずに継続していると主張し，「彼らは，国家公務員である前に，各省の役人なのである」と結論づけている[96]。

戦後の官僚機構の規模拡大は，こうした伝統を強化させた。官僚の身分保障と生活は，自身の省庁の権限を維持・拡大することにかかっていた。権限を縮小することは，官僚の現在の職権を脅かすだけではなく，彼らの天下りをも脅かす可能性がある。なぜなら，官庁は即戦力とは言えない退官者を雇ってくれる支持者と専属の組織を必要とするからである。こうした伝統と環境が，強力な「縄張り意識」を生み出す。榊原英資の言葉を借りれば，それは国家官僚機構全体を巻き込んだ「ヤクザのナワバリ争い」なのである[97]。

どのような分野であっても，官僚が自らの省益を守るために戦おうとすることは，政府の政策に多大な遅延とひずみをもたらす。官僚の利益とそのために必要となる妥協を理解しなければ，日本政府が下す決定の多くは，外部の観察者にとっては不可解なものに映るだろう。たとえば，1974 年に田中首相が「海外経済協力省」の設立を提案すると，既存省庁間の争いが公然と巻き起こされた。通産省はすでに 1974 年度予算に「鉱工業海外貿易開発公団」の提案を盛り込もうとしていたし，農林省は「海外農林開発公団」の設置を求めていた。どちらも，日本の海外援助活動の拡大過程において，自らのシェア拡大のために，互いに争ったのである。外務省は，提案された省と目的を同じくする 2 つの機関をすでにその所管内に持っているとして，即座に反対した。田中首相は，最終的に外務省の 2 つの機関を統合するものの，その運営には通産省と農林省も関与させる案に決定した。外務省は激しい抵抗の結果，新しい省が設立されるのではなく，外務官僚を長とする機構にするという約束を取り付け，国際協力事業団（JICA）の設立に同意したのである[98]。

田中は首相在任中，再選を目指すキャンペーンの中で「中小企業省」の創設を約束した。またその数年後には，同様に福田首相が「エネルギー省」と「住宅省」の創設を唱えた。省庁の分裂増殖が良案かどうかは別として，それらのいずれもが日の目をみなかった理由は，そうした提案の本質的な問題ではなく，各省庁の抵抗にあった。通産省は，中小企業省設立案を阻止するために農林省や厚生省をも動員し，自らはともかくその 2 つの省は法的管轄権を失うと訴えて反対した。また通産省と建設省は，OB ネットワークを利用して，エネルギー省・住宅省構想を阻止した。

日本政府の中で，戦前を含めて最も長く続いている抗争は，予算権を大蔵省から取り上げて，内閣または超省庁的調整機関に移そうとする試みをめぐるものである。1955年には河野一郎が独立した予算局の設立を唱え，1963年には臨時行政調査会が予算を監督する内閣補佐官制度の創設を勧告した。そして1970年には川島正次郎が総合企画庁の設立を提案した。しかし，大蔵省はこれらの提案をすべて葬り去った。憲法の規定にかかわらず，日本の行政権の調整は３つの予算（一般会計，特別会計，財政投融資）を通じて実行され，その主導権は大蔵省主計局および理財局の手にある。

朝日新聞によると，省庁間の縄張り争いの結果，日本は外交交渉において一枚岩となって動くことができないという（しかしそれは必ずしも悪いことばかりではない）。一般的に，外交交渉の場においては，外務省，大蔵省，通産省の間で対立が生じる。それぞれの省庁において，外務省は大使館などの在外公館を通じたルート，大蔵省は日本銀行を通じたルート，通産省はジェトロを通じたルートといった独自の外交ルートを持っている。朝日新聞は，日本が実質的に３つの外交機関を持っており，それぞれが異なる政策を持っていると指摘する。この中で最も国際的なのは外務省であり，通産省は伝統的に保護主義的で，大蔵省はかなり国際的ではあるが，国防や対外援助に対して政府資金を使うことには消極的であるという。日本政府の外交政策は，これらの３つの立場の妥協の産物であり，政治情勢の変化に伴って，３省間のパワー・バランスも変化すると，その妥協も変化する，というのである[99]。

省庁間抗争の中における各省庁の司令部は，もちろん東京霞が関にある本省である。その本省の職員，各種のOBネットワーク，関連組織，審議会，そして公共法人に加えて，各省庁は出向者という形式で政府の中に広がる「株」を持つ。フランス語で言うところのdétachésである。歴史の古い省庁は，出向者を送りこむことで，力の弱い政府機関を取り込み，支配しようとするため，冷酷な争いを展開する。第一の標的は，総理府に付属した機関で，国務大臣を長とする防衛庁，経済企画庁，科学技術庁，環境庁，国土庁などである。これらの機関に配属された出向者は，新聞記者が「派遣軍」と呼ぶものを構成し，本省のために「前線基地をめぐる争い」に力を尽くす。そして，こうした争いは日本における政策決定に大きな影響を与える。

こうした事例の中で，これまで最も広く研究されてきたのは，経済企画庁の例であろう[100]。通産省と大蔵省は，ともに経企庁に対して強い立場を持っている。通産省は，経企庁の事務次官や調整局長のポストやいくつかの課長ポストを支配している。大蔵省は，経企庁の官房長およびいくつかの主要課長ポストを指名する。通産省がコントロールするポストは非常に価値があるものである。なぜならば経企庁を通じて日銀の政策委員会や投資予算に使われる大蔵省の信託ファンドを統括する審議会に代表を送ることが可能になるからである。

経企庁自体は，かつて「植民地官庁」や「通産省支店」などと呼ばれた時代もあった。経企庁は政策実施機能を持たず，専らさまざまな報告を作成する任務に従事し，それゆえ「作文官庁」という別のあだ名がつけられた[101]。経企庁の経済予測や経済計画に関する文書が広く読まれた理由は，それらの正確さや洗練された経済統計といった要因ではなく，政府がどの産業を支援・保護しようとしているかを知ることができたからである。日本の経済学者の一部は，経企庁が経済についての政府の意図を開示することが，「典型的な日本の現象」である過当競争を引き起こす原因となっていると考えている。つまりこうした競争はすべての部門で起こるのでなく，経企庁の計画の中で名指しされた産業は，政府の支援によってリスクが低減されるとの予測から，過当競争が発生するというのである[102]。しかし，経企庁の主要な出版物である『経済白書』の内容は，同庁の植民地的立場によって影響を受けてきた。たとえば1970年に通産省は，八幡・富士製鉄合併は独占的価格上昇をもたらすだろうとの記述を阻止し，71年には大蔵省がニクソン・ショック当時の日銀によるドル買いのインフレ的効果についていかなる記述もさせなかったのである[103]。

防衛庁は，前線基地のための抗争に関して異なった一面を示している。日本の戦後の軍事機関は，占領期末期に警察予備隊としてスタートした。1954年に警察予備隊は拡充され，新しく設置された防衛庁のもとに置かれ，自衛隊と改称された。同年には，新たに警察庁も設立された。警察予備隊の文民のリーダーは旧内務省出身で，新警察庁が旧内務省の国家警察機能を引き継いだため，警察庁が新防衛庁のスタッフとして，文民官僚を供給し続けるのは自然なことであった。初代警察予備隊長と初代防衛庁次官は，1952年8月から1957年6月まで在任した元内務官僚の増原恵吉であった（1928年東大法学部卒，1940年に山形県警のトップ）。日本の新しい軍事機関の制服組の最高ポストには元軍人が就任したが，1970年まですべての防衛庁事務当局のトップは警察庁からの出向者で占められてきた。

しかし警察庁は，先輩たちが1948年から52年という重要な時期において，あまり多くの新人を採用しなかったため，ある時期には人材がいなくなるという事態に陥った。他方で大蔵省は，1947年と48年にそれぞれ約50名，1949〜53年にも毎年40〜50名の新規採用を行っていた。1970年代半ばごろには，大蔵省はいまや高官になったこれらの職員のためにポストをみつけなければならないという大きな圧力にさらされていた。こうした中で防衛庁は，有望な出向先と目された。1974年6月に大蔵省は，ついに元大蔵省官房長の田代一正を防衛次官に据えることに成功した。1970年代に入って防衛問題の重要性が増していたにもかかわらず，防衛庁自体は警察庁と大蔵省の間で人事抗争に翻弄されていた。経企庁と同様に，この争いにおける本当の敗者は，大学からそのまま防衛庁に入った生え抜きの防衛官僚であった[104]。一方，通産省も，あまり目立たないもののうまみのあるポストを防衛庁の中に維持した。それは装備局長と同局の主要課長のポストである。厚生省，郵政省，労働省，外務省の各省も防衛庁に1〜2の課長ポストを持っている。

1970年の有名な「公害国会」を受けて1971年に設立された環境庁のケースは，新規開拓地における既存官庁間のポスト争いの典型的な例である。環境庁の職員は当初500名とされ，12省庁がそれを供給した。厚生省が283名と最も多く，次いで農林省61名，通産省26名，経企庁21名という具合であった。重要ポストをめぐっては熾烈な争いが起きたが，厚生省が現職事務次官を環境庁の事務次官として送り込んで勝利を収めた。厚生省は他にも2局長および官房長のポストを獲得した。大蔵省と農林省が，残り2つの局長ポストを分け合い，通産省はわずかに審議官を得ただけであった。環境庁の21の課のうち，厚生省が7，通産省3，経企庁と農林省がそれぞれ2，大蔵，建設，自治，労働，警察，運輸，総理府の各省庁がそれぞれひとつの課長ポストを獲得した[105]。「このパターンは，新しく設けられたすべての官庁について同じである」と渡辺は記している[106]。

縄張り拡大のための闘争は，日本の官僚が情熱を傾けるもののひとつであり，これが日本のシステムの隠れた（しかし意図せぬ）良さのひとつにもなっている。Leon Hollerman が論ずるように，「もし日本政府が現実にきわめてよく統合された組織体であるならば，その力は圧倒的なものになるであろう。しかし，現実には地位に対する強い野心の結果として，そして社会の相反する利害の結果として，省庁間および個人間のはげしい対抗意識と嫉妬心が存在する。各省は，権力を競い合う中で，互いの権威をある程度まで相殺してしまうのである」[107]。

他方で元官僚の榊原英資は，彼が官僚機構の垂直的組織と呼ぶものを擁護しているが，それは規律や団結といったものが官僚に浸透しているからである。官僚は，歴史のある省庁に入ると「家族」の一員となり，抽象的な理想を追い求めるようなことはしない。準終身雇用システムと垂直的な組織が前提となっているので，各省庁はすでに退官した（またはまもなく退官する）先輩のために，必要な数の公共法人や外郭団体あるいは植民地的前線基地を作らねばならない。これらの関係は省庁を「福祉団体」たらしめ，そのメンバーにとって，人間味のない作業場ではなく，愛着の対象とするのである[108]。行政改革の努力は，時に人員削減または不必要な部課の廃止を生み出したが，それが垂直的構造に影響を与えることはなかった。

1881年に設立された農商務省を起源とする通産省も，たしかにひとつの「福祉団体」ではあるが，他の経済官庁とは異なるいくつかの性格を持っている。人員数という点では経済官庁のうちで最も小さく，一般会計予算におけるシェアも最小である。この第二の点は重要であり，通産省が大蔵省主計局の支配的な影響から自由であることの証である。通産省は，日本開発銀行，電源開発株式会社，日本輸出入銀行，中小企業金融公庫，商工組合中央金庫，日本石油開発公団，日本生産性本部などによる融資や支出を承認する権限を通じて，資金に対するコントロールを行う。これらの金融機関は公的機関であり，通産省の意向が決定的な影響力を持っている[109]。たとえば，通産省の1956年度予算はわずかに82億円であるが，通産省記者クラブによると，通産省は現実には約1609億円の支出を監督しているという[110]。

通産省内の秩序は，他省庁とは異なっている。ほとんどの通産事務次官は官房長を経験しているが，他省庁のように官房長は次官前の最終ポスト，つまり「待合室」ではない。通産省内の序列は次のとおりである。

(1) 事務次官
(2) 産業政策局長（1973年以前は企業局長）
(3) 資源エネルギー庁長官
(4) 中小企業庁長官
(5) 特許庁長官

(6) 通商政策局長
(7) 機械情報産業局長
(8) 官房長
(9) 基礎産業局長
(10) 立地公害局長
(11) 生活産業局長
(12) 貿易局長[111]

産業政策局が高い地位にあるのは，1949年の再編成以来，継続的に行われてきた内部派閥抗争を反映している。「産業派」（「統制派」または「国内派」とも呼ばれる）と「国際派」（「通商派」または「自由派」とも呼ばれる）の間における抗争において，産業派とその政策が1966年まで省を支配し，企業局がその中心であった。1970年代には，新しく育った国際派が同省を支配し，初期の抗争に終止符を打った。しかし産業政策の運営は，引きつづき通産省の最重要業務であると評価されていた。このため産業政策局長は非常に強い権力を持ち，事務次官になる前の最終ステップとなっているのである。

通産省はまた，省内の民主主義を尊重する度合いと若手職員に与えられている権限の程度といった点で，他の省庁と異なる。通産省では，官僚が新しいアイディアを生み出すにあたって，最も創造力に富む時期は，課長補佐の時であると信じられている。通産省は，この能力を有効に発揮させるため，「法令審査委員会」として知られるユニークな制度を設けている。この委員会は各局総務課の課長補佐で構成され，すべての主要政策はここで紹介され，審査され，そしてこの委員会の承認を得ることなしに新しい政策が推進されることはない。この委員会の委員長になる課長補佐は，その後局長や事務次官といった地位につながる「エリート・コース」に乗ったとみなされる。

この委員会の上に，課長レベルでの審議組織である庶務課長会議，局長レベルでの省議および事務連絡会議（通称，「事務連」）がある。課長補佐によって発案された政策に対して最終的な判断を下すのは局長レベルである。それ以上の事務次官や大臣レベルで審議される政策は，すべて政治マターだとされる。しかし，この内部調整グループの中で，最も実質的な役割を果たしているのは，法令審査委員会である[112]。

これらの公式のグループに加えて，多くの非公式な検討の仕組みが通産省にはある。1960年代末における「小松バー」もそのひとつである。それは当時大臣官房総務課長であった小松勇五郎の会議室と酒棚のことである。夜10時ごろになると若い役人たちが集まり，酒を飲みながら活発な議論が行われた。小松がドイツ大使館一等書記官であったことから彼が関心を持つOECD，GATT，ヨーロッパの発展などがよく話題になった，1944年入省組の小松は74年に事務次官に就任した。「小松バー」のほかに，「吉光バー」（中小企業庁長官，吉光久），「高橋バー」（官房長，高橋淑郎）なども存在した[113]。

通産官僚の基本的なものの見方は「ナショナリスティック」だといわれる。角間隆によると，彼らは「攘夷」とか「夷狄」という幕末の言葉を好んで用いるという。彼らは，日本の産業を「外圧」から守ることを，自らの役目とみている[114]。中には，日本の競争相手を言及するのに「毛唐（けとう）」という侮蔑的な言葉を好んで用いる者もいた[115]。一方，佐橋滋が「われわれの」を意味する接頭辞である「弊」をよく使ったのは，やや違ったニュアンスを持っていた。佐橋が「弊国」という表現を使うと，あたかも日本資本主義（弊社）の社員として会社のことを言及しているようであった。多くの日本人にとって，佐橋は日本の大番頭のようであった[116]。永井陽之助は，別の歴史的相似性をあげ，「独断と強い愛国心，忠誠心，そしてたいへんな『仕事主義』をみると，通産省は戦前の軍部の『参謀本部』を思い出させる」と述べている[117]。そのルーツが何であろうと，通産省の「精神」はひとつの伝説になっている。

通産省の一部には，経済競争に関する英米流の教義に我慢できないとの見方がある。戦後通産省は，占領軍が育て上げた市場システムに適応せねばならなかったが，しかしアメリカ式の価格競争と独占禁止制度には，つねに敵対的であった。佐橋は，資本主義制度の中で実際に価値のある競争は利益率では測れず，新製品，新技術，新供給源，新しい型の組織の創造によって測られるという意味で，シュンペーターを好んで引用した[118]。通産省は国際的に非常に競争力があるが，国内の企業の中の無秩序な競争にはしばしば煮え湯を飲まされてきた。Robert Ozakiがいうように，「通産省は時に，もし独占者が日本人であるならば，私的独占の弊害は起きないと仮定する」[119]。1970年代には，このような通産省の多くの古い見方が，新しい「国際主義」によって修正された。にもかかわらず，角間のような評論家は，その変化の深みに一定程度の留保を付している。彼は通産省の新しいリーダーシップを「ナショナリスト国際派」と呼び，やがて「コスモポリタン・ナショナリストの時代」の到来を予想している[120]。

通産省の官僚はパワフルで率直に物を言い，日本の大衆は彼らを題材とした作品を楽しむ。通産省について書かれた小説のいくつかが，ベストセラーとなったこともある。その代表が城山三郎の『官僚たちの夏』である。イギリスの小説家も時には官僚を主題に選ぶ（たとえば，モームの『アシェンデン』あるいはル・カレの『スマイリーの仲間たち』）。しかしアメリカやイギリスでは，経済官僚はスパイや政治家ほど興味深い存在ではない。だが日本では正反対で，経済官僚の権力や影響力が，その生活や抗争を題材とした小説を生み出し，人々の好奇心をそそる。日本人がそのような人々を新聞や小説で読むに値すると考える背景をより深く理解するために，次章では通産省の人物と業績の歴史について検証する。

注

1　Johnson（1980）.
2　角間（1979b）p. 171.
3　日本工業倶楽部 50 年史編纂委員会（1967）第 2 巻，p. 434.
4　尾林（1971）; Berger（1977）pp. 87-88.
5　Campbell（1977）p. 137.
6　Weber（1968）p. 1004, n. 12.
7　Black（1975）pp. 55, 77.
8　Weber（1968）p. 959.
9　井出嘉憲「戦後改革と日本官僚制」東京大学社会科学研究所（1974）第 3 巻収録，p. 146.
10　Ide and Ishida（1969）pp. 114-15.
11　多くの後進開発国にみられるこうした現象の理論的検討は，Heeger（1973）を参照。
12　Iwasaki（1921）pp. 41-50.
13　小島（1975）p. 20. 人事行政調査会（1972）p. 58 も参照。
14　Henderson（1975）pp. 166, 195.
15　磯村・黒沼（1974）pp. 11-15, 18.
16　金山（1978）を参照。
17　Black（1975）p. 209.
18　山内（1977）pp. 85, 121-22, 181-82.「伝家の宝刀」という言葉の類似した政治的な用法については，読売新聞政治部（1972）pp. 56-57.
19　Duus and Okimoto（1979）p. 70.
20　Craig（1979）p. 7.
21　公職追放に関しては，Baerwald, Hans H.（1959）*The Purge of Japanese Leaders Under*

the Occupation, Berkeley: University of California Press.

22 斎藤（1977）p. 60.

23 天谷（1975）p. 72.

24 野田経済研究所（1940）p. 5.

25 Roser（1950）p. 201.

26 井出前掲論文，東京大学社会科学研究所（1974）第 3 巻収録，pp. 149-58.

27 詳細は，大河内繁男「日本の行政組織」辻ほか（1976）第 2 巻収録，pp. 94-99.

28 角間（1979b）p. 5.

29 「支配体制の政策と機構」岡（1958）収録，pp. 53-68.

30 Campbell（1977）p. 128, n. 29.

31 Wildes（1954）p. 92.

32 「官僚をどうする？」『中央公論』1947 年 8 月号, p. 3.

33 大久保（1975）pp. 4-5.

34 渡辺保男「公務員のキャリア」辻ほか（1976）第 4 巻収録，p. 200；斎藤（1977）pp. 60-61.

35 Sugimori Koji（1968）"The Social Background of Political Leadership in Japan," *The Devleoping Economies*, 6: 499-500.

36 Spaulding Jr., Robert M.（1971）"The Bureaucracy as a Political Force, 1920-45," in Morley ed.（1971）p. 37.

37 新憲法制下の第 1～30 回までの国会における内閣提出の法案数と議員提出の法案数の統計については，福本（1959）pp. 132-36；Pempel, T. J.（1974）"The Bureaucratization of Policy-making in Post-war Japan," *American Journal of Political Science*, 18: 647-64.

38 Ministry of Finance, Tax Bureau（1977）p. 9; Hellerman（1967）p. 248. 元参議院商工委員会顧問の小田橋貞寿は，審議会が実質的に国会の立法活動を請け負っていると述べている。小田橋（1971）p. 23. Park, Yung H.（1972）"The Governmental Advisory Commission System in Japan," *Journal of Comparative Administration*, 3: 435-67. 各種審議会については，Park, Yung H.（1975）"The Central Council for Education, Organized Business, and the Politics of Education Policy-making in Japan," *Comparative Education Review*, 19: 296-311; Donnelly, Michael W. "Setting the Price of Rice: A study in Political Decision-making," in Pempel ed.（1977）pp. 143-200.

39 筆者による佐橋のインタビュー，1974 年 9 月 5 日。

40 「日本における政策決定の政治過程」溪内（1974）pp. 7-8.

41 山本（1972）pp. 46-50, 74-78.

42 通産省記者クラブ（1963b）p. 76；審議会が隠れ蓑になっているという点については，山本（1972）p. 21.

43 Weber（1968）p. 1416.

44 「現代予算政治試論」溪内ほか（1974）p. 107.

45 Campbell（1977）p. 280.

46 Titus（1974）p. 11.

47　Wildes（1954）p. 113.
48　所得分配については，Boltho（1975）p. 163.
49　溪内ほか（1974）pp. 15-20.
50　斎藤（1977）p. 66.
51　秋元（1975）p. 142.
52　松林（1976）p. 233.
53　伊藤（1967）pp. 457-58.
54　産業政策研究所（1970）p. 264.
55　草柳（1969b）p. 165．松本（1963）第1巻，p. 16；竹内（1978）p. 14.
56　赤星（1971）p. 171.
57　Landau, Martin and Russell Stout Jr.（1979）“To Manage Is Not to Control,” *Public Administration Review*, 39: 151.
58　草柳（1969a）p. 180.
59　「通産省にみる現代閨閥研究」『財界展望』1978年8月号，pp. 62-65.
60　Kubota（1969）p. 50.
61　松林（1973）p. 85.
62　西山（1977）pp. 109-14, 228-30.
63　Spaulding（1967）p. 265.
64　岸による『吉野信次追悼録』のまえがきを参照。吉野信次追悼録刊行会（1974）。岸が吉野を高く評価していたことについては，岸ほか（1979）p. 282.
65　「天下り」『週刊読売』1976年9月4日号，p. 149.
66　本田（1974）第1巻，pp. 164-66.
67　渋沢（1966）p. 17；小中（1978）pp. 99-125も参照。
68　*Mainichi Daily News*, Apr. 8, 1974.
69　Clark（1979）pp. 36-37.
70　榊原（1977a）pp. 31-23.
71　*Mainichi Daily News*, Apr. 8, 1974.
72　角間（1979b）p. 100.
73　吉野（1962）pp. 242-50；椎名（1970）p. 212.
74　辻ほか（1976）第4巻，pp. 179-81.
75　草柳（1974）p. 126；名和（1975）p. 80；*Japan Times*, July 1, 1974；林が執筆した多数の論文の題名に関しては，Ozaki（1970）.
76　大慈弥・内田（1972）p. 31.
77　通産省記者クラブ（1963a）p. 227.
78　御園生（1968）p. 13.
79　竹内（1978）p. 63.
80　秋美（1956）pp. 9-13；通産省記者クラブ（1956）pp. 266-69；秋元（1975）pp. 19-21.
81　この事件の報道の先駆けとなったのは，以下の記事である。「公団，役人議員，事業団の血税13兆円食いちらし」『現代』1979年11月号，pp. 80-110.

82　*Mainichi Daily News*, Jan. 6, 1976.

83　1872〜1976年にかけての日本における政治汚職事件のリストについては，大内穂（1977）『腐敗の構造――アジア的権力の特質』ダイアモンド社。

84　*Far Eastern Economic Review*, July 1, 1974, pp. 33-36; *Japan Times Weekly*, Apr. 28, 1979, p. 5.

85　福本（1959）pp. 157-59.

86　加藤真二「通産OBの全産業"天下り"分布図」『財界展望』1978年8月号，pp. 84-90.

87　Ward, Sinclair. "Good Grazing for Old Firehorses," *San Francisco Chronicle*, Feb. 10, 1980. Kneier, Andrew, et al.（1976）*Serving Two Masters: A Common Cause Study of Conflicts of Interest in the Executive Branch*, Washington D.C.: Common Causeも参照。

88　Hadley（1970）p. 38.

89　Shiba and Nozue（1971）p. 32に引用。

90　天谷（1975）p. 57.

91　中村（1969）p. 314.

92　「火曜会」メンバーのリストは，通産省記者クラブ（1963a）pp. 41-42, 266-76を参照。

93　岩武（1960）pp. 306-7；『週刊読売』1976年9月4日号，p. 149.

94　このことについては，大河内前掲論文，辻ほか（1976）第2巻収録，pp. 77-110.

95　Shinobu Seizaburo（1967）"From Party Politics to Military Dictatorship," *The Developing Economies*, 5: 66-84.

96　佐橋（1971a）p. 108.

97　榊原（1977a）p. 73.

98　*Mainichi Daily News*, Aug. 2, 1974; *ibid.*, Jan. 10, 1976.

99　朝日新聞経済部（1974），p. 211.

100　Johnson（1977）pp. 235-44.

101　本田（1974）第2巻，p. 47.

102　大慈弥・内田（1972）p. 32.

103　*Mainichi Daily News*, Jan. 21, 1976; 本田（1974）第2巻，p. 77.

104　鈴木健二「"警察"を締め出して防衛庁を乗っ取る大蔵官僚」『サンデー毎日』1978年7月30日号，pp. 132-34. 防衛庁のケースに関しては，Weinstein, Martin E.（1971）*Japan's Postwar Defense Policy 1947-68*, New York: Columbia University Press. 本田（1974）第2巻，p. 77も参照。

105　柴野（1975）pp. 131-39.

106　渡辺前掲論文，辻ほか（1976）第4巻収録，p. 186.

107　Hollerman（1967）pp. 160-67.

108　榊原（1977a）p. 71.

109　これらの機関に関する研究については，Johnson（1978）.

110　通産省記者クラブ（1956）pp. 273-74.

111　名和（1974）pp. 126-28. この序列の7番目以下は，時に変動することがある。名和（1976b）も参照。

112　官界編集部（1976b）; Fukui, Haruhiko（1978）"The GATT Tokyo Round: The Bureaucratic Politics of Multilateral Diplomacy," in Blaker ed.（1978）pp. 101-2.

113　赤星（1971）pp. 164-72；政策時報社（1970）pp. 68-69.

114　角間（1979a）pp. 103, 107.

115　日本民政研究会（1970）p. 153.

116　草柳（1969b）p. 163.

117　Nagai Yōnosuke, "MITI and Japan's Economic Diplomacy – With Special Reference to the Concept of National Interest," unpublished paper for the Social Science Research Council Conference on Japanese Foreign Policy, Jan. 1974, p. 46.

118　佐橋（1971a）pp. 266-68.

119　Ozaki（1970）p. 887.

120　角間（1979b）pp. 220, 223.

第3章　産業政策の興隆

通産省の歴史を振り返ると,「14」という数字に縁があるということがわかる。農商務省が設立されたのは明治14年（1881年）で，商工省が設立されたのが大正14年（1925年）であった。また商工省が戦略産業別に組織再編されたのも，昭和14年（1939年）であった。

1924年（つまり商工省設立の前年）の12月，東京大手町の日本商工会議所内に置かれた農商務省の仮庁舎で，3人の男が働いていた。農商務省の本庁舎は，その前年の関東大震災の際に倒壊し，再建中であった。彼らが携わっていた非常に政治的で官僚的な業務，そして他でもないこの3人がその業務に携わっていたという事実が，彼らの政策や意図と同様に，通産省の運命にも大いに関係があった。この3人は農商務省を，農林省と商工省に分割するための業務を行っていたのである。そしてその3人とは，当時の農商務次官の四条隆英，文書課長の吉野信次，そして東大を首席で卒業し4年前に入省したばかりの若い文書課員の岸信介であった。

この3人はそれぞれ独特な個性を持っていたが,（とくにその後輩たちに対する影響力を通じて）いずれも日本に大きな影響を与えることになる。四条は吉野にとっての重要な後援者のひとりであり，吉野は岸にとって重要な後援者のひとりであった。そして岸は，後に高度成長期に首相となる。吉野と岸は，日本で初めて真の産業政策を確立させることになる。この2人の若者は，官僚としての最高ポストである次官だけでなく，省内最高の政治ポストである商工大臣にもなるのである。しかし1924年当時は，そのようなことになろうとは想像だにしていなかっただろう。当時彼らがやっていたことは，比較的気楽な官僚生活を自己流にこなすということだった。つまり，彼らの友人を援助し，彼らの手をわずらわせるような人物を遠ざけ，彼ら自身にはさして影響を与えない当時の政治情勢をうまく利用していただけであった。

農商務省の分割は，長らくその実現が待たれていたものであった。議会では1918年の米騒動以降，農林省の独立が政治的に重要な問題となり，その実現を求める請願が毎年なされるようになっていた。さらに明治の元老の多くが世を去り，政党内閣が出現したことで，圧力団体が政府の施策に大きな影響を与え始めたことも重要な問題であった。つまり，農業関係者と農村議員たちは，農商務省から商工部門を排除しようとしていたのである。しかしながら，商工行政の指導者らは，彼ら自身で分割の具体化を進めることができたことから，むしろこうした動きを歓迎していた。アメリカでは，経済界からではなくAFL（アメリカ労働総同盟）の要望によってではあったが，1913年に旧商務労働省が2つの省に分割されたが，それと状況はよく似ていた[1]。

分割された農商務省自体も，1880年に起きた明治政府の経済政策の基本方針が転換されたことによって生まれたものである。政府による鉱山や鉄道や兵器産業や工場などに対する直接投資が10年以上続けられたあと，明治政府の指導者たちはそうした政策を維持することができないという事実に直面していた。この政策には，インフレや貿易赤字や汚職や企業倒産の増加といった副作用があったからである。当時の自由主義経済主義者たちは，『東京経済雑誌』への寄稿した田口卯吉をはじめとして，公営企業を払い下げ，民間資本の力を借りることでインフレを抑制するよう主張していた。

政府内では新しく就任した大蔵卿の松方正義がこうした主張に同調して，1880年11月5日に有名な「工場払下ケ概則」を公布した[2]。松方は，70年後にジョセフ・ドッジと池田勇人が推進したものと同様のデフレ政策を導入し，ほぼ同様の好結果を得た。Arthur E. Tiedemannによると，

> 「松方デフレ」として知られるようになったこの政策は，すべての面でその目標を達成した。1881年以降は，利率，賃金，物価のすべてが下落した。1882年までには，1880年比で輸入は6パーセント減少し，輸出は33パーセント増加し，貿易黒字は830万円を計上したのである。1882年から1885年の間の貿易黒字は，累積で2820万円にも上った。1885年には，紙幣発行高が1億1850万円まで減少し，紙幣と銀の交換率も1.05～1.00程度となった。翌年には，日本は史上最高の輸出益を計上し，銀本位制を導入した[3]。

松方の政策は，経済成長を目指した新しい施策としてとらえるのではなく，輸出入量と財政状況を安定化させる必要に駆られて導入されたものと考えるべきである。その「超緊縮財政」にあっても，政府は軍事費といった日本の主権維持に直結していると考えられた支出には手をつけなかった[4]。もはや継続不可能とされた官営事業の代替策として，政府は国防と経済成長に資するために，民間企業が資本を蓄積し投資することを支援するようになった。政府は民間企業に対して，官営企業を払い下げたり，独占的な営業許可を与えたり，資金の一部を融資したりした。当時の日本にとってはそれ以外の選択肢はほとんどなかった（日本が関税自主権を獲得したのは 1911 年の 11 月だった）。日本政府は自由資本主義を信用せず理解してもいなかったが，その政策は外国人に日本が「近代化（つまり欧米化）」していると信じさせつつあった。この新しい政策の受益者は，三井，住友，安田，古河，大倉，浅野といった後に「財閥」と呼ばれるようになった企業であった。

明治政府と民間投資家の間に確立された関係は，公的なものではなく，私的ないし非公式なものであった。それは通常，元老のひとりとそうした人物にコネを持つ企業家との間の関係という形をとっていた。たとえば，井上馨が三井に対して政府内から便宜を図っていたことは，記録にも残っている[5]。そうした関係は，親戚関係や閨閥によって強固なものとなり，賄賂や見返りの支払いも日常的であった。しかしこの官民関係には，法的な隠れ蓑が必要であった。伊藤博文と大隈重信は，官営事業の払い下げを正式な手続きで行い，それを監督するとともに，政府のさまざまな経済活動を統合するために新しい経済担当機関を設立すべきとする建議を行った。この建議が受け入れられ，1881 年 4 月 7 日に設立されたのが農商務省であった[6]。

この新しい省の最も重要な業務は，明らかに農業の振興であった。その理由は，堀江保蔵が述べているように，日本は生糸という「天与の産品」を有しており，これなしには貿易赤字を抑えることはできなかったからである[7]。この新しい省は，農業の監督と振興以外にも，商業，工業，技術，漁業，狩猟，海運業，発明，商標，計量，開拓，畜産，林業，郵便に関する法令の執行をも所管していた。それは，明治維新以降，大蔵，民部，工部，内務の各省に分かれていた機能を統合したものであった。

1885 年，内閣制度を導入した政府再編と松方財政の成功にともない，農商務省は海運と郵便に関する権限を新設の逓信省に譲り渡した。しかし同時に工部省の廃止にともなって，鉱業に関する所管を獲得した。1885年から1899年の間に農商務省の組織は何度か改編されたが，最終的には1官房，6内局（農務，商務，工務，山林，水産，鉱山），および1外局（特許局）の体制が，農商務省分割時まで続いた。

19世紀の末に農商務省は，官営八幡製鉄所の経営というもうひとつの重要な機能を取得した。1896年に伊藤博文首相と榎本武揚農商務大臣は，第9帝国議会に製鉄所建設を目的に約400万円の支出を行うという内容の法案を提出した。同製鉄所の製品は，兵器生産に優先的に充てられたが，余剰分はすべて市場で一般向けに販売された。また同製鉄所は，北九州の炭田に近く，日本海を通じて中国の鉄鉱石も利用することができる福岡県八幡村に建設された。1894～95年の日清戦争に勝利した結果，国産品よりも品質の良い鉄鉱石が中国から容易に入手できるようになった。八幡での生産は，1901年秋に開始されたが，ただちに国内の銑鉄生産量の53パーセント，圧延鋼の82パーセントを占めるようになった。そして1911年および1912年に神戸製鋼と日本鋼管が設立されるまで，国内には大きな競争相手は存在しなかった。

農商務省が八幡製鉄所を支援し経営したことは，今日まで続く通産省と大手製鉄メーカーとの間の密接な関係を生み出した。第二次大戦後に連合軍占領によって鉄鋼業の民営化が徹底されてから相当な時間が経ってからも，日本国民の多くは，通産官僚が新設された「民間」の八幡製鉄所に対して手心を加えていると感じている。またメディアも，八幡の経営者が政府に対して不公正な影響力を持っているとつねづね示唆し，通産省を「八幡製鉄東京事務所」という名で呼んだりもした[8]。1970年に八幡製鉄と富士製鉄が合併し，1934年の旧国営企業を連想させる世界最大の鉄鋼会社新日本製鉄が設立された時，通産省がこれに対して中立であるとか，合併を歓迎していないなどと考えるものは当然ひとりもいなかった。今世紀を通じて，通産官僚は日本の鉄鋼業に強い影響力を維持してきたが，このような関係は八幡製鉄の東京営業所が1934年まで商工省の建物内に置かれていたことからも明らかであった。

八幡製鉄の設立は，農商務省の最も重要な成果であったが，このアイディアは明治の元老と軍部から出たものであった。農商務省の日常業務は，農務関係がほとんどであった。当時の日本は依然として全体的に農業国であったので，これは当然のことであった。1914年になっても農業は国民総生産の45.1パーセントを占め，水産業は5.1パーセント，鉱業は5.1パーセント，製造業は

44.5パーセントであった。製造業も，当時は繊維や食品などの軽工業に集中していた。1933～37年になるまで重工業（金属，機械，化学，燃料など）が製造業の半分以上を占めることはなかった[9]。

農商務省の内部組織も，こうした比率を反映したものになっていた。入省後に部局内で人事交流があったが，第一次大戦前から，同省の新規入省者は非公式には農務系統と商工系統に区別されていた。20世紀に入って東大法学部の卒業生が入省するようになると，この傾向は強化された。当初から農務部門は農学部出身者が支配し，法学部出身者は農務系統で彼らと対抗するのは不利だと感じていた。それゆえ，法学部出身者は商工系統に集まるようになった。

しかし，商工系統の官僚らに与えられた業務はそれほど多くなかった。第一次大戦以前には，つねに農務局の業務が優先され，商務および工務関係の業務は商工局として1つにまとめられていた。商工局が2つに分割されたのは，1919年5月になってからであった。農商務省の商工関係の主要な機能は，保険会社，証券および商品取引，倉庫業など，その後太平洋戦争までに他の省庁に移管されてしまった分野の監督であった。一方で，産業行政はほとんど無いに等しかった。松方改革以降，とくに帝国議会開設と日清戦争後には，政府の工業・貿易政策は，全体としてほぼ古典的なレッセ・フェールに基づいたものとなった。工業部門で農商務省が何らかのイニシアティブをとろうとしても，財界リーダーとの結びつきも弱かったので，企業家たちも官僚の言うことなど気にもかけなかった。例外的だったのは，元老や財閥との間の個人的な関係を利用した場合くらいであった[10]。いずれにせよ，当時の最大の産業は，断固として独立を貫き，東京に強い不信感を持っていた大阪の紡績業であった。

三菱財閥の山本達雄が1913年に農商務大臣になると，商工行政の強化が図られた。当時，少数の特別な例外を除いて，農商務省の幹部官僚の大部分は，なお薩長に近い者たちで占められていた。1912年以前は，どの省でも高文試験合格者で次官になった者はいなかった。山本農相の最も重要な業績と言えるものは，吉野信次を採用したことであった。山本は自ら東大に赴き，農商務省に若くて優秀な法学部卒業生が必要であると説明した。その結果，指導教授の推薦により，吉野信次は，より名声が高く，自身が入省を希望していた内務省や大蔵省ではなく，農商務省に入省することになった。吉野によると，彼が入省した1913年当時，商務行政部局で法学の学位を持っていたのは，わずか3～4人に過ぎなかった[11]。

山本は，吉野を誇りに思い，吉野を優遇した。吉野が入省して10カ月後，山本は吉野を1915年サンフランシスコ国際博覧会の現地駐在日本代表として派遣した。それは彼のような若者が留学し視野を広げる格好の機会となった。吉野は，サンフランシスコに1年半滞在し，カリフォルニア大学バークレー校で労働経済学を学び（とくにアイラ・クロス教授に感銘を受けたという），アメリカ中を旅してまわった。当時，東京では月給45円だったが，滞米中は245円の月給を受け取っていたという。

山本がやったような努力と政治的画作は，当時の農商務省内の農務系官僚の間ではあまり評判がよくなかった。彼らは農本主義に傾倒し，農村の生活に思想的共感を抱いていたため，工業化の進展や財閥の台頭を好ましからざることと考えていた。商務系官僚でありながら，1918年の米騒動当時に農政課長であった副島千八は，後に農務局全体が地主の利益に同情的だったと批判した[12]。それはおそらく事実であったが，同時に農務系官僚が当時としてはリベラルな意見の一翼を代表していたことも考慮する必要がある。農務系官僚にとって，最も深刻な社会問題は，農村の貧困と小作問題であった。彼らは，政府が財閥に数々の特権を与えていたことに比べると，これらの問題に対する政府の対応は全く不十分であると考えていた。

こうした農務系官僚の社会問題への意識は，農業行政に大きな功績を残した石黒忠篤（1884～1960年）にちなんで「石黒主義」とも呼ばれている。1919年から1925年にかけて，石黒は農商務省農務局農政課の課長を務めた。石黒は，1934年に農林次官に就任し，第二次近衛内閣（1940～41年）と鈴木内閣（1945年）において農林大臣を務めた。彼は，同省に和田博雄（戦後の社会党議員）のように戦後に社会運動家となった人物を受け入れたり，自身の給料の一部を小作農家のために寄付したりしたことでよく知られている。第一次大戦のころ，石黒とその部下たちは小規模小作農を保護するという使命感に駆られていた。その結果，農商務省から独立して生まれた農林省は，戦間期の省庁の中では最も「革新的」な組織であると認識されていた[13]。

農務系統のキャリア・パスが農商務省の主流であったことは，農商務省分割時の人員配分からも明らかであった。農商務省の人員は，1890年の2422名から1920年には7918名，1925年の分割時には8362名に増加したが，このうち農林省には5879名が配属され，商工省へ配属されたのはわずか2483名であった[14]。

表7　1914年7月～20年3月の物価変動
(1914年7月=100)

月	指数
1914年7月	100
1919年3月	267
1919年6月	295
1919年12月	381
1920年3月	425

出典：藤原彰ほか編(1972)『近代日本史の基礎知識』有斐閣，278ページ

第一次大戦は，日本経済と経済官庁にさまざまな点で重要な影響を与えた。まず，軍需景気それ自体が並はずれたものであった。1914年の日本の輸出入総額は約12億円であったが，1919年にはその額は45億円（海運収入および保険料を除く）まで膨れ上がった。1915～18年の間に，輸出は輸入を約13億円上回り，日銀はこの間に生じた黒字を利用して日本のすべての対外債務を返済し，外債を購入し，金準備高を増加させた。1918年末には，正貨保有額は1913年の約4倍にあたる16億円に達した。日本の企業家の中には，一夜にして巨万の富を得る者もあった。たとえば，三井物産の払込資本金は，1918年2月には2000万円であったが，1年後には1億円になっていた[15]。その当時，多くの新しい企業が生まれ，「戦争成金」と呼ばれるようになった。これらの中で最も有名なものは金子直吉の新財閥で，鈴木商店，神戸製鋼，播磨造船，帝人，日本製粉，大日本セルロイド，豊年製油の各企業を抱えていた[16]。日本の化学工業も，この戦争中にドイツからの輸入（とくに繊維用染料）が途絶えたことで，ほとんどゼロからスタートした。

軍需景気が農業に与えた影響も大きかったが，さほど満足できるものではなかった。産業の成長にともなって，物価水準は大幅に上昇した（表7参照）が，最も重要な点は，急速な都市化によって工業労働者のコメに対する需要が増加したことであった。軍需景気の初期の政府の政策は，物価上昇を抑制せず，それによって生産の増加を期待するというものであった。これはまた，政治的影響力の強い地主層が望む政策でもあった。地主層は，帝国農会（1910年設立）によって組織されていた。帝国農会は，農村発展を目指して1881年に設立された大日本農会の後身で，地主層のための半官半民的な団体であった[17]。しかし第一次大戦のころになると，帝国農会は農村発展のための組織というよりは，圧力団体としての性格を強めた。そして地主層と小作農の両方の利益となる国産米の値上げと輸入米に対する高関税を要望していた。

一方で新興企業家たちは，賃金上昇圧力を緩和し，労使間の安定を保つために，米価の下落を望んでいた。彼らの組織は日本工業倶楽部と呼ばれた団体で，1915年12月の準備会合を経て，1917年3月10日に正式に設立された。その初代役員の顔ぶれは，工業倶楽部に対する財閥の支援が反映されていた。理事

長は三井の団琢磨で，役員には三菱の豊川良平，古河の中島久万吉，農商務省出身で東京証券取引所理事長の郷誠之助らがいた。

農業団体も工業団体も，彼らが支援する政党を通じて，政府に直接影響を与え，自分たちが望む政策を実現しようとしていた。福井藩主の子孫にあたる松平宏壮会長や貴族院議員桑田熊蔵副会長に率いられた地主たちは，政友会と大地主の一部が高額納税者として議席を有していた貴族院に，その望みを託した。産業資本家たちは，米価についてはあまり口を出さなかったが，農商務大臣として任命された自分たちの仲間を通じて影響力を行使した。この中で最も重要だったのは，山本権兵衛内閣（1913～14年）と原敬内閣（1918～21年）で閣僚を務めた三菱の山本達雄であった。

都市住民と農民の利害が反する米価問題は，不作とシベリア出兵に対する食糧供給の増加の必要性が重なり，米への投機と暴利販売が発生し，深刻化した。1917年9月1日，寺内内閣は，買い占めと売り惜しみを罰する有名な「暴利取締令」を発令した。しかし，その結果として，生産者がすべての不安定要素がなくなるまで商品を市場に出すのを控えたため，すべての市場の冷却化を招いた。三井物産と鈴木商店が実際に買い占めを行ったかどうか，植民地から米を非課税で輸入し国内で高値で売り払ったか，三井物産が鈴木商店の倒産を企てていたか，などといった疑問は重要な問題ではあるが，ここで詳述する必要はないだろう[18]。大衆の恐怖心と不信感は，米騒動を引き起こすのに十分であった（1918年の出来事は，1973～74年の第一次石油ショック時に，経済官僚が灯油やトイレットペーパーや洗剤などの投機防止のために奔走した際のパニック状態に似ていた）。1918年中，米価は上昇し，7月には富山漁民の主婦たちが米不足に対して暴動を起こした。この暴動は各地の消費者に拡大し，9月には約500カ所で暴動が発生した。そして寺内内閣は，不名誉な形で退陣に追い込まれた。

政友会の原敬内閣は，この事態に迅速に対応しなければならなかった。原は，山本達雄を再び農商務大臣に任命し，山本は「米穀法」の議会通過に努めた。この法律は，輸入米に対する関税を廃止し，当時日本の植民地であった台湾と朝鮮での米作開発計画を開始する内容であった。この法律は，今日まで続く米価統制の制度の一部を導入したものであった。こうして山本の政策は，増加しつつあった工業労働者に対し，安定した価格で食糧を供給する体制を構築したが，同時に1920年春から始まった第一次大戦後の不況とあいまって，1920年代を通じて日本を悩ませた農村不況と小作争議を悪化させた[19]。

このような展開は，地主層の組織である帝国農会にとって，深刻な経済的・政治的後退であったので，憤慨した地主層は対策を講じた。農業政策が商工部門に配慮することなく，農業界の利益のみに集中するよう，これまでも請願してきた農林省の新設を，さらに強硬に要求するようになった。しかし原内閣は，この要求を退けた。そして1923年に起きた関東大震災によって，東京や横浜の救済が政府の重要課題となったため，農民たちには，政府がこれまで以上に都市問題に注力しようとしていると思われた。だがその翌年，一連の幸運な状況が発生し，帝国農会の請願が実現することとなった。

1921年11月4日，日本初の政党内閣を組織した原敬が暗殺され，高橋是清（1854～1936年）が首相・政友会総裁の座に就いた。高橋は近代日本政治と経済史における最も重要な人物のひとりであり，初代商工大臣でもあった。高橋は絵師であった父親とその16才の奉公人の間に非嫡出子として生まれ，その後仙台藩の足軽の養子となった。1860年代末に，藩命によりアメリカに留学した。1873年には明治政府の役人となった。1886年32歳の時に，新設された農商務省の特許局の初代局長に就任した。局長就任から3年後，財界に転進し，大きな成功を収める。日露戦争中には，日本の金融界の大物として頭角を現した。1907年ごろには男爵の爵位を授かり，貴族院議員となっていた。そして1911年に日本銀行の頭取に就任し，その後政界に進出した。

1913年，高橋は第一次山本権兵衛内閣の大蔵大臣に任命された。そしてその時の農商務大臣は山本達雄であった。1921年に原敬首相が暗殺された後，高橋が短期間（1921～22年）首相の座に就いた。しかしその後，反政党勢力が勢力の巻き返しを図り，非政党内閣が続いた。こうした動きに抵抗すべく，高橋は爵位（このころには子爵となっていた）と家長としての地位を捨て，再び平民となるという驚くべき行動に出た。そして，原敬の地元であった岩手県の選挙区から衆議院議員選に出馬し，熾烈な選挙戦を戦って当選を果たした。高橋とその仲間たちは，清浦官僚内閣を退陣に追い込み，政党連立による内閣が発足した。1924年6月に，高橋は農商務大臣に就任した。そして高橋の在任中に農商務省が分割されたため，高橋は最後の農商務大臣となった（その後，高橋は再び大蔵大臣となり，1936年2月26日に暗殺されるまで，さらに4つの内閣で蔵相を務めた)[20]。

高橋が1924年に農商務相に就任した時，高橋は商工部門側を優遇するとみられていた。高橋は，貿易振興や（鉄鋼などの）成長産業の保護には政府の施策が必要であるという見解を支持していた。こうした立場は，地主層とその団体である帝国農会の立場とは相反するものであった。帝国農会は，食糧輸入には反対であった一方で，輸入肥料への関税の撤廃を求めていた。当時の内閣は連立政党内閣で，高橋が政友会総裁であったため，農務部門の独立を求める帝国農会の請願は，かつてのような議会の紛糾を招くことなく採択された。そして高橋の後押しのもとで，1925年3月31日に政府は農林省と商工省の設立を定めた勅令第25号を発令した。

1924年末，農商務省分割の準備が進められていた中で，1903年入省組で当時山林局長の中井励作が，農商務次官に就任した。1904年入省で，同省内における高橋の盟友であった四条隆英は，工務局長として留任した*。高橋は四条を次官にしたかったと思われるが，省内の官僚的な事項までは指図することはできなかった。ところが，思いがけない好機が訪れた。

吉野信次は，連立政党内閣が設立された1924年の春から夏にかけて海外にいた。化学工業の状況と保護関税政策について調査するため欧米に派遣されていたためであった。吉野はその当時，四条局長によって農商務省史上最年少で工務局工政課長に任命されていた。吉野は帰国後，四条から農商務省が分割されることを告げられた。さらに四条は吉野に対して，中井次官が吉野を農務局蚕糸課長にする意向であるが，省分割の際に農林行政に取り込まれてしまわないように，この人事を断るように勧めた。

ところが1924年12月に中井は八幡製鉄所での汚職事件を個人的に後始末せざるを得なくなり，次官の座を追われた†。そして中井の次に年次の古い四条

＊　四条は農商務省工務局長を1920～24年にかけて務めた。彼は貴族の出身であった。京都の二条家の非嫡出子として生まれ，四条隆平の養子となり，東大法学部で学び，1904年に卒業した。彼のクラスメイトの1人には，吉野信次の兄である，吉野作造がいた。農商務省に入省後，四条は大浦兼武（農商務大臣1908～11年）の補佐役を務めたが，それがその後の同省内での成功につながった。また四条は，高橋是清からも一目置かれていた。

†　中井が次官職を辞し，八幡製鉄所長官に横滑りせざるを得なかったこの事件の発端は，1917～18年に噴出した汚職疑惑であった。司法省の検事がこの疑惑の捜査を開始した時，当時の製鉄所長官（農商務省出身）が自殺した。この混乱を収めるために，内務省から後任長官が送られたが，製鉄所の職員と対立し，就任から2～3年で辞任に追い込まれた。1924年に農商務省は，崎川才四郎鉱山局長を後任の製鉄所長官に充てることを考えていたが，崎川は福岡鉱山監督署長時代に鉱山関係者と対立していたため，福岡の鉱山関係者は崎川の八幡製鉄所就任を嫌い，野田卯太郎（政友会副総裁，福岡選出の国会議員）に働きかけた。野田は高橋是清政友会総裁を通じて，中井に同製鉄所長官就任を依頼した。中井は1934年まで長官を務め，新日本製鉄の初代社長に就任した。野田卯太郎は，高橋の後を継いで，1925年に商工大臣に就任した。

が，最後の農商務次官となった。彼は着任すると同時に，人事に関する事項を扱っていた文書課の課長に吉野を任命した。この時課長補佐となったのが，吉野が世話をし，目をかけていた岸信介であった。岸の回顧によると，四条と吉野は，省内の頑迷で仕事のできない官僚をすべて農林省に送り，商工省には柔軟で優秀な者を残したという。しかし，後に次官となった竹内可吉を残したのは失敗であったと，岸は述べている[21]。

四条と吉野は，さらにもうひとつのことを画作した。農林省は霞が関の新庁舎に移転したが，商工省は1888年以来使ってきた場所に残り改築した建物に入るようにしたのである。この場所は，旧木挽町の歌舞伎座の隣で，築地市場と新橋駅のほぼ中間にあった。農商務官僚または商工官僚で回顧録を出した者はみな，その近所の役者，芸者，お茶屋に関する思い出を持っており，自分の出世が遅れたのは近くに「遊び場」がありすぎたせいだという者もいた[22]。商工省は，東条英機が軍需省を新設し，霞が関に移転させるまで木挽町にあった。

農商務省の分割により，通産行政の「旧約聖書」時代ともいうべき時代は終わりを告げる。四条は新商工次官に就任し，1929年4月までその職務を果たした。退官後，四条は高橋の助力を得て，安田財閥の持ち株会社に入社した。彼はまた，安田生命保険および東京火災保険の2つの会社の社長も務めた（農商務省・商工省は，保険業を監督する権限も持っていた）。また，二条家の一族でもあったため，四条は爵位を授かり貴族院議員にも選ばれた。四条は商工省を去る前に，1928年7月30日付けで吉野を，自らが以前務めていたポストである工務局長に昇進させていた。それから3年後に吉野は次官に就任した。

新しい商工省の内部組織は，旧農商務省の商工部門のものがそのまま継続して使われた。しかしこの新しい役所をとりまく経済環境は急激に変化しつつあった。米騒動は，日本経済にとって，その内部構造という面でも，他国経済との関係という面でも深刻な経済不均衡の最初の兆候に過ぎなかった。より重要な兆候は，1920年春に始まり，1930年の世界恐慌に至るまで，1920年代を通じて続いた第一次世界大戦後の景気後退であった。株式取引指数（1913年＝100とする）は，1920年2月の254.1から，同年9月には112.6に下落し，総輸出入額は1919年の45億円から1920年には20億円に減少した[23]。すべての経済分野が大きな打撃を受けたが，中でも農業は最も深刻であった。商工業分野では，既存の財閥系銀行と企業は，その他の企業と比べても資金力が強く，また企業集団としての構造を持っていたためショックもいくらか緩和された。

戦時中に生まれた財閥も打撃を受けたが，資金援助を通じた政治家とのつながりを利用して，政府に救済策を要請することができた。最も困難な状況に追い込まれたのは，中小企業主や小作農たちであった。

商工官僚やその他の経済官僚は，これらの問題を理論的に考えようとした。不況がこれほど長く続く原因は何か。政府も含め，誰がその対策を講じるべきか。なぜ国際収支は慢性的に赤字なのか。なぜ企業利益はこれほど低いのか。何をなすべきか。これらに対して数々の理論が立てられた。日本は，（財閥と中小企業からなる）「二重構造」の結果として諸外国の経済と異なっている。日本は，軍需景気のために「生産力過剰による危機」を経験している。日本は，銀行と企業の数が制限されていないせいで「破壊的競争」の被害を受けている。マルクス経済学者が予言した「独占資本主義」の段階に入りつつあるだけである，といったようなものであった。

政府は，こうした問いに対する答えを持っておらず，対策も何一つなかった。政府は，定期的に発生する「恐慌」に対して，そのつど特別な救済策を講じ，倒産寸前の企業を救済するためにむやみに資金をばら撒いた（たとえば，鉄鋼業のケースでは，大戦中のいわゆる「鉄鋼飢饉」に対応するために設立され，その後急速な需要の下落に直面した鉄鋼会社を政府が買収した）[24]。政府の基本的な金融対策はデフレ政策であったが，個々の政策の多くは物価上昇につながるもので，日本製品の多くが海外市場において競争力を失うこととなった。

これらの政策の中で最も悪名が高いのは，1923年9月に起きた関東大震災に対する政府の対応であった。震災直後の金融崩壊を回避するために，政府はすべての銀行に1カ月間の業務停止を命じた。銀行が業務を再開した時，日本銀行は各銀行に対して，この期間に返済期限を迎えたすべての債務を再融資するよう指示し，それによって生じた損失は日銀が補償するとした。この政策は「震災手形損失補償公債法」などに基づいて実施され，これによって政府は4億3800万円の不良債権を引き受けることとなった。その中には，大戦後の不況から残っていた多くの不良債権が含まれていた。1927年春までに，これらの債権のうち2億3100万円程度は償還されたが，残りの2億700万円は回収不能となり，国家財政の健全化の障害となった。これらの負債を免除することに対しては，大衆から強い反発が起きた。中小企業や農民は破産させたのに，大企業に対しては巨額の補助金を与えることになるからであった[25]。

このような状況の中で，商工省内のある人物が，経済再活性化に向けた面白いアイディアを持つようになった。それは，吉野信次であった。吉野は東大では法律を専攻したので，経済についての知識は限られていた。しかし1915年にサンフランシスコから戻った後，単なる官僚的なものの見方を超えるものを体得する経験をした。第一の経験は，内務省に出向し，神戸で工場検査員として勤務した時のものである。そこで彼は，中小企業の世界と接した。1920～30年代の政府による定義では，従業員5人から30人までを小企業，30人から100人までを中企業としていた。

第二の経験は，戦争が国家経済に与える影響を調査するために，1927年2月に寺内内閣が農商務省内に設置した臨時産業調査局で勤務した時のものである。第一次世界大戦中の日本企業の成長は，おもに民間企業が主導したものであったため，同局は政策を立案したり施策を講じたりすることを目的としてはいなかった。だが日本と他の交戦国を比較し，起こりうる社会問題について調査することを期待されていた。同局の成果には特別なものはなかったが，吉野は同局で農商務省の顧問を務めた河合栄治郎や森戸辰男といった有名な東大の経済学者と出会った。とくに河合は，吉野に大きな影響を与えた（しかし河合は，その後第二次大戦中に，非マルクス主義的な社会主義の観点から軍国主義を批判し獄死することになるのであるが，とくに吉野に大きな影響を与えた）。同局において，彼らは経済計画，非常時のための備蓄，産業金融，アメリカの関税などについての論文を執筆した。こうした活動を通じて，吉野は，商工行政に明確にコミットするようになった[26]。

1920年代初めには工務課の課長としての業務を通じて，吉野は中小企業分野に関する専門知識を持った最初の官僚のひとりとなり，財閥系企業は戦略的には重要ではあるが，中小企業が労働者の圧倒的多数を雇用しているということに気がついた。さらに重要なことは，財閥系企業はおもに国内市場向けに生産しているのに対し，中小企業は輸出向け商品に集中していた。大企業が支配していたレーヨン，生糸，綿織維品などといった一部の例外を除いて，中小企業は，自転車，陶器，ホウロウ，鉄器，缶詰，帽子，絹製品などの雑貨を製造し，日本の総輸出の50～65パーセントに貢献していたが，中小企業の多くは赤字を抱えていた[27]。

吉野と農商務省の同僚たちは，以下のような結論に至った。あまりに多くの中小企業があり，安い労働力の供給が過剰であり，それに流通経路と市場情報が不十分だったことから，その結果として中小企業分野では商品を海外にダンピング輸出せざるを得なくなっている。中小輸出企業は，外貨をそれほど稼がないどころか，時には売り上げが生産コストを下回ることもあった。さらにそうした製品の市場を独占していた財閥系大商社は，原材料を高い価格で売りつけ，製品を安い価格で委託販売することで，中小企業を搾取していた。

1925年には，このような状況を改善するための第一歩として，「輸出組合法」や「重要輸出品工業組合法」の2つの法律が，議会の満場一致の賛成で可決された。そしてこれらの法律制定を推進したのが，商工省であった。これらの法律の中には，日本政府が今日に至っても使用している重要な政策手段，とくに通産省時代に「不況カルテル」や「合理化カルテル」と呼ばれたものの原型がみられる。

輸出組合法は，中小企業の特定の製品に対する輸出組合を創設させた。輸出組合は，組合員の輸出商品を委託販売したり，輸出品の数量・品質・価格を管理したりする権限を持っていた。重要輸出品工業組合法は，企業間の過当競争を排除することを目的としたものであった。同法は，各組合員が生産量や販売量について話し合いを通じて決定する工業組合を創設するものであった。その意味で工業組合は，輸出組合とは性質を異にし，純粋なカルテルを形成することができるものであった。

カルテルと言えば，日本にはいくつかの前例があった。1880年の製紙連合会，1882年の日本綿糸紡績連合会，1907年の日本肥料製造連合会は，第一次世界大戦前にカルテルのような力を持っていた業界団体であった[28]。1900年の「産業組合法」は，府県の監督下に産業組合を設立させた。産業組合は，その名称にもかかわらず，実際は農業協同組合であり，工業生産者の組合ではなかった[29]。また産業組合は，1917年に農商務省が食料品や衣料品の戦時価格統制のために，価格および賃金について組合が談合することを禁止したため，その活動の自由が制限されていた。初期のカルテルの主な役割は，製品の検査や等級付けであった。日本人はカルテルと縁がなかったわけではないが，1925年に承認されたカルテルは，特定の産業においてのみではなく，経済全体のある部分を組織化するものであったという意味で，新規のものであった。

しかし，1925年に制定されたこれらの法律はうまく機能しなかった。工業組合は，輸出組合よりも好評であった。それは商工省が，工業組合に対しては当初から補助金を支給したが，輸出組合に対して補助を与えず，世界恐慌の後になって初めて融資を行ったからであった。またこれら2つの組合の間にはしばしば衝突が起きた。商工省は，これらの法律が議会で承認されやすいように，両組合への加入は強制しないことに合意せざるを得なかったが，非組合員に対して組合員が合意した条件を遵守させるための命令を発する権限を持っていた。

1925年ごろ，内務省や外務省や大蔵省に比べれば，商工省は権限の弱い官庁で，一般大衆にはほとんど知られていなかった。それゆえ商工省の中小企業に対する支援は，産業政策の実験的な第一歩に過ぎなかった。1920年代半ばの商工政策は，貿易を振興することによって，日本の経常収支の赤字削減につなげることを主な目的としていた。吉野は，国産品の使用を奨励する委員会を商工省内に設け，海外に同省の通商代表を置くための予算確保を模索した。彼はまた，商務局内の貿易課を局に昇格させることも要求した。外務省は，自らの所管を侵犯するものであるとして，海外通商駐在官構想を妨害した。大蔵省は，1927年に商工省貿易局の設立を認めたが，1930年に世界恐慌によって同局の重要性が高まるまで，予算を配分することはなかった[30]。通商政策史の代表的な研究者のひとりである前田靖幸は，「商工省の初期に，忙しく働いた経験を持つ者は，誰一人いない」と述べている[31]。1927年4月に田中義一内閣において商工大臣に任命された中橋徳五郎にしても，「商工省という官庁は，あえて気負って仕事をするところではない」と言っている[32]。しかしその後，中橋はこうした状況を大きく変えることに一役買うことになる。

中橋は，第一次若槻内閣を総辞職に追い込んだ1927年の金融恐慌の後に商工相に就任した。この金融恐慌は，1920年代を通して日本経済を苦しめた恐慌の中でも最大のものであり，通商行政の「旧約聖書」時代と「新約聖書」時代の分岐点となるものでもあった。そしてそれは，日本にとっての世界恐慌（経済停滞とその後世界中を混乱に陥れることになる過激な解決策の時代）の幕開けでもあった。1927年の金融恐慌の重大性について，名和太郎は，「商工省は形の上では存在していたが，それに組織としての生命を吹き込んだのは，金融恐慌であった」と述べている[33]。

1920年代の不況対策に関する保守的だが重要な見解のひとつに，井上準之助の見解があった。井上は，横浜正金銀行頭取，1919年日銀総裁，1929年浜口内閣の蔵相を歴任した人物であったが，1932年2月9日血盟団事件で暗殺された。井上の考えは，第一次世界大戦開戦時に日本や他の主要国が行った「一時的」な金輸出禁止を，日本は解禁すべきというものであった。日本は，第一次大戦後も国際収支の状況が悪いために金輸出禁止を続けており，主要国の中で唯一金本位制に戻っていなかった。輸出振興策がうまくいっていなかったのは，このためであると井上は考えていた。この状況は，1949 年と相通ずるところがあった。1949 年当時の日本は，国際貿易を再開するために安定した円の為替レートが必要であったが，それにはインフレを抑制し，経済力に見合った生活水準に抑えなくてはならなかった。このためドッジと池田勇人は 1949 年に，経済再建のための前提条件であった厳しいデフレ政策を導入した。

理論的には，1920 年代の日本のように輸入超過している国は，収支を均衡させるために金の支払いを行うことになる。1920 年代を通して禁止されていた金の流出は，国内通貨の価値を高め，それによって輸出価格を引き下げる。このような効果は，きわめてデフレ的で，一部の企業を倒産に追い込むが，他方でインフレによって成り立っていた経済を完全に一新させて国際競争力を回復させる。これが，井上と民政党が望んでいたものであった。

一方で金輸出解禁に踏み切る前に，政府は財政を均衡させる必要があったが，それには未払いの震災手形を回収せねばならなかった。1926 年 12 月から 1927 年 3 月の第 52 帝国議会において，民政党の若槻内閣は未払いの震災手形を 10 年満期の国債に切り替えるため，2 つの法案を提出した。野党は，政府が国民の血税を資本家救済のために使おうとしているとして激しく反発した。そして議会での激しい論争のさなかに，大蔵大臣が国内の金融システムの脆弱性について図らずも言及してしまった。そのため銀行取り付け騒ぎが発生したが，議会がこれらの法案を同年 3 月 23 日に可決したことで，騒ぎは一時的に収まった。

しかし与野党間の論争自体は収まらなかった。そして，鈴木商店と国有の台湾銀行が危機に瀕していることが明らかとなった。第一次大戦時に急成長した新興企業としては最大の鈴木商店は，約 60 の企業を支配下に置いていたが，その多くは戦後の不況により大きな影響を受けていた重化学工業分野の企業であった。鈴木商店が多額の投資をしていた中国との通商も，日貨排斥と中国企業の競争力増大によって停滞していた。台湾銀行は，日本企業の中国・東南アジアへの進出を助成する機能を持っており，鈴木商店に 3 億 5000 万円以上の融資を行い，さらに震災手形も 1 億円保有していた。新法の真の目的は，鈴木商店と台湾銀行の救済にあるという噂が流れ，鈴木商店の競争相手が三井銀行とともに，台湾銀行からのコール資金引出しを始めると，すべての銀行に対する取り付け騒ぎが再発した。

金融恐慌の結果，若槻内閣は倒れ，政友会が再び政権についた。37の銀行が倒産し，財閥は力を取り戻した。最終的に，鈴木財閥は崩壊し，その支配下にあった企業は，三井と三菱に吸収された。（そのうちの優良企業のひとつであった帝人は，台湾銀行の負債の担保として大蔵省が保有していた帝人株が，政府高官に秘密裏に売却されていたという事件で，1934年に再び政府に衝撃を与えた。）中小企業に対する融資は，これまで以上に困難になったが，財閥系大企業の資本調達力は強化された。1927年の金融恐慌は酷いものであったが，日本の産業構造の最初の「改革」をもたらした。つまり，数多くの競合する銀行や企業が淘汰され，限りある資本が重要産業に集中するようになった。しかし，このような形で財閥が利益を得たことは，社会全体の過激な反応を招いた。そして国家全体の利益のために発言する人物を求める声が高まった[34]。

こうした世論の中で，新しい商工大臣は，吉野信次文書課長とともに，現代日本の産業政策の始まりとされる政策を実行した。1927年5月23日，中橋大臣は商工省内に商工審議会を設置した。この審議会は，日本経済の問題点とそれに対して政府がなすべき施策について広く調査することを目的としていた。これは官民合同の審議の場として，1950年代の産業合理化審議会とその後身である産業構造審議会（通産省と経済界をつなぐ重要なパイプである）の直接の前例となるものであった。1927年に設置されたこの審議会の民間メンバーには，当時の代表的な経営者がすべて含まれていた。実際の審議において最も影響力があったのは，東大工学部教授で卓越した実業家でもあった大河内正敏と，後に商工大臣にもなった古川財閥の中島久万吉であった。

この審議会はかつてない成果を上げた。まず，商工省に工業統計を強化する必要性を認識させた（これは，中橋大臣の肝入りの事業で，彼の審議会に対する貢献の最たるものであった）。また同審議会は中小企業に対して，それまでの10倍の規模にあたる3000万円の融資を承認し，八幡製鉄と民間鉄鋼企業との合併（これが実現したのは1934年であった）を最初に提案した。さらに輸出企業に対する貿易に関する情報の提供と補助金制度の必要性を強調した。そこでの審議には，笑い話もあった。岸信介と小金義照によると，工業標準化のためにメートル法を日本に導入することに対して，岡部長景の反対があったという。岡部は，メートル法がフランス革命と関係しているため，日本の国民感情にそぐわないとする貴族院の意見を支持した。審議会の委員たちは，岡部が亡くなるまで，この問題を棚上げにするよう提案した。しかし岡部は，第二次大戦中の東条内閣で文部大臣を務め，さらにその後1970年に亡くなるまで25年間生きていたので，仮にこの提案が採用されていれば，メートル法導入まで長い年月がかかるところであった[35]。実際は，小金が軍の支援を受けて，1930年代後半にメートル法を導入した。

同審議会の最も重要な成果は，日本に「産業合理化」の概念を導入したことであった。この概念は1927年以降経済官庁によって日常的に使用されることとなった。当初は，誰もその正確な意味を理解していなかったが，この概念は，商工官僚が日本にとって必要であると考えていたことを驚くほど正確に表していた。吉野によると，「『合理化』について我々がやったことは，それを我々の活動内容として看板に掲げることくらいであった。そしてその後になって，それが何を意味するのか調べなくてはならなかった」という[36]。この用語について，政府が最初に言及したのは，1926年の岸信介による報告書の中においてであったようである。岸は，アメリカ合衆国生誕150周年の記念式典に日本代表としてフィラデルフィアに派遣され，ヨーロッパを経由して帰国した。そして，アメリカにおけるフレデリック・テイラーの「科学的経営管理」とフォード式の「生産ライン」に関して報告し，ドイツにおける産業効率化のためのトラストとカルテルの促進について報告した。岸のこの報告書には誰もそれほど注目しなかったが，不況が始まると，「産業合理化」は国全体を不況から救い出すための政策を表すキャッチ・フレーズとなった。また，商工省内では，産業政策の確立を目指すための掛け声となった。

1929年7月2日，民政党が政権に返り咲き，浜口首相は井上準之助を大蔵大臣に任命した。井上は，金輸出解禁計画を実行に移したが，井上とその他の政府関係者はこれを産業合理化運動と結びつけていた。金本位制は，日本の物価を世界の物価と連動させ，産業合理化は日本の国際競争力を強化すると主張した。浜口首相自身も，1929年に商工審議会に対して「此〔産業合理化の〕問題は単なる一時的の政策問題ではなくして，実に永きに渉る国民運動の目標でなければなりませぬ」と述べた[37]。

1930年1月11日，井上は金輸出解禁を断行した。この政策の理論上の有効性は別として，そのタイミングは最悪であった。世界がいまだかつて経験したことのないような大不況の初めの数カ月間に，デフレ政策を推進したことで，事態を悪化させたのである。1931年12月13日，金輸出が再び禁止され，日本は軍事費を政府の赤字支出でまかなうことによって不況からの脱出をはかるという日本版ケインズ経済体制に突入した。しかし1930〜31年を通して，日本の景気は最悪の状態となり，浜口内閣のもうひとつの経済政策である産業合理化は，新しい意味を持つようになったのである。

商工審議会は，1927年から1930年7月5日まで存続した。1929年11月19日，その小委員会として産業合理化審議会が商工省内に設置された。その1カ月後，この審議会は早急に必要な合理化政策についての報告書を作成した。一方で，経済の世界的崩壊に応えるべく，内閣は1930年1月20日に，首相を委員長，商工大臣を副委員長とする臨時産業委員会を設置した。この最高諮問機関は数カ月しか存続しなかったが，商工省内の産業合理化に関連した業務に感心を払い，合理性のための具体的な施策を作り，それを実施するために，臨時産業合理局を同省内に設置することを勧告した。同局は，1930年6月2日に，商工省の外局として設立され，商工大臣自身がその局長を務めた。臨時産業合理局は，その後1937年まで存続したが，それは吉野信次の構想に基づくものであった。その成功によって，吉野は1年後に同局の成果のおかげで，次官に任命された。

吉野は，省内の縄張り争いが同局の活動を妨げないように，意図的に商工大臣を局長とする商工省の外局にしたのであった。そこに同省の全局長と全課長を関与させるとともに，前例のない組織とした。同局には，課の代わりに2つの大きな部のみを置き，ひとつは官房文書課長であった木戸幸一を部長とし，もうひとつは工務局長であった吉野自身が部長を兼任した。

これらの部は，企業の統制，科学的経営原則の実施，産業金融の改善，工業品の規格統一，製造工程の単純化，国産品の生産と消費に対する補助についての企画立案を行った。商工審議会での前例を踏襲して，吉野は民間企業経営者を臨時産業合理局の活動に参加させ，彼らのために商工省内に事務室まで用意した。その他にもすべての財閥の代表や学者やジャーナリストが参加し，最も重要な顧問として活躍したのは，商工審議会委員だった大河内と中島であった。彼らは，同局のアイディアや政策が産業界の中で受け入れられ，また議会で承認を得るために大きな役割を果たした。その最たるものは，1931年の「重要産業ノ統制ニ関スル法律」（重要産業統制法）であった。

「合理化」という日本語を，吉野が新しい局の名前に選んだ時には，その意味するところは，あまりよく理解されていなかった。彼は，この用語が誤解を生むことを恐れ，意図的に「産業合理化局」ではなく，「産業合理局」とした。

彼は,「化」という文字を入れると,合理化を批判したり反対したりする者が,「化局」の部分を「歌曲」ともじって揶揄するのではないかと考えたのである[38]。たしかに,批判する者たちはいた。同局が設置される前日,ある労働者が新しい看板に,「不」という文字を落書きして,「臨時産業不合理局」にしてしまった[39]。

左翼運動家と反財閥勢は,合理化運動に対して不信感を持っていた。合理化政策は,賃金カット,人員削減,労働時間の延長などを意味する「日本型合理化」であるとして批判した[40]。また合理化は,「ソーシャル・ダンピング」の隠れ蓑だとする国際的な批判もあった。「ソーシャル・ダンピング」とは,日本を批判する時に当時よく使われた用語であった。1930年代前半,ILO(国際労働機関)は,不正商取引としての「コマーシャル・ダンピング」と,労働者搾取の一形態を指す「ソーシャル・ダンピング」という用語を使っていた。コマーシャル・ダンピングは,「生産費プラス公正な利益を下回る価格で商品を輸出し,国内では同一商品をそれ以上の値段で販売すること」を意味するとされた。ソーシャル・ダンピングは,「商品を生産する企業内の労働条件を低下させること,または低いレベルの労働条件を改善しないことで,生産費を削減して商品を輸出すること」を意味するとされた[41]。日本は,ソーシャル・ダンピングの排除に必要な措置はすべてとっているとの認識を持っていたため,こうした批判に対してはつねに反発した。

産業合理化というアイディアは,1920~30年代には,すでに多くの国に広まっていた。日本においては,以下のようなものが完全に消化されることのないまま,概念化されていた。それらは,当時のアメリカでの熱狂的な運動(「効率化エキスパート」や「時間と動作の分析」など),日本が抱えていた問題(とくに多くの国内企業間の過当競争と,その結果としてのダンピング),ソ連の第一次5カ年計画(1928~33年),ハンガリー人の経済学者でソ連の顧問であったユージン・ヴァルガの著作などである。ソ連の影響に関しては,1920年代に社会主義の考え方は,とくに非英語圏工業国においては,非社会主義や反社会主義を掲げる団体や国民にも影響を与えていたことを考慮しなくてはならない。1930~40年代のソ連と日本の経済計画に特別なつながりがあることについては後述するが,1930年代においては,日本の合理化に関する理論に対して,最も大きな影響を与えていたのは,ドイツであった。明治維新以来,ドイツは近代日本の最大のモデルであったが,1930年にドイツの先例が直接的な形で臨時産業合理局に導入されたのは，官僚制度の内部で起きた予期せぬ出来事の結果であった。こうした日本の官僚制度の要請と日本政府が生み出した政策との相互作用が，本書の中心テーマである。

1930年に民政党内閣は，商工省の政治化を試みた。これはその30年後に自民党が通産省に対して行ったことと同じであった。産業合理化運動は商工省を政治の重要な中心に位置づけ，民政党は同党に友好的な官僚を主導的地位につけようとした。その試みは最終的には失敗に終わったが，結果として1931年に吉野信次が次官となり，岸信介が産業合理化運動についての調査報告のためにドイツに派遣された。1930年の政治的な動き自体はさほど重要ではなかったが，それがもたらした結果は後々まで重要な影響を与えた。そのうちのひとつは，1936年まで続いたいわゆる「吉野・岸ライン」の確立であった。ウェーバーのころから現在に至るまで組織理論の研究者がどのようなモデルを使って説明しようとも，官僚は政治家と同様に権力とともにあり，権力闘争とは切っても切れない関係にある。

1929年から1931年の間に，2人の民政党の政治家が商工大臣を務めた。そのうちのひとりは，浜口内閣（1929年7月～1931年4月）の俵孫一であり，さほど影響力のない政治家であった。もうひとりは，第二次若槻内閣（1931年4月～12月）の櫻内幸雄で，影響力の強い政治家であった（浜口雄幸首相は1930年11月14日に右翼活動家の襲撃を受け重傷を負った。しかし浜口は翌年4月に同内閣が総辞職するまで，首相と民政党総裁の座にあった。浜口は襲撃された時の傷がもとで，1931年8月26日に他界した。そして1927年の金融危機の時に首相を務めていた若槻礼次郎が，首相と民政党総裁の座に返り咲いた）。俵と櫻内の両商工大臣は，当時非常に強い影響力を持った民政党の幹部で大蔵大臣を務めた井上準之助の影響下にあった。1930年に，井上は，商工省（そしてとくに吉野信次）が影響力を強めていたことに対していらだちを感じていた。それは，大蔵省の従来の所掌が浸食されつつあると思われたからである。しかし井上が，商工省に直接対抗することはなかった。井上は，商工審議会の委員であり，産業合理化については支持していた。それは，産業合理化が，井上の政策，すなわち国際金本位制の復活を通じたデフレ政策の一部を構成するものであったからである。しかし，井上は若干の修正を要求した。

臨時産業合理局の設置から1カ月後の1930年7月2日，商工次官三井米松が辞任し，合同水産と樺太鉱業の社長に就任した。三井は，農商務省時代と商工省時代に，水産業と鉱業行政に長年携わっていたが，1930年に辞任するつもりはなかった。三井が特許庁長官に異動を希望した時，井上と俵は三井を勇退させることにした。それは三井が，吉野の臨時産業合理局とその政策をよく思っていなかったからであった。三井の後任として，井上は俵商工大臣に1906年入省の田島勝太郎を任命するように指示し，俵は個人的には面子を失うことになったが，それに従った。

田島の任命は，異例のものであった。田島は商工省内局のいずれにも勤務した経験がなかった。彼はキャリアの後半では，農商務省時代の水産局長を務めた後に，東京市に出向し，その後は福岡鉱山監督局長を務めていた。この最後の職が，田島の次官任命の決め手となった。福岡の局長は，八幡製鉄所に燃料を供給している国内主要炭鉱を監督していたため，重要なポストであった。同局長は，有力な財閥系炭坑主と密接に仕事をすることが必要であった。田島は，福岡に地盤らしきものを作り，民政党から出馬する野心を持っていたことは周知の事実であった。実際に，彼は1931年12月に次官を辞任した後，民政党に入党し，福岡で衆議院議員に3度選出された。1930年の田島の次官就任は，官界と政界においては，民政党による商工省支配の布石であると受け取められた。その次の政友会内閣が，田島を追放し，その後任に吉野を任命したのは，田島次官が官僚としての政治的独立性に欠けているという一部の噂に対処するためでもあった。吉野は43歳と若く，次官になるためには9人の先輩と3人の同期を追い越す必要があったにもかかわらず，高橋是清が吉野を推薦したと噂された。

田島が次官であった1930年に，吉野は諸外国の産業合理化運動を調査するために海外出張の許可を求めたことがある。しかし井上大蔵大臣は，臨時産業合理局の責任者である吉野が国外に出ることは不適当であると判断し，予算の支出を拒んだために，この申請は認められなかった。そこで吉野は，自分の代わりに部下の岸信介が海外出張するという案を提出したところ，以下のような理由から認められることとなった。1929年10月15日に浜口内閣は民政党のデフレ政策の一環として，すべての官吏と軍人の給与を一律10パーセント削減することを命じたが，これは一般大衆には非常に評価されたものの，官吏の組織的な抵抗を招くこととなった。商工省内では，当時の文書課課長補佐の岸信介が反対運動を主導していた。

岸は，高官からノン・キャリアの官吏を含む約50人の辞表を手に入れ，給与削減が撤回されなければ，大臣に辞表を提出すると圧力をかけていた。岸の動機はおもに金銭的なものではなく，ノン・キャリア職員の福利厚生の悪化と，軍部にも適用されていた政府の緊縮財政を懸念していたためであった。1930年に，吉野と商工大臣は，この事件に関する妥協案をまとめた。吉野はこの機会を利用して，事態の冷却化のために岸をしばらく国外に出すことにした。岸は，ベルリンに7カ月（1930年5～11月）滞在し，産業合理化運動についての報告書を作成した。この報告書は，その後の日本の産業合理化運動に直接的な影響を与えた。岸の報告書のうち1930年7月13日付のものは，臨時産業合理局の部長のひとりであった木戸幸一にあてられたものであったが，産業政策史上意義のあるものであったため，作成から50年後の1979年9月の『中央公論』にも掲載された[42]。

岸は，ドイツの産業合理化が，その他の国での運動と同様に，産業における技術革新，最新式機械・設備の導入，一般的な効率性の向上を目標としていると述べている。そして，ドイツでのこの運動を特徴づけているのは，改革を遂行するための主な手段として，政府が主導するトラストとカルテルに重点を置いているところにあるとしている。この点が，合理化とは経済的競争の低減を意味するものと翻訳され，中小企業分野において苛烈な競争と輸出ダンピングが行われていた状況では，妥当なアプローチであると理解されるようになった。

やがて日本において合理化は，「企業間競争は『協調』によって代替されるべき」，また「企業活動の目的は利益追求ではなくコスト削減にあるべき」などといった点が強調されるようになった。吉野自身も，次のように書いている。

> 近代産業は自由競争を其基調として今日の発達を遂げた。然るに今日は漸く其〔資本主義体制の〕弊が顕著となりつつある。絶対の自由主義のみを以てしては現下の産業界の混乱は救はれない。産業の健全なる発達を策するには或る程度の統制を加ふる必要がある。統制の観念に付ても之を理論的に究明すればむづかしい説明も多々あるであらうが，常識的に云へば上の言に尽きる[43]。

経済的な競争についてのこのような見解は，1930年代から1960年代（おそらくそれ以降も）にかけての日本の通産官僚の間でよくみられた。佐橋滋は，通産次官を務めていたころ，しばしば「過当競争」の弊害について発言した。

ある産業政策研究者によると，1931年ごろの日本では，産業合理化という用語は，「統制」と同義語とみなされ，1920年代から1930年代にかけての惨状を招いた「競争」にとって代わるものと考えられるようになった[44]。したがって，臨時産業合理局が設置された時の政策立案者の主要な課題は，「誰が統制を行うのか」というものであった。

これに対する最初の答えは，1931年成立の「重要産業統制法」であった。同法は，臨時産業合理局の最重要成果であるとともに，1938年の「国家総動員法」と1941年の「重要産業団体令」が制定されるまでは，産業法としては最も重要な法律であった。この法律によると，統制は各産業において企業自らが実施するとされ，いわゆる「自主統制」が合法化された。すなわち，企業間で結ばれるカルテル的な合意に基づいて，生産レベル，価格設定，新規参入，特定の産業に関連した市場の統制などが行われた。また同法は1925年に作られた中小企業組合をモデルとしていたが，組合に対する政府の認可権限を強化し，大企業へ適用範囲を拡大した点で異なっていた[45]。その結果，Eleanor Hadleyが指摘しているように，第二次大戦後の「激しい競争下の寡占」とは対照的な，「協調的寡占」が生じた[46]。

この法律を立案したのは，民間と財閥の代表者が強い影響力を持っていた臨時産業合理局統制委員会であった。同委員会自体が，1950年代から1960年代にかけてよくみられた民間企業に対して自助努力を促す政府の指示の原型であった。同委員会内では，「統制」という用語に関して多くの議論が行われた。振り返ってみれば，同法の名称に「統制」という用語が含まれたのは，不幸なことであったかもしれない。吉野はしばしば，彼やその同僚たちは「統制」という言葉を，官僚が産業を監督するという意味ではなく，「業界の秩序」を形成することという意味で使っていたと述べている。商工官僚たちは，軍がこの用語を全く異なった意味で使っていたことは知っていたが，同法が軍事的な含意を持っているとか，軍の影響を受けているといった点については，きっぱりと否定していた。また吉野は，この法律はカルテルを合法化するものではあるが，カルテルの目的は産業の利益ではなく，「秩序」形成であり，したがって同法は公益にかない，単に財閥に資するだけのものではないと主張していた[47]。しかし，吉野がどう考えていたにせよ，「統制」と「産業秩序」によって最も利益を得たのは，財閥であった。

「重要産業統制法」は，わずか10条からなる比較的短い法律であった。同法の条文によると，特定の産業内の 3 分の 2 以上の企業がカルテルに同意した場合には，商工省はその内容を審査し，問題がなければ，そのカルテルを認可することになっていた。また政府は，合意内容を修正したり，無効にする権限を持っていた。さらに政府は，カルテルの非参加企業が合意内容に従わない場合は，従うように強制することもできた。商工省による同法の改正（1932 年 9 月に改正案の国会提出，1933 年可決）の結果，商工省はカルテル参加企業による生産力拡大のための投資に対して許可を与え，カルテルによる生産量削減の決定に対しても許可を与える権限を得た。こうしてすべての企業が，投資計画と事業活動について，政府に頻繁に報告しなければならなくなった。戦後の産業政策の根幹となった政府の許認可権と「行政指導」の慣行の起源は，この法律にあるといえる。議会において表明された同法に対する懸念に対処するために，同法は 5 年間の暫定法とされた。1936 年 8 月 15 日に，同法の施行期間が 5 年間延長されたが，その期間が終了する前に，「国家総動員法」が成立し，同法にとって代わった。

同法が施行された結果，絹糸，レーヨン，紙，セメント，小麦粉，鉄鋼，石炭など「重要産業」に指定された 26 の産業において，カルテルが結成された。綿紡績，造船，電気機械などのように，過剰生産の問題を抱えていた産業においては，同法が過当競争を抑制し，収益率を改善するのに役立った。しかし吉野は，同法が想定通りに機能したとは考えていなかった。その理由のひとつは，同法施行の 1 カ月後に軍部が満州を占領し，経済全体が準戦時体制に移行したからである。しかしそうした予想外の事態がなかったとしても，こうしたカルテルは「秩序」維持のためというよりは，むしろ財閥の強化と事業拡大に貢献したようにみえる（つまり日本人が言うところの経済の「系列化」である）。たとえば，石油，新聞用紙，セメントの 3 つの産業において，商工省のカルテルは，タクシー会社よりはガソリン精製企業の，新聞社よりは製紙会社の，そして製材業者よりもセメント業者の利益をそれぞれ増進した。優遇されたこれらの産業のすべては，拡張しつつある財閥が強い影響力を持っていた分野であった[48]。

財閥は臨時産業合理局の統制委員会において，中小企業の組合をモデルとしたカルテルではなく，企業合併により企業数を減らし，競争を緩和することに関心があると明確に主張していた。同法施行の後には，多くの企業合併が行われた。たとえば，1933 年 5 月には 3 社が合併して王子製紙となり，同年 12 月には3行合併により三和銀行が生まれ，1934年1月には八幡製鉄と5つの企業が合併して日本製鉄が，同年6月には三菱重工が，その翌年には住友金属が設立された。これらのケースのすべてが，カルテルというより独占に近い経済力の集中につながった。財閥は，カルテルが大きな変革につながるとは考えておらず，長続きはしないだろうと考えていた。むしろ財閥は，個別の産業振興法（たとえば，1934年の「石油業法」や1936年の「自動車製造事業法」など）のほうが好ましいと考えていた。そしてそうした法律は，財閥系企業を国際競争から保護するものでもあった。こうした法律は，1930年代の後半になって，重要産業統制法よりも重要性を増すことになったが，それは財閥が予想もしなかった理由によるものであった。それは軍部がそうした法律を望んだからであった。軍部は財閥と協力するつもりはなかったが，そうせざるを得なかったのである。

重要産業統制法が施行された当時，吉野は産業の自主統制と，民間の統制合意に対する政府の協力を支持していた。しかし1931年には，財閥に関連した自主統制に対する批判が高まり，それに対抗するものとして「国家統制」への期待が高まった。その背景には，「ドル買い事件」があった。1931年9月22日，イギリスが不況を理由に金本位制を停止すると発表した。これは，井上の政策の失敗を予見させるものであった。日本は，貿易相手国が金本位制に従わなければ，それを維持することはできなかった。しかしその後3カ月の間，日本は金輸出禁止を実施せず，その間に財閥系銀行は，いずれ切り下げられるとみられていた円で，大規模なドル買いを行った。この国際通貨取引によって，三井だけでも5000万ドルの利益を上げたと言われている。同年12月に政友会が政権に戻って（これが戦前最後の政党内閣であった），井上の政策を修正したことで，この投機行為はようやく終了した。

経済恐慌の最中に財閥がドル買いを行ったことに対して，世論は激しく反応した。多くの団体が，財閥の強欲さは救いがたく，利益のためなら自国の通貨の価値を下げることも躊躇しないと批判した。三井財閥の総帥であった団琢磨は，右翼活動家によって暗殺された。団の後任には，ハーヴァード大学で教育を受け，1938年に商工大臣にもなった池田成彬が就任した。池田は，三井財閥総帥就任後，三井財閥の「転向（愛国主義への方針転換）」を断行した。池田がこのような行動をとった主な理由は，軍部と経済官僚の一部が，カルテルを通しての財閥との協力ではなく，国家権力の行使による財閥の支配もしくは国有化を考え始めていたことにある。

1931年12月21日，民政党からの政権交代後の人事刷新の一環として，吉野信次が商工次官に任命され，1936年10月7日までその職を務めた。臨時産業合理局は民政党との関連が強いとみられていたが，その理念の有用性と，公には中立を保ちながらも政友会系とみられていた吉野が商工次官となっていたこともあって，政友会は同局を存続させた。

通商産業の関係者の間では，1931～36年は「吉野・岸ライン」の時代として知られるようになった。これは，政府が重化学工業化を促進し，商工政策の主な目的として産業合理化を重視するようになったことを意味した。次官在任中に吉野は，岸をまず工政課長に（吉野次官就任の翌月である1932年1月），その後文書課長に（1933年12月），そして工務局長に（1935年4月）昇進させた。岸は確実に「エリート・コース」に乗っており，吉野が退任したあと程なくして，将来は次官に就任すると考えられていた。岸は実際に次官になったが，それは満州国で3年間勤務した後であった。商工省内では吉野・岸ラインと呼ばれたものの，この2人の間には相違点もあった。吉野が「自主統制派」であったのに対して，岸は「国家統制派」であったという違いである。

近代日本における産業政策の第一段階は，戦後日本の経済的奇跡とは遠く離れているように思われるが，実はそれらは直接的に関連している。その理由は以下のとおりである。1920年代の日本経済は，1950年代前半と似たような性質と深刻さを持つ経済危機に直面していた。当時の日本の課題は，(1) 国際貿易における競争力回復の必要性，(2) 規模の経済の確立と新技術開発を達成するための産業再編成の必要性，(3) 労働力の生産性向上の必要性などであった。商工省設立時から1931年の「重要産業統制法」成立までの期間に，日本人は今日まで続く産業政策の3つの特徴的な手法のうちのひとつを作り出し，実験的に運用していた。その手法とは，市場における競争を，既存の企業による自主統制に置き換えることである。「国家が認可するカルテル」は，この手法の制度的枠組みであり，今日に至っても大企業が好ましいと考える産業政策の形態である。この手法には，カルテルが財閥による支配と独占化を招くという欠点があり，それは1931年の時点ですでに顕在化していた。そしてそれは，自主統制の対極にあるもの，つまり「国家統制」を招く結果となり，1930年代後半は国家統制が大勢を占めるようになった。

このころのもうひとつの課題は，短期的な収益性ではない経営および企業の業績評価の基準をどう定めるかということであった。1920年代初めに始まり，1950年代になって全盛を迎えた産業合理化運動を通して，日本人は企業内および産業内にいかにして協調的労使関係，職業安定，資本形成，生産性向上，新製品開発などを促進するインセンティブを生み出すべきかを考えるようになった。合理化を目指した最初の試みは，財閥の権力と思惑によって妨害されたが，合理化への関心，すなわち優れた組織，協調的労使関係，コスト削減による競争力向上を目指す試みは，昭和時代を通じて，日本の産業政策の最も一貫した特徴といえる。商工省の初期の最も重要な成果は，官民関係の構築を真剣に始めたことであり，この官民関係は協調と発展を目標とし，日本経済全体として，競争相手である他国経済と対峙することをみすえたものであった。

この初期のアイディアと制度変革は，単に世代を超えて引き継がれる「遺産」というわけではなかった。1950年代と60年代に産業政策を主導した世代は，1920年代後半から1930年代初めにはすでに登場していた。日本の産業政策史における最も驚くべき事実のひとつは，戦後の経済的「奇跡」を主導した人々が，1920年代に産業政策を導入し，1930～40年代を通じてそれを遂行した人々と同じであったということである。第二次大戦に敗れたり，戦時期の革命で分断された他の国々とは異なり，日本においては官僚と財界エリートの間で急激な断絶が生じるということはなかった。吉野信次，岸信介，椎名悦三郎，植村甲午郎，稲山嘉寛といった人物は，戦前・戦中・戦後にわたって産業政策の形成と遂行に重要な役割を果たした。同じく重要なことに，1950年代の通産次官は，すべて1929年から34年の間に入省した人物であった。したがって，産業政策の生成期の起源を探ることで，1950年代に奇跡ともみえる効果をもたらした官僚の形成期を明らかにすることになるのである。当然のことながら，臨時産業合理局において初めて議論された制度や政策と，高度成長期の制度や政策の間には，単なる類似以上のものが存在する。

この歴史的継続性というテーマは，産業政策が政治的合理性と意図的な制度改革に基づいたものであるということを気づかせてくれる。つまり日本の産業政策は，日本文化，封建主義の名残，島国気質，倹約性，個人に対する社会集団の優越などといった日本社会の特質に基づいたものではないのである。

産業政策を生み出したのは，経済危機であった。第一次大戦後の長期的な不況と1927年の恐慌が，商工省の新設と産業政策の導入につながった。これと同様に，第二次大戦後における経済復興の必要性と1949年の深刻なデフレが，通産省の新設と産業政策の復活につながったのである。発展指向型国家における政治的および官僚的問題点のすべて（官僚と政界の衝突や省庁間の軋轢など）は，1930年代にはすでに出現していて，1960～70年代にも再びみられるようになった。1930年代よりも戦後になってから，日本人がこれらの問題をより効果的に解決（または抑制）したことは，彼らが直面した状況が違っていたからというよりは，彼らが過去の経験を生かす能力を持っていたということの証左であろう。

1920年代後期には，日本は新しい国家介入の形態を形成し始めていた。それは計画経済や規制型国家とは根本的に違ったものであった。こうした初期の試みは，その後繰り返し生じた危機に飲み込まれ，意図せぬ結果をもたらし，立案者たちを落胆させた。その結果，産業政策の指導者たちは，経済の直接的な国家統制という別の手法を採用したが，それは悲惨な結果に終わった。吉野・岸ライン時代の苦難は，戦後に国家や民間企業のリーダーたちにとって，自主統制や国家統制を超えて，真の官民協調を生み出さなければ，破滅的な状況につながるとの警告としては十分なものであった。しかし，これらの初期の苦い経験のすべてが，ネガティブなものであったと考えるべきではない。産業政策の初期モデルはうまく機能せず，その改良モデルも崩壊したが，1950年代に適切に修正されたバージョンは，世界を驚かせる成果を達成した。その意味では，産業政策の初期段階は，日本の制度的革新，つまり発展指向型国家の産業政策の進化と完成にとって，必要不可欠な立案期間だったと言える。

注

1　Wilson, James Q.（1975）“The Rise of the Bureaucratic State,” *The Public Interest*, 41: 77-103.

2　小林（1977）p. 102.

3　Tiedemann（1974）p. 139.

4　Horie Yasuzo, “The Transformation of the National Economy,” in Tōbata（1966）pp. 67-89.

5　Roberts（1973）p. 131.

6　通産省（1962）pp. 3-163.

7　Tōbata（1966）p. 87.

8 草柳（1969b）p. 173.

9 有沢（1976）p. 4；小田橋（1971）p. 9.

10 吉野（1962）pp. 99-100；前田（1975）p. 9；産業政策史研究所（1975）第2巻，pp. 3-5.

11 吉野（1962）pp. 18-21, 34-35.

12 産業政策史研究所（1975）第1巻，p. 10; 第2巻，pp. 124-27.

13 本田（1974）第2巻，pp. 9-11；稲葉（1977）pp. 176-84；民俗学者として有名な柳田国男も，旧農商務省に勤務した経験がある。

14 升味（1968）p. 172.

15 日本工業倶楽部（1967）第1巻，p. 109.

16 有沢（1976）p. 5.

17 Havens（1974）p. 74.

18 通産省（1951）pp. 61-63；通産省（1962）pp. 170-180；通産省（1964）pp. 38-40；通産省（1965）pp. 7-9；角間（1979a）pp. 164-165；城山三郎『鼠』（文藝春秋，1966年）；Baldwin, Frank（1973）"The Idioms of Contemporary Japan," *The Japan Interpreter*, 8: 74-78.

19 白沢（1974）pp. 28-33；Waswo, Ann（1977）*Japanese Landlords: the Decline of a Rural Elite*, Berkeley: University of California Press, pp. 11-118.

20 高根（1976）pp. 74-78；後藤（1977）.

21 吉野信次追悼録刊行会（1974）pp. 175-77；角間（1979a）pp. 176-78；名和（1974）pp. 18-19；通産省（1960）p. 95の岸。

22 木挽町に関しては，吉野（1965）p. 147.

23 角間（1979a）p. 163；日本工業倶楽部（1967）第1巻，1, p. 111.

24 日本工業倶楽部（1967）第1巻，pp. 47-51.

25 *Fifty Years*（1975）p. 18; Roberts（1973）pp. 240-42.

26 吉野信次追悼録刊行会（1974）pp. 175-77, 188, 194-204；吉野（1962）pp. 43-44；Mitchell, Richard（1976）*Thought Control in Prewar Japan*, Ithaca: Cornell University Press, p. 158.

27 有沢（1937）pp. 6, 42-47；吉野信次『我国工業の合理化』（日本評論社，1930年）。

28 有沢（1976）pp. 66-68；有沢（1937）pp. 67-80.

29 Havens（1974）p. 80; 吉野（1962）pp. 124-28.

30 産業政策史研究所（1975）第1巻，p. 145; 第2巻，pp. 44-45；吉野（1962）pp. 117-21.

31 前田（1975）p. 9.

32 角間（1979a）pp. 184-85.

33 名和（1974）p. 20.

34 Chō（1974）; 藤原ほか（1972）pp. 322-23; Oshima, Kiyoshi（1967）"The World Economic Crisis and Japan's Foreign Economic Policy," The *Developing Economies*, 5: 628-47; Patrick, Hugh（1971）"The Economic Muddle of the 1920s," in Morley（1971）, pp. 211-66; 通産省（1960）pp. 11-12；安原（1974）p. 30.

35 岸（1979）p. 282；西山（1977）pp. 129-32. メートル法の導入が完了したのは1959年

になってからであった。岩武（1960）pp. 122-24を参照。

36　城山（1975b）p. 304.

37　有沢（1976）p. 64.

38　吉野信次追悼録刊行会（1974）p. 233.

39　有沢（1976）p. 65.

40　有沢（1976）p. 20.

41　Harari（1973）pp. 47-48で引用。

42　吉野の次官就任に関しては，吉野信次追悼録刊行会（1974）pp. 233-50。岸と給与削減問題については，今井（1976），Kurzman（1960），pp. 110-11；吉本（1957）pp. 85-88. この時のノン・キャリア職員の中には岸とともに満州国政府に異動した者もおり，彼らは岸への強い忠誠心を持っていた。角間（1979a）pp. 187-88. 浜口内閣は，1929年10月に給与削減を命令したが，その実行は1931年5月27日になって若槻内閣のもとでようやく行われた。この時に，岸は櫻内商工大臣と対立したが，同じ長州出身の先輩である松村義一貴族院議員・商工政務次官などによって説得され，削減を受け入れることとなった。渡辺保男「日本の公務員制」辻ほか（1976）第2巻収録，pp. 127-29；Spaulding, Robert（1971）“The Bureaucracy as a Political Force 1920-45,” in Morley ed.（1971）pp. 53-55.

43　吉野（1935）p. 313.

44　有沢（1976）p. 64.

45　重要輸出品工業組合法（1925年）は，その後1931年と34年に法改正され，カルテルが非加盟企業に対してカルテルの決定に従うことを強制させることを認めた。商工省の監督権限も強化された。中小企業組合はおもに繊維，織物，エナメル製品，セルロイド，マッチ，玩具，肥料，出版などといった分野にみられた。

46　Hadley（1970）p. 330.

47　通産省（1964）p. 54，同法の全文と各項の詳細な分析については，pp. 47-73を参照。

48　吉野（1962）pp. 213-14；有沢（1976）p. 93；藤原ほか（1972）pp. 352-53；高瀬（1974）.

第4章　経済参謀本部

吉野信次とその同僚たちが産業合理化という新しい政策を見出して，産業政策の確立を目指していた時期に，同様の問題意識を持ち始めていた集団が他にもあった。軍や内閣レベルの機関にいた官僚や，軍の将校たちである。彼らの関心は，戦争準備態勢の確立であった。第一次大戦中に欧州諸国が総力戦体制を構築していた一方で，日本はまだ国家総動員を経験したことがなかった。彼らの関心は他にも，日露戦争時に発生した厳しい経済的制約や，仮想敵国（とくにソ連）が持つ経済動員や工業力の増強，そして主要資源（とくに石油や近代的兵器に必要な諸資源）を含む国家安全保障計画の問題などに及んだ。

軍部将校らは，単に不況を乗り越えるためだけではなく，日本の国防を確立するためにも産業政策が必要であると考えるようになった。そして最低限必要なのは，日本の国防上の要請や工業的・資源的脆弱性の克服といった観点から，経済を指導する能力を持つ「経済参謀本部」の設立であると考えていた。1930年代を通じてこうした考えが，商工省の政策構想と合流し，両者ともに変容していくこととなった。

戦争遂行のために民間経済を総動員するという軍部の構想が初めて現れたのは，第一次大戦中であった。寺内正毅内閣は，1918年4月17日に「軍需工業動員法」を制定した。これは，ドイツの総動員計画やアメリカにおける同様の法整備の理解に基づいたものであった。同法は，戦時の産業統制に関する日本で初めての法律である。それは，「軍需物資」の定義を拡大し，宣戦布告と同時に政府がこれらの物資を監視・使用・徴用することを可能にするものであった。第一次大戦中に同法が発動されることはなかったが，その後も効力を持ち続け，1937年の支那事変の初期に発動された。そして，翌年国家総動員法によって置き換えられた[1]。

「軍需工業動員法」は，日本が第一次大戦に参戦した後に，後追い的に成立させた法律であった。しかし同法を将来施行するのに備えて，1918 年 5 月 31 日に「軍需局」が設立された。同局は内閣の外局として，経済動員計画を立案し，軍需産業に関する統計を収集する業務を担当した。その初代局長に任命された海軍の原正一郎は，こうした任務の遂行に尽力したが，他の省庁の協力を得ることはほとんどできなかった。1920 年 5 月 15 日，政府は軍需局と内閣統計局を統合して，国勢院と改名し，あまり目立たない組織にした。しかしこの措置も功を奏することはなく，組織内部では軍部関係者と統計専門家が権限争いを続けた。1922 年 11 月 30 日，シベリア出兵にともなって増大した軍事費を削減するために国勢院は廃止されたが，これは軍部の面子をつぶすようなものであった。政府は，すべての動員計画と統計に関する業務を農商務省に移行し，その後さらに商工省に移行した。その結果，商工省は官房統計課の業務と権限を拡大することとなった。本章の後段で重要な人物として描かれることになるのは，1936～39 年の期間に商工次官を務めた村瀬直養であるが，彼は，国勢院の廃止時に内閣に勤務していた。彼は当時のことについて，総動員計画に関した資料や情報が商工省による産業政策の推進にあたって有用であることは認識しており，国勢院の業務が商工省に移行されたことに彼自身が関与したことをほのめかしている[2]。

1920 年代半ば，いわゆる「大正デモクラシー」のころには，軍部も経済総動員の立案を断念せざるを得なかったが，1927 年になると再び関心が高まった。軍部将校の多くは，第一次大戦の経験や教訓を研究する機会を持ち，ボルシェヴィキ革命後のソヴィエト連邦が経済力を増大させていることに懸念を持っていた。1927 年に石原莞爾少佐（後の満州国での経済計画の立案者）は，「もしフランスで 1914～18 年の期間に行われたものと同程度の人や軍需物資の動員を日本国内で行うとするならば，どのような結果であれ，日本経済が破綻するのは明白である」と述べている[3]。1927 年 4 月の金融恐慌発生と軍部出身の田中義一首相就任を機に，軍部色が強い経済動員計画立案組織が再編されることとなった。

1927 年 5 月 26 日，政府は内閣の外局として資源局を設置した。かつての軍需局には軍部関係者が多すぎて，他の省庁と激しく対立し，行き詰まってしまったことから，軍事色を弱め，他省庁から幅広く人材を集め，資源問題検討のために官民合同の審議会を設置した。資源局の人員はわずか 5 人であったが，商工省は 1918 年入省の優秀な若手官僚であった植村甲午郎をそこに出向させた。植村は「経済参謀本部」で官僚としてのキャリアを積み，最終的には企画院次長を務めた（戦後は財界に転進し，経団連会長を務めた）。資源局に出向した植村のポジションは，後に軍需省が設立されるまで，商工省と軍計画立案者をつなぐパイプのひとつとなった[4]。

1927年設立の資源局は，日本における初の本格的な経済計画に関する業務を担当することとなった。日中戦争開始後に日本経済を統制する「物資動員計画」を作成したのも，この資源局であった。さらに1929年にはその大きな成果として「資源調査法」を立案し，民間企業に自らの生産能力や財務状況を政府に報告することを義務づけた。（既存の省庁との対立を避けるため）資源局には政策遂行の権限は与えられず，工場や鉱山への立ち入り検査を実施したり，その生産量や資金力を調査したりする権限は，商工省に与えられた。平時にこうした権限が認められたのは，重大な変化であった。興味深いのは同法第2条が「統制運用計画」の必要性に触れていることである。軍事・経済関係の諸法律で「統制」という用語が使われたのは，これが初めてであり，1931年の「重要産業統制法」の名称の起源となったと考えられる。ただ吉野は同法に軍事的目的があったことを否定している[5]。

商工省誕生のきっかけとなったのが1927年の金融恐慌であるならば，軍事動員の手段としての産業政策が誕生するきっかけとなったのは，1931年の満州事変と翌年の五・一五事件（犬養首相暗殺）であった。日本と満州で起きた一連の事件は，軍事的要請と民間経済の能力を統合し，両者の調整をなし得る経済機関，つまり「経済参謀本部」の必要性をより高めることとなった。軍部将校による犬養首相暗殺の後，海軍出身の齋藤実が首相に就任し，非政党系の挙国一致内閣が誕生した。大蔵大臣は高橋是清が留任し，古河財閥系の中島久万吉が商工大臣に就任した。中島は臨時産業合理局において吉野信次と親しい関係にあり，新内閣も非政党内閣であったため，新大臣着任の際に次官が辞表を提出するという従来の慣習は実行されなかった。

前章で述べたように，1931年12月に高橋蔵相は金輸出を再び禁止したが，これは政府による民間企業への介入の度合いを高めることとなった。またそれは，「重要産業統制法」によるカルテルの認可や運用よりも，はるかに進んだ介入であった。金輸出禁止をより有効に実施するために，政府は1932年7月に「資本逃避防止法」を制定したが，それでも効果的でなかったために，翌年「外国為替管理法」を制定し，すべての対外取引を免許制とし，大蔵大臣の承

表8　世界経済恐慌の指標（1930～35年）

（1929年＝100）

国	1930	1931	1932	1933	1934	1935
			卸売物価			
日本	82.3	69.6	77.2	88.5	90.2	92.5
アメリカ	90.7	76.6	68.0	69.2	78.6	83.9
イギリス	87.5	76.8	74.9	75.0	77.1	77.9
ドイツ	90.8	80.8	70.3	68.0	71.7	74.2
フランス	88.4	80.0	68.2	63.6	60.0	54.0
			鉱工業生産			
日本	94.8	91.6	97.8	113.2	128.7	141.8
アメリカ	80.7	68.1	53.8	63.9	66.4	75.6
イギリス	92.3	83.8	83.5	88.2	98.8	105.6
ドイツ	85.9	67.6	53.3	60.7	79.8	94.0
フランス	99.1	86.2	71.6	80.7	75.2	72.5

出典：有沢広巳編（1976）『昭和経済史』日本経済新聞社，52ページ

認を義務づけた。当時の誰もが予想だにしなかったことだが，外国為替は以後1964年まで政府によって管理され，資本取引への規制は1960年代後半から1970年代初めにかけての資本自由化まで続くことになった。

1932年には，高橋蔵相が不況克服を目的とした有名な赤字財政政策を実施した（そのため高橋は後に「日本のケインズ」と呼ばれるようになる）。一般会計に占める軍事費は，1930年には28パーセントだったのが，1935年には43パーセントに達した。さらに1932～36年までの財政赤字は，合計で19億円まで膨れ上がった[6]。高橋は円と金を切り離したため，円相場は急激に下落した。1931年の円・ドル為替レートは100円＝49ドルだったが，1932年には100円＝19ドルとなった。その後も円は下落を続けたため，日本の輸出は急増し，とくに南アジアや東南アジア地域向けが増加した。その結果，ダンピング行為であると各国からの非難を受けた。大蔵省は，財政赤字を埋め合わせるために国債を発行し，それを日本銀行に引き受けさせ，郵便貯金を財源とする預金部資金も活用した。これによるインフレも懸念されたが，景気回復にともなう税収の自然増が見込まれるため，それによって国債償還は可能であるというのが，高橋の理論であった。このような主張は，当時は常道からはずれており，大蔵省の官僚も疑問視していた（また日本の財政が赤字を計上するのは，史上初のことであった）[7]。しかし高橋財政は効果を上げ，他国がこうしたケインズ的手法をとるより前に，日本経済は不況を脱した（表8参照）。

1935年の秋には，需要が供給を上回り，物価が上昇基調に転じた。高橋はインフレを抑制し，国際収支の均衡を保つために軍事支出を削減しようとした。軍の一部は，これを軍の近代化に対する文民の介入ととらえ，1936年2月26日に高橋は暗殺されてしまった（二・二六事件）。高橋はかつて「武力で侵略したものは，必ずいつかは武力で奪還される。故に支那に対して我が国力を発展せしめようとするためには，どうしても経済的でなければならない」と語ったことがあった。しかしこの教訓は，太平洋戦争という苦い経験をするまで，日本人に理解されることはなかった。高橋の言葉は，この時代の墓碑銘でもあり，後の通産省への期待でもあった[8]。

高橋の後継者は，軍部による財政への介入を許し，軍部は資源や原材料を好きなだけ輸入した。そのため，日中戦争が勃発するはるか以前に，国際収支の赤字とインフレの危機に直面した。東京での卸売物価は，1934～36年の平均を100とすると，1935年1月に99.5であったのが，1937年1月には123.2に跳ね上がり，同年4月には131.0にまでなった。軍部が大蔵省による緊縮財政を許さなかったため，残された手段は経済統制と配給しかなかった。そして配給を実行するには，「経済参謀本部」の経済計画立案能力を強化する必要があった。この経済参謀本部強化構想は，1937年11月23日支那事変拡大にともなう「企画院」設立によって実現されることとなった。

1927年の資源局発足後，とくに「重要産業統制法」制定以降，軍部と経済官僚らが重要視したのは，戦略的に重要な産業ごとに，個別の法律を制定することであった。明白に軍事的な目的で制定された最初の産業立法は「石油業法」（1934年3月）で，これは現在の石油業法（1962年制定）の前身およびそのモデルとして興味深いものである。同法は，石油の輸入と精製を許可制とし，輸入業者に最低6カ月の備蓄を義務づけた。また政府による割り当て，価格設定，石油製品の強制買入の権限を認めた。

勅令により，商工省が同法の遂行を所管することになっていたので，吉野次官は海外の石油生産者（とくにスタンダード・バキューム社とライジング・サン社）と交渉を行った。スタンダード社の日本支社の担当者は，「吉野は手ごわい交渉相手でもなく，外国人嫌いでもなかったが，軍部から商工省は弱腰であると批判されないように，わざと国会期間が終了するまでは合意しないようにした」と語っている[9]。1934年の交渉の結果，外資企業も日本での事業を存続させるために，おおむね同法の規定に従うことになった。

石油業法制定の直接的な効果としては，鉱山局に燃料課が新設されたことがある。3年後の1937年には，この課は商工省の外局として燃料局に格上げされ，燃料政策の立案や石油の新たな供給先の開拓，合成石油産業の育成，石油業法の遂行などの業務を担当した。燃料局は，商工省発足以来初の「原局（特定の業界を所管する部局）」であり，このような組織は1939年以降同省内に拡大した。そして同局は，現役軍人の出向を受け入れた最初の部局でもあった[10]。

1934年には，経済参謀本部を最も進化させた形に発展させる2つの政治的な出来事のうちのひとつが発生した。齋藤内閣を総辞職に追い込んだ「帝人事件」である。そして，もうひとつの出来事は1936年2月に発生した二・二六事件であり，その結果，軍部の影響が日本社会全体に及ぶようになった。1934年1月，実業家にして政治論客でもあった武藤山治は，自身が発行する『時事新報』の中で，何人かの大臣と高級官僚が自らの利益になるよう帝人株式会社の株を不当に操作していると糾弾した。また1927年に台湾銀行を政府が救済した際に，大蔵省が保有することになった帝人の株が，秘密裏に彼らに払い下げられていたとも批判した。武藤が本当に自分の書いた記事を信じていたのか，それとも軍部が政党政治家とその支援者である企業家たちを陥れるために仕組んだことであったのかは，今日に至っても明らかになっていない。しかし武藤の批判記事が大きな影響を持ったことには議論の余地がない。一般大衆は，政党政治家がどうしようもないほど腐敗していると信じるようになったのである[11]。

武藤自身も，1934年3月9日に北鎌倉駅でひとりの失業者に撃たれて死亡した。そして，中島久万吉商工大臣と鳩山一郎文部大臣，元大蔵次官，財界リーダーらが逮捕された。世間の注目を集めた彼らの裁判は1935年6月から1937年10月まで続いたが，その後全員が無罪放免となった。逮捕された財界人のうち3人（河合良成，永野護，三土忠造）は，戦後になって大臣を務めた。

帝人事件における吉野信次の役割は，特筆に価する。興味深いことに，同事件の被告の多くが，吉野と個人的にもしくは仕事上の親しい関係にあったが，彼は事件について一言も発言することはなかった。中島は商工省の大臣であり，臨時産業合理局でも吉野とともに仕事をした仲であった。三土はかつて農商務省の参与を務め，河合は農商務省の元官僚（米騒動の際に同省を退官），永野は東京米市場の理事長であった。また台湾銀行が担保としていた帝人株の払い下げに関する問題は，大蔵省の所管であったが，証券取引所の監督は当時まだ商工省の管轄であった。帝人株の処分について吉野が直接知らなくても不思議ではないが，東京と大阪の証券取引所における価格操作については商工省の関心事だったはずである。

中島は1934年2月9日に商工大臣を辞任し，著名な法学者であった松本烝治が後任となった。松本は戦後，政府の新憲法草案作成を主導した人物であり，同草案はGHQに却下された。1934年当時，松本は帝人事件の被告は厳しく訴追されるべきであるという考えだったため，吉野は苦しい立場に置かれた。しかし吉野は結局，事件について何も言及することはなかった。おそらく吉野は，この事件は当時の多くの人が感じていたように，軍部と右翼活動家らによってリベラル勢力を弱体化させるためにでっちあげられたのだと感じていたのであろう。もしそうであれば，吉野の沈黙は，当時の国粋主義者たちと対立する危険を避けるためであったと考えられる。振り返ってみれば，政界における帝人事件は，学問の世界における美濃部事件，すなわち美濃部達吉東大教授が不敬罪の疑いを受けて東大から追放された事件と，同質のものであったように思われる。

帝人事件の後，岡田啓介海軍大将が首相となり，岡田内閣は経済運営に対する国民（および軍部）の疑念を払拭するため，経済政策を諮問する内閣審議会を設置した。当時の新聞は，これを「裏内閣」と呼んだ。しかし岡田首相が，同審議会の目的について「経済の技術的な問題を政治的介入から隔離するため」と説明したため，政友会はこれを官僚と軍の機関であるとして強く反発した。政友会のボイコットもあって，ほとんどの政党政治家は岡田の「非政党系」内閣への参加を敬遠したが，民生党総裁で日本政治においてもっとも長けた黒幕的存在だった町田忠治だけは商工大臣として入閣した。町田は自身の政治的理由から，吉野を次官として留任させたが，吉野は後にこの時に辞職すべきであったと後悔している。岡田内閣の内閣審議会は，重臣（明治元老の後身），貴族，政党幹部，大企業の代表者などから選ばれた15人によって構成されていた。

この審議会の諮問機能を高めるべく，内閣調査局が1935年に新設された。これは1927年に軍事機関として設置された資源局とは異なり，短期的な業務を遂行するため各省庁から出向してきた官僚らによって構成されたエリート組織であった。その2年後には，内閣調査局と資源局が統合され，まさに「経済参謀本部」と知られていた企画院が創設された。

1935年当時内閣調査局は，いわゆる「新官僚」あるいは「革新官僚」の牙城であった。中村隆英によれば，彼らはナチス思想に魅せられた文民官僚たちであった[12]。井手嘉憲や石田雄は，彼らのことを「自由主義や政党政治に反対し，国粋主義的で軍部やファシストと同調し，国家統制の強化を支持していた集団」であると定義している[13]。こうした官僚らは各省庁にいたが，犬養首相暗殺後に政党政治家らが抜けたあとの空白を埋める省庁間の争いの中で，その影響力を強めていた。思想的な理由，あるいは時流に迎合した結果として，彼らは軍部と協力し，中には急速に昇進する者も現れた。

大蔵省や外務省のように伝統的な古い省庁では，主流派が軍部の台頭に抵抗しようとしたが，商工省のように軍部と協力した省庁によって力を奪われていった。商工省では吉野次官は革新官僚が「軍部にへつらっている」と批判的であった。しかし吉野の愛弟子である岸は典型的な革新官僚であり，吉野自身も役人として中立を貫くという立場から軍部と友好的であった[14]。また吉野は，軍部から商工省燃料局やその他の部局に現役将校を受け入れることが，同省の人事に及ぼす影響を懸念していた。この受け入れは吉野自身が許可したものだったが，軍部は，その影響力を行使して「革新的」でないと目された商工官僚の昇進を妨げたりした。当時産業行政に携わった官僚のほとんどが，商業行政に関連した官僚とは異なり，程度の差はあったものの革新官僚になり，彼らは吉野の後継者や岸の時代に派閥を形成し，その後数十年にわたって省に影響を与えることとなった。

軍部において革新官僚に相当する集団は，「革新幕僚」であった。彼らは，革新官僚を，政党政治家にとって代わるべき文民集団とみなしていた。彼らにとって，腐敗にまみれた政党政治家は，「国防国家」建設の主要な障害でしかなかった。1934年10月，陸軍省は国家総動員や不労所得を得る階級への抵抗，国家統制下での生産と貿易の振興を呼びかける扇動的なパンフレットを出版した。このパンフレットの内容を実行するため，陸軍は「新官僚」との連携を訴えた。こうしたこともあって，「新官僚」という用語は，一般にも広く知られるようになった[15]。

革新官僚の重要な源泉のひとつは，1932年の建国の後に満州国で勤務した官僚たちである。満州国を実質的に支配したのは陸軍であったため，当地に招かれた官僚たちは，陸軍の日本改革案に同調的にならざるを得なかった。満州国で勤務した商工省の官僚は，戦後の産業政策の実施にあたってとくに重要な役割を果たすことになる。それは，椎名悦三郎が1976年に指摘したように，満州国の建設は日本産業の「壮大な実験場」であったからである[16]。

当時，商工行政を担当していた革新官僚の中でもとくに重要なのは，岸信介，椎名悦三郎，植村甲午郎，小金義照（燃料局長，戦後は国会議員），橋井真（戦後は経済安定本部で勤務，その後東京計器製作所社長），美濃部洋次（美濃部達吉の甥，軍需省機械局長，戦後は日本水素工業社長），和田博雄（農商務省出身，戦後農林大臣を務める），迫水久常（大蔵省出身，戦後は経済企画庁長官，郵政大臣），青木一男（大蔵省出身，後に企画院総裁，戦後は参議院議員），星野直樹（大蔵省出身，その後企画院総裁，戦後は東急ホテルチェーン会長）といった人物である。これらの人物の中に，右翼ではなく，左派社会主義者あるいは隠れ共産主義者とでも言うべき者もいたことは驚くに値しないだろう。こうした人々が「経済参謀本部」に入りこんでいたことは，後述するように，1941年になって一大事件を引き起こすのである。

1940年に第二次近衛内閣が発足する以前，各省庁の主流派は，あまりに野心的であった革新官僚の影響力を密かに抑制しようとした。このため，軍部と近かった官僚の多くは，満州へ行ったり，軍部の影響力が強かった内閣系統の部局に異動した。1935年5月に内閣調査局が発足した時，町田商工大臣は吉野次官に同局初代長官の就任を勧めたが，吉野はこれを断り，町田もそれを強制はしなかった[17]。かわりに，首相の指名で同局長官には吉田茂が就任した。これは戦後に首相となった吉田茂とは別の人物である。吉田は内務官僚の出身で，国粋主義者の団体「国維会」のメンバーで，1944年小磯内閣のもとで軍需大臣を務めた。

内閣調査局の設置にあたっては，陸軍，海軍，内務，大蔵，商工，農林，逓信の各省からの官僚に加えて，資源局兼務の内閣職員2名が集められた[18]。商工省からは，橋井真と藤田国之助（1934年1〜5月に臨時産業合理局部長，戦後は有価証券取引委員会の委員を務め，後に中央大学教授となった）が出向した。吉田は，岸にも出向を依頼したが，岸は商工省と満州で大きな野望を抱いていたので，これを断った。農林省から出向してきた2人のうちのひとりは，戦後左派社会党の有力指導者となる和田博雄であった。

岡田内閣の内閣審議会と内閣調査会に色濃く現れた「新官僚」色は，政党や財界からの強い拒絶反応を招いた。その結果，審議会はほどなくして活動を停止し，政権が変わった時に廃止された。しかし調査局は存続し，統制経済の初期段階における，ある歴史的大論争に巻き込まれることとなった。というのは内閣調査局が1934年の「石油業法」に類似した計画により，電力会社（発電・送電業）を再編し国家管理下に置こうとしたからである。この時，電力会社側は激しく抵抗し，財界は調査局を「官僚ファシズム」や「国家社会主義」と非難した[19]。

議会内外での2年間の激しい論争の後，革新官僚らはついに「電力管理法」(1938年）を成立させ，電力産業を統制下に置くことに成功した。官僚たちの狙いは電力会社を国有化することであったが，同法成立のためには，民間所有を認める形での国家管理で妥協する必要があった。その後，いくつかの修正を余儀なくされたが，1941年9月同法が施行され，33の発電企業と70の送電企業は9つの電力会社に統合され，逓信省電気局の監督下に置かれた。これは戦前に行われた「産業構造」改革の中でも，最も印象的なものであった。「電力管理法」は，通産省の歴史にとっても非常に重要なものであった。それは，後に軍需省が発足した際に，電力事業を管轄した電気局が逓信省から軍需省に，すなわち後に通産省へと受け継がれるラインへと移管されたからである。同法のもとで発足した9つの電力会社は，今日でも存在し，現在では民間企業であるが，通産省の監督と指導のもとにある（ちなみに東京電力は，世界最大の電力会社である)。

1934年の帝人事件が新官僚台頭のきっかけであったとするならば，1936年の軍部将校によるクーデター未遂（二・二六事件）は，政治システムの改革につながり，新官僚の影響力をより顕著なものにした。また，これを契機として，経済の国家統制を志向する官僚たちと，自主統制を志向する民間企業家との間の闘争を引き起こし，それは太平洋戦争終結まで続いた。軍部の台頭は，商工省内部においても衝撃的なものであった。吉野も，二・二六事件の後，自身が省内に持っていた統率力が失われたと述べている。その年の暮れまでには，吉野と岸は罷免されることになる。内閣における軍部の影響力は強化されたが，各省内部には軍部とその協力者に対する静かな抵抗は続いていた。財界のリーダーたちも，慎重に吉野・岸ラインから距離をとるようになっていたが，暗殺を恐れて，それを公言することはなかった。しかし軍部のほうでも，産業界の協力を得るためには妥協して，産業界の出身か彼らの許容する商工大臣を推薦するしかなかった。

こうした妥協の一例として，小川郷太郎商工大臣がいる。小川は元京都大学経済学部教授で，1917年から衆議院議員を務めていた*。広田内閣で商工大臣に就任すると，小川は「商工省内の統制派を一掃するつもりである」と宣言した。小川がそうしたいと思ったのには，いくつかの理由があった。第一に，小川は関西出身で，統制に強く反発していた大阪経済界の意見を反映していた。第二に，5年も次官を務め，大臣を凌ぐほどの力を持つような者とともに仕事をすることに不安を持っていた。第三に，民政党の幹部であった小川は，政友会に近かった吉野や，長州出身の政治家や財界人と密接な関係を持っていた岸のことを快く思っていなかった（たとえば，当時満鉄総裁で日独伊三国同盟を締結させた松岡洋右は，岸の弟である栄作の妻，佐藤寛子の伯父にあたる）。最後に，小川は吉野と岸の両名，とくに数年前に公務員の賃金削減に抵抗した岸に対して不信感を持っていた[20]。

小川は吉野に対し，新設の東北興行会社（アメリカのTVA（テネシー川流域開発公社）の日本版とも言える会社で，後進地域の開発を目的としていた）の社長のポストを提示した。また岸には，関東軍が満州国での勤務を強く要請していると告げた（これは嘘ではなかった）。吉野は，「天皇の官吏」として罷免を甘受することはできないと拒否することを考えたが，考え直した。すでに次官在任期間が長すぎることもあり，若手の官僚が自分を抜きにして政治情勢を議論する会合を持っていることにも気づいていた[21]。そのため1936年9月17日，吉野は自身の誕生日に，岸とともに辞表を提出した。吉野は生まれ故郷の東北に帰り，岸は満州国政府の実業部次長となった。

従来の慣習にのっとって，小川は吉野に後任次官の指名を命じた。吉野は1915年入省組で特許庁長官の竹内可吉を推薦した。岸は竹内のことを嫌っていたため，農商務省分割の際には，農林省に行くべき人物であったと考えていた。しかし竹内は，多くの重要ポストや革新官僚派が占めていたポストを歴任

---

*　小川が広田内閣で商工大臣に就任したのは，前任の川崎卓吉商工大臣が就任後わずか数週間で死去したからであった。川崎は当初内務大臣に就任するはずであったが，陸軍が反対したため，商工大臣に就任することとなった。陸軍が川崎の内務大臣就任に反対した理由は，川崎が町田忠治の側近の1人だったからであった。

小川は，1945年4月1日に発生した阿波丸事件で死亡した。阿波丸は台湾海峡上で，米軍潜水艦が発射した魚雷によって撃沈された。阿波丸は連合軍捕虜のための支援物資と民間人を運搬しているとされていたが，アメリカは日本が阿波丸を使って金塊や重要人物を日本へ運んでいると考えていた。この事件で阿波丸に搭乗していた2045人が亡くなった。1949年4月に，吉田内閣がアメリカからの対日援助と引き換えに，アメリカへの賠償金請求権を放棄する際に，阿波丸事件は政治問題となった。小川は政府の最高顧問として赴任したビルマから帰国する途中であった。

していた。1930～34年にかけては臨時産業合理局部長，1940年1～7月には企画院総裁，1944年7月～45年4月には軍需省次官を務めた。小川は竹内を次官に任命したが，同時に吉野・岸ラインの人物とみなし，信用しないという態度を明確にしていた。こうした事情で，竹内はわずか2カ月後に辞職し，燃料局の局長となった。小川は，竹内の後任として村瀬直養を次官に指名した。村瀬は，小川が好んだタイプの官僚で，日中戦争勃発時から1939年の組織改変の時期に商工次官を務めることになった。

村瀬直養は1914年に東大法学部を卒業し，農商務省に入省した。しかし1919～33年の間は内閣法制局に出向しており，農商務省の経験も商工省の経験も限られたものであった。法制局は，戦前の官僚制度にあって最も格が高いとされ，その長官ポストは官吏の最高位というべきものであった。1933年に，村瀬は法制局長官の1つ下のポストである参事官に就任した。法律家としての卓越した能力は明らかであったが，長官としてはまだ若かったため，法制局は吉野に対して村瀬を商工省の局長として一時引き取ってくれるよう要請した。吉野はこれを快諾し，1933年9月に村瀬を商務局長として受け入れた。村瀬は，吉野の辞任まで同局長を務めていた[22]。

こうした理由から，村瀬には産業行政や臨時産業合理局における経験がなかった。商工省内でも，どちらかと言えば商務派に近かった。商務派の業務は，中小企業，保険業，証券取引，貿易などが中心で，統制経済を懸念する財界の立場を反映していた。村瀬の商務局長としての最大の功績は，1936年に「商工組合中央金庫法」を成立させ，商工中金を創設したことである。商工中金は，中小企業のための政府系金融機関として今日でも重要な役割を果たしている。村瀬は中小企業政策の泰斗として知られるようになり，戦後は1953年2月から1958年2月にかけて商工中金の理事長を務めた*。

村瀬が木挽町に勤務するようになったころ，岸は満州国の新京でかつての友人や同僚と再会していた。実は，これらの人物を満州に送ったのは，岸であっ

---

* 1939年10月に村瀬が「満州派の帰還」によって次官職を追われた時，池田成彬（三井財閥総帥，商工大臣）は村瀬を内閣法制局長に推した。村瀬は，東条内閣成立まで同職を務めた。1945年4月7日，鈴木貫太郎首相は，村瀬に内閣法制局長として復帰し，戦争終結を支援してくれるよう要請した。村瀬は同局長に復帰し，終戦後まで勤務した。1946年8月28日，GHQは村瀬を公職追放にしたが，1950年10月13日に村瀬の追放は解除された。1953年3月1日に，村瀬は通産省の顧問に就任した。通産省管轄下の公社である商工中金の理事長を務めた後は，日本電子計算機株式会社の社長を務めた（1961～67年）。同社は，通産省が国内コンピューター産業を育成するために，同省の政策ツールとして設立されたものである。

た。岸が工務局工政課長や文書課長を務めていたころ（1932～35年），岸は関東軍から満州国政府の職員として商工省の人材を満州に送ってほしいとの要請をしばしば受けていた。満州国政府は，いくつかの「部」（日本の「省」に相当）によって構成され，それぞれの部には満州人の部長，日本人の次長が置かれた。しかし総務庁だけは，長官も次長も日本人が務め，この傀儡政府の全体を監督していた。関東軍は日本の省庁に対して，こうした満州国政府の指導的ポストで一定期間勤務するため，革新官僚を送るよう要請し，岸は喜んでそれに応じたのである。総務庁の初代長官には関東軍特務部の駒井徳三が就任し，二代目長官は大蔵省の星野直樹が務め，岸は星野のもとで次官となった。

満州国に送られた最初の商工官僚は，文書課長の経験もあった高橋康順であった。高橋は1933年に満州に渡り，実業部（1937年に産業部と改称）の次長となった。同年秋に，高橋は満州国政府職員を募集するために商工省を訪れた。この時，岸は高橋に対して，臨時産業合理局の若い官僚で，岸の3年後輩であった椎名悦三郎に会うよう強く勧めた。これをきっかけに岸と椎名の仲は深まり，吉野と同様に，その後長く付き合うこととなった。1930年代の前半に吉野・岸ラインが商工省の主流派を形成したように，岸・椎名ラインが1940年代から1960年代にかけて通産省を支配することとなる。椎名は1933～39年の間，満州国政府の実業部に勤務した。岸は椎名に加えて，岡部邦生（1951年に貿易振興局長，退官後は日本貿易振興会〔ジェトロ〕理事，電源開発株式会社役員を務めた）を満州に派遣した。吉野は自身の回顧録の中で，椎名と岡部について，吉野派ではなく，岸派のメンバーとしている[23]。

1933～36年の間に，小川大臣が「満州の荒野」へと追放した，もしくは岸が送り込んだ者の中には，美濃部洋次（1926～45年まで商工省職員），神田暹（1925～43年まで商工省職員），始関伊平（1930～52年まで商工省，その後衆議院議員となり，国会における通産省の有力支援者となった）らがいた。しかし，関東軍が求めていたのは，他でもない岸本人であった。岸の前任者であった高橋康順は，満州国政府実業部次長としては力不足だったため，1936年に関東軍は岸に満州に来て産業化計画を推進するよう強く要請した。加えて小川大臣の圧力もあったため，岸は満州に渡って高橋の後任として実業部次長に就任したのである。

岸が到着したころ満州の情勢は，急激に変化しつつあった。1933年から36年にかけて，関東軍と南満州鉄道（満鉄）は，急進的，国家統制的，さらに反財閥色の強い産業開発計画を推進しようとしていたが，資金不足と重化学工業に関する知識不足のために，計画は行き詰まっていた。そのため，満鉄の評判にも傷がついてしまった。1935年までには，関東軍は反資本主義的姿勢を改め，より現実的で堅実な「満州産業開発五カ年計画」の作成を模索した。1936年夏に陸軍参謀は同計画を完成させ，翌年5月29日に日本政府の閣議に提出した[24]。

同計画の策定に岸がどのように関与していたかについては，大きな論争がある。戦後，極東国際軍事法廷の検事部は，椎名を8回にわたって市ヶ谷の執務室に召還し，計画の策定段階における岸の役割について尋問した。椎名は，岸が新京（満州国の首都）に来た時には同計画は完成しており，岸はその遂行を指導するために呼ばれたのだと答えた。椎名は1933年から満州における産業統計調査に携わっていたため，椎名はこの件をよく知る人物であり，岸に言わせれば椎名こそが同計画作成の主要人物であった。しかし別の場で，岸は自分が同計画の作成にあたって，東京から顧問として大きな貢献をしたことを示唆している[25]。いずれにせよ，岸は満州に到着した際に，板垣征四郎関東軍参謀長に対して，同計画の遂行にあたっていっさい口を出さないよう釘を刺した。板垣はこれを受け入れ，その後関東軍による産業問題への介入は激減した。

同計画は非常に野心的なものであった。主要物資の生産目標は，銑鉄が500万トン，鋼塊が350万トン，鉄鋼製品が200万トン，石炭生産が3800万トン，電力は260万キロワット，木材パルプは40万トンなどと設定されていた[26]。この計画を遂行するために，岸は日産グループ代表であった鮎川義介を満州に招き，計画遂行の監督を依頼した。鮎川は財閥を嫌っていた軍部にとっても受け入れ可能な人物であった。それは鮎川が「新興財閥」の代表格だったからである。新興財閥は，1930年代の軍部の台頭にともなって成長し，高度技術産業の企業を中核としていた。また鮎川は，岸や吉野とも個人的な関係があった（実際，吉野は商工大臣を1938年に辞した後，鮎川が満州で経営していた企業のひとつに入った）。さらに鮎川の日産は，（後述する）1936年の「自動車製造事業法」において，とくに優遇された2社のうちのひとつであった。このような計画と検討の結果として，1937年秋，日本産業会社（日産）は満州国で満州重工業開発株式会社（満業）として再編成され，鮎川が総裁となった。

鮎川は，アメリカで2億5000万ドルの資金を調達しようと計画した。これに自身が持つ資産を加えれば，当面の事業費には十分だと考えていた。しかし鮎川が満州に渡るやいなや日中戦争が勃発し，日本への国際社会の批判が強まる中で，海外からの資金調達は不可能となった。だが鮎川は5年間にわたって力を尽くし，（岸と鮎川の産業組織のモデルであった「一業一社」原則に基づいて）子会社を多数創設し，日本人官僚が産業開発の計画と実施を経験するまたとない機会を作ったのである。

岸は後年になって「産業指導という概念を体得したのは，満州においてであった」と述べている。椎名は満州における経済計画の経験は，後の「物資動員計画」や，戦後に内閣資源局で同様の計画が作成された際に，きわめて有益であったと語っている。満州での最大の事業は，松花江と鴨緑江のダム建設による水力発電と，農地開発プロジェクトであった。満業は，それまで日本において建設されたいかなる送電設備よりも大規模な送電設備を建設し，電力を大量に消費するアルミニウム産業が，日本に先駆けて満州で誕生した。

満州国の権力構造の中枢を占めたのは，星野直樹（総務庁長官），東条英機（関東軍憲兵隊司令官，その後関東軍参謀長），経済面では岸信介（実業部次長，その後総務庁次長），鮎川義介（満業総裁），松本洋右（満鉄総裁）といった人物で，彼らは「二キ三スケ」と呼ばれた。満州にいた彼らは，日中戦争勃発時の日本における政変には巻き込まれなかったが，1939～40年にはそのうち4人が日本に帰り，政府の主要ポストを占めた。後に東条と岸は，総理大臣の座にまで登りつめることになる。

この時期，日本における産業統制の動きは，おもに個別業種ごとの特別立法という形をとった。このような法律としては，まず「石油業法」（1934年），次に「自動車製造事業法」（1936年）が制定された。後者は乗用車とトラックの生産を許可制にし，自動車産業における企業をほんの数社の「許可会社」に限定しようとするものであった。許可会社の資本の半分を政府が供出し，法人税や関税は5年間にわたって免除された。許可会社となったのは，トヨタと日産の2社だけだったが，同法の狙い通り1939年までにフォードやGMといった外資系企業は撤退に追い込まれた。同法の草案作成は，1936年に岸が満州国へ赴任する直前，工務局長在任中にした最後の仕事であった。角間隆が言い当てているように，同法は戦後の占領期に廃止されたが，実質的には1960年代後半まで効力を持ち続けていたことになる[27]。

石油業法と自動車製造事業法は，特定業種に対して，政府からの融資，租税やその他の保護措置を与えた最初の法律であった。また国防上の必要性という見地から正当化された最初の産業法でもあった。この意味で，これら2つの法律の意義はきわめて重要である。実際，こうした法律は，戦後1950~60年代にさまざまな産業において，非軍事的な（ただし国家の安全保障に関連した）目的で復活することとなる。これらは，戦後の産業政策の展開に最も直結した戦前からの遺産と言える。1930年代後半に成立した個別産業立法には，人造石油製造事業法（1937年8月10日），製鉄事業法（1937年8月13日），工作機械製造事業法（1938年3月30日），航空機製造事業法（1938年3月30日），造船事業法（1939年4月5日），軽金属製造事業法（1939年5月1日），重要機械製造事業法（1941年5月3日）などがある[28]。こうした法律は，各産業の振興に寄与したが，政治的観点から言うと，国家統制派と自主統制派との間の妥協の産物であった。財界はこの時点ではまだ，国家や世論からの圧力に対抗し，民間による企業の所有権と経営権を主張する力を持っていたのである。その主張は，1930年代に国家統制派により立法化された他の措置よりも，戦後の産業政策の形態に近かった。

軍部が大きな問題を引き起こし，その後時代を先取りした解決策を軍部が支持することになった分野は，貿易統制であった。軍部の対抗ライバルはここでは民間企業ではなく，官僚であった。1936年2月の二・二六事件での大蔵大臣暗殺の後，大蔵官僚は軍事予算の増大を求める軍部に対する抵抗を諦めた。ある研究によると，1937年の近衛内閣から太平洋戦争勃発まで，重要な意思決定に参加した大蔵官僚はほとんどいなかったという[29]。財政当局者が排除された結果，財政規模は1936年の23億円から，翌年には30億円に跳ね上がったが，この増加分はすべて軍事費であった。軍部と取引をしていた企業は，先を見込んで原材料物資を大量に輸入したため，国際収支は深刻な赤字に陥った。これを克服するために，軍部は国際貿易を戦時体制下に置くことを要求した。軍部の狙いは，外貨を稼ぐ産業を振興すると同時に，不要不急の輸入を抑制することであった。そのため軍部は貿易省を新設し，これまで大蔵省，外務省，商工省に分散していた貿易行政を一本化すべきであると主張した。

外務省はこれに反対したが，商工省は支持した。1930年に設置された商工省貿易局の幹部であった寺尾進は，1937年当時，自分たちは今日の通産省のようなもの，つまり産業行政と貿易の監督を一体化する日本最初の政府機関を模索していたと述懐している[30]。しかし外務省はこれを承知せず，この構想は却下されてしまった。その代わり，1937年7月14日に商工省貿易局は，独自の長官と官房を持った外局に格上げされることとなった（日中戦争勃発の1週間後であるが，これとは無関係であった）。また同局では，軍部から派遣された将校が政策決定に参加することとなった。この商工省の外局となった貿易局こそ，戦後の占領期間中に貿易行政に強大な力を発揮した「貿易庁」の前身であり，1949年に商工省と貿易庁が統合されて通産省が誕生することとなるのである。

1939年に軍部と商工省は，貿易省創設を再度試みるが，この際には外務省通商局の職員すべてが辞表を提出し，野村吉三郎外相も同案を撤回せねば辞職し，内閣総辞職に追い込むと脅しをかけた。最終的には，この問題がもとで阿部内閣は総辞職することとなった。この時商工省で，貿易省実現を働きかけた中心人物は，後に通産次官（1957～60年）となる上野幸七であった。上野は今日でも当時のことを苦々しく思っていると語っている[31]。外務省と通産官僚は，今日に至っても貿易行政の管轄をめぐってしばしば争っている。

最終的に貿易省が設立されることはなかったが，支那事変勃発後に商工省は貿易問題に深く関与するようになった。そして日中戦争が太平洋戦争に拡大していった時には，貿易問題の管轄は，商工省の貿易局を吸収した大東亜省に移管された。大東亜省も外務省の激しい抵抗を受けたため，国際貿易に関した官僚機構というよりは，実質的には占領地の統治機関であった。そういうわけで，1942年から通産省が設立される1949年までの間，商工省は貿易に関する業務はほとんど行わなかった（1942～43年の間は，同省内にもまだ少数の貿易担当者を置いていたが，軍需省に改組された際に廃止されてしまった）。商工省と比較すると，通産省のほうが，貿易と産業の両方に関する権限を一元的に有し，両者を調整しながら同時に計画できるという点で，より効果的な産業政策のための官庁であることに間違いない。

1936年の二・二六事件勃発後の内閣は，軍部の影響が強すぎたり，民間企業との妥協を余儀なくされたりしたため，どれも国民の人気が低かった。そのため挙国一致内閣の必要性が強調されるようになり，1937年6月4日に近衛内閣が誕生した。国際収支の不均衡が拡大する一方で，軍部の要求する軍需物資輸入に応える必要もあったため，近衛内閣の大蔵大臣の人選は重要な問題となった。近衛首相は革新官僚ではなく，財政保守派の賀屋興宣を大蔵大臣に任命した。すると賀屋は，吉野信次を商工大臣にするよう要請した。軍部の要求を抑制するには，商工省の協力が必要と考えたからである。しかし近衛内閣成立の1カ月後には日中戦争が勃発し，この計画は頓挫してしまった。ただ，当時東北地方にいた吉野は，数カ月前まで次官を務めていた商工省に復帰することになった。吉野は商工官僚から大臣にまで登りつめた最初の人物である。興味深いことに，吉野と岸は，次官就任後にいったん辞職させられ，1年足らずで大臣として復帰を果たした点で似ている。

近衛内閣が成立した1937年6月4日，賀屋大蔵大臣と吉野商工大臣は，「財政経済三原則」として有名な共同声明を発表した。この三原則とは，生産の拡大に努めること，国際収支を制約の範囲を超えないようにすること，それらの目標を達成するために政府が経済活動への統制を強化することの3点であった[32]。第一の原則は増大する軍部の要求に応えるもの，第二の原則は財界の要請に応えるものであり，第三の原則は軍部の要請に応えつつ国家破産を回避するためには，経済構造の変化が必要であるという全国民への警鐘であった。

この声明の真意（軍事支出の抑制の必要性）は，日本国内では明確に理解されていたが，国外では侵略を宣言したものと誤解された。アメリカの新聞は，賀屋・吉野三原則が中国との戦争に備えるものとして報道した。1945年の極東国際軍事裁判では，この三原則を発表した吉野のラジオ演説が，吉野の戦争工作への関与を裏付けるものではないかとして調査された[33]。吉野と賀屋は生産能力の拡大を支持したが，同時に財政均衡や官民協調をはじめ，彼らの前任者たちと一線を画す原則を訴えたことは明確である。

日中戦争が勃発した時点において，内閣は戦火を最小限にとどめるべきと考えていた。この方針は1938年5月の徐州陥落までは維持されていた。しかし一部の戦時統制は，この時すでに開始されていた。近衛内閣は1918年の「価格等統制令」を再度発令しそれを強化しただけでなく，1937年9月10日には新しく3つの法律を制定した。第一の法律は，宣戦布告が行われていない状況でも「軍需工業動員法」（1918年）を強化することを合法化したものであった。第二の法律は，通常の資本の流れでは遅いもしくは不十分であると判断した時には大蔵省が軍需産業に対する公的および民間の資金を統制できるようにする「臨時資金調整法」であった。この法律の意義は国会審議においては十分に説明されなかったが，同法の制定は，今日まで続く大蔵省の民間金融機関への行政指導が始まるきっかけとなった。

第三の法律は，最も興味深いものであった。これは吉野商工大臣の発案によるもので，彼の大臣としての最大の業績であった。同法は，「輸出入品等ニ関スル臨時措置ニ関スル法律」という威圧的な名称であった。吉野や彼の同僚らは，後年この名称が付けられた背景をよく話のネタにしていた。ひとつの法律の名称の中に「関スル」という表現を二度使ったり，「等」という語句を入れたりしたのは，国会議員を混乱させるためであったという。また議会の審議では，吉野は法律の効力の及ぶ範囲について曖昧な答弁に徹した[34]。このわずか8条からなる法律によって，政府はいかなる物資の輸入をも規制したり禁止したりすることができ，すべての輸入物資の加工・移転・消費について統制することも可能となった。中村隆英が言うように，商工省は，この法律によってやろうと思えば何でも統制できる裁量権を与えられたのである[35]。同法は1949年の「外国為替及び外国貿易法（外為法）」の前身とも言える法律で，後の高度成長期から今日に至るまで通産省の産業政策推進における最大の武器となった（外為法は1980年に改正されたが，いまでも存在している）。

吉野も商工官僚たちも，この法律の含意をすべて見通していたわけではなく，戦時における臨時的措置であると考えていた。しかし，同時に他の省庁も計画的な国家による統制経済に向かって動き始めていた。通産省が編纂した『商工政策史』によると，「戦時経済統制という立場からみた〔支那事変以降の〕最初のもっとも重要な行政機構の改革は，商工省の外部で行なわれた。それは，十二年十月二十三日の企画院の設置である」[36]。

1937年5月14日，計画経済と国家統制に向けた準備の第一歩として，林内閣は内閣調査局を強化し，内閣企画庁として再編成した。さらに近衛内閣成立の翌月には，軍部の調査機関となっていた資源局を吸収合併し，やろうと思えば各省の業務を指示し調整しうる新しい強力な機関となった。これが企画院である。企画院には，軍部将校，革新官僚，満州で活躍した経済官僚，そして（知らないうちに）主導的なマルクス経済研究者らが入り込み，まさに「経済参謀本部」と呼ぶべき組織ができあがった。企画院は通産省の歴史と直接関連しているのであるが，それにはいくつかの理由がある。第一に人事面では，商工官僚の多くが企画院に勤務した（逆に戦後には企画院の職員の多くが商工省に入った）。第二に，企画院は1943年に商工省と合併し，軍需省に統合された。第三に，企画院は戦後の経済安定本部と経済企画庁の前身に当たるが，この両組織は通産省の影響力がきわめて大きいか，事実上その支配下にあった。そして最も重要なことは，企画院の統制計画を実施するには，商工省の組織を個別産業ごとの原局体制に再編成する必要があり，こうしてできた原局体制は，通

表９　企画院の歴代指導者（1937 年 10 月～43 年 10 月）

内閣	企画院総裁および次長	主な経歴
第一次近衛内閣 1937 年 10 月～39 年 1 月	滝正雄 青木一男	戦後衆議院議員 大蔵官僚 大蔵大臣（阿部内閣） 南京大使（1940 年） 大東亜省大臣（東条内閣） 戦後参議院議員
平沼内閣 1939 年 1～8 月	青木一男 武部六蔵	上記参照 内務官僚 満州国総務庁長官（1940-45） シベリア抑留（1945-56）
阿部内閣 1939 年 8 月～40 年 1 月	青木一男 武部六蔵	大蔵大臣兼務 上記参照
米内内閣 1940 年 1～7 月	竹内可吉 植村甲午郎	商工官僚 戦後フジテレビ，日本航空等の会長，1968 年より経団連会長
第二次近衛内閣 1940 年 7 月～41 年 4 月	星野直樹 小畑忠良	大蔵官僚 内閣官房長官（東条内閣） 住友財閥
第三次近衛内閣 1941 年 4～7 月	鈴木貞一 宮本武之輔	陸軍中将，A 級戦犯，1956 年に釈放 内務技官
第四次近衛内閣 1941 年 7～10 月	鈴木貞一 安倍源基	上記参照 内務官僚，特高警察長官，1956 年参院選に出馬し落選
東条内閣 1941 年 10 月～43 年 10 月	鈴木貞一 安倍源基	上記参照 上記参照

注：1940 年 6 月 6 日，第二次近衛内閣のもとで内閣企画院総裁は，国務大臣として閣僚扱いされることとなった。

産省でも 1973 年まで維持されていた。

設立当時の企画院には，総務部・内務部・財務部・産業部（初代部長は植村甲午郎）・交通部・調査部の 6 つの部から構成されていたが，最初の経済計画が無残に失敗した 1939 年に組織改革を行い，官房・第一部（国力増強一般計画）・第二部（総動員計画）・第三部（労務・国民動員）・第四部（物資動員計画・生産拡大計画）・第五部（貿易・金融計画）・第六部（交通・通信計画）・第七部（科学技術計画）の 8 つの部に再編成された。その後も小規模な改組が行われた（たとえば第二部と第四部の合併）。近衛首相は京都大学法学部教授の滝正雄を初代総裁に指名したが，その後の総裁・副総裁はいずれも革新官僚か軍部将校であった（表 9 参照）。企画院の当初の人員は，官僚，技術者，臨時採用の専門職員など合計116人であった。

企画院が作った中で最も有名なものは，「国家総動員法」（1938年5月5日施行）である。同法は，単に経済に関連した法律ではなく，1918年の「軍需工業動員法」に代わる法律として立案され，日本社会を全体主義に基づいて根本的に再編成する実質上の権限を政府に与えた。村瀬によると，同法の起草者は植村甲午郎であったという[37]。同法の力の及ぶ範囲はきわめて広かったにもかかわらず，50条からなる条文の中に具体的な規則や規定はほとんどない。この法の実際の運用は，官僚の発議による勅令に基づき，議会の承認も必要なかった。同法は，行政府とその顧客たちが望むことを自由にできるようにする「白紙委任状」であった。またその効力は，産業や経済のみならず，教育，労働，金融，出版など戦争遂行に少しでも関連したすべての社会的活動に及んでいた[38]。

議会においては，国家総動員法案に関して激しい審議が行われた。新興財閥のリーダーたちは，国家統制を嫌ってはいたが，ビジネスの機会が増えると考えて，法案に賛成した。旧来からの財閥や独立系の財界人は数々の異議を唱え，法執行に関する勅令に自分たちの意見を反映させるよう要求した（そしてこの要求は通った）が，支那事変はすぐに終息するとの確約と，軍部に近い国会議員による恫喝によって，沈黙させられた。一部の財界指導者たちは，アメリカやイギリスとの良好な交易関係を維持するには，表面上だけでも民間経営を装う必要があると示唆した。軍部もその点は理解していた。そのため，太平洋戦争の末期に財閥が破壊された工場の国有化に反対しなくなるまで，株式に対する配当金の支払いは続けられた。財閥の企業所有権は，戦時中を通じて守られた唯一の市民権であったと言えるだろう。

戦後の産業政策を理解する上で，国家総動員法よりも重要なのは，物資動員計画（略して「物動」）の立案を担当していた企画院第四部の業務である[39]。その業務は極秘事項であったが（詳しい内容は1960年代になってようやく公開された），戦後の経済運営に対する物動計画の影響はきわめて大きいものであった。多くの研究者が指摘しているように，戦時期の物動計画の実施経験と手法は，戦後の占領期に商工行政の基盤となった「臨時物資需給調整法」（1946年）として甦っただけではなく，高度成長期における通産省の主要な政策ツールとなった「外国為替予算制度」（1950～64年）も，物動計画の手法を受け継いで創設された。そして1930年代の日本の物動計画は，スターリン的経済政策，すなわち市場における価格メカニズムを通じて需要と供給を調整するのではなく，産業に直接原材料を投入する手法や，ソ連の五カ年計画，すなわち消費生活や福祉などは考慮せずに急速に工業化を図るやり方の影響を大きく受けていた[40]。

当初この物資動員計画は，そのような名称がついておらず，企画院総裁による1937年11月9日付の総理大臣宛ての報告書の形で示され，1937年の第4四半期における軍需物資の緊急輸入に対して4億7000万円の外貨準備を見積もり，この使途について予算案を提示した。支那事変が拡大の一途をたどると，植村は産業計画部の中に「物動総務班」を創設し，1938年度についても同様の予算案を作成することを命じたが，これこそが本当の意味での物資動員計画の第一号であった。2カ月を経て完成した計画は，同年度の輸入能力を30億円と想定し，輸入を必要とする軍需と民需の総額を算出し，輸入を許可すべきものとして96品目を選び，それぞれの輸入額を詳細に示していた。この計画には，国内および満州での生産と在庫の取り崩しによって補われる量も起算されていた。1938年1月16日に閣議決定された後，計画の実施は商工省に移され，吉野が発案し1937年9月に成立した前述の「輸出入品等ニ関スル臨時措置ニ関スル法律」を法的根拠として実施された。企画院自体は，計画実施に関する権限も能力も持っていなかったからである。

1938年半ばには，利用可能な外貨額の推計が6億円ほど過大であったと判明し，6月23日には修正案が作られた。この修正案も原案も，商工省内の組織改正を必要とし，一部の産業を強制的に軍需生産に転換させる計画に着手した。これによって最も大きな影響を受けたのは，繊維産業と中小企業であった（第5章参照）。さらにいわゆる「関連制度」が導入され，民需物資の生産には，原材料の輸入額を上回る輸出額が見込まれる場合にのみ，原材料の輸入が許可されることとなった（この制度は1950年に再び導入された）。同制度の導入にともなって，貿易局を個別物資ごとのタテ割り組織に改正する必要も生じた。

1939年度の計画は，前年度よりもより詳細なものとなった。年間を通した計画ではなく，会計年度の四半期ごとに分割され，約400の物資を10の大分類（鉄鋼・非鉄金属・化学製品など）にまとめ，原材料の配分についは8段階の優先度を定めた[41]。

A　陸軍軍需

B　海軍軍需
C_1　軍属関連（軍管理工場の需要）（C_{1A} 陸軍，C_{1B} 海軍）
C_2　生産力拡充
C_3　政府需要（非軍事関連）
$C_{4イ}$　満州・中国
$C_{4ロ}$　輸出
C_5　一般民需

この計画は前年度よりも慎重に立案されたが，いくつかの要因が重なった結果，前年度計画と同様に混乱をきたした。おそらく最も困難な問題は，A（陸軍）とB（海軍）をめぐる統制担当者の対立であった。彼らはお互いに策動を企てたとして非難しあい，しばしば会議の停滞を招き，企画院に出向していた将校が汚職の嫌疑で憲兵に逮捕される事態も起きた。他にも担当者間の対立が閣議までもつれてようやく決着することもめずらしくなかった。また1939年9月1日にヨーロッパで第二次大戦が勃発すると，イギリスはインド，カナダ，オーストラリアから日本への輸出を禁止したため，計画に盛り込まれていた輸入見通しは，すべて無に帰してしまった。さらに同年の西日本の干ばつ，台湾と中国における大水害が原因で，輸入資金のうち10パーセントを食糧の緊急輸入に充てざるをえなくなった。このような事態が起こるまで，計画立案者らは少なくとも食糧は自給可能と考えていた。干ばつによって水力発電も低下し，軍需品や輸出品の生産も縮小してしまった[42]。

同計画に関与した官僚たち，たとえば賀屋興宣（1938年大蔵大臣），稲葉秀三（1941年の企画院事件で逮捕された。戦後の経済復興期における代表的な経済計画専門家），田中申一（総務班の文民官僚のリーダーとして稲葉の後任を務めた）らは，いずれも初期の物資動員計画を振り返って，同計画の概念や実行手段が単純で，基本となった統計は統制対象であった民間企業から提出されたものであり，そして陸・海軍が物資の奪い合いに終始したため，非常にやっかいな状況であったと回顧している[43]。田中申一は物資動員計画が実施された期間を2つに分け，1938～40年は外貨準備量が計画の決定要因であったが，1941～44年になると海上輸送能力が決定要因となったと説明している。さらに総務班を主導したのは，前期には陸軍将校であったが，後期には海軍将校であったという。

こうした計画を概念化し手順を設定するにあたっては多くの興味深い技術的課題が浮上したが，商工省が同計画の実施過程で蓄積した経験こそが，その後の産業政策に長く続く影響をもたらした。1938 年 5 月 7 日には新たな物資の配給の必要性に対処するために，商工省の外局として強力な「臨時物資調整局」が創設された。同局の長官は，商工大臣が兼務することとなったが，これは同局の重要性を誇示するためで，実際にすべてを取り仕切ったのは次長であった。この時の大臣は吉野で，彼が同局の初代長官であったが，そのわずか 3 カ月後に大臣の座を去った。同局の初代次長で，事実上の主導者であったのは，商工次官の村瀬直養であった。

商工省において特定の物資を扱う最初の局は，燃料局であったが，臨時物資調整局は内部を物資ごとに分割した初めてのタテ割り組織であった。同局は，6 つの部と 14 の課で構成され，第一部第一課（鉄・マンガン担当），第四部第九課（化学繊維・紙パルプ担当），第六部第十四課（輸入計画・輸入資金担当）などがあった。物資動員計画の中で取り上げられたすべての物資は，いずれかの課に振り分けられた。そして各課は，いかにして目標を達成するかを決定し，資材の納入条件や期日などについて，他の部局や企業と交渉を行った。臨時物資調整局には軍人も多く，文民であった商工省の官僚は物資の動員を深く理解するようになり，計画を立案した企画院のメンバーとも親しくなった[44]。

しかし臨時物資調整局は，十分に機能することができなかった。同局が直面した多くの問題の中でとくに深刻だったのは，商工省内での所管をめぐる権限争い，中でも同局と貿易局と燃料局の間で生じた対立であった。また対外的には，輸入許可や外貨利用に関する大蔵省との衝突もあった。しかしこの大蔵省との争いは，1941 年 12 月に商工省が証券・商品取引所や保険業に対して長く持っていた管轄権を大蔵省に譲ることと引き換えに，商工省が輸出入に関する統制権限を得ることで解決した。この大蔵省との権限の交換によって，商工省は，以前にも増して産業政策の専門官庁となった。また通産省について後述するように，産業政策と貿易とを結びつけることになったのである。権限争いは，商工省と軍部，商工省と企画院との間でも生じた。商工省は計画の実施機関という立場から，企画院に対して計画の立案と実施は別物であると主張した。また財閥が互いに競争し合い，資本や熟練工は不足し，闇市場が発生し，軍部が勝手に直接取引するなどしたため，計画の実施は非常に困難であった。

1938 年の後半には，国民生活が急激に悪化し，臨時物資調整局の活動をさらに困難なものにした。修正後の物動計画は民間部門の輸入を半減させたため，数知れぬ中小企業が倒産に追い込まれた。1938年8月だけで39万件の倒産が生じたという推定もある[45]。この月に内務省は「経済警察」と呼ばれる組織を発足させ，各警察署に「経済犯罪」の取り締まりを専門とする12～13名の捜査官や検察官を配置し，闇市場の摘発や公定価格の徹底などにあたらせた。しかしこのせいで，臨時物資調整局は国民の不評を買った。

おそらく臨時物資調整局が円滑に機能しなかった主な理由は，村瀬ら商工官僚と革新官僚との間に，政治的見解の相違が存在したからであろう。椎名は率直に，臨時物資調整局の次長を務めた村瀬と竹内可吉の2人が，革新官僚に対する対抗勢力として自らの派閥を形成しようとし，軍部との関係も良好ではなかったと述べている。同じくらい重要なこととして，財閥や政党政治家が，議会における「国家総動員法」に関連した審議の中で彼ら自身が受けた処遇や，社会全体の総動員体制化に対して不満を抱いていた。彼らはその憤懣を，当時大蔵大臣と商工大臣という鍵をにぎる2つの経済閣僚を務めていた元官僚にぶつけた。そのやり方は，その2人すなわち賀屋と吉野を完全に無視し，経済統制をサボタージュすることであった。そのため政府の統制体制の多くが机上の空論となり，官僚たちは産業界の協力を得るために逐一交渉にあたらなければならなかった。

1938年5月，近衛首相は賀屋，吉野の両大臣を解任し，三井財閥の代表で財界の「長老」池田成彬に両大臣を兼任させることで，財界をなだめようとした。池田は二・二六事件後に三井財閥を離れ，1938年には日銀総裁を務めていた。池田は，その経歴から財界の承認を得た。また財界主導の経済統制ならば許容するとの立場をとったため，軍部も彼を受け入れた。近衛や彼の軍部系の顧問たちは，ひとりの人物が大蔵大臣と商工大臣の両方を務めることで，両省間の官僚的な縄張り争いも沈静化するのではないかと考えた。

しかし，吉野は池田の大臣就任に激怒した。池田が官僚出身者よりも政治的に好ましいことは理解しうるところであった。だが池田が産業政策を真剣に遂行するとは考えられなかった上に，商工省が財閥出身の大臣のもとに置かれるというのは屈辱的であった。吉野は自らの身の振り方について，農商務省の先輩で長年の友人であった伊藤文吉に相談した。伊藤は伊藤博文の非嫡子で，桂太郎元首相の娘婿であり，1920年代前半に農商務省を辞し鮎川の日産財閥にいた。伊藤は吉野に，岸のいる満州で鮎川グループの役員になることを勧めた。

また近衛内閣は，吉野を北支開発会社の社長に推薦した（北支開発会社の設立に関する法律は，吉野が草案を作成し，議会では陸軍がその成立を支援した）。しかし軍部は，陸軍の血を流して獲得した占領地の運営を担う組織の長となるには愛国心が足りないとして，吉野の社長就任を拒否した[46]。しかしそれは吉野にとって幸運であったと言えるだろう。もし彼が社長に就任していたら，戦後戦犯として逮捕されていた可能性が高い（もちろん戦後まで生き残っていればの話だが）。ひとりで行動することになった吉野は新京に渡り，鮎川は彼を満業の2人の副社長のうちのひとりに任命した（もうひとりは満州人であった）。吉野は満州における軍部の過剰な統制と，鮎川の事業資金不足に失望させられた。その後，吉野は貴族議員に任命され，1940年11月10日に東京に戻った。満業副社長の座は，満業の子会社満州航空会社の社長であった高碕達之助に譲ったが，その後も満業の顧問を務めた。高碕は戦後に，第二次岸内閣の通産大臣を務め（1958～59年），1960年代にはまだ国交関係がなかった中国との間で劉＝高碕協定を結び，日中貿易の促進に貢献することになる。

太平洋戦争中に，内務省は吉野を愛知県知事に任命した。1944年には名古屋が空襲を受け，吉野はその対応に奔走した。また中国における日本の傀儡政府の主席であった汪兆銘が名古屋の病院に入院していたが，その後死亡し，その処理にも追われた。戦後，吉野は公職追放を受けたが，戦犯として起訴されることはなかった。

1953年4月24日，吉野は郷里の宮城県から参議院議員選に出馬し，当選を果たした。その時の選挙公約は，（アメリカの援助から）「日本経済を独立」させ，「日本経済を再建する」ことであった。国会では，参議院商工委員会の委員長を務めた（通産省の予想に反して，吉野はやっかいな存在であったという）。その後，吉野は第三次鳩山内閣のもとで運輸大臣を務めた（1955～56年）。

吉野は，官僚時代に作ったコネを利用することをためらわなかったようである。彼がまだ商工次官であった1934年6月ごろ，膳桂之助や藤原銀次郎といった企業家らが日本経済団体連合会（日経連）の前身である経営者団体の後押しを受けて日本団体生命保険会社を設立し，保険料が安い一般の工業労働者向けの生命保険を創設した。この時，吉野は膳や藤原たちに協力した（膳は吉野の同級生で，1914～26年の間農商務省でともに働いた。その後，膳は日本工業倶楽部の役員となり，戦後は経済安定本部の初代長官に就任した。藤原は，三井系列の王子製紙を設立したほか，1940年代の前半に商工大臣を務めた）。

1952年1月，膳桂之助の後を受けて，吉野は日本団体生命保険会社の会長となり，その後13年間会長職を務めた。1956〜65年の間にはさまざまな役職を兼務したが，とくに武蔵大学の学長として活躍した。1959年には国会議員職を辞した。そして1971年5月9日に，84歳で死去した。彼の葬儀で弔事を読んだのは，岸信介であった。

1938年ごろの池田商工大臣と村瀬次官の関係は良好であった。両者は気が合い，同じ（商業的な）観点に基づいた世界観を持っていた。2人とも，経済統制は民間企業による自主的な統制であるべきとの信念を持っていたのである。池田は政府内で，国家による統制論の高まりを率先して抑制し（城山三郎は彼を「現状維持派」のリーダーと呼んでいる），軍部を牽制するために財界代表者が閣僚になるという前例を作った。この慣習は藤原銀次郎や小林一三によって継承された[47]。

1938年の末，池田商工大臣は，国家総動員法第6条（労働統制）と第11条（配当規制・強制融資）をめぐって，末次信正内務大臣と激しく対立した。末次は，国民を統制する以上，資本家を統制するのは当然であるとの立場をとっていた。池田はこうした意見を完全に抑えることができなかったが，Tiedemannが指摘するように「資本に対する規制強化が将来的に不可避であるとしても，財界に対する規制は最小限にするという流れを池田は作り上げた」[48]のである。この対立の結果，池田は大臣を辞職せざるを得なくなった。1939年1月，近衛内閣が総辞職し，平沼内閣が誕生した。平沼内閣は，保守的ではあったが，国家統制に積極的ではなかった。

臨時物資調整局の欠陥を除去し，経済参謀本部の指示に効果的に対応するために，村瀬は1939年の初めに商工省の大幅な組織改編を行った。村瀬は統制経済に積極的ではなかったが，皮肉なことにこの組織改変は，通産省設立以前に行われた統制強化のための最も重要な組織改変となった。前田靖幸は，村瀬が作り上げた産業ごとのタテ割り原局は，戦時期の最も価値のある遺産であると指摘している。また元通産次官の熊谷典文も，産業政策とは，各物資の所管原局と同義語であり，原局がなければ役所は産業界との距離が離れすぎて的確な誘導も統制もできず，一般的な経済政策以上のことはできなくなってしまう，と語っている[49]。通産省の『商工政策史』も，商工省が軍需省になったのは，この組織改変の4年後であったが，この組織改変の時点ですでに軍需省になっていたも同然である，としている[50]。

村瀬は，臨時物資調整局，商務局，統制局（臨時産業合理局の後身，1937年5月1日設立）その他いくつかの組織を廃止し，これらの機能を一本化して，強力な調整機能を持つ「総務局」を設立した。この総務局が，現在の通産省の大臣官房の原型である。さらに，工務局と鉱山局の各課を，それぞれ独立の局にした。これで戦後の通産省の内部機構と全く同じになったわけではない。企業局（1942年設置）や企画院の機能，さらには貿易に対する完全な権限もまだなかった。しかし全体的には，この改革後の商工省の組織体制は，それ以前（1925～39年）の商工省ではなく，戦後，高度成長期における通産省の産業政策推進体制により近いものとなった。

こうした村瀬の貢献にもかかわらず，閣僚たちは村瀬を更迭することとなった。1939年の秋にいくつかの問題が浮上し，商工省の人事を一新する必要が生じたためである。第一には，日中戦争の過程で顕著化したように，日本産業の弱点を物資動員計画だけでは克服することができないことが次第に明らかになった。1939年1月17日の閣議では，この認識のもとに，「生産力拡充計画要綱」が採用された。これは満州で産業開発計画に関与していた人物たちが1936年に取りまとめた素案をもとに，企画院で策定された。その要綱は，日本，満州，中国において15の重要産業を育成するための詳細な四カ年計画であった。これらの産業とは，鉄鋼，石炭，軽金属，非鉄金属，石油・石油代替物，ソーダ・工業塩，硫安，パルプ，（外貨獲得のための）金鉱，工作機械，鉄道車輌，造船，自動車，羊毛，電力であった。この要綱の問題点は，それをどう実施するかであった。産業界の自主統制によるのか，官民協力によるのか，それとも国家統制によるのかといった議論は，1939年のみならずその後も延々と続き，ついには1940年にナチス経済体制の日本版ともいうべき経済新体制が確立された。

第二に，ヨーロッパでの戦争の勃発によって，日本の輸入体制が非常に複雑かつ困難なものとなった。まだ日本が占領していなかった東南アジア地域から必要物資の輸入を強行するため，日本は大東亜共栄圏構想を打ち出し，たとえば蘭領東インドの現地政府を相手に，石油供給のため直接交渉を行ったりした。また，いわゆる「円貿易圏」の構築は，かえって他の地域との貿易を困難にしてしまった。中国や満州への輸出が，対外貿易に必要な外貨をもたらさなくなったからである。政府は主要国際通貨圏への輸出を伸ばすよう要請したが，国内では物資不足に悩まされ，物価が急騰した。1939年10月18日，国家総動員法の第19条に基づき，有名な「価格等統制令」が発令され，すべての物資の価格，賃金，家賃などが，その1カ月前の水準に固定された。同令は，「九・一八ストップ令」という俗称で呼ばれるようになった。これによって，価格構造は経済の現状から完全に乖離し，物量ベースやバーター取引に基づく予算編成が行われる傾向を加速した。そして太平洋戦争中，闇市場や闇価格での取引が継続することになった。

第三に，日本の外交は，情報収集の面で劣り，独ソ不可侵条約（モロトフ＝リッベントロップ合意）の突然の成立によって，大きな衝撃を受けた。日本はドイツと同盟を組んで，ソ連に対抗することを考えていたからである。この不可解な出来事が原因で，内閣は総辞職を余儀なくされた。ヨーロッパで大戦が勃発する2日前に，新しい内閣が成立した。新しい商工大臣には，工学博士で元海軍造兵中将の伍堂卓雄が就任し農林大臣も兼務した。伍堂は，娘の婚姻を通じて浅野財閥と関係があり，大臣就任前は同財閥とつながりのある昭和製鋼所の社長を務めていた。また商工組会中央会の会長として中小企業の事業を支援していた。伍堂は当初，村瀬に次官として留任することを要請したが，1カ月もたたないうちに，満州から岸を商工省に呼び戻したがっている陸軍が，村瀬の辞任を要求していると伝える羽目になった。日中戦争の泥沼化，生産力拡充の必要性，そして世界情勢の急速な変化が積み重なって，満州組を呼び戻すべきだとの意見が商工省の内外で高まったのである。東条はこの時すでに陸軍省次官に就任していたが，星野と松岡はこの翌年まで日本には帰ってこなかった。岸は帰国要請にすぐに応じ，1939年10月19日に，商工次官に就任した。

しかし，岸は慎重に事を進めなくてはならなかった。彼は最も有名な革新官僚のひとりであり，財界は依然として商工省をその支配下にとどめておこうとしていたからである。財界の作戦は，財界出身者を商工大臣にしなければ，政府に協力しないというものであった。1940年1月，財界は技術系の中将である伍堂の代わりに，真の財界人とも言うべき藤原銀次郎を商工大臣にした。そしてその7カ月後，（東条陸軍大臣，星野企画院総裁，松岡外務大臣ら）満州派が第二次近衛内閣を牛耳るようになると，財界は小林一三を商工大臣に推薦した。

小林は阪急電鉄，宝塚歌劇団，宝塚劇場，日劇，東宝映画などの創設者であった。戦後は幣原内閣のもとで，経済再建計画の策定に関与することになる。小林と岸の衝突は，1963年まで同省内最大の抗争であった（1963年には通産大臣が今井善衛を次官に任命し，佐橋滋を推薦した事務方と激しく対立した)。小林は池田成彬や伍堂卓雄のように妥協的な財界人ではなく，国家統制や革新官僚，とくに岸信介を嫌っていると公言していた。池田は，財界と商工省との衝突を避けるために小林を推薦したのだが，商工省には小林と岸が共存する余地はなかった。どちらかひとりが，同省を去らざるを得なかった[51]。

小林が大臣に就任する前に，岸は村瀬が行った人事を大幅に変更したが，新しい組織体制はそのままにした。1939 年 12 月，岸は非常に重要な人事を行った。彼の満州の同僚で，商工省の「後輩」でもあった椎名悦三郎を総務局長という要職につけたのである。椎名は着任にあたって，最も優秀で野心的で統制志向の強い官僚を，総務局に入れた。これらの人材は，戦後高度成長期に産業政策の立案者として活躍するだけではなく，そのうちの数名は通産次官にまでなった。この時に総務局の課長または事務官として椎名のもとで働いたのは，山本高行（生産拡充課長，初代通産次官），平井富三郎（物資調整課長，後に通産次官），上野幸七（課長，後に通産次官），玉置敬三（管理課長，後に通産次官），吉田悌二郎（物資調整課長，後に石炭庁次長），石原武夫（課長補佐，後に通産次官），徳永久次（事務官，後に通産次官）といった人々であった。

これが岸・椎名ラインの始まりであった。この人脈は，戦後に岸が戦犯容疑で服役し，椎名が公職追放を受けていた時も，豊田雅孝（初代企業局長，椎名の次の次長），松田太郎（商工省最後の次官，1940 年当時は課長）らによって継続されていた。松田太郎は，通産省設置の責任者となった人物でもある。

1940 年 7 月，日本は窮地に陥っていた。日中戦争は終わりのみえない泥沼状態となり，連合国は日本製品のボイコットを開始した。一方でドイツとイタリアは，日本に同盟関係の締結を申し込んでいた（枢軸同盟は 1940 年 9 月 27 日に調印された)。このような事態に対処するため，かつて二・二六事件後に社会的安定をもたらすために近衛内閣が誕生したように，再び近衛公爵が首相に任命された。近衛内閣の産業政策に関連した最も重要な政策は，「経済新体制確立要綱」であった。これは，産業国有化，官僚による工場運営，急速な生産力拡大などを含む大胆な構想であった。この典型的な官僚改革の最初の草案を作成したのは，近衛首相のブレーンのひとりであった笠信太郎と昭和研究会であった。笠が書いた『日本経済の再編成』は，1939 年に中央公論社から出版され広く読まれたが，そこには反資本主義的（時にはマルクス主義的）な思想が堂々と展開されていた。笠は各界の上層部にコネを持っていたので，特高警察の弾圧をかろうじて免れていた[52]。

笠の友人や読者の中には，企画院の官僚もいた。彼らは，1940年9月13日企画院で，笠の構想をより具体化した「経済新体制確立のための総合計画」と題した報告書を提出した。その代表的な執筆者は，革新官僚の「スター」的存在であった秋永月三大佐，美濃部洋次（満州から帰国後は商工省ではなく企画院にいた），迫水久常らであった。彼らは「私企業の公共化」と，ナチスの指導者原理（当時は原語のまま「フューラー原理」と呼ばれていた）を取り入れた産業統制機構の創設の必要性を主張し，「商法を改正し，企業の所有と経営機能を分離し，産業の公共化を確立し」，企業利潤を厳しく抑制するべきであると訴えた[53]。この報告は，ひとつの戦争の中にあり，もうひとつより大きな戦争が迫るなか，資本家はまだ利潤を得ているのかという怒りでその全体がつつまれていた。

一方，財界も手をこまねいて座視していたわけではなく，すかさず反撃に出た。財界は，笠信太郎のことを共産主義者（当時「アカ」という言葉がよく使われた）と呼び，近衛首相の側近や企画院には「アカ」が浸透していると非難した。これは，軍部が共産主義政策を推進しているというようなものであった。財界はまた，所有と経営の分離や，利子・利潤の抑制は，深刻な資本不足をいっそう悪化させると主張した。工業倶楽部など7つの経済団体は，内閣に対して抗議文を提出した。財界は，生産力を拡大し，戦争に貢献するために自主規制を行うことは受け入れるが，「経済新体制」の一翼を担うことには反対であった。このため，政府と財界の関係は，完全に行き詰まってしまった。

1940年9月12日から10月22日の間，小林商工大臣は三井物産会長の向井忠晴ら有力財界人たちの一行をともなって，蘭領東インドのバタビアを訪問し，対日石油供給について交渉を行った。現地の石油会社は，オランダ政府の了承のもとに，日本財界一行を招待し，間近に迫っているとみられていた日本軍による蘭領東インド侵攻を回避すべく，日本への有和を試みたのである[54]。小林の出張中に，近衛首相は各省に，経済新体制確立のための計画作成を命じた。商工省では岸が計画作成の責任者となり，満州滞在時のころからの友人である星野企画院総裁に相談しながら，企画院の総合計画に沿った計画案を作成した。

帰国後，その案に目を通した小林大臣は，工業倶楽部における演説の中で，「アカの思想」を反映しているとして，岸と同計画案を批判した。当時の政治情勢において「アカ」と呼ばれることは，致命的なことであった。また，岸がかつて公務員の給与削減反対を主導したことも引き合いにして，岸は「ややアカ寄り」だと主張する者もいた[55]。岸自身も，実際，日本型国家社会主義を支持していたので，こうした批判に反論できず，1941 年 1 月 4 日に辞職に追い込まれた。

財界の攻撃によって犠牲となった大物は，岸だけであった。しかし，1941 年 1 月 17 日から同年 4 月にかけて，警察は「治安維持法違反」の容疑で，企画院の 17 人の文民官僚を逮捕した。全員 3 年間拘留され，その後保釈された。同事件の裁判は，1944 年から翌年にかけて行われ，ひとりを除いて無罪となった。この「企画院事件」は，今日に至ってもその詳細は明らかになっていない。これについては，財界の仕組んだことで，彼らがレーニンやカウツキーの著作を読んだり共産主義の歌を歌ったといったこと以上の証拠を警察もつかんではいなかったと言われている[56]。逮捕者の中でも最も重要な人物のひとりで，当時物資動員計画班にいた稲葉秀三は，2 つの見方があると言う。第一は，米英と戦争するのに必要な量の物資はないという正確かつ悲観的分析を内閣に上げる企画院官僚を排除したいと軍部が考えた，という見方である。第二は，特高警察がややマルクス主義に傾倒した官僚を追放しようとしただけで他に大した理由はなかった，という見方である[57]。

最も広く信じられているのは，小林の指摘は正しく，たしかに企画院にはアカがいたという見方である。この見方は，逮捕された人物のリストと彼らの戦後の行動に基づいている。逮捕者の中には，戦後左派社会党員として活動した和田博雄がいた。1946 年に吉田首相が和田を農林大臣に指名した時には，大きな騒動が起きた。また，1947 年に社会党の片山内閣のもとで経済安定本部長官を務めた佐多忠隆，左派社会主義の理論的指導者で社会党国会議員になった勝間田清一，鎌倉市長になった社会党の正木千冬といった人物もいた。これらの多くは，農業行政に携わった後に，内閣調査局経由で企画院に入った。また稲葉のように，協調会（工業倶楽部が労使協調を促進するために作った団体）の研究員であった者もいた[58]。いずれにせよ，稲葉が言うように，彼らは共産主義者ではなかったが，漠然と社会主義的手法に共感を持つ「人道主義者」であり，革新官僚よりもさらに左寄りであったのは間違いない。

そして小林大臣自身も，企画院事件の犠牲となった。1941 年初め，企画院内のグループが小林の資産状況を調べ上げ，脱税の可能性を指摘して反撃を試みた。この騒動を収拾するため，1941 年 4 月 4 日に近衛首相と平沼内務大臣は，小林商工大臣と星野企画院総裁の両人を，喧嘩両成敗の形で辞職させることにした。平沼内務大臣は，国家社会主義に妥協的な保守派の代表人物であった。近衛と平沼は，これまでのいきさつを考慮して後任を軍人にすることとし，鈴木貞一中将を企画院総裁に任命し，鈴木は企画院が廃止されるまで総裁を務めた。商工大臣にも同様に，豊田貞次郎海軍大将（元海軍次官，三菱役員の娘婿）を任命した。だが，まもなく豊田は外務大臣になった（その後は日本製鉄会長に就任し，終戦時は軍需大臣となっていた）。豊田の後任には，同じく元海軍次官で北樺太石油会社社長であった左近司政三を任命し，左近司は東条内閣成立まで商工大臣を務めた。

しかし，政府と財界の間の政策に関する対立は解消しなかった。商工省は，企画院の構想の多くをとどめながらも財界の反発に応える妥協案を作成した。そして，企画院が考えていたように法案を議会に提出するのではなく，国家総動員法を改正し，閣議の了承だけで発令できる勅令で産業統制を実施しようと試みた。そうすることで，公的な場での論争を避けることができたからである。その結果，「重要産業団体令」（1941年8月30日）が発令された。同令によって産業ごとに統制団体が創設され，企業の経営機能は，統制団体の民間出身指導者に委ねられた。個別の産業ごとに企業のすべてが，政府公認のカルテル団体である「統制会」の会員になることを義務づけられた。統制会は，原材料の分配，産業目標の設定，生産物の流通のすべてに権限を持った。この方式は，かつて吉野が「重要産業統制法」（1931年）で採用した方式にきわめてよく似ており，この点では政府との争いにおいて財界が勝利したと言えるだろう。各統制会の会長には当該産業の最大企業の社長が就任し，結果として統制会は財閥が支配することになった[59]。

対米関係が悪化する中で，1941年10月東条大将に組閣の勅命が下りた。東条は，満州での同僚で友人の岸を商工大臣に任命した。大臣に就任するや否や，岸は，かつて次官として小林商工大臣と対立した時に支援しなかった者を追放し，次官には椎名を任命した。そして，ひとつの事件によって商工省内のひずみが表面化することとなった。初代総務局長で，東条内閣成立時に燃料局長を務めていた東栄二が，内閣の方針に反対して辞任したのである。城山によると，東は戦争に向けた闇雲な動きに反対しており，燃料供給の責任者として，戦争に勝てる見込みはないとわかっていたという[60]。

ともあれ，こうして「統制派」官僚が実権を握ることになったが，それによって日本の産業政策が一変したというわけではない。彼らはその前から受け継いだ産業統制の構造につねに制約されていた。1945年に書いた著書の中でT. A. Bissonは，太平洋戦争中の日本経済は，実質的に民間企業を中心とした経済体制で，政府の介入は驚くほど少なかったと述べている[61]。Mark Peattieによると，「日本は，複雑な統制のもとで日中戦争と太平洋戦争を戦ったが，全体的な調整機能を欠いており，いくつもの競合する省庁の対立は残ったままだった。同時に民間と軍部からの相反する圧力によって，日本経済は半ば統制され，半ば自由なままであった。こうしたシステムは，全体主義的とはとうてい呼べないもので，戦争遂行の観点からは完全に失敗であった」[62]。

この時期の一連の展開の中に，2つの皮肉な結果をみることができる。第一に，東条と岸の尽力にもかかわらず，彼らの在任中には産業の国家統制を達成することができず，完全な産業統制が実現したのは占領期になってGHQが統制会の権限を政府に移管してからであった。第二に，戦前および戦時期の分割統制システム（政府と財界の双方による産業統制）は，戦争遂行という面では失敗であったが，占領期の後に同様のシステムが再登場した時には，平時の経済成長には最良であったということである。戦後の産業政策に関与したすべての人々が，1930年代から戦争を通じて学んだことは，国家統制も自主統制も一方だけでは協調と調整を成し得ず，両者の融合が必要であるということであった。

上述のように，資本主義における発展指向型国家の構造上の驚くべき特徴は，実質的な統治と名目上の君臨という政治的な分業である。名目的に君臨したのは政治家であったが，実質的に統治したのは官僚であった。これは，現代社会における政府機能に対する皮肉や，民主主義の現実に対する絶望ととらえるべきではない。政治家も官僚も，ともに重要な役割を分担しているのである。政治家は，国家経済の発展を妨げるような利益集団の圧力を排除し，官僚たちが統治できる環境を作る。そして，官僚の決定に正当性を与え承認する。それに対して，官僚は発展のための政策を立案し，必要な法律を作成・実施し，そして計画の遂行において問題が生じれば適宜修正を加える。この民主的な発展指向型国家の形態は，1955年に自由民主党が結成されるまで日本にはなかった（詳しくは第9章）。しかし1930年代は，「経済参謀」と呼ぶべき経済官僚を育成したという点，そしてまた，彼らが統治はするしできるが，君臨はしないということを明確にしたという点で，その構築に重要な時期だったのである。

明治時代から受け継いだ政治システムの中で1930年代に発生した数々の混乱は，経済官僚が台頭する機会を与え，この時期の政治的な問題もそれを助長した。軍部や極右勢力によるテロ行為を通じて，軍部将校らが政府を支配するようになった。彼らは帝国制度の正統性を濫用し，その正統な管理者の影響を脆弱化させ，また選挙で選ばれた議員らの影響力を弱体化させその信頼を揺るがせた。しかし彼らは，政治家らが代表した利益，とくに財閥の利益を完全に打破することはできなかった。そして財閥は，自衛のために，政治家に頼るのではなく自らの代表者を政府に送り込み，自分たちの意見を反映させようとした。さらに，軍部が積極的に推進した帝国建設計画に必要であった産業化の第二段階（明治時代の労働集約的な産業化を第一段階とすれば，より資本集約型な産業化を第二段階と呼ぶことができる）を企画し実行する能力や指導力を軍部は持っていなかった。

このような状況下において，元来資本家の利益を政府内で代表するくらいの機能しかなかった二流官庁の商工省が，目的志向型の官庁へと変貌を遂げ重化学工業化の計画立案や物資の分配，その監督を行うようになったのである。商工官僚は，新しい先端技術産業を導入することを，まずは満州で，そしてその後日本で学んだ。また彼らは，財閥と連携しなければ何も実現できないということを学習した。1930年代を通して，商工省は，他の組織との政治的関係の板ばさみになっていた。時には，大蔵省や外務省のような既存の有力官庁に対抗するために，軍部や革新官僚らと同盟関係を結んで力を伸ばした。またある時には，産業化の第二段階を推進するための資本と経営能力を備えた唯一の勢力である財閥と連携して，軍部の横暴や介入と対峙することもあった。しかし経済官僚らは，戦後になって本格的な資本主義に基づいた発展指向型国家が構築されるまで，こうした官民間の政治的な問題を解決できなかったのである。

1930年代に起きた一連の出来事が戦後の経済的「奇跡」に貢献したことは，「経済参謀本部」を創設し，それを政府の内部に導入したことである。また，「誰が支配するか」という問題について，関連するすべての個人や団体の同意がなければ，そのような官庁も有効に機能しないことを明確にしたことである。ひとたび設立されると，経済参謀本部はその権限を手放したり，その使命を放棄することはなかった。それゆえ，日本が1900～30年ごろにみられたような自由奔放主義に回帰することはなかった。しかし同様に重要なことに，1945

年の終戦によって軍部の支配が完全に打破され，権力関係が財閥優位から官僚優位に移行するまで，経済参謀本部は日本経済の潜在的な発展可能性を最大限に発揮させることはできなかったのである。第一次大戦中にヨーロッパ各国で，国家動員と経済発展を計画し実行する権限を議会から国家に移したように，1930年代の経済危機と戦争は，日本で同様な変化をもたらした。しかし発展指向型国家を機能させる政治的な条件を整えるには，太平洋戦争の大惨劇を経る必要があった。かつて高橋是清が言った「軍事的征服よりも，経済的征服のほうが長続きする」という言葉は，1950年代には誰もが知る常識となっていた。

注

1　軍需工業動員法の条文は，通産省（1964）pp. 25-29に所収。事変への対応に関しては，*New York Times*, Mar. 16, 1938.

2　産業政策史研究所（1975）第2巻，pp. 270-71.

3　Peattie（1975）p. 67.

4　植村に関しては，官界編集部（1976a）を参照。

5　同法の条文は，通産省（1964）pp. 36-37に所収。

6　藤原・今井（1972）pp. 384-85.

7　大蔵省大臣官房調査企画課（1977）pp. 52-55, 67, 71, 74-79, 101-2, 151, 173, 182-83; 安原（1974）p. 32.

8　『大阪朝日新聞』1928年7月21日。

9　Anderson（1975）pp. 84, 93.

10　産業政策史研究所（1978）；加納（1974）p. 24.

11　帝人事件に関しては，Roberts（1973）pp. 294-95; Arthur E. Tiedmann "Big Business and Political in Prewar Japan," in Morley（1971）pp. 294-96; 吉田茂伝記刊行編輯委員会（1969）p. 72（吉田茂首相とは別人）.

12　中村（1974）pp. 30-31.

13　Ide and Ishida（1969）p. 110.

14　吉野信次（1962）pp. 356, 367-69.

15　有沢（1976）pp. 113-19. 加藤俊彦「軍部の経済統制思想」東京大学社会科学研究所編（1939）『戦時日本経済』第2巻収録，pp. 67-110.

16　椎名（1976）.

17　吉野信次（1962）pp. 277-78.

18　吉田茂伝記刊行編輯委員会（1969）p. 76.

19　有沢（1976）p. 147；Ito Mitsuharu（1972）；大沢（1975）pp. 204-28.

20　小川については，秋美（1956）pp. 144–45; 角間（1979a）p. 221; 岸ほか（1979）pp. 282–83; Kurzman（1960）p. 118; 城山（1975b）p. 306; 吉本（1957）pp. 92–96.

21　吉野信次（1962）pp. 290–91.

22　村瀬直養氏追悼録編纂委員会（1970）pp. 105–10, 698, 711–15; 通産省（1960）pp. 92–94.

23　吉野信次（1962）pp. 290–91.

24　中村（1974）pp. 21–23; Peattie（1975）pp. 208–217. Peattieは，ソ連の経済計画が満州の五カ年計画に与えた影響について議論している。

25　田尻ほか（1978）pp. 113–14; 通産省（1960）pp. 101–02; 椎名（1970）pp. 186–87; 椎名（1970）pp. 107–8; 岸ほか（1979）pp. 284–88;『通産ジャーナル』1975年5月24日号，p. 21.

26　内政史研究会（1976）p. 126. 本書でも取り上げている田中申一という人物は，元は満鉄の職員であったが，1937年に鮎川の満業に異動した。さらにその後は，内閣企画院，軍需省，商工省，通産省と渡り歩いた。

27　角間（1979a）pp. 167–69, 195–96. 同法の条文は，通産省（1964）pp. 88–89。同法の立案には，小金義照も参加していた。西山（1977）pp. 148–55.

28　通産省（1964）p. 238.

29　Yamamura, in Borg and Okamoto（1973）pp. 288–89, 300.

30　産業政策史研究所（1975）第2巻，pp. 171–73; 吉富（1941）pp. 103–8.

31　産業政策研究所（1970）p. 234; 通産省（1964）pp. 123–24.

32　城山（1975b）p. 307; Berger（1977）pp. 123–24.

33　吉野信次追悼録刊行会（1974）pp. 295–99；吉野信次（1937）『日本国民に訴う』も参照。

34　吉野信次（1962）pp. 365–66; 産業政策史研究所（1975）第2巻，pp. 176–77.

35　中村（1974）p. 44.

36　通産省（1964）p. 141.

37　産業政策史研究所（1975）第2巻，p. 271.

38　同法をもとに発令された41の重要な勅令については，有沢（1976）p. 156を参照。

39　物資動員計画という用語も，ソヴィエト型経済計画に由来するものである。上野（1978）p. 16を参照。伊藤は日本の物動について，「概念としては，元来通貨によって表記されていたものを，物資動員計画や物資予算という形にしたものである」と述べている。Ito Mitsuharu（1972）p. 361.

40　物動とソ連の前例の影響については，中村（1974）p. 24, 164–67；通産省（1964）p. 124；田中（1974）p. 655. 田中の著書の出版は，稲葉秀三や佐橋滋らといった戦後産業政策の指導者らからの支援を受けていた。

41　田中（1974）p. 11.

42　有沢（1976）pp. 149–52；稲葉（1965）pp. 22, 40–44.

43　稲葉（1965）pp. 26, 59; Itō Mitsuharu（1972）p. 362; 田中（1974）前書き。

44　元通産次官が，物動における自分たちの経験について記述している。上野幸七（通産省1960, p. 123）と平井富三郎（『通産ジャーナル』1975年5月24日号，pp. 28–30)。上野は，迫水久常が物動の創設と運営における中心人物であったと述べている。

45　中村（1974）p. 63.

46　吉野信次追悼録刊行会（1974）pp. 310-12.

47　城山（1975b）p. 308.

48　Morley（1971）p. 311 での引用。

49　前田（1968）pp. 31-32. 鈴木（1969）pp. 92-93 における熊谷の引用。

50　通産省（1964）p. 148.

51　三宅（1954）.

52　「日本経済の再編と笠信太郎」後藤隆之助『昭和研究会』経済往来社，1968 年，pp. 225-34.

53　有沢（1976）pp. 200-203; 中村（1974）pp. 95-102; 通産省（1964）pp. 444-49。経済新体制についての興味深い見解については，塚田（1942）.

54　Anderson（1975）pp. 149, 154.

55　角間（1979a）p. 231；今井（1976）.

56　藤原ほか（1972）p. 446.

57　稲葉（1965）pp. 55-80; 稲葉（1977）.

58　稲葉と協調会の関係については，稲葉（1977）を参照。吉田茂内閣調査局初代局長も，協調会の関係者で，稲葉を協調会から調査局に連れてきたのも吉田であった。協調会については，日本工業倶楽部（1967）第 1 巻，p. 103 を参照。

59　通産省（1964）pp. 458-65, 508.

60　城山（1975b）pp. 311-12.

61　Bisson（1945）p. 3.

62　Peattie（1975）p. 219.

第5章　軍需省から通産省へ

日本が太平洋戦争に突入する中で，商工省はその前の10年ほどに産業生産拡充計画に関して大きな成果を上げたとふり返っていただろう。1930～40年の間に，日本の鉱業・製造業生産額が2倍以上に拡大し，またそれと等しく重要なことに軽工業（おもに繊維業）を基盤としていた産業構造が重工業中心（金属，機械，化学）へと変化していた。1930年における重工業が全製造業に占める割合は35パーセントであったが，1940年には63パーセントに上昇した。こうした産業構造の変化は，別の視点からも見てとれる。1929年と1940年における10大企業の総資本額をみると（表10参照），1920年代末には，10大企業のうち3つが繊維企業であったが，10年後には繊維企業はひとつのみであった。興味深いことに，1940年における10大企業は，その10年前のものよりも，1972年の10大企業と類似している（日本製鉄，三菱重工業，日立，東芝が1940年と1972年ともに第1位，2位，4位，8位を占めていた。このうち，1929年に10大企業に入っていたのは三菱だけであった）。

太平洋戦争中にさらなる生産拡充は達成されなかったが，産業の重点は，繊維や食料品から鉱業，非鉄金属，機械産業へさらに移行することとなった。太平洋戦争は，明治時代に産業化が始まったのと同様に重要な変化をもたらしたのである。そして中小企業や繊維産業は，壊滅的打撃を受けた。こうした急激な変化の直接的な原因は，「企業整備運動」であった。この運動は，一般大衆には非常に受けが悪かったので，戦後になると通産官僚はこの用語を使用しなくなり，同じ意味を持つ別の用語を生み出さなくてはならなくなった。戦時期の産業構造の変化は，市場原理によるものでは全くなく，商工省の構想と責任によるものであった。商工省は企業整備運動を推進するために，1942年企業局を設立したが，これは今日でも「産業政策局」として存続しており，商工省とその後の通産省だけではなく，日本の産業全体の司令塔として機能している。

表 10　日本の上位 10 大企業（1929-72）

企業名[a]	総資本額	設立年	備考
Ⅰ　1929 年（金額単位は 1000 円）			
1. 川崎造船（14）	239,848	1896	現在の川崎重工業
2. 富士製紙（—）	159,642	1887	1933 年に王子製紙と合併
3. 王子製紙	154,228	1873	後に十条製紙（63），王子製紙（69），本州製紙（88）に分割
4. 鐘ヶ淵繊維（47）	145,989	1887	現在の鐘紡
5. 樺太産業（—）	117,353	1913	1933 年に王子製紙と合併
6. 大日本紡績（55）	116,398	1889	現在のユニチカ
7. 三菱造船（2）	112,341	1917	現在の三菱重工業
8. 三井鉱山（74）	111,827	1911	三井鉱山および三井金属工業
9. 東洋紡績（48）	111,490	1914	現在の東洋紡
10. 台湾精糖（—）	109,539	1900	
Ⅱ　1940 年（金額単位は 1000 円）			
1. 日本製鉄（1）	1,242,321	1934	現在の新日本製鉄
2. 三菱重工業（2）	969,491		
3. 王子製紙	562,088		
4. 日立製作所（4）	552,515	1920	現在の日立
5. 日本鉱業（30）	547,892	1912	
6. 日本窒素肥料（—）	540,344	1906	現在のチッソ
7. 鐘ヶ淵紡績	434,716		
8. 東京芝浦電気（8）	414,761	1904	現在の東芝
9. 三菱鉱業（53）	407,555	1918	
10. 住友金属（7）	380,200	1915	
Ⅲ　1972 年（金額単位は 100 万円）			
1. 新日本製鉄	2,113,335		
2. 三菱重工業	1,648,235		
3. 日本鋼管	1,162,308	1912	
4. 日立製作所	1,036,178		
5. 石川島播磨	982,021	1889	
6. 日産自動車	949,029	1933	
7. 住友金属	930,197		
8. 東芝	852,999		
9. 川崎製鉄	843,838	1950	
10. 神戸製鋼	683,629	1911	

出典：産業政策史研究所編（1976）『我が国大企業の形成発展過程』，28，38，56 ページ。
a：カッコ内の数字は，1972 年時の順位（当時存在した企業のみ）。

Jerome Cohen は，終戦直後の時点で「開戦時における日本の戦争経済の方針は，全体的な生産水準を高めることではなく，非軍事産業から軍事産業への産業構造の転換にあったと，すべての証拠が示唆している」と結論づけている[1]。通産省が編纂した『商工政策史』も同様に，企画院が作成し，1942 年 5

月8日に閣議決定された第二次『生産拡充計画』が設備の新設よりも既存の生産設備を最大限利用することを目標としていた，と記している[2]。

Cohenや日本の専門家は，この政策に批判的である。しかしその時点では，日本はすでに戦争に突入しており，重要物資の輸入が滞り，長期化する対米戦争がどのような影響をもたらすかが不明な状況で，商工省にとって他にどのような選択肢があったのか想像できない。ミッドウェー海戦や米軍のガダルカナル島上陸（1942年8月）まで，日本政府が戦時総動員を行わなかったことは，戦後の産業政策にはあまり関係がない。しかし政府が総動員を行うようになると，経済官僚が個々の企業の活動に以前よりもずっと深く介入し始めたことは，戦後の産業政策にとって非常に需要な意味を持っている。戦時期の企業整備運動自体は失敗に終わったが，それは1950年代の産業合理化審議会や，1960～70年代の産業構造審議会につながる第一歩に位置づけられる。

現在（1975年）産業構造審議会総合部会長を務めている有沢広巳教授は，中小企業こそが日本の輸出能力に重要であるとする通説に対して，1937年にすでに異論を唱えていた。企画院官僚で経済学者でもあった美濃口時次郎の研究を引用しつつ，有沢は中小企業が日本の労働人口の多くを雇用していることは確かだが，長期的にみて将来の輸出拡大にはほとんど貢献しないので，中小企業を保護したり育成したりすべきではないと主張した[3]。有沢は，中小企業がより大きな生産体系に統合されるか，少なくとも大企業の下請けになることを望んでいた。そしてこの見解は，財閥にとっては都合のよいものであった。企業整備運動の残した重要な遺産は，強大な資金力を持ち最終組み立てを行う大企業と，資金力に乏しい無数の中小企業との間の下請け関係である[4]。

中小企業の転業や廃業の問題は，1938年半ばに，第一次物資動員計画が失敗に終わった結果，表面化した。企画院が当初の計画を撤回したのは，輸入物資の多くが大企業によって軍需品や輸出製品のために使われているのではなく，中小企業が国内向け製品の生産のために利用していることが判明したからでもある。企画院が修正した計画は，中小企業向けの輸入品を大幅に削減したため，中小企業の多くが倒産に追い込まれ，政府は失業者への対応を余儀なくされた。1938年9月に，商工省は転業対策部を創設し，この問題への対応の第一歩を踏み出した。

転業対策部創設の背後には，補助金と政府の圧力を利用して，疲弊した中小企業を軍需品や輸出品あるいは輸入代替品の生産に転業させるという考えがあった。同部の官僚は，産業合理化運動を通じて学んだ企業の合併や，共同管理の方法を駆使した。こうした再編成の過程で吸収されなかった労働者は，満州や中国への移民を勧められた。また新設された厚生省の失業対策部も，失業者の間で社会不安が起こることを防ぐために，移民計画を支援した。

1939 年 6 月 16 日に行われた商工省の機構改革において，転業対策部は「振興部」と名称変更された。だれが「振興」という用語を提唱したのか，またそれが何を意味したのかは定かではない。しかしこの「振興部」は，通産省時代においても「中小企業庁（1948 年 8 月 2 日創設）」の一部として存続し続けた。通産省史に精通している研究者は，この 1939 年の組織編成は，通産省の役割に根本的な変化をもたらしたと考えている。1939 年以前の商工政策は，企業の規模に関係なく遂行されていたが，1939 年以降は大企業の育成を中心とするという明確な方針に基づいたものとなった[5]。「振興」という用語には，中小企業の育成と大規模化という意味が込められていたと考えられる。

中小企業を戦争遂行体制の一部に組み込むことは，日華事変の拡大に対応するための応急措置として，1938 年末にようやく開始された。1941 年 1 月 12 日に商工省が「中小企業の転業及び整理に関する一般計画」を発表するまで，政府には振興部の基本方針について合意がなかった。2 年後，この政策は中小企業のみならず，すべての企業に適用されることとなった。

1942 年の前半は，日本の産業計画当局にとってすばらしい期間であった。その年の物資動員計画は非常に楽観的であった。蘭領東インドを日本軍が占領したため，企画院は石油の使用についての規制を緩和した。シンガポール陥落の直後，軍部は内地の子供（少国民）にマレーシア製のゴムで作られたゴムボールを記念として与え，経済官僚に対して感謝の意を示した[6]。46 歳で史上最年少の大臣となった岸信介は，国民の人気も高く，岸と商工省はメディアでももてはやされた。

しかし，岸は問題も抱えていた。各産業の統制会は，十分に機能していなかった。統制会の背後にある理念は政府と民間の融合（官民一体）であったが，それは産業界の反対ゆえに，統制派官僚が妥協した結果であった[7]。しかしその実態は，1931 年の重要産業統制法のもとでの民間主導カルテルがそのまま続いており，それらは財閥によって支配されていた。Eleanor Hadley は，統制会について「政府がわずかばかり介入するカルテル」と述べている[8]。政府の統制会に対する権限は，許認可権くらいであった。統制会のほうは利益拡大に忙しく，市場シェアを財閥企業に有利なように分配し，商工省や企画院の方針や指導を無視して軍部と闇取引をしていた。軍部もまた陸海軍間のライバル意識や，文民統制への不信感から，重要物資を闇ルートで軍工廠に隠し，経済官僚の仕事を妨害した。

研究者の多くは，財閥のせいで統制会が「骨抜き」になってしまったと考えているが，官庁側にも責任の一端はあった。経済関連の官庁は，「重要産業」の指定や統制会への影響力をめぐって権限争いを繰り返した。最初の統制会は，1941年4月26日に商工省の所管のもとで設立された鉄鋼統制会で，その後の統制会のモデルとなった。そして，日本製鉄の平生釟三郎がその会長に就任した。ちなみに官僚らは，統制会会長のことを「フューラー（ドイツ語で「総裁」の意）」と呼ぶことを好んだ。しかし鉄鋼統制会は，商工省が創造したというよりは，商工省が発見したというべきものであった。アメリカの対日屑鉄禁輸措置の後に，鉄鋼メーカーは自発的に日本鉄鋼連合会を結成し，鉄鋼統制会はその名前をすげ変えただけだったからである。1941年4月から1942年1月の間，商工省と逓信省は機械分野での統制会設立をめぐって対立し，肥料業界に関しては商工省と農林省の争いが起こった。これら2つの対立は，閣議にまで持ち込まれてようやく決着がついた。合計で21の統制会が設立され，15の産業における生産と物流の転換計画がついに実行されたのは，1942年8月になってのことである。

各省庁は，統制会に実質的な権限を与えることには消極的であった。岸は，実質的な法執行権限を統制会に与える代わりに，統制会が会長の人選権を行使するということで，官僚らの抵抗を乗り越えた。こうして業界最大手企業の社長が，自動的に統制会会長に選任されることがなくかった。そして行政職権移譲令（1942年2月18日勅令第15号）や行政官庁職権移譲令（1943年1月21日）が公布され，統制会の会長を準公務員扱いとし，法律の遂行を行わせた。その後平生釟三郎は，日本製鉄社長および鉄鋼統制会会長の座を辞し，豊田貞次郎（1941年4～7月まで商工大臣）が後を継いだ。しかし，その他の統制会については，財閥にとって好ましいと思われた人物が会長となり，財閥が実権を握ったままだった。

法的にみれば，統制会は日本製鉄や南満州鉄道（満鉄）のような「国策会社」や，日産や豊田自動車のような企業許可令に基づく許可企業をモデルにした半官半民の組織であった。自主統制派と国家統制派の対立が生じ，双方が許容できる妥協点として，半官半民組織が形成された。しかし，これに不満を持っていた商工官僚らの中から，政府が全額出資し，役員もすべて省庁が任命するという正真正銘の公共企業を作れば，財界の反発も受けず，統制会を骨抜きにすることができるのではないかというアイディアが出てきた。それによって，「営団」（「経営財団」の略称）という企業体が作り出された。営団は必ずしも戦争遂行のための組織ではなかった。そしてそのうちのひとつ，すなわち1941年に東京の地下鉄交通の公共部門を担当する目的で作られた「帝都高速度交通営団」は今日でも存在している。当時作られた営団は，統制会の弱点と財界の支配を克服し，関連する業界を官僚統制のもとに置こうとするものであった。

本書に関連してとくに興味深い営団としては，1941年11月25日に設立され，元商工大臣で王子製紙設立者の藤原銀次郎が会長を務めた「産業設備営団」がある。同営団は，遊休設備，とくに商工省振興部の命令によって閉鎖された工場の設備を買い取ったり貸与したりして，軍需産業に転換することを主な業務としていた。こうした活動の資金は社債の発行によって賄われ，同営団の社債は資本金の5倍の額まで発行することが認められ，元本と利子と支払いには政府の保証も与えられた。産業設備営団は，振興部の企業整備運動を推進する手足となって活動したのである[9]。

産業設備営団の資金調達，職員確保，業務要領作成などといった準備には数カ月を要したが，この間には1942年6月のミッドウェー海戦，8月のガダルカナル島への米軍上陸などが起こり，戦況は悪化の一歩をたどった。通産省の公式文書のひとつには，「日本のほんとうの戦争経済はガダルカナル以後にはじまる」と記されている[10]。戦況のさらなる悪化に備え，かつ統制会という障害を排するために，岸は2つの勅令を用意した。しかしどちらも1年以上も完全実施されないままになった。そのひとつは，「企業許可令」（1941年12月11日）で，政府の許可なしに新規事業を起こすことを禁止するものであった。もうひとつは「企業整備令」（1942年5月13日）で，政府があらゆる企業に対して軍需物資の生産への転換を命ずることができる権限を認めたものであった。

次に，岸と椎名は企業整備令を遂行して産業設備営団の業務を監督するために，商工省に新たな統制機構を設立する必要があると考えた。そして，1942年6月17日に，総務局に次ぐ地位を持った「企業局」を発足させ，企業整備と生産力拡充政策の中核とした。企業局は，既存の振興局と総務局の資金課を吸収し，日本の全企業の資金調達，内部組織，経営方針，効率性などを管轄することとなった。同局の業務には，産業設備営団の監督，中小企業問題の処理，企業の会計や資金繰りの検査なども含まれていた。企業局は，設備課，商政課，工政課，資金課の4課で構成され，計画の実行を確実にするために，商工省内のすべての局よりも上位の権限を与えられた。初代局長には，戦後になって椎名の次の同省次官を務め，のちに国会議員に選出される（1953〜68年）豊田雅孝が任命された。

1942年後半から1943年にかけて企業局は，2つの勅令と営団，さらには事実上無制限の資金力を駆使して，すべての業界を軍需生産へと駆り立てていった。豊田は後年になって，当時は日本中を歩き回って新しい政策を説明したが，あまり歓迎されず驚いたと述べている[11]。最も打撃を受けたのは，繊維産業であった。企業局の指令によって，1937年には1216万5000あった紡錘の数は，1946年2月には215万に減少したが，これは実に82パーセントの減少率であった[12]。このうちのいくらかは爆撃によるものであったが，その大部分は航空機やその部品への生産転換の結果であった。1937年に271ほどあった繊維工場は，1946年2月には44に減っていた。また戦前23あった綿紡績企業は，合併を強制された結果，終戦時には10しかなかった。

こうした運動は，1943年6月1日に「戦力増強企業整備要綱」が閣議で採択されるとピークを迎えた[13]。この要綱は，全企業を平時産業（繊維・金属・化学），軍需産業（航空機・鉄鋼・石炭・軽金属・造船），日用品産業の3つに区分し，平時産業は軍需産業に転換させ，日用品産業は廃止する指令を出した。さらに軍需産業強化のために，関連中小企業を大企業の協力工場（文字通り子会社，つまり恒久的な下請け企業）もしくは設備共同利用工場とするよう指導した。これらを通じて，（最もよく言及される点であるが）財閥系大企業への産業集約度が高まったほか，重化学工業への産業構造の転換が加速された。

こうした産業構造の転換のために日本国民が払った代償は，甚大なものであった。Jerom Cohen は，「データが入手可能な他のどの主要戦争参加国よりも，日本の消費者は戦争の影響を大きく受けた」と述べている[14]。企画院で物資動員計画の草案づくりを担当した田中申一は，1943年には消費財産業は事実上消滅していたと認めている。また前田靖幸は，日本の平時産業が，米軍の最初の爆弾が落ちる前からすでに日本政府によって破壊されていた，と残念そうに述べている[15]。しかし，それでもまだ十分ではなかった。戦争遂行に必要な経済制度の構築は，開戦後18カ月も続いた。そして戦争経済体制ができあがったころには，戦局は日本にとって非常に不利なものとなっていた。こうした状況に対応するために，1943年末に岸と東条は経済の国家統制への最後の仕上げとして，商工省の軍需省への組織再編を行った。

連合軍の日本戦争経済研究者であったT. A. Bissonは，「1943年には，つねに隠れた政治的危機が進行していた」と述べているが，それは正しい洞察である。この危機には3つの側面があった[16]。第一に，岸も東条も軍需生産に関する権限を集権化しようとしたが，財界が抵抗し，商工省は板ばさみになっていた。第二に，企画院と商工省は，政策の優先順位と実施方法をめぐって毎日のように言い争っていた。両者の対立の原因の一端は，企画院が帝国全体（日本軍の支配下にある占領地を含む）の計画を作成していたのに対して，商工省は内地にしか法的管轄権がなかったからである。第三に，陸軍と海軍の間の対立が激化し，とくに本土海域の防衛に不可欠な戦闘機の増産が予定通り進行しなかった。

1943年3月，東条内閣によるさらなる統制への要求と企業整備運動の高まりに対抗して，財界と財界に近い議員らは軍需生産政策に対して関与することを主張し，それを実現することに成功した。すなわち，1943年3月17日，内閣顧問制が導入され，同制度を通じて財界人が比較的若い大臣である岸を監督することが可能となったのである。財界人らは愛国心を欠いていたわけでも戦争遂行に非協力的であったわけでもなく，東条や岸の独裁的なやり方や反財閥的姿勢に警戒していたが，一方岸にとって，この顧問制は個人的に侮辱であった。この件は，革新官僚と商工大臣（池田成彬や藤原銀次郎や小林一三）との1930年代の衝突を思い出させた。そして，同制度の導入は，統制派と自主統制派のどちらも，自らの意見が完全には実現されないということを意味していた。

内閣顧問の主要メンバーには，豊田貞次郎（鉄鋼統制会会長，海軍大将），大河内正敏（吉野の同僚で産業機械統制会会長），藤原銀次郎（産業設備営団総裁，三井財閥系），結城豊太郎（日銀総裁，安田財閥系），郷古清（三菱重工社長），山下亀三郎（山下汽船社長），鈴木忠治（昭和電工社長，軽金属統制会会長）といった財閥の代表者が多数含まれていた[17]。

これら顧問は，内閣の下にありながら財閥の利益を守ることを第一の目的としていたが，統制会の問題については，岸の影響を受けるようになった。1943年6月23日の東京ラジオ放送は，岸の立場を以下のように伝えている。

本格的な企業整備運動を進めている現在でも，不労所得で暮らしている企業家がいる。こうした状況をふまえて，岸商工大臣は産業に対する統制強化の必要性を強調しているが，財界は大騒ぎとなっている。（中略）商工大臣は，企業が国策会社と同様に機能するようにする具体案を策定するのに忙殺されている。（中略）企業の役員たちは責任ある立場にもかかわらず，従来と何ら変わっていない[18]。

内閣顧問のメンバーの中で，岸が最も恐れていたのは，商工省と深い関係がありその内部に精通していた藤原銀次郎であった。軍需省設立直後の1943年11月17日，藤原は岸と同格の国務大臣（無任所）に密かに任命され，岸の行動を監視することとなった。しかし戦争が日本にとって最も危険な段階に移行すると，藤原もまた統制会が全く機能していないことについて，岸と同じくらい危惧するようになった。国内を何回か視察した後，藤原は顧問会議に次のような報告を行った。石炭は不足していないが，炭鉱経営者の非効率性と怠慢が問題である。また航空機の生産も，アルミニウムの不足が問題ではなく，陸軍と海軍による物資の買い占め競争によって妨害され，アルミ全体の55パーセントしか航空機生産に回っていない[19]，と。

岸はこうした数々の問題に対して，2つの対策を講じた。それは，統制会に対する政府の監督権を強化する法律の施行と経済官庁の再編成であった。1943年10月31日，「軍需会社法」が制定され，かつて近衛内閣が経済新体制確立運動（1940年）で標榜した「所有と経営の分離」を今度こそ実現しようとした。各企業に「軍需生産監督官」と呼ばれる役人を送り込み，統制会に代わってこれらの役人にルールの徹底と目標達成の任に当たらせた。

ふり返ってみるとこの法律は，時すでに遅く，戦争遂行に大きな貢献をすることはできなかった。各産業における物資と製品を配分していた既存の統制会制度の上に，もう一段官僚組織を重ねただけに終わった。軍需会社法は，連合軍による占領が始まる前に，統制派官僚が推進した最後の本格的な施策だったが，そこにさえ妥協があった。内閣顧問の監視が行われ，議会において東条内閣に対する不信感が増していく中で，岸は資本主義の枠を突き破るような施策をとることはできなかったのである。政府は1945年6月まで株主への配当と生産コストの補填を継続した。そしてその時点で，政府が破壊された生産設備を買い上げて国有化してくれたことは，財閥にとってはありがたいことだった[20]。

軍需会社法は必ずしも戦後の産業政策の前例となるものではなかった（ただし，石炭産業の国家管理を認めた1948年の法律とは多くの類似点があった）。しかし経済官庁の再編成は，後へと長く残る影響を持った。政府は，企画院と商工省，農林省，逓信省，鉄道省を廃止し，代わりに軍需省，農商務省，運輸通信省を設立した。その草案は商工省の側では山本高行（後の初代通産次官），企画院側では田中申一（後の通産省企業局次長），森崎久寿（後の通産省重工業局長）らが作成した。

これらの新しい省庁の中でも軍需省は，とくに優秀な機関であった。企画院と商工省総務局が統合され，総動員局（局長は椎名悦三郎）となり，経済計画の立案と実行の両方を担当した。商工省の鉄鋼，機械，軽金属，非鉄，化学，燃料担当の各局に加えて，逓信省の電力局が軍需省に移転された。商工省の繊維局と物価局は，農商務省に編入された。商工省企業局は軍需省企業整備本部となったが，この時点では軍需産業に転換していない企業はほとんど存在しなかった。商工省の外国貿易担当の部局は，大東亜省に移転された。軍需省は9つの地方監督局（軍需管理部）を設けたが，これは今日の地方通産局の前身である。そして，大本営から送り込まれた工場監督官は，遠藤三郎中将が率いた航空兵器総局に統合された。

1945年に連合軍で情報分析をしていたBissonは，日本が1942～43年ごろの戦争経済の混乱をどうにか抑制できたのは，軍需省の統制と軍需会社法によるとしている。しかしBissonは，戦時期のワシントンの想定に反して，軍需省が軍部ではなく財界の意向を反映して設立されたことに驚いている[21]。商工省から軍需省に異動した官僚の多くは，後に通産省の産業政策に関与することになるのだが，当時の彼らは将来に強い不安を持っていた。満州での実績を持っていた椎名悦三郎でさえ，横柄な軍部将校らには手を焼いており，有能な官僚（たとえば，後に通産次官となった上野幸七など）は，軍部将校との衝突で軍需省の業務の効率性が下がったと，後年に証言している[22]。終戦後に商工省の官僚が最初に行ったことは，拡大した同省の権限を維持したまま，軍部出身者を追い出すことであった。

軍需省が後の産業政策に与えた影響の最たるものは，電力や航空産業などといった，軍需省に移行した際に吸収したすべての業務を，通産省が継続して管轄することになったことである。同時に，工場監督官としての経験も，通産省幹部にとって重要であった。またある者にとって軍需省は個人的にも大切な意義を持った。通産省次官を務めることになる佐橋滋（1964～66年）と両角良彦（1971～73年）は，軍需省の勤労奉仕隊の隊員だった女性と結婚したからである。もうひとつ，言うべきかと思われるのは東条首相が会計検査院を霞が関から追い出し，歌舞伎座の近くにあった商工省を会計検査院の跡地に入れたということである。その結果，産業政策を担当する官僚は，ロンドンの官庁街（ホワイト・ウォール）を彷彿とさせる霞が関を拠点とし，そこから去ることはなくなった。

このころ政府の上層部で，軍需省に関連したある措置がとられたが，それは非常に重大な政治的結果をもたらした。1943年11月１日以降，東条は首相の他に，陸軍大臣，大本営参謀総長，軍需大臣を兼任することになった。東条が軍需省の業務を行うことはできなかったにもかかわらず，軍需大臣を兼任したのは，単に同省に権威を与えるためだけではなかった。それは，大河内重雄が主張しているように，明治憲法下での政府内の構造的な不統一を克服しようとする最後の試みだったのである。東条は，一人による独裁を確立することで政府のごく初歩的な調整を図ろうとしたのであるが，海軍に対する統制は確立しようもなかった[23]。東条自身が軍需大臣を務めてはいたものの，岸がより効率的に機能できるように，東条は岸を軍需次官兼国務大臣に任命した。これによって岸が事実上の軍需大臣となったわけであるが，これが東条の政治生命を縮めることとなった。

他の多くの人々と同様に，岸もこの奇妙なやり方に対して異論を持っていた。岸は東条に対して，次官としては大臣である東条の指示に従う必要があるが，国務大臣としては同格であるから従う必要はなくなる，と言った。この点は東条もよく理解していたが，軍需省で勤務する陸海軍の将校たちを岸の指示に従わせるには，そうするしかなかった。東条は岸に，次官は２つ星だが，大臣は３つ星だ[24]と伝えた。しかし，国務大臣兼次官という異例の人事は，１年も経たないうちに，東条と岸の間で衝突を生じさせた。それは，かつて岸が経験した（公務員の賃金カットをめぐる小川・小林両大臣との）対立などよりもはるかに重大な歴史的重要性を持ち，彼が「けんか好き」という俗称を与えられるとともに，筋を通すという評判を得ることに貢献する[25]。

東条と岸の衝突は，突然発生した。軍需省設立の３週間後，東条が藤原を岸のお目付け役として国務大臣に任命したことで，岸は辞表を提出した。岸は，大臣が２人いるだけでも軍需省の運営は難しいのに，３人もいてはできるわけがないと主張した。東条は辞表を受け取らず，藤原は単に財閥を黙らせるための存在であり，岸は無責任だと叱責した。しかし，その6カ月後の1944年7月には，逆に東条が岸の辞職を要求し，岸が辞任を拒否した。両者の対立は解消しなかったため，東条内閣は総辞職に追い込まれた。

東条内閣総辞職の表向きの理由は，サイパン島の陥落であった。もはや戦争勝利の見込みはなく，和平を模索するべきだとの岸の主張に対して，東条が激怒したのである。1944年当時は，「敗北」の2文字は禁句で，岸の言動は軍部の最高統帥権をも侵犯するものであると批判した。東条は，元関東軍憲兵隊司令官であり，陸軍大将として憲兵隊の指揮権を持っており，自分と意見の合わない何人もの政治家（たとえば中野正剛衆議院議員など）を死に追いやったこともあった。そのため，こうした岸の言動は，非常に危険を伴うものであった。

しかし岸は，自分の主張を曲げることはなかった。議会の有力者や宮中は岸に同調し，東条を排除したいと内々に考えていた。こうした勢力には，宮中の木戸幸一，議会の船田中，岸の旧友で農林大臣の井野碩哉，財界の藤山愛一郎らがいた。東条が岸を抑えられなかったのは，岸の背後にいた見えない支持者たちを恐れていたからと思われる。このうち，藤山は著明な起業家で，海軍の顧問を務め，サイパン陥落後は海軍大将らと東条内閣に対する倒閣運動を企んでいた。ちなみに，1957年に総理大臣になった岸は，藤山を外務大臣に，井野を法務大臣に任命している。

東条の後を継いで首相となった小磯國昭の内閣は，暫定的な内閣であった。「お目付け役」の藤原が軍需大臣に就任し，かつての岸のライバルであった竹内可吉（村瀬直養の側近）が次官となった。1944年末に藤原はわずか6カ月で体調不良を理由に辞任したが（当時75歳で，1960年まで存命），実は三菱・住友連合が，三井系の藤原がその利害を脅かすかもしれないとして，藤原を追い落としたのである。後任には，中立的な人物として，元内務官僚で初代内閣調査局長官を務めた吉田茂*が軍需大臣に任命された。

1945年春の硫黄島の陥落，沖縄戦の勃発，そして3月10日の東京大空襲などの責任をとって，小磯内閣が倒れ，海軍大将の鈴木貫太郎内閣が後体として戦争終結を託された。鈴木首相は，同じく海軍大将でその時鉄鋼統制会の会長であった豊田貞次郎を軍需大臣に任命した。次官は，元商工次官の椎名悦三郎

---

* 繰り返しになるが，戦後に首相となった吉田茂とは別人。

が就任し，椎名が終戦における軍需省の種々の問題処理を担当した。この混乱の中での椎名の迅速な行動は評価されてしかるべきであろう。

1945年8月15日，国民は戦争終結を告げる玉音放送を聴いた。2日後，鈴木内閣は総辞職し，暫定内閣である東久邇宮内閣が成立した。そして軍需大臣には，航空業界の著名な企業家である中島知久平が任命された。7月に自分の航空機会社を国営化されたばかりの中島が，今度は軍需大臣としてかつての自分の会社を運営することとなったのは皮肉であった。戦争終結からわずか10日後，連合軍が厚木に到着する前日に，椎名は自分の部下にある重要な仕事を一晩のうちに終わらせるよう命令した。それは，占領統治が始まる前に，かつての商工省を再建することであった。

1949年に初代の通産次官となった山本高行によると，この突然の商工省の復活は，占領軍が軍需省関係者を徹底的に免職あるいは逮捕するのではないかと，軍需省の文官たちが恐れたからであったという。椎名は，自分自身も軍需省の役人の中で商工省出身者と軍部出身者とを分けておくべきだという考えであることを示し，米軍が軍需省を解体する前に同省を解体しておくことが必要であるとの認識を示した。当時の記録によると，商工省復活に関与したのは，山本の他にも，上野幸七，徳永久次，平井富三郎らがおり，彼らはいずれも1950年代に通産次官となっている[26]。こうした1945年8月26日に，軍需省と農商務省は解体され，かつての商工省と農林省が再建された。

連合軍最高司令部（GHQ）が設立されてすぐに，連合軍調査部は終戦の際の各省庁の画策に気がついていたが，それを阻止することはしなかった。というのも，それらの変化は連合軍が日本を向けたいと考える方向と同じだったからである。占領軍の中にいたある無名のアメリカ人歴史家は，「官僚たちは軍部や財閥と協力することは自らの権力維持にとって脅威となると，認識していた。占領が始まる前に，人事記録は処分され，徹底的な幹部の人事異動が行われ，侵略的帝国主義に最も明らかに関わる側面から行政を切り離すための最初の措置がとられた」と述べている[27]。

GHQが間接統治方式を採用したため，日本政府はGHQの指示を受けることになったが，軍部や警察に関連した一部の省（たとえば内務省）が命令によって廃止されたのを除いては，政府機関はそのまま存続され，GHQはすべての省庁を改革することはしなかった。GHQは戦争に協力した官僚に対して，構造的変化ではなく公職追放によって個別に対応することにした。しかし第2

章でみたように，実際に追放された商工省の官僚は，日本側の調査によると42名，GHQの記録によれば調査対象となったのが69名で，職を追われたのはわずかに10名であったとされている[28]。椎名のあの土壇場の工作が功を奏し，貿易や産業担当の官僚は，敗戦の危機の中にあっても連続性を維持することができたのである。

終戦から1949年半ばまでの4年間の経済と産業政策についてのさまざまな記録は，GHQの公的なものによるにせよ日本側のものによるにせよ，しばしばとても同一の国についての記録とは思えないほど異なっている。GHQは占領統治の開始にあたって，日本経済の困難は日本が招いたものであり，日本の生活水準を一定のレベルで維持することは連合軍の責任ではないと宣言した。しかしほどなく，こうした方針で臨めば，国際貿易が壊滅した状態ではいずれ日本でも共産主義革命が起き，「民主主義再建国家」の確立は難しいと，アメリカは気がついた[29]。そのためアメリカは，政府による管理貿易と経済統制の実施を指令した。そして戦前・戦時期に財閥が統制派官僚に対して勝利を収めたことは，かえって財閥解体を招く結果となった。GHQは財閥が戦争経済の担い手だったと考え，これ以上の民間カルテルを禁じ，統制会が持っていた権力を政府が行使するよう命令した。商工省の岸・椎名ラインに属する官僚らは，かつて15年間争い続けても達成できなかった官僚支配が，ある日突然実現されたと喜ぶだけであった。

同様に，緊急経済再建政策や経済改革をめぐって，日米両国はあたかも意図的に誤解しあっているようであった。官僚出身の首相で日本の復興に大きな貢献を果たした吉田茂は，かつて次のように語っている。「占領軍は絶大なる権力を持っていたにもかかわらず，統治対象である日本人に対する知識の不足と，おそらく知識が不足していることに対して楽観的に無知であったことにより，度々壁にぶつかった」*。

GHQが，商工省の提案を臨時措置として承認したにもかかわらず，それら

* Yoshida (1962) p. 128. しかし吉田は，いつもGHQの将官らを騙そうとしていたわけではなかった。吉田によると「GHQの原案では，『standing directors』を含む会社経営陣を追放するとされていた。これ（『standing directors』）は，日本側の文書では『常務取締役』と訳された。しかし厳密には，『standing directors』と言うと，企業で日常の業務をする役員という意味で，そうすると企業のほとんどの役員を含むことになる。われわれはこの翻訳を採用したため，追放対象になる可能性のあった多くの会社役員が救われることとなった。時には翻訳の誤りが役に立つことがあったというわけだ」(Ibid., pp. 155-56)。ここで問題となったのは，専務取締役（executive director），常務取締役（managing director），取締役（director）といったような用語であった[30]。

(たとえば，外貨割り当てなど）が1960年代まで維持されたこともあった。そしてGHQの財閥解体指令に関して，商工省整理部（かつての企業部）の官僚らは，この指令を喜んで実行に移した。しかし経済の分権化に関しては，財閥解体がそのための手段にすぎず目的ではないことがわかると，商工官僚らはGHQ内に意見対立が存在することを見出して，これを利用した。自身が独占禁止法取締官であったEleanor Hadleyは，次のように述べている。

> アメリカにおいては商業銀行が，製造や流通分野に子会社や系列会社を持つことは禁止されている。アメリカ人の用語や考え方からすれば，銀行と産業や商業とは完全に分離されたものである。GHQの経済科学部は，反トラスト＝カルテル課と金融課から構成されていたが，これは大きな誤りであった。反トラスト＝カルテル課は銀行のカルテル問題を管轄しようとしたが，銀行問題はすべて自分たちの管轄であり，自らの仕事には反トラスト的な責務はないと考える金融課のスタッフと対立することとなった[31]。

占領終了後に旧財閥は，かつての一族支配の持ち株会社を基礎とした組織から，銀行を核とした組織に再編された。これはより合理的かつ効果的な形態であったが，必ずしもGHQが意図したものではなかった。これを皮肉る意図はなかったものの，日本政府は1975年に，トリスタン・E. ベプラット（元マニュファクチャラーズ・ハノーバー・トラスト副社長）に勲二等瑞宝章を授けた。*Japan Times*によると，ベプラットは「1945～48年まで占領軍の対日銀行政策の責任者を務め，日本経済の復興にきわめて重要な貢献をしたアメリカの銀行家であると評価された。福田赳夫などの日本の主導者らは，財閥解体の嵐の中で日本の銀行及び保険会社の崩壊を防いだのは，彼の功績であるとしている」[32]。ベプラットの功績に難癖をつけるつもりはないが，終戦直後の日本政府（とくに商工省）には，面従腹背の傾向があったということもできよう。

時には日本の官僚らは，GHQが日本側に何を求めているのか全く理解できないこともあった。たとえば，「独占禁止法」（「私的独占の禁止及び公正取引の確保に関する法律」）（1947年4月14日）について，25年後に通産次官となった両角良彦は，GHQが商工省に示した独禁法の草案を一条ずつ翻訳した時の苦労について，「今では笑い話だが，彼らが何を考えているのかサッパリわからなかった」[33]と語っている。両角が翻訳した草案を先輩で内閣法制局長官だった村瀬直養に説明した際に，草案の内容を質問されたところ，両角は「よくわからない」と返答せざるを得ないことがあったという。村瀬は，英語の原文を読んで，ようやくその意味を理解したという。いずれにせよ，日本政府は独禁法の制定を避けて通ることはできなかった。詳細は第6及び7章で述べるが，両角が翻訳した独禁法を骨抜きにするために，通産省はその後30年間にわたって戦い続けることとなった。（この法律によって創設された）公正取引委員会と通産省の間の緊張は，後の高度成長にとって好ましい環境を作ることとなった。この緊張は，GHQも商工省も意図したわけではないが，日本経済の「奇跡」に対する占領統治の最大の貢献であったかもしれない。

GHQ側の資料では言及されていないが，日本側では，占領期間の最初の4年間を特徴づけるのは，日本経済再建に関する2つの政策論争と1つの有無をいわせない事実，すなわち政府が経済の中心的役割を果たすようになったことであった，としている。政策論争の1つ目は，再建は生産拡大と価格安定・インフレ抑制のどちらを優先するのか，すなわち生産復興説と通貨改革説との間の論争である[34]。2つ目の政策論争は，日本はどのような経済を再建すべきかについてであった。つまり，低賃金をベースに比較優位を保持しうる軽工業を中心にするのか，（コスト，税，償却を差し引いても）付加価値拡大の可能性が高い重化学工業を中心とすべきか，という論争であった。

物価の安定よりも生産拡充，そして軽工業よりも重化学工業を重視する考えが主流であったが，反対の考えも誤りとは言えなかった。ドッジ・ライン（1949～50年）と朝鮮戦争（1950～53年）の時には，生産拡充・重化学工業重視の論者も，インフレ抑制と貿易依存の問題に直面せざるを得なかった。通産省が誕生し，これらの論争が統合されて高度成長システムが形成されたのは，この時期であった。

政府の権限強化と経済再建に果たす役割がすべての論争の的であった。歴史学者の秦郁彦は，「占領期ほど官僚たちが強力な権限を行使したことはない」と書いている。また通産省の記者クラブでは，占領期は商工省が全面的な経済統制を行った「黄金期」であったと語り継がれている[35]。かつて民間と共有していた権限は完全に政府のものとなり，「経済参謀本部」と物資動員計画は新しい名のもとでより強力に再編成され，あの国家総動員法ですら影が薄くなるような法律が制定され，官僚は著しい伸張を遂げた。1948年と1949年の商工省の予算額は（総理府と大蔵省に次ぐ）第三の規模となった。1949年に通産省が誕生した時，職員数も経済の拡大と複雑化に伴って2万1199人にまで膨れ上がった（1974年には1万3891人）。

政府の役割が増大するにつれて，各省庁間の権限争いも激化し，時には省庁の存続をかけた争いが繰り広げられた。大蔵省と日本銀行は，金融機関に対する管轄をめぐって激しい闘争を展開した。この戦いに勝ったのは，大蔵省であった。当時の日銀総裁は，通貨改革を主張し，軽工業中心の経済復興を支持した一万田尚登であった。もし1949年に池田勇人ではなく，吉田首相からの就任要請を受けた一万田が蔵相になっていれば，日本の戦後経済史は全く違ったものとなっていただろう[36]。しかし本書のテーマにとって最も興味深いのは，外務省と商工省との権限争いである。占領期には日本の在外公館がすべて閉鎖されており，大量の外交官が職を失っていたため，彼らに仕事を与える必要があった。また彼らは非常に英語に長けていたため，GHQとの交渉には最適であった。

外務省と商工省の権限争いで最も重要な戦後数年間で鍵となった政治家が，外務省出身の吉田茂首相だった。吉田は経済通でなく，経済への関心も低いと自ら認めていたが，自分が精通した分野においてはいっさい妥協しない強い信念の持ち主であった。彼は，戦時期の統制経済と軍部に協力して統制経済を運営した経済官僚を毛嫌いしていた。吉田は，商工官僚らを「虫けら」同然とみなし，危険な国家社会主義者である商工官僚らの上に，信頼できる外交官僚らを配置しようと決意していた[37]。商工官僚らにとって最も危険な相手はGHQではなく，自国の政府の首相とその同僚であり，生き残るために巧みに切り抜ける必要があった。後述するように，通産省は1956年まで外務省の影響から完全には脱却できないことになる。

GHQは，こうした権限争いに対して超然としていたというよりは，主要なプレーヤーとして参加した。時には主役として振る舞うこともあったが，ほとんどの場合は端役的な存在であった。吉田は時に，対立する政治家に対してパージ戦術をとることがあった。一方で商工省は，計画経済に理解を示すGHQ内のニュー・ディール派のスタッフと気脈を通じることがあったが，これは吉田をいらだたせた。1947年の社会主義政権の成立をGHQは歓迎したが，それは商工省にとっても千載一遇のチャンスであった。それは商工官僚らが社会主義を支持していたからというわけではなく，社会主義を産業政策遂行の「隠れ蓑」に利用することができ，吉田が18カ月の間政権から追われたからであった[38]。これらのことについては，後ほど詳述する。占領期の最初の4年は，複雑かつ急速な変化の時期で，日本人にとっては食糧難といわれたほどの飢えを凌ぐための苦しい戦いの時期であった。しかしそうした中で，戦前，戦中，そして占領期の産業政策が総括され，その後の繁栄につながったのである。

終戦後，最初に問題となり，その後の経済問題すべてを条件づけたのは，インフレであった。1945年8月の物価水準を100とすると，その後の物価水準は9月には346.8，12月には584.9，翌年3月には1184.5にまで上昇した[39]。これには，軍人恩給の支払いなどいくつかの要因があったが，中でも最も重要であったのは戦時期の契約に基づく支払い，軍需生産に伴う借入金の返済，軍需会社の債務に対する保証義務の履行，法律や政令に基づく支払いなどが続き，インフレが加速されたことであった。この中には，産業設備営団によって接収され，軍需会社に転換された工場への支払いも含まれていた。1946年夏に，GHQが戦時中債務の免除指令を出した時，産業設備営団は繊維企業に対して，接収した工場の対価として約120億円の負債を抱えていた。GHQが支払い停止命令を出すまで，政府は文字通り通貨を洪水のように発行していた。『毎日新聞』の推計によると，終戦から3カ月の間に政府は266億円の返済を行ったが，これは1937年9月から1945年8月までに戦争遂行のために使われた金額の3分の1という途方もない金額であった[40]。

1946年，この膨大な金額の支払いをめぐって，GHQと日本政府が初めて経済政策について本格的に対立した。第一次吉田内閣（1946年5月から1947年5月まで）の石橋湛山蔵相は，生産拡大主義者であり，「現在の経済の危機はインフレーションではない，むしろ労働力も生産設備も過剰である。生産の増加こそこれを切り抜ける唯一の道だ」[41]と主張し，戦時中の債務の支払いと価格維持政策を通じて通貨を経済に大量に投入する準備を進めた。その結果生じるインフレに対しては，必要に応じて「新円」を発行することで対処するつもりであった。これに対してGHQは大きく異なる見解に立ち，生産復興よりも物価安定を優先すべきと考えていた。石橋の見解は，戦争中に培われた経済官僚たちの発想を反映し，物価や金額ではなく原料，労働力，生産物などを重視するものであった。一方，GHQの見解は，ホイットニー少将らの信頼の厚い一万田日銀総裁に近かった[42]。

1945年11月にGHQは日本政府に対して，戦時債務の支払い停止を命じた。石橋は，債務支払いの停止によって，多くの銀行が倒産し，企業の経営資金が枯渇し，生産活動が停止してしまうことを危惧し，できる限りの時間稼ぎをした。1946年秋になると，石橋の危惧がほぼ現実のものとなった。政府はすべての補助金を打ち切ったものの，インフレは収まるどころか加速し，生産は急速に落ち込んだ。こうした厳しい状況の中で，日本政府は経済復興への第一歩を踏み出したのである。

1946年6月25日，内閣はついに戦時債務の支払いを停止したが，その1カ月後には全く別の名のもとにそれを再開する方針を打ち出した。政府は，石橋を委員長とする「復興金融委員会」を設立し，翌年1月24日にはこれを「復興金融金庫（復金)」に発展させた。これは，激しいインフレにもかかわらず，生産レベルを戦前の水準に戻し，戦後の経済危機からの脱却を目的に作られた機関のひとつである[43]。GHQはこれを，戦前からの政府と企業の癒着が継続したものと酷評した。そして1949年にいわゆる「ドッジ・ライン」と呼ばれた一連の指令により，復金の融資は停止され，政府は財政の均衡を回復するよう指示された。しかし日本の指導者らは，1947年の傾斜生産方式が鉄や石炭の生産を戦前の水準にまで回復させた点で成功であったと主張している。傾斜生産方式は，その計画や制度が戦前および戦時中の前例に倣ったものであり，1949～50年の緊縮財政期を除いて，1950年代の通産省を中心とする政府の高度成長政策の原型となる非常に重要な政策であった。

傾斜生産方式にあたって作られた主要な制度には，復金の他にも，石炭庁，経済安定本部，15の公団（原材料と物資の割り当てを行う公団で，財界主導の統制会のようなものではなく，完全に政府主導の機関であった），それにこれらの機関が物資統制を行う法的根拠となった「臨時物資需給調整法」(1946年9月30日）があった。

終戦時には，石炭生産はほとんどゼロに落ち込み，日本は深刻なエネルギー危機に直面していた。戦時中には毎月400万トン以上あった石炭の生産量が，1945年11月には55万4000トンにまで減少していた。その理由は，岸が商工大臣だった時に連れてきた9000人の中国人炭鉱労働者と14万5000人の朝鮮人炭鉱労働者の即時帰国をGHQが命じたからである。1945年12月6日に閣議決定により商工省はかつての燃料局を改組して，外局の石炭庁として拡大した。同庁は最大の経済官庁のひとつとなったが，発足当初は多くの困難に直面した。同庁の初代と2代目の長官が，GHQによって追放されたのである。初代長官は南満州鉄道の元総裁，2代目は安川財閥の代表であった。同庁次官であった岡松成太郎も追放されそうになったが，彼の上司たちが岡松は経済再建に不可欠な人材であると懇願したため，かろうじて追放を逃れた（岡松は1947～48年に商工次官を務めることになる）。石炭庁の喫緊の課題は，金属鉱山労働者を炭鉱労働者に転換させるとともに，農林省やGHQと調整して，炭鉱労働者への食糧配給量を，戦時中の朝鮮人・中国人労働者や戦後の一般市民よりも増やすことであった。「石炭生産のための食糧確保」が，戦後最初の産業政策となった[44]。

しかし，この新しい体制はうまく機能しなかった。政府の補助金が打ち切られると，炭鉱経営者らは賃金の支払いもままならなくなった。産業や一般向けの石炭が不足し，生産コストは急上昇した。炭鉱における新しい労働運動の高まりもその大きな理由のひとつであった。商工省の官房企画室は，1946年を通じて，これらの問題の解決策を検討した。同室には，徳永久次室長（のちに次官）の他に，高島節男（後の重工業局長）や両角良彦らがいた。彼らは，1946年9月に臨時物資需給調整法を立案したが，それは物資動員計画の再現を意図したものであった。その政策は「物資需給計画」と名付けられ，一般の消費者よりも，産業および輸送分野向けの石炭供給を優先させることを目的としていた[45]。しかし，彼らが本当に必要としていたのは，かつての企画院や軍需省総動員局のような，統制計画を立案するだけでなく遂行できる強力な組織であった。

1946年2月15日，内閣は石炭および食糧の不足，インフレ，新円への切り換え，信用基金の凍結，新税制などといった諸問題に対処するために，「緊急経済対策本部」を立ち上げた。GHQも同様の組織の必要性を認識しており，各省間の権限争いを終結させるために，同本部を各省よりも格上のものと位置づけ，その長官に官僚ではなく民間人を採用することを望んでいた。こうしたGHQの条件は当然のように尊重されることとなったが，これらの条件は同本部の活動が最初から魂の抜けたようなものになることを意味していた。各省庁は自らの権益が侵されることを恐れて，同本部に敵対的だったからである。

この新組織は，1946年8月12日，「経済安定本部」として発足した。それはかつての企画院の後継機関であり，後の経済企画庁の前身である。それら2つの機関と同様，経済安定本部は計画と調整を業務とし，実施機関ではなかった。実施するのは，依然として商工省の業務であった。経済安定本部の職員の一部は，企画院の元幹部職員によって占められた，1941年に企画院事件で「アカ」として逮捕された人も，市民権を得て，同本部での勤務を許された。法制上同本部の長官は首相であったが，実質的長官は閣僚格の民間人であった。

吉田内閣による初代長官の選考は難航した。当初，吉田首相は東大経済学部教授で，軍部に反対して大学から追放された有沢広巳に長官就任を依頼したが，有沢はこれを固辞した。しかし有沢は，吉田の経済顧問を務めることには同意した。次に，同じく経済学者でGHQ経済科学局の顧問を務めていた高橋正雄に目を付けたが，高橋にも断られてしまった。そこで吉田首相は学者を諦め，日銀副総裁の柳田誠二郎（後の日航社長）にオファーを出したが，柳田は正式に就任する前にGHQに追放されてしまった。結局，農商務省・商工省出身の貴族院議員で，1930年代に日本団体生命保険創設の際に吉野信次が協力したことがある膳桂之助に落ち着いた。これほど長官人選が長引いた理由は，誰も経済安定本部が何をする組織なのか知らず，各省は同本部をGHQが作ったものだと考えていたからである[46]。

1946年の秋に政府の補助金が打ち切られると，経済はほぼ瓦解してしまった。商工省の山本高行や徳永久行や経済安定本部の稲葉秀三らは，有名な「3月危機説」を唱えた。彼らは，翌年3月までにはすべてのストックが底をつき，輸入の欠如と石炭の不足によって，日本経済の生産活動が完全に止まると警鐘を鳴らした。こうした事態を未然に防ぐため，1946年11月5日に吉田首相は「石炭委員会」と呼ばれる私的諮問機関を立ち上げ，専門家の意見を求めた。同委員会は有沢を委員長とし，稲葉秀三，大来佐武郎（大平内閣で外相となる），都留重人（ハーヴァード大卒業，1947年に最初の『経済白書』を執筆する），佐藤尚邦（商工省），大島寛一（大蔵省）といった人物が委員を務め，小島慶三などの数名の補助職員もいた。「傾斜生産方式」を発案したのは，この委員会であった。1947年1月31日に行われた内閣改造の結果，石橋湛山が大蔵大臣と経済安定本部長官を兼任することになり，石橋のもとで傾斜生産方式が経済安定本部の主要課題となった（経済安定本部の歴代長官は，表11を参照）。

傾斜生産方式は，国民生活やインフレなどへの影響を考慮せずに，経済資源のすべてを少数の重要産業に集中する手法で，1938年の物資動員計画によく似ていた。有沢委員会は，石炭増産を最優先事項であると考え，1946年の2280万トンの生産量から計算して，1947年の生産目標を3000万トンと定めた。この目標を達成するために，復金からの融資や政府補助金は，石炭会社が最優先

表11　歴代の経済安定本部長官（1946年8月～1952年8月）

氏名	期間	主な経歴
膳桂之助	1946年8月～47年1月	前農商務官僚
石橋湛山	1947年1月～3月	大蔵大臣兼務
高瀬荘太郎	1947年3月～5月	東京商科大学総長，1950年に通産大臣
和田博雄	1947年6月～48年3月	前農林官僚，1941年に企画院事件で逮捕
栗栖赳夫	1948年3月～10月	1948年10月に昭和電工事件で逮捕
泉山三六	1948年10月～12月	前三井銀行員
周東英雄	1948年12月～49年2月	前農林官僚，企画院第四部長（1942年）
青木孝義	1949年2月～50年6月	前日本大学教授
周東英雄	1950年6月～52年8月	上記参照

されることとなった。どう生産するかと同様に石炭をどう配分するかも，困難な課題であった。戦前は60パーセントが産業向けで，40パーセントが輸送，発電，一般の消費者向けであったが，1946年にはこの配分比率は逆転していた。非産業部門での需要が急増する中にあって，大幅増産なしに産業用の石炭を確保することが難しい状況となった。石炭委員会は，3000万トンのうち1600万トンを産業用とし，物資需給調整法の運用を通じて経済安定本部がこの配分を実現することになった。石炭産業は鉄を大量に必要とし，また鉄鋼業も石炭を必要としていたため，石炭委員会は鉄鋼業の優先順位を第2位とした。さらに，石炭を消費し，食料増産に欠かせない有用な肥料産業も追加された。

傾斜生産は，1947年の春に実行された。石橋のリーダーシップのもと，GHQは全省庁の企画部門を経済安定本部に協力させるよう指示し，経済安定本部は本格的な活動を始めた。当初5つの局と316人の職員で発足した同本部は，1947年5月には官房と10局・48課で2000人を超える職員を抱えるようになった。最も多くの職員を派遣したのは，商工省であった。国会は次から次へと法律を制定し，物資を高く買い上げ，消費者に安価で売却する公団を設立させたが，これらの公団の事業は経済安定本部の指令を受けて行われた。公団による売買の差額は，一般会計の価格補助によってまかなわれた。表12には，1940年代における補助や補償の支払い額が記載されているが，1946～49年には一般会計歳出総額の20～30パーセントが，傾斜生産のための事業費と生産コスト補塡のために支払われていたことがわかる。

GHQはこの新しい体制を好意的にとらえ，経済安定本部が実権を握り，経済運営の中核となったことを歓迎した（彼らは，同本部が1943年にアメリカで戦争経済の運営のために作られた同様の組織をモデルにしたのだろうと思っ

表12　政府の財政規模と補助金の推移

（単位：100万円）

年	一般会計歳出総額		価格調整費		損失補償費	
1940	5,856	(100%)	17	(0.3%)	60	(1.0%)
1941	7,929	(100)	95	(1.2)	55	(0.7)
1943	8,271	(100)	305	(3.7)	240	(2.9)
1944	12,491	(100)	510	(4.1)	265	(2.1)
1945	19,872	(100)	1,266	(6.4)	567	(2.8)
1946	115,207	(100)	3,731	(3.2)	22,661	(20.0)
1947	205,841	(100)	28,178	(13.7)	8.566	(4.2)
1948	461,974	(100)	93,118	(20.2)	16,632	(3.6)
1949	699,448	(100)	179,284	(25.6)	31,838	(4.6)
1950	633,259	(100)	60,162	(9.5)	7,830	(1.2)
1951	749,836	(100)	26,975	(3.6)	9,560	(1.3)
1952	873,942	(100)	40,308	(4.6)	8,183	(0.9)

出典：中村隆英（1969）「戦後の産業政策」，新飯田宏，小野旭編『日本の産業組織』岩波書店，309ページ

ていた)。しかし，GHQは石橋長官がインフレ対策に無関心であったことには不満であった[47]。そのため，GHQは石橋をパージすることにした。当時一部の研究者は，吉田が石橋を自らの政敵とみなし，GHQのホイットニー少将に働きかけて石橋を追放させたと考えた。戦前および戦時中，石橋は東洋経済新報社の社長を務めていたが，戦争との関わりという点では吉田よりもはるかに限定的であった。真実がどうであったにせよ，これを契機に吉田と石橋は本当に敵となってしまった。石橋は1954年12月に鳩山内閣の通産大臣として政界に返り咲き，通産省に対する外務省の影響力を排除した[48]。

石橋の追放直後に第一次吉田内閣は倒れ，社会党の片山哲内閣が誕生した。片山内閣は，GHQが「傾斜生産方式」という名称を嫌っていたため，その名称の使用はとりやめたが，その政策自体は維持し加速させた。1947年半ばから1年間の間，傾斜生産方式はピークに達し，経済安定本部，商工省，石炭庁，公団，復金などの機関が，日本の国民生活に大きな影響を及ぼした。しかし，政府による強力な経済統制は，「黒い霧」を招くことにもなった。1948年に発覚した昭和電工事件では，復興金融金庫の不正融資が明らかになり，栗栖赳夫経済安定本部長官が逮捕された。戦時期でさえある程度の権限が民間の手に残されていたのに，GHQが経済の全権限を政府に集中したことによって，かえって政府に対する民衆の不信感を高めてしまったのは皮肉なことであった。

片山内閣は，経済面における2つの政策によって知られている。それらは両

方とも失敗に終わり，そのことが1年後，経済政策についての議論を別の次元へと移すことになる。1つ目の政策は，賃金と物価の統制によってインフレの終息を図ろうとする試みであった。傾斜生産方式は，生産者のみを補助し，一般国民にはインフレや価格維持，物資不足を強いるものであった。

新たに経済安定本部長官に任命された和田博雄は，こうした問題の解決と最低限の生活レベルの保証を目指した新物価体系を発表した。労働生産性が戦前の半分から3分の1に落ちているとの仮定に基づいて，物価は1934〜36年水準の65倍，賃金は27.8倍に設定された。また米の公定価格をベースに最低賃金を決定し，1947年11月までには，借金や闇市場に依存しなくても生活できるようになるだろうと考えた。しかし実際のところは，インフレは収まらず，1947年10月11日に東京地方裁判所の山口良忠判事が配給米のみで生活しようとした結果餓死したとメディアに取り上げられたことで，和田は窮地に陥った。山口判事は日記に，「悪法でも法は法だ，自分は絶対に法を守る」と記し，ヤミ米を買うことを拒否していた[49]。経済計画の立案者らの間では，和田の試みは失敗に終わったものの，傾斜生産一辺倒ではなくインフレ抑制も考慮しなければならないという合意がより広く確立されることになった。

片山内閣のもうひとつの経済政策は，石炭産業の国有化であった。これも失敗に帰したが，元々はイギリス労働党が1946年9月に採用した政策を真似たものであった。商工省の平井富三郎は，国有化に向けた法案作成に精力を注ぎ，マッカーサーも支持したにもかかわらず，国会では強い反対に直面した。社会党内閣の水谷長三郎商工大臣は，ふんどし一本で炭鉱に入り，ツルハシをふるう姿を新聞に載せ，世論の同調を求めた。彼が「ふんどし大臣」と呼ばれたのは，このためであった。国会での大混乱と殴り合いの結果，大幅に修正された「臨時石炭鉱業管理法」（1947年12月20日）は，ようやく可決された。それは，3年間の時限立法で，56の旧財閥系鉱山を対象としていた。この立法の唯一の具体的成果は，石炭庁が大幅に強化・拡充され，1950年には1万2000人の職員を擁するまでになったことである。しかし，同法は，傾斜生産方式ですでに達成されていた以上に生産量を増大させることはできず，1950年5月2日に廃止された。そして，経営と所有を分離して「経営を国家管理に移す」という商工省・通産省の政策理念は，こうしてたんたんと終わりを迎えたのである[50]。

傾斜生産方式が成果を収めたことについては，議論の余地はない。1947年の石炭生産高は2930万トンで，目標の97.7パーセントを達成した。生産量はその後も増加し，1948年には3479万トンと，戦前の最高水準の6割にまで達した。原材料とエネルギー生産の増加は，その他の指定産業にも好影響を与えた。経済安定本部は，最初の『経済白書』（1947年）の中で，「石炭生産が2倍になれば，製造業生産は4倍になる」とし，傾斜生産方式を擁護している。工藤昭四郎復金副総裁は，「あの巨額の復金貸出をやるという蛮勇があったからこそ，あとでドッジ・ラインが布かれた時は，日本の産業設備はすでに八割まで復興していたのだ」と述べている。復金の後身である日本開発銀行の資料によれば，復金融資のうち回収されたのは設備資金の25パーセント，運営補助の78パーセントにすぎないとされているが，池田勇人によれば，未返済に終わったのは，わずか2.9パーセントにすぎないとのことである。いずれにせよ，池田は「復金が戦後の日本経済の復興に果たした意義を全然否定することは正しくない。……（復金の）貸しだしは，相当の効果を上げ，その使命を果たしたと，見ることができる」と述べている[51]。復金融資インフレが国民に多大な困難をもたらしそれを止めなければならなかったことを否定する日本の役人はいない。しかし，傾斜生産方式は，慎重で保守的になるのではなくより大胆に行動するための先例をのちの官僚たちに残した。同時に，傾斜生産方式がGHQの反対を押し切って遂行されたことで，それは通産官僚の愛国心をさらに強固なものにした[52]。

傾斜生産方式の中心となった復金，需給調整法，経済安定本部，石炭庁などの制度が，戦時中の諸制度の再現であったことも疑いがない。復金融資は，戦時期の大蔵省と日本銀行の政策をそのまま取り入れたものであった。「臨時物資需給調整法」は，貿易物資だけでなく全物資に統制を拡大したもので，戦時期の物資統制よりも強力であった。経済安定本部は，企画院の機能と手法だけではなく，人員の多くを受け継いだ。石炭庁は，かつての燃料局から軍部関係者を除いて再編成された。経済安定本部の設立と需給調整法の志向に伴って，1946年11月9日，商工省の組織も産業ごとの局をタテ割りに並べることになったが，これも1939年に企画院が物資動員計画を実施する際に行ったことと同じであった。Jerome Cohenが戦時期の日本経済に関する研究書で語っているように，「戦時期のカルテル中心の統制システムは撤廃されたが，代わって作られた配給制度はそれと非常によく似ていた」[53]。

傾斜生産方式の明らかな欠点はインフレであったが，同様に深刻な問題は，

表13　戦後の経済活動，1949年と1950年

（1934～36年平均＝100）

	1949	1950
実質国民所得	82	97
鉱工業生産	72	94
農林漁業生産	97	100
輸出（GHQ調達含む）	15	35
輸入	30	39
民間設備投資	70	82
1人当たり実質国民所得	69	80

出典：日本開発銀行（1963）『日本開発銀行10年史』18ページ

それが外国との競争から隔離された温室状態の中で進められたことであった。1949～50年にかけて，多くの面で経済復興が進んだが，国際貿易の分野は例外扱いであった（表13参照）。原材料，中でも繊維産業のための綿，そして石油と食料はアメリカによって供給されていた。1949年，ドッジ特使は「竹馬経済」のたとえで，アメリカからの援助が日本の経済をなんとか支えている柱の一つであると述べたが，もうひとつの柱は復金による融資であった。GHQによると「日本経済の自立には，1953年までに輸出量を1948年から700パーセント拡大し，この間の輸入の伸びを120パーセント以下に抑制する必要」があった[54]。1949年の日本の輸出は5億ドル，輸入は9億ドルで，差額はアメリカ財務省が肩代わりしていた。

ポツダム宣言によれば，GHQは日本におけるすべての物資とサービスの輸出入並びに外国為替と金融取引に対する完全な統制権を持っていることになっていた。GHQは，当初わずかな量の貿易を政府間に限ってのみ認めた。1947年9月，民間の外国人にも貿易が許されるようになった。日本人による貿易が認められたのは，1949年12月になってからであった。

1945年10月9日，GHQは日本政府に対して，GHQが輸入する物資の日本国内での配給と，輸出向けの日本製品をGHQに引き渡す業務を担当する政府機関を設置することを指示した。これを受けて，同年12月商工省の外局として貿易庁が発足した[55]。

貿易庁は異例の組織であり，それは外務省ではなく商工省のもとに位置づけられた。アメリカでは，貿易問題は国務省の管轄なので，GHQとしては外務省が管轄することが望ましかった。この背景には，椎名とその後任の豊田雅孝

商工次官による迅速な工作があった。商工省が1945年8月に再編成された時，椎名は商務局の中に，そのような業務はなかったにもかかわらず「交易課」を新設していた。課長には，商工省の中の数少ない貿易通であった松尾泰一郎（1934年入省）が任命された。戦時期に松尾は大東亜省の輸入課長を務めた経験があり，1956年9月に通産省が外務省から通商局長のポストを奪還した時には，通商官僚として初めて局長に就任することになる。また1960年に退官した後は，丸紅のニューヨーク支店長を経て，1970年代に丸紅の社長を務めてもいる。豊田は，GHQが求めているような組織の核がすでに商工省に存在していると主張し，外務省の主張を何とか退けることに成功したのである。後に豊田は，GHQが占領初期にはまだ日本の事情をよく知らなかったことが，商工省の勝利につながった，と述べている[56]。

貿易庁は商工省に付属する機関であったが，商工省の権限は限定的であった。貿易庁では，外務省から出向してきていた職員のほうが，商工省出身の職員よりはるかに多かったからである。貿易庁の主な業務はGHQとの折衝で，英語のスキルが不可欠であり，英語が堪能な外務省出身者が必要とされた。さらにこの時期，日本は他国との国交を失っていたので，彼らは出向先を必要としていたのである。1947年4月まで，貿易庁は「準公的」な78の輸出・輸入組合を介して，国内の業務を行っていた。これらの組合は，名前こそ違っていたが，以前の統制会と全く同じ組織であった。GHQはこの事実に気がつくと，これらのカルテル組合を使用することを禁止し，代わりに鉱工業，繊維，原材料，食料の4つの分野で100パーセント官営の貿易公団を発足させた（「貿易公団法」を参照)。貿易庁では，輸出代金とアメリカからの援助資金はひとつの勘定（貿易資金特別会計）にまとめられ，重要物資の輸入に割り当てられた。

1947〜48年にかけて，傾斜生産方式が本格的に実施されていたころ，経済安定本部は貿易に関する基本政策と外国貿易予算を立案した。これを受けて貿易庁は，貿易資金特別会計をチェックし，貿易公団を監督した。公団は政府からの出資金と貿易庁の外為資金融資による運転資金をもとに業務を行っていた。公団が国内業者から輸出向け製品を購入し，それを貿易庁に売却した。さらに公団はGHQから輸入物品を貿易庁経由で受け取り，国内の消費者に売却するという形で輸出入取引が行われた。1949年4月以前は，GHQも貿易庁も，輸入については1ドル＝130円，輸出は1ドル＝330円（製品によっては500円）の為替レートを維持することで，この取引を補塡していた[57]。そして輸入品は，経済安定本部の需給調整計画に基づいて，一定の価格で売却された。

1948年の秋ごろから，GHQも日本政府も，傾斜生産方式と貿易庁による国家管理貿易のあり方を修正する必要があると認識するようになった。1948年10月に芦田首相が復金資金の昭和電工への不正融資に関連して逮捕され，芦田内閣に代わって吉田が首相の座に戻ると，GHQは「復金インフレ」を終息させる決心をした。その理由は2つあった。第一に，1948年7月以降日本の経済再建に必要な輸入を拡大する資金源として，いわゆる「ガリオア資金」と「エロア資金」が利用できるようになった。これらの資金は，アメリカ国内で政治的に微妙なものであったため，インフレの影響でその価値が失われることを看過することはできなかった。第二に，1948年12月にアメリカ政府はGHQに対して，日本経済の自立体制の早期確立を最優先課題とするよう指令した。そのためには貿易の拡大が必要であったが，それには為替レートの固定化が不可欠であった。これはインフレを抑制しなければ達成できないことであった。終戦後，日本は第二次大戦下のイデオロギー対立を反映した政治制度改革の対象とされてきたが，このころ世界情勢は急速に変容しつつあった。中国の共産主義革命はほぼ達成されつつあり，アメリカにとって日本は，戦略的に重要な地域となったのである。

日本側でも，稲葉秀三を中心とする経済安定本部のグループが，日本経済再建五カ年計画を立案した。その内容は，輸出を増やし物価への補助を止めるためには，重化学工業への投資を促進すべきというものであった。しかし，吉田首相は結局これを採用しなかった。それは吉田がその内容に同意しなかったからではなく（実際1950年代に通産省がこれに非常に似た計画を実施した），「計画」は社会主義と同義だと考えたからであった[58]。吉田自身もその側近たちも，最良の方法は，日本経済を自由化して，国際競争を通じて経済を強化していくことであると考えていた。

この時期において吉田の最も重要なアドバイザーは，白洲次郎であった。白洲はケンブリッジ大学を卒業し，アメリカで教育を受けた薩摩閥の樺山愛輔伯爵の娘と結婚した。一方，吉田の岳父牧野伸顕は，大久保利通の女婿であり，牧野も薩摩出身でまたアメリカの大学を卒業していた。吉田と白洲は，1930年代にロンドンで親交を深めた。当時，吉田は駐英大使を務め，白洲は日本水産株式会社のロンドン支店長であった。吉田と白洲は，縁戚関係，学歴，海外経験などでつながり，戦後も親しい付き合いを続けていた。初め吉田は，白洲をGHQとの連絡機関である終戦連絡中央事務所の次長に任命し，その後第一次吉田内閣の経済安定本部の次長に任命した。白洲は多くのGHQとの重要な交渉に参加し，とくに新憲法草案でホイットニー少将との交渉に携わり，顧問としてサンフランシスコ講和会議にも出席した。1948年12月1日，吉田は白洲を貿易庁長官に任命した。

白洲の長官就任から3週間ほど経った12月19日，マッカーサー司令官はいわゆる「経済安定九原則」を日本政府に提示した。同原則には，財政均衡，徴税強化，復金融資の制限，貿易およびアメリカからの援助の管理体制の改善，生産拡大などといった改革案が盛り込まれていた。これらは，日本経済を国際貿易体制に復帰させることを目的としていたが，輸出が軌道に乗るまでの間は，日本国民に厳しい耐乏を強いるものであった。この提言の直近の課題は，固定相場制を確立させることであった。マッカーサーは，これらの目標を実現するための具体的な政策の遂行は日本政府の責任であるが，これを支援し進捗状況を確かめるためにアメリカから政策顧問を派遣すると発表した。こうして日本に派遣されたのが，デトロイトの銀行家で，かつてドイツでルシウス・D.クレイの金融顧問を務めたジョセフ・ドッジであった。

ドッジは1949年2月に来日し，吉田内閣の新しい蔵相となった池田勇人に対して，「超均衡予算」の作成を要求した。同年4月25日には，1ドル＝360円とする公式為替レートを設定したが，その後このレートは1971年まで維持されることとなる。また日本開発銀行と日本輸出入銀行の創設を認め，その後の日本経済に長期にわたって影響を与える他のいくつかの重要な決定にも関与した。ドッジの最大の貢献は，徹底的な需要抑制によって，インフレを急速に収束させたことである。前田靖幸は，これを「首切り合理化」と呼んだ。ドッジは，生産拡大かインフレ抑制かという長期にわたった議論を，後者を選択することで決着した。ドッジの手法は，1880年代の松方デフレ財政や，1930年の金解禁の際の井上蔵相のデフレ政策と比較されるところが多い。そして，井上蔵相がもたらしたデフレが満州事変の戦益で解決したように，ドッジによるデフレも1950年に勃発した朝鮮戦争によって解消されることとなった。

さて，こうした国際情勢の大きな変化の陰で，ドッジやGHQに気づかれぬように，日本経済と世界経済にとってドッジプランと同じくらい大きな影響を及ぼすような重大な計画が日本側の改革案として進行していた。商工省と貿易庁を合併し，両者の機能を統合する新しい省，つまり通商産業省の設立である。

この計画を推進したのは，白洲次郎であった[59]。両者の統合，というよりは貿易庁を商工省の国際部局として編入させ，同省の指示系統の頂点に据えるという案は，秀逸なものであった。ただこの再編を思いついたのが白州で，その実現を監督したのが白洲と吉田であったため，このころ「岸・椎名ライン」の人々はその官僚人生の中で最も不安な日々を過ごすことになった。

吉田も白洲も，日本経済を国際貿易に復帰させるという GHQ の計画に真摯に取り組んだが，改革を推進する彼らの行動は，自らの政治的および官僚的利害によっても動機づけられていた。前述のように，吉田は商工省および戦時期の同省と軍部の統制経済への関与に対して強い嫌悪感を持っており，白洲も同様であった。さらに白洲は，長官就任後に，貿易庁の内部の不正や腐敗の慣行に気づき，これらを一掃したいと考えていた[60]。また吉田は，自分の側近の池田が率いる大蔵省と自分の出身である外務省を，経済行政の面で商工省に対して強い影響力を行使できるようにしたいと考えていた。吉田も白洲も，商工官僚よりも外務官僚のほうが，輸出振興には適していると信じていた。したがって，白洲の省庁再編案は，商工省と貿易庁を統合するというよりは，外務省の職員が多い貿易庁を商工省の内部に組み入れることによって，商工省全体を支配下に置くことを目的としていた。

商工官僚は，吉田と白洲の思惑を十分承知していたので，商工省にとって最悪の事態を回避すべく最善を尽くした。1949 年 2 月 2 日，商工省は，白洲の計画を監視するために，比較的若い永山時雄（1934 年入省）を貿易庁総務局貿易課課長として貿易庁に送り込んだ。しかし，残念ながらこの人事は，商工省にとって最悪の結果となった。白洲は永山を手なずけて，自分の忠実な手下にしてしまったのである。永山はその後通産省に戻り，初代の通産省官房長（1949～53 年）に就任し，同省内の人事権を掌握した。永山が，「永山天皇」と呼ばれたのは，このころのことである（この件に関しては，第 6 章で詳述する）。

商工官僚が力を注いだもうひとつのことは，「通商産業省設置法」（1949 年 5 月）の制定である。同法の中で「通商」という言葉を，同省内の政策部局や産業局の前につけることによって，新しい情勢に立ち向かう姿勢を鮮明にした。だがその結果として，たとえば「通商企業局」といったような奇妙な名称が生まれた。また各局のエネルギー担当課を統合し，ひとつの外局（資源庁）を設立した。この資源庁は，1952 年に占領統治が終了し，通産省が大幅改組される中で廃止された。しかし，後の1973年にエネルギー政策の重要性が再度高まった時に再建されることとなる。これらの組織変革は，いずれも商工省時代の国内産業統制と傾斜生産方式的発想から，国際貿易や輸出振興へと政策の重点を移していくべく意図された。同時に，吉田や白洲の監視をかいくぐって，旧商工省的体系をできる限り維持しようとする目的も持っていた。

1949年初めごろ，白洲が初代の通産次官の座を狙っているという噂が流れた。商工省の将来は，まさにこの瞬間にかかっていた。白洲の次官就任を阻止すべく，商工省の最後の次官となった松田太郎が，直接白洲と会談した。白洲と松田の間で，以下のような妥協が成立した。まず松田が次官を辞職し，永山が自分より年次の高い人々を追い越して官房長に就任する。新設された通商局（貿易庁の後身）の局長には，外務省出身者を任命する。その代わりに通商次官は商工省出身者を充てることを認める（松田は，岸・椎名ラインの山本高行を後任の次官に推薦した）。通商局長として外務省から出向してきた最初の4人は，そうそうたる顔ぶれであった。後の駐独大使の武内龍次，後の駐インドネシア大使の黄田多喜夫，後の駐米大使・対外経済担当国務大臣の牛場信彦，後の駐中華民国（台湾）大使の板垣修らが，この重要なポストを占めた。通産省は，こうした外務省の強い影響下で誕生し，山本次官は岸・椎名ラインを内部から再建する努力を始めた。しかし，1949年2月の第三次吉田内閣発足から，1954年12月に第五次吉田内閣が倒れるまで，通産大臣は8回も代わった。そのうち多少なりとも政治力を持っていたのは，池田勇人と愛知揆一だけで，吉田が通産省を政治的な重要性の点からいかに軽視していたかがわかる。

白洲は駐米大使になることを希望していたが，その希望が叶わなかったため，1951年5月に東北電力社長に就任し，政界を去った。これを機に，吉田と白洲の親密な関係も終わりを迎えた。その後長い間彼の名前が世間に出ることはなかったが，1974年8月19日に，ある出来事がきっかけで，彼の名前が『ジャパン・タイムズ』に載った。有名な軽井沢ゴルフクラブに，アメリカの元駐日大使であるロバート・インガソルが，田中首相の紹介状を携えて週末にプレーすることを申し込んだが，同クラブの理事長であった白洲がこれを断ったのである。このゴルフクラブは，ビジターの週末利用は認めておらず，メンバーになるには軽井沢に自分の別荘を所有していなければならないという規定があったからである。

最後の商工大臣であり最初の通産大臣となった板垣平太郎（旧古河財閥系出

身，横浜ゴム社長，参議院議員）は，通産省発足の日の演説において，「通商第一主義」を唱え，国際貿易と輸出促進が新しい通産省の責務であると宣言した[61]。しかし同時に，生産拡大，産業合理化，技術水準の向上が，貿易促進に不可欠であると付け加えた。板垣は，こうした重要な業務を遂行する上で，企業局の役割が重要になると考え，演説の中で唯一企業局の名前に言及した。この考えは，商工省時代からの幹部官僚たちにも満足できるものであった。過去10年間，彼らは輸出振興はもちろんのこと，貿易のことすらほとんど関心を払ってこなかったのである。この新しい省の発足は，彼らの能力を生かすすばらしい機会を提供するかのようにみえた。戦争や戦後の配給ではなく，貿易促進の名のもとにおいて行う産業指導は，彼らにとってより良い存在意義となると思われ，通産省の将来は明るく輝いていた。

1949年に入ると，GHQは講和条約の成立を視野に入れて，行政権を少しずつ日本政府に移譲し始めた。同年2月2日，GHQは貿易によって得られた外貨の統制を日本政府に譲り，外交為替管理委員会の発足を指示し，これらの資金が日本経済の再建に不可欠な産業に投資されるよう監督することを命令した。外国為替に関する権限の移譲を完了させるために，GHQは「外国為替及び外国貿易法（外為法）」（1949年12月1日）の制定を促した[62]。同法のとくに重要な点は，貿易を通じて得られた外貨のすべてを政府が集中管理し，外国為替管理委員会がその使用方法を決定する権限を持つという点であった。占領期には，経済安定本部が定期的に外貨の使用に関する予算を作成し，それをもとに外貨が使用されていた。しかし，1952年8月1日，経済安定本部と外国為替管理委員会はともに廃止され，外国為替の使用に関する権限は新たに通産省通商局に設置された「予算課」へ移された。同時に，経済安定本部の外貨委員会が持っていた技術輸入や合弁企業に対する許認可権は，企業局産業資金課に移行された[63]。こうして通産省は，戦前や戦時期の先輩たちすら持ち得なかった産業に対する強大な管理・統制手段を手に入れることとなったのである。

GHQは外為法をあくまで暫定的なものと考えていた。GHQの公式史料には以下のように記載されている。

> この法律によって日本政府は，国際収支の均衡を維持するために必要な範囲において，外国為替及び外国貿易に対する総合的な統制システムを維持することが認められる。またGHQが占領統治当初から行使してきた権

限も，日本政府に移される。同法に基づく規制は，必要がなくなり次第，閣議決定や政省令によって，段階的に緩和されるべきである[64]。

しかしこの法律は，「段階的に緩和される」どころか，その後30年間も維持され，1980年時点でも効力を有している。そして，これこそが通産省が手に入れた産業指導・統制に関する最も重要な行政ツールであった。1979年にLeon Hollermanは以下のように述べている。「GHQは占領統治を終え，その権限を日本政府に移譲する際に，単にその権限を渡しただけではなく，自由経済国家の中では最も厳格な貿易・為替統制システムの制度化まで促進してしまったのである」[65]。次章では，こうした新しい権限を利用して，通産官僚がどのようなことを行ったかについて述べる。

ほとんどすべての日本人は，1945年の敗戦が明治維新以来最も重要な歴史の転換期であったと考えている。しかし産業政策史の観点から言うと，1940年代はひとつの連続した時代であったと言える。つまり，一貫して国家統制が伸張した期間であった。それは東条内閣の政策に始まり，GHQの占領政策によって加速化され，日本では国家が，財閥から一般家庭の家計に至るまでのほとんどすべての経済活動を支配するようになった。こうした結果は，東条とその側近らが意図していたが達成できなかった。一方，GHQは逆にそれを意図していなかったが，結果としてそれを促進することになった。その理由は，初めは日本政府により責任ある行政を行わせるためであったが，後には日本経済を復興させ全体主義に対抗するためになった。こうした展開の政治的な受益者は経済官僚であり，その経済的な受益者は最終的には日本国民であった。

より長期的にみれば，国家統制の持つ意義は，その弱点を明らかにすることであった。国家主導による高度成長システムの根本的な政治問題は，国家官僚機関と民間企業との関係である。この関係がどちらか一方に偏ってしまえば，競争のメリットが失われるか，もしくは国家の優先順位が不明瞭になってしまう結果となる。国家統制とは，企業の所有と経営とを分離し，企業経営を国家の監督下に置くことを意味する。一般に大企業は自主統制を好むが，経済官僚は国家統制を好む。1940年代に国家統制が実現すると，たとえば官僚組織の肥大化，無責任な経営，汚職，効率性の低下などといったその弱点も露呈した。1931年の「重要産業統制法」の欠陥が，産業への国家統制を招いたように，軍需省と戦後の商工省による国家統制の欠陥が，高度成長期の官民関係，すなわち正真正銘の官民協調につながったのである。

完全な国家統制は，1949 年以降徐々に姿を消した。後の高度成長システムに遺産として残ったのは，経済政策に関するすべての決定過程と行政の中枢に，経済参謀本部を確立したことである。占領統治が終わると経済官僚たちは，次第に大企業と権力を共有し，重要事項に関して協議を行い，産業合理化のために国の支援とインセンティブを企業側に与えた。さらに，重要産業の企業に役員として退官した官僚を送り込むことで，政府と民間企業との境界線を不明瞭にしていった。

こうした真の官民協調への流れは，戦争による産業の破壊と占領期の改革の中から生まれたものであった。財閥は，戦時中に資産を失った上に，GHQ の経済分権化政策によって，経済官僚に比べ著しく弱体化した。同時に，新憲法とたとえば労働運動の促進などの他の改革によって，国家統制を行うことは，緊急時の短期的な措置の場合を除いて政治的に不可能になった。経済官僚は，持ち前の能力を生かして支配することはできても，日本の新しい民主制度のもとでは，表立って君臨することはできなくなった。そのため，政府と産業界は，政治的な分業の必要性を互いに認識していたのである。それは，互いに経済発展計画を推進し，新しく権利を得た社会勢力による妨害を未然に防ぐことであった。

その結果として 1950～60 年代の日本で生まれた政治システムは，Charles Maier が戦間期にヨーロッパで出現したと主張する「協調主義体制（コーポラティズム）」と類似した点を持っていた。Maier は，次のように述べている。「合意を形成させたり，市民社会の安定を得るカギは，力による強制か，継続的な協議のいずれかである。組織された大規模な利益集団は，経済活動を妨害したり社会秩序を乱したりする力を持っているので，政府は彼らを権力で脅すなり，多少の要求を受け入れるなりしなければならない。協議と調整の必要性は，政策決定の中心を議会から省庁や官僚へと移していく。戦争を通じて，軍需関連の省庁は経済計画機関へと変化した。（中略）そしてそれらは，規制を拡大するために，政府の権限を民間企業と共有した。1920 年代には戦時期の規制は緩和されたが，1914 年以前の自由な市場経済に戻ったわけではなかった。協調主義体制を特徴づけるものは，政治的権力と経済的権力の境界線が明確でないことである。市場における影響力，とくに産業経済を麻痺させるような力は，政治的影響力にもなる。結果として，経済的取引は，民間市場に任せてはおけないほど重要なものとなり，政府は調整者としての役割を積極的に果たすようになったのである」[66]。

第二次大戦後に日本型「協調主義体制」が生まれた理由は，これと似ていたが，その優先事項は異なり，政府は単なる調整役以上の役割を果たした。GHQが導入した民主主義システムにおいて，新しい社会勢力が混乱や対立を生み出す可能性について，日本人は十分に理解していた。1970年代の日本社会の安定性を称賛する外国人が，1949～61年にかけてストライキ，暴動，デモ，サボタージュなどの混乱が続発したことを簡単に忘れてしまうのは，驚くべきことであろう。対立するグループ間の利害調整よりも重要だったのは，すべての日本人が認識していたように，経済的困窮と海外援助への依存からの脱却であった。当時の日本は，資本が不足し，新しい技術は海外に求めざるを得ず，生産コストは高すぎ，輸入超過の状態にあり，国際市場での競争など夢のまた夢であった。こうした状況にあって，政府が果たした役割が疑問視されることはなかった。1930年代や40年代とは全く違った環境で，通産省は国家統制よりやや弱いが，自主統制よりはるかに強大な権力を持って，日本を豊かな国にするチャンスをいよいよ与えられたのである。

注

1　Cohen（1949）p. 54.

2　通産省（1964）p. 501.

3　有沢（1937）pp. 45-46と注.

4　角間（1979a）pp. 238-39.

5　通産省（1965）pp. 164-65.

6　通産省（1964）p. 488.

7　田中（1974 ）pp. 25, 111.

8　Hadley（1970）p. 124.

9　重要産業協議会（1943）を参照。この文献には当時の総務局生産拡充課長山本高行の手による興味深い論説がある。さらに主要な企業役員のリストも掲載されている。塚田（1942）pp. 34-42も参照。

10　通産省（1965）p. 275.

11　通産省（1960）pp. 104-5；『通産ジャーナル』1975年5月24日号，p. 25.

12　Supreme Commander for the Allied Powers, Monograph 48, “Textile Industries,” p. 73.

13　この政策要綱と2つの法令の条文については通産省（1964）pp. 562-72；角間（1979a）pp. 237-38 も参照。

14　Cohen（1949）p. 56.

15　田中（1974）p. 260；有沢（1976）p. 212.

16　Bisson（1945）p. 96.

17　通産省（1964）p. 524.

18　*Radio Report on the Far East,* no. 28（Aug. 31, 1943）p. A20.

19　藤原の大臣任命については，*Ibid.*, no. 34,（Nov. 24, 1943）p. A1 を参照。藤原の統制会批判については，通産省（1964）p. 525 を参照。

20　軍需省と軍需会社法に関する最も重要な一次史料としては，北野（1944）がある。北野は1926～46年に商工省と軍需省で勤務し，1943年11月～1944年11月まで軍需省文書課課長を務めた。終戦間際の軍需工場の国有化に関しては，通産省（1965）p. 382 および Roberts（1973）p. 362 を参照。

21　Bisson（1945）pp. 116, 202.

22　名和（1974）p. 28.

23　大河内「日本の行政組織」辻ほか（1976）第2巻収録，pp. 92-93.

24　岸（1979）p. 298-99.

25　今井（1976）．田尻ほか（1978）p. 115 も参照。

26　戦後における商工省の再建について，当事者が詳細を明らかにすることはなかった。山本と椎名のコメントについては，通産省（1960）pp. 49, 103, 114 を参照。朝日新聞の名和太郎は，実名とペンネームの「赤星潤」の名前で，同省を再建した当事者に関して記述している。名和（1974）p. 29; 赤星（1971）pp. 15-16. しかし，名和の平井に関する記述は，おそらく勘違いだと思われる。平井自身によると，平井は1942年から1945年12月までシンガポールにいたという。『通産ジャーナル』1975年5月24日号，p. 29. 軍需省内における軍部への反感については，佐橋（1967）pp. 74-76.

27　Supreme Commander for the Allied Powers, Monograph 13, "Reform of Civil Service," pp. 24-25.

28　Ibid., p. 27.

29　この当時の占領政策の結果，共産主義革命が起きる可能性が高まった点に関しては，Johnson（1972）を参照。

30　日本企業における役職の序列については，JETRO, *Doing Business in Japan*（Tokyo: JETRO, 1973）, p. 9. 吉田の伝記については，Dower, J. W.（1979）*Empire and Aftermath: Yoshida Shigeru and the Japanese Experience 1878-1954,* Cambridge, Mass: Harvard University Press を参照。

31　Hadley（1970）p. 72.

32　"U.S. Banker honored Here," *Japan Times*, Sept. 20, 1975.

33　『通産ジャーナル』1975年5月24日号，pp. 44-45.

34　通産省（1972）p. 19.

35　Hata（1976）p. 373. 通産省記者クラブ（1956）p. 15.

36　吉田による一万田への蔵相就任依頼に関しては，塩口（1975）p. 32; 阿部（1955）pp. 109, 239, 255を参照。
37　角間（1979a）p. 313; 松本（1963～66）第2巻，p. 95; 通産省記者クラブ（1956）pp. 249-51; 通産省記者クラブ（1963a）p. 16.
38　GHQが日本には「計画経済が必要」と考えていたという点に関しては，城山（1975b）p. 313. またGHQが社会党の片山内閣に好感を持っていた点については，土師（1977）p. 235.
39　角間（1979b）p. 14.
40　*Fifty Years of Light and Dark*（1975）p. 215.
41　中村（1974）p. 154に引用。
42　一万田とホイットニーとの関係については，塩口（1975）pp. 31, 248-50を参照。
43　復興金融金庫に関しては，有沢（1976）pp. 286-89.
44　石炭政策については，産業政策史研究所（1977a）pp. 4-61. この重要な文書の著者は三重大学の高橋正二であった。また加納（1974）pp. 28-30；小島（1976年4月）も参照。「石炭生産のための食糧確保」に関する岡松の回想は，通産省（1960）pp. 109-10.
45　商工省官房企画室と傾斜生産方式については，小島慶三による回想を参照，産業政策研究所（1970）所収，p. 256.
46　経済安定本部に関する主な情報は，経済企画庁（1975）pp. 24-73. 有沢の回想については，同書pp. 405-7.
47　アメリカにおける同様の制度については，通産省（1962）p. 349.
48　石橋の追放に関しては，渡辺（1966）pp. 51-55; Wildes（1954）p. 138; 吉田（1962）p. 93.
49　「山口判事の栄養失調死」『昭和史事典』（1980）pp. 383-84.
50　臨時石炭鉱業管理法に関しては，有沢（1976）p. 291; 通産省（1965）p. 446を参照。高橋彦博によると，石炭国有化に関して熱心だったのは商工省の官僚だけだったという。高橋彦博（1977）『社会党首班内閣の成立と挫折』p. 286. 平井富三郎新日鉄社長は，当時同法の成立に尽力し，その後も同法を前向きにとらえていたと語っている。『通産ジャーナル』1975年5月24日号，p. 29.
51　工藤の発言については，角間（1979b）p. 29. 池田の発言については，塩口（1975）p. 112. また日本開発銀行（1963）p. 484.
52　赤星（1971）p. 16.
53　Cohen（1949）p. 431.
54　Supreme Commander for the Allied Powers, Monograph 50, “Foreign Trade,” p. 152. この文書が公表されたのは，1970年2月27日であった。
55　貿易庁設立に関しては，通産省（1965）p. 414；通産省（1971）p. 361を参照。
56　豊田の回想については，通産省（1960）p. 414；通産省（1971）p. 361.
57　日本貿易振興会（1973）p. 3.
58　稲葉（1965）pp. 281-37；Fukui, Haruhiko（1972）“Economic Planning in Postwar Japan: A Case Study in Policy Making,” *Asian Survey*, 12, pp. 330-31.

59　角間（1979a）pp. 13-14, 253-55；通産省（1960）p. 113（松田太郎の回想）；名和（1974）p. 33；城山（1975b）p. 314.

60　塩口（1975）pp. 40-42.

61　通産省（1962）pp. 386-87.

62　Ozaki（1972）；通産省（1971）pp. 390-99.

63　通産省（1962）pp. 448-49.

64　Supreme Commander for the Allied Powers, Monograph 50, "Foreign Trade," p. 110.

65　Hollerman（1979）p. 719.

66　Maier, Charles S.（1975）*Recasting Bourgeois Europe*（Princeton, N.J.; Princeton University Press）, pp. 580, 582.

第6章　高度成長のシステム

1949～50年にかけてドッジがもたらした「安定恐慌」を経験した人々の中で，1955～61年の高度成長，そしてその後の「黄金の60年代」を想像できた者はいなかっただろう。ドッジ・ラインから朝鮮戦争にかけての期間は，継続的な混乱，希望と失望の交錯，さまざまな政治集団や官僚の間の対立，相次ぐ危機に対するその場しのぎの政府の対応が混在していた。日本は，ドッジ・ラインの厳格なインフレ抑制策による停滞，朝鮮戦争による特需，アメリカの外交政策の根本的な転換，朝鮮戦争後の深刻な不況，そして国際収支に関連する景気循環などに対処しなくてはならなかった。さらに，占領軍が創設し，残していった各種の制度と，それらに対する官僚や産業界の利害を調整する必要があった。

日本が高度成長の制度を構築したのは，1949年から1954年にかけての期間であった。1954年の吉田内閣総辞職と時を同じくして，通産省は高度成長のシステムの運用を開始した。1950年代後半の日本経済の動向を理解するには，朝鮮戦争期に作られた各種の制度を「経済参謀本部」が統合し，運用したとき，それがひとつのシステムを構成していた，ということを知っておく必要がある。中村隆英が指摘するように，1955～61年にかけて，貧困や資本不足にあえいでいた社会に対して投資を強制できた背景としては，2つの複雑な状況が複合的に働いていたことがある。ひとつは，戦時中および占領期の統制が戦後の長きにわたって継続したことであり，もうひとつは，「安定恐慌」時代に政府が実施した臨時産業金融措置の意図せぬ結果として競争が激化したことである[1]。

通産省が構築した高度成長システムは，政府による「育成」の対象となる産業の選択，対象となった産業の製品の市場を整備する方策，そうした政策がもたらす過当競争を抑制する方策の3つを重要な要素としていた。当時の経済官僚が持っていた政策ツールとしては外国為替や技術移転に関する規制があった。

こうした規制を通じて，官僚らは育成対象となる産業を選択したり，金融措置や税制の優遇を与えたり，海外の競争相手から保護したり，そうすることで産業の生産コストを下げたり，カルテルや銀行融資をもとにした企業系列（財閥よりも合理的な新しいシステムで政府への依存度がより高い）を形成させて企業間競争を監督したりする権限を手にした。この高度成長システムは，それまでに存在したどの国家の政府のものよりも合理的かつ効果的な産業政策であった。しかしこのシステムの本質的な合理性は，日本および他の先進諸国でも例をみないほどの大きな成果がもたらされるまで，ほとんど認識されなかった。

高度成長システムの構築が始まったのは，ドッジ・ラインの時期であった。ドッジの政策はたしかにインフレを抑制したものの，同時に傾斜生産方式がもたらした経済復興のかすかな兆しをほとんど消し去ってしまった。政府による価格補塡の中止や，復興金融金庫からの各産業への融資の廃止によって，高度成長システムの資金源が失われてしまったのである。企業の内部蓄積もなくGHQが育てようとしていた資本市場も脆弱で，代替となる資金確保の手段は存在しなかった。同様に深刻だったのは，政府が傾斜生産方式で選択した産業への支援を廃止し，GHQが輸出産業の育成を始めた時，残されたわずかな資金の極端な再配分が行われたことである。石炭産業と電力産業への資金供与は大幅に削減され，復興した繊維産業への資金供与が急増した[2]。GHQは，繊維産業が外貨獲得に不可欠であると考えていたため，こうした方針転換を歓迎した。しかし日本の官僚は，エネルギー危機が起こりかねないと危惧していた。1949年9月18日には，英ポンドの切り下げにより，その輸出促進政策が大きな打撃を受けた。1ポンドは4.03ドルから2.8ドルへと30.5パーセントも下落し，他にも約30カ国が通貨切り下げを行った。日本は，為替レートを1ドル＝360円に固定していたため，日本製品は突然海外の主要市場において競争力を失った。1949～50年にかけて，日本経済は戦後最大の難局を迎え，革命が勃発する危険性さえ高まった[3]。

ところが，1950年6月25日，朝鮮半島で軍事衝突が発生し，米軍が介入する事態となった。これにより日本経済の「安定恐慌」は，質的にはともかく，数字の上では終結することとなった。ドッジによる安定政策以降日本経済を支えてきたアメリカからの援助に加えて，アメリカは軍需品，トラック，軍服，通信機器などの大量の軍事物資を日本に発注するようになった。また，南アジアおよび東南アジアの非共産国向けの経済援助政策の一環として，肥料や日用品の買い付けも始めた。1950年7月～1951年2月までの間，米軍とアメリカ経済協力局は，1300万ドルに相当する7079台のトラックを日本企業に発注し，これが日本の自動車産業再生のきっかけとなった[4]。通産省企業局はこの「特需」の動向を注意深く監視し，これによって得られた外貨が基礎産業への投資に向けられるようにした。「特需景気」は高揚感を生み出し，日本人は経済的な苦境は去ったという幻想を持つようになっていた。特需と米軍の支出は，1952～53年にかけて日本が獲得した全外貨の37パーセントを占め，1959～60年になっても11パーセントを占めていた[5]。

しかし，この予期せぬ収入は，国内の金融システムに大きな問題を生じさせた。日本企業は，アメリカからの注文に対応するための設備の入れ替えに必要な資金調達が難しくなっていた。いくつかの契約の支払いを半年以上遅らせたとしても，企業の運営に十分な資金を確保できないほどであった。日本の経済官僚たちは，このような状況を克服するための臨時措置として何が考えられるか協議した。この時の議論は，その後の経済と経済政策の展開にきわめて重要な意味を持つことになった。この協議の結果，政府の保証を受けた「都市銀行」によるオーバーローン（過剰貸出）と，新設された「最終貸付機関」としての政府系金融機関の貸出という二重構造が構築された。後者，とくに日本開発銀行（開銀）は「政策金融」に関する決定権を持つ機関として，経済全体に対して強力な権限を持つようになった。

この時に激しく論争をかわしたのが，第三次吉田内閣の大蔵大臣池田勇人と，日本銀行総裁一万田尚登であった*。この2人の対立は，純粋な政策論争というよりは，政治的および官僚的な相違という側面を持っていた。最終的に，この論争に勝ったのは池田で，その結果，1956年11月に29年ぶりに大蔵省出身者が日銀総裁に就任し（表14参照），大蔵省による日銀の支配が始まった。しかし，一万田は重工業化政策に反対したことで，通産省には評判が悪かったが，日本経済の将来に対して独自の重要な貢献もした。ドッジ・ラインと朝鮮

＊　池田の政治行動を理解するには，以下のことを頭に入れておく必要があるだろう。池田は，第三次吉田内閣の大蔵大臣を務めながら，1950年2月から4月の間は通産大臣のポストも兼任していた。そして吉田は1952年10月に第四次吉田内閣が発足すると，池田を通産大臣に任命した。しかし池田は，自身の失言のせいで，（後述するように）大臣就任後1カ月で辞任に追い込まれた。1952年から1956年にかけて，池田は自由党の幹事長などさまざまな党の要職を歴任した。そして，1956年12月～1957年7月にかけて大蔵大臣を，1959年6月～1960年7月まで通産大臣を務めた。池田が「わが省」という場合には，当然自身が1925年から1948年にかけて官僚として勤務した大蔵省を指していた。

表14　歴代の日銀総裁（1945〜75年）

氏名	期間	前歴
渋沢敬三	1944年　3月〜45年10月	横浜正金銀行，第一銀行
新木栄吉	1945年10月〜46年　6月	日銀，公職追放後1950年に追放解除
一万田尚登	1946年　6月〜54年12月	日銀，後に鳩山内閣・岸内閣で大蔵大臣
新木栄吉	1954年12月〜56年11月	上記参照
山際正道	1956年11月〜64年12月	大蔵次官，日本輸出入銀行総裁
宇佐美洵	1964年12月〜69年12月	三菱銀行
佐々木直	1969年12月〜74年12月	日銀
森永貞一郎	1974年12月〜79年12月	大蔵次官，日本輸出入銀行総裁

戦争のころ，池田と一万田は二重構造を成す産業金融システムをそれぞれひとつずつ構築したのである。通産省はこの素晴らしい枠組みを実にうまく使いこなすことになる。

池田は必ずしも石橋湛山のようなインフレ提唱者ではなかったが，同時に大蔵省のような典型的な財政保守主義者というわけでもなかった。1950年代後半には，池田は「積極財政」という考えを受け入れさせるために自らが大臣をつとめていた大蔵省とはげしく戦った。それ以前にも，彼は日銀のデフレ提唱者たちと激しく衝突したこともあった[6]。池田は，産業に対する資本提供源は政府しかないと信じ，戦前・戦中の勧業銀行や占領期の復興金融金庫のような政府系銀行の活動を支持していた。岸内閣で安保闘争が起きたことから，政府の優先事項を外交から経済に転換させたため，池田についてはよく「低姿勢」と評されることがあったが，政府内部では論争を厭わなかった[7]。1952年11月27日には，重工業化政策の結果として「中小企業の五人か六人は死んでもかまわぬ」との国会答弁をしたことで，通産大臣を辞任し，政治的キャリアに傷を付けてしまった[8]。しかし，池田は日本の奇跡的な経済成長の最大の立役者として記録されるべきである。

一万田は，池田とはほとんど正反対の金融観を持っていた。一万田は，戦前ドイツで勤務し，ドイツにおけるハイパー・インフレを目の当たりにしていたため，GHQと同様に石橋内閣のインフレ政策に強く反対していた。占領期を通して，ほとんどの財閥幹部が追放され，無傷で残ったのは民間銀行くらいであったため，一万田は日銀の貸出政策を通じて，民間銀行と借入企業に対して絶大な影響力を持つことになった。ドッジがデフレ政策を導入し「安定恐慌」が起きると，当時すでに「一万田法王」とマスコミで称されるようになっていた彼は，企業の生殺与奪権を行使するかのようであった。彼のドイツにおける経験と，インフレ提唱者がおもに大蔵省内にいたことから，一万田はデフレ政策と均衡財政，そしてわずかに拡張的な通貨政策を支持するようになっていた。資本不足に直面すると，一万田は日銀から都市銀行への貸出を拡大し，設備投資のための資金獲得に困っていた企業に対して都市銀行（当時日銀が融資の特権を認めていた都市銀行は12あった）からの融資を行わせた。池田や通産省が期待したほど迅速ではなかったものの，今日も存在する日銀と都市銀行の連携による「オーバーローン」のシステムは，一万田が構築したものである。これによって，GHQが提唱したような株式市場を通じた産業金融メカニズム（つまり直接金融）は，その後少なくとも20年間は発達しなかった。

日銀による通貨供給がしばらくの間拡大したことで，日本の産業金融システムはきわめて独特なものへと発展することになった。すなわち，多くの企業が個々の返済能力や純資産をはるかに超える多額の資本を民間銀行から借り入れ，民間銀行も日銀から過剰に資本を借り入れるというシステムである。このシステムにおける最終的な資金供給者は日銀であったため，日銀は貸出額の決定権を通じて「民間」銀行を完全にそして細部にわたってコントロールするようになった。このいわゆる「間接金融方式」が「間接的」であったのは，表面上にすぎない。伊東光晴が指摘するように，「戦前の企業は自己資本をもとに運営されていたが，戦後の企業は資本の70〜80パーセントを民間銀行からの借り入れに依存しており，その資本の根源は日銀であった」[9]。これは言い換えれば，株式資本に対する依存度が非常に低いということである。Broadbridgeは「1935年には，引当金と減価償却を除いた産業資本の68パーセントは株式市場から調達されていたが，この割合は1963年には10パーセントまで低下している」と指摘している[10]。金融と所有形態の面から言えば，1930〜40年代の日本のほうが，戦後の日本よりもはるかに資本主義的だったのである。

一万田は，このオーバーローンのシステムをここまで拡大する意図はなかったらしい。一万田はよく，日銀の引き受け能力はすでに限界に達しており，金融危機が迫っていると口にしていた[11]。また自身と日銀を守るために，通産省企業局が作成した各産業の資金計画，とくに政府が保護・育成していた産業の資金計画をガイドラインとして重要視するようになった[12]。日銀や都市銀行が，重要でない産業に対して通産省の計画以上に融資を行うことは，個々の銀行だけではなく，金融システム全体にとって深刻なリスクとなる可能性があった。

オーバーローンのシステムは，ドッジ・ラインに伴う資金不足から生じたものである（一部の研究者が考えるように日本の文化的特性の産物というわけではない)。そしてこのシステムは，池田にとっても産省にとっても歓迎すべきものであった[13]。極度に限られた資金の流れを調整する手段として多くの可能性を示したため，池田と通産省の官僚らは，このシステムを継続し，制度化しようとした。池田が1952年に述べているように，株式配当金は企業の課税後の収益から支払われるのに対して，借入金に対する金利支払いは損金扱いとなる。したがって企業にとっては，株式市場で資金調達するよりも，もし借り入れが可能であるならば銀行から資金を借り入れるほうが低コストであった[14]。占領期に構築された税制は（他の多くの制度とともに）大蔵省の管轄下にあったため，そのメリットを維持し拡大することは難しいことではなかった。また，重工業化を志向する官僚らは一万田のシステムの有用性をよく理解していたため，当初に対応した金融危機が解消された後も，同システムを存続させた。株式市場はその後徐々に発達し，重要性を増したが，1970年代までは，資本の供給源として銀行融資にはるかに及ばなかった。

オーバーローン・システムの利点のひとつは，経営者が株主の圧力を受けないということであった。これは，短期的利益に固執することなく，海外市場への進出，品質管理，長期的な製品開発などに集中できたということを意味する。日本の経営者がアメリカ企業と本格的に競争するようになると，これは非常に有利な要素となった。アメリカ企業では，短期収益と配当額によって資金調達力が影響されること（そしてもちろん経営者が交替を迫られること）もあるからである。もうひとつの利点は，国際収支の動向に対処するために，政府が金融をコントロールするだけで経済活動を簡単かつ正確に拡大も縮小もできる，という点であった。他方，ローンに依存することのあまり好ましくなかった点は，日本企業の出資金が小さいため，外国企業による買収に対して脆弱となってしまうことであった。こうした状況は，民間からの産業保護政策への要望を強めることになった。それは，もちろん官僚にしても国家的観点から望むところであり，利害の一致が両者の立場をより強めることとなった。

一万田のシステムがもたらした最も重要な帰結は，戦前の財閥に代わって，銀行系列グループを形成したことであろう。政府主導下の大企業にあっては，こうした銀行系列グループがなければ，市場での高いレベルの競争は起こらなかったかもしれない。次章でも触れるが，通産官僚の多くは，1960年代ごろになると，このシステムの有用性に疑問を持つようになった。ただし，1960年代までは同省の誰も自由な経済システムを経験したことがなく，自分たちが構築したシステムに内在する競争という要素をつねに過小評価していたという点は付け加えなければならない。

企業を資本の面で銀行に依存させることになった安定恐慌のころから，各企業は特定の銀行との関係を深めようとするようになった。その銀行が必要とする資金や特別な優遇のすべてを供給してくれたわけでは必ずしもなかった。しかし，企業にとっては，緊密な関係を築くことで，資本へのアクセスという，それなしではやっていけないものを手に入れることができた。一方で銀行も，自らが，莫大な資金を貸付けている産業の財政状況に依存するようになったため企業の経営に責任を持つようになった。こうして形成された協調関係は，ドレスナー銀行グループやドイツ銀行グループなどかつてのドイツの銀行グループでみられた，銀行と企業の間での株式の持ち合いによく似ていた（アメリカではこうした株式の持ち合いは禁止されている）*。ドイツの銀行グループとの相違点は，日本においては政府がいわゆる「金融系列」に対してはるかに強い影響力を持っていたということである。1950年代には，富士，三和，第一，三井，三菱，住友の各銀行グループが生まれ，「6大グループ」と呼ばれるようになった。富士銀行を例にあげると，同行は旧安田財閥や旧浅野財閥（富士グループの鉄鋼企業である日本鋼管を含む），さらには鮎川義介の日産系企業や丸紅飯田（総合商社，後の丸紅）などとの金融関係を築いた。

典型的な日本の銀行グループは，大銀行と総合商社といくつかの大企業によって構成されている。銀行はグループ内の企業に資金を提供し事業拡大を援助するという重要な役割を果たす。総合商社はグループ内企業のために原材料を信用取引で入手し，それらの企業が生産した国内向けでない商品を海外へ輸出するという重要な役割を果たす。財閥系総合商社は，GHQによって解体されていたが，通産省は占領統治が終わるやいなや，その再建に着手した。三菱商事と三井物産は，1947年10月30日に解体が命じられ，その清算は1950年8月31日に完了した。三井物産の後継企業のうち，最大かつ最も成功したのは

---

* Dahrendorfの分析は，この点について言及している。「ドイツとアングロサクソン国家の工業化の決定的な違いの1つは，銀行の役割にある。ドイツにおいては，工業化の初期段階において，銀行が巨大な金融帝国を形成した。そして銀行からの融資や投資が，大規模な工業集団の急速な成長を促進し，ドイツの工業化の重要な要因となった」(Dahrendorf 1967, p. 37)。

第一物産と三信貿易と極東貿易で，三菱商事の場合は東西貿易と不二貿易と東洋商事であった。しかし1952年の終わりには，分割された三菱商事系の各社はすでに合併し，三井物産系企業もやや遅れたものの1955年の終わりまでには合併していた[15]。

通産省は，商社が海外支店を開設する際の費用や貸倒準備金を利益から差し引くことを認める法律を整備し，商社の再建を援助した。そして早くも1953年には，通産省の産業合理化審議会（後述）が，商社と製造業企業の「系列化」の促進を提言した。これは実質的には商社との系列関係をまだ持たない企業に，いずれかの系列に参加するよう通産省が指導することを意味した。通産省は資金の割当権限と許認可権を使って，占領終了時に約2800あった商社から，銀行と系列関係があるか，あるいは中小企業のカルテルに参加している20社程度を選別し，それらのもとに各商社を集約させた[16]。銀行系列グループは，戦前の財閥の後身であり，これらのグループは，明治時代に旧財閥が保護育成されたのと同じ理由で，すなわち希少な資本を重要な経済発展事業に集中させるために，政府の支援を受けて再組織されたのである。しかしその内部組織は，旧財閥が家族関係を基盤とした「帝国」であったのに対して，新しく構築された系列はよりビジネスライクな関係から成っており，各系列間の競争もより激しくなった。

系列間の競争は，究極的には系列銀行が持つ資産の性質に由来した。Abegglen と Rapp が指摘しているように，「負債への依存度が高いことに伴う日本企業の金融リスクは，銀行が負債を保証していることによってかなり軽減されている」[17]。このリスク軽減こそが，系列間競争を不可避にしたのである。そして，銀行業を営む者たちのリスクは強力な大蔵省が，金利，配当率，業務範囲，支店の開設など銀行業務のあらゆる面を厳しく規制したため，さらに軽減された。これにより銀行は融資額と預金者のシェアの拡大という点のみにおいて競争することとなったのである。こうした状況にあって，都市銀行は，成長産業や成長企業を発掘し，支援することに全力を注いだ。とくに重要なことに，すべての銀行系列グループは，通産省が育成を行っている産業のひとつひとつに参入する必要があった。そうしなければ，リスクの低い分野から閉め出されてしまう恐れがあった。

こうした政府からの圧力とインセンティブの結果が，日本の高度成長における有名な「ワンセット主義」であった。つまりすべての銀行系列グループが経営的に合理的かどうかは別として，政府が特定した成長産業分野のすべてに関連企業を持つことになったのである。この競争は，1960年代になると通産省の存在意義を危うくするような事態を引き起こした。たとえば石油化学産業では，通産省は4社を選出し育成を行っていたが，さらに5社がこの産業への進出を決定し，既存4社と同規模の工場施設を同じスピードで建設していることが判明した。過剰生産に陥ることは不可避であったが，（最終的には通産省がカルテルを承認し，市場シェアを調整せざるを得なくなるので）各グループの観点からすればそれほど危険ではなく，むしろ政府が保証する産業に参入しないことのほうがはるかに大きな問題であった。

日本経済はこのような統制を受けていたが，1950年という暗い時代に一万田総裁が資本供給を一定程度増やしただけでも，日本における企業間競争は，寡占状態にある自由主義経済諸国よりもはるかに激しいものとなった。1955年とその後の政府の「計画」（詳しくは後述）は，示唆的なものにすぎなかったが，政府が将来商業化を計画している産業を明示していたため，それらの産業における経営リスクは非常に低いと認識され，企業間の競争をよりいっそう激しいものにした。そのため，経済企画庁が作成した経済計画の中で示されていた特定産業振興の達成目標を，現実の数字が大幅に上回るのが常であったことは，驚くべきことではなかったし，また（一部の研究者たちがそう評価しているようであるが）経済計画担当者の予測能力の低さをも物語っていた[18]。

産業金融システムの第二の柱は，池田によって設置された政府系金融機関である。これらの機関は，日銀の保証による都市銀行の貸出能力が限界に達した時，それを補完するために創設されたものである。朝鮮戦争勃発からしばらくして，一万田は日銀のオーバーローンが限界に達したと発言した[19]。経済復興の初期において，石炭，鉄鋼，電力など輸出力のない基幹産業分野での資金不足を，都市銀行が単独で解消することは不可能であった。これら産業は，復興金融金庫が資金供与していた産業であり，復金なき後，代替機関が必要であると池田は認識していた。池田にとって難問だったのは，GHQ民政局とドッジが復金のことをハイパー・インフレの元凶だったと考えており，GHQは戦前・戦時期の「国策会社」的なものはいっさい認めない姿勢をとっていたことであった。復金の根本的な弱点は，その原資のほとんどが一般会計から来ていることであった。ドッジは均衡財政あるいは黒字財政を実現するという絶対的条件を課し，こうした支出を禁止してしまった。池田は他の資金源はないかと思案を重ねていた。

代わりの資金源としては，2つの案があった。ひとつは，アメリカからの「見返り資金」，つまり対日援助物資を国内で売却して得た資金である。ドッジの来日以来，占領期の前半，この資金は外国からの他の収入とは別の特別会計に注意深く組み込まれて，それがずっと続いていた。もうひとつの資金源は，政府が運営する郵便貯金で，大蔵省の信託アカウントとして運用されていた。少額預金者のためのこのシステムは，明治時代から存在していたが，それはしばしばスキャンダルや政治目的の不正使用の温床となっていた。たとえば，寺内内閣は1917～18年に，中国に対する悪評高い西原借款をこの資金で清算した。占領期の間，GHQはこの資金の用途をおもに地方債の引き受けに限定していた。しかしインフレが終息し，預金者が民間銀行を信用せずおもに郵便局に預金したため，郵便貯金の総額は増え続けた。池田は，この資金を産業復興のために使い，また見返り資金も銀行ではまかないきれない大規模の重要事業に使うことができるようにしたいと考え，ドッジと協議を行った。

池田はまず輸出銀行設立を提案し，これはすんなりと受け入れられた。しかし次の提案である新しい金融機関の設置，すなわち事実上の復金の再生については，アメリカ側との協議が難航した。資本財の輸出促進のために必要な民間銀行よりも長期の融資を行う金融機関の欠如は貿易に悪影響を及ぼしており，GHQは，日本輸出銀行の設立をすんなりと認めた。同銀行は1950年12月28日に設立され，翌2月1日に営業を開始した。当初は，150億円がアメリカからの見返り資金と政府一般会計から供出された。1952年4月に占領が終了すると，同銀行は「日本輸出入銀行」と改称され，通産省が指定する物資の輸入代金の先払いに必要な資金を日本の輸入業者に融資する業務も担うことになった。1958年には，その資本金は388億円，融資残高は603億円に達した。

1950年代には，輸出入銀行の融資の大部分は輸出関連であったが，そうした融資を受けた輸出品のすべてが海外に送られたわけではない。「プラント輸出」と呼ばれた事業への融資は，通産省によってとくに推奨された。この「プラント」という用語は，官僚の間では特別な意味を持っていた。当時まだ工場そのものの輸出は本格化しておらず通産省機械局の島村武久（後に古河電工役員）は，1000万円以上で支払い猶予が6カ月以上の機械や生産設備の輸出契約を，「プラント輸出」と定義した。1950年代半ばごろの「プラント輸出」のほとんどは船舶であり，それはわずか1日だけ「輸出」され，すぐに日本の海運会社に売り戻された。この一連の取引が，すべて輸出入銀行による補助の対象となっていた。1954年の不況時には，後述するように，通産省は船舶輸出の支払いのために，さらに大胆な融資計画を立てた。それは，当時収益率の高かった砂糖とバナナの輸入業と船舶の製造とを結びつけるというものであった[20]。このころは，こうした創造的な発想がその都度活用された時代であった。

1949～53年の間に設立された6つの政府系金融機関の中でも（および戦前から続いた2つを合わせた中でも）とくに重要なのは，日本開発銀行（開銀）であった*。池田のたび重なる要請にもかかわらず，ドッジは開銀が郵便貯金から資金を借り入れることを許さなかった。1951年になってようやくドッジは，政府の特別プロジェクトに郵便貯金特別会計からの支払いを認めた。しかしGHQ内には，開銀に対する反感があり，復金と似たような業務への資金利用は認めなかった。開銀開設に必要とされた資本金のすべて（100億円）を，GHQは見返り資金から拠出した。開設にあたっては，金融債の発行や外部からの借り入れによる原資の調達は行わないこと，融資にあたっても運転資金は取り扱わないことなどといった厳しい条件が付けられた。古くからのGHQ当局者たちは，いまだにインフレの再発を警戒していたのである。GHQの記録によると，開銀は「民間銀行がリスクを負担し得ない場合に限って，長期の設備資金融資を行う」と書かれていた[21]。

発足から1年も経たずして，開銀は通産省の産業政策に関連した政策ツールの中で最も重要なもののひとつとなっていた。行政上，開銀は大蔵省の管轄下にあったが，政策面では通産省が支配的な影響力を持っていた。通産省は，個々の融資申し込みをすべて審査し，毎年度初めには資金の需要額と供給可能額の差額，つまり資金不足額の見込みを開銀の理事会に提出した。たとえば，1952年度に，通産省企業局は，鉄鋼業における必要投資額は420億円で，そのうち315億円は鉄鋼企業が自己資金か民間銀行からの融資でまかなえると算出した。同様に，石炭産業は400億円を必要とし，270億円を民間から調達できるとの見通しを立てた。いずれの場合も，不足分は開銀から融資を受けることとなった[22]。通産省は，資金計画だけではなく，そのOBを開銀の理事会に

---

*　1953年の時点では，以下の8つの政府系銀行が存在した（カッコ内は創設された年）。農林中央金庫（1926年），商工組合中央金庫（1936年），国民金融公庫（1949年），住宅金融公庫（1950年），輸出入銀行（1950年），日本開発銀行（1951年），農林漁業金融公庫（1953年），中小企業金融公庫（1953年）。Johnson（1978）を参照。

送り込んだ。松田太郎，吉岡千代三，今井博などといった通産省のOBが，開銀の理事として活躍したのである[23]。

占領統治が終了するやいなや，日本政府は「日本開発銀行法」を改正し，開銀が自ら債券を発行する権限を認め，GHQが設けた融資限度を撤廃した。同時に，大蔵省は郵便貯金特別会計に関連したいくつもの法令を改正し，「財政投融資」という会計に統一した。「第二の予算」や「投資予算」と呼ばれたこの会計は，大蔵省と通産省産業資金課が中心となって毎年作成することになった。1953年からは，日本の経済発展の最も重要な金融ツールとして活用されるようになった。

財政投融資の健全性を維持し，国民が郵便貯金に預金し続けるように，大蔵省は個人預金300万円までの利子収入を非課税とし，非常に高い利率を設定した。この施策は大きな効果を発揮し，1980年には預金総額は55兆円に達した（これは世界最大の民間銀行であるバンク・オブ・アメリカの預金総額の実に4倍であった）。当時，すべての都市銀行の個人預金総額は合わせても31兆円，すべての地方銀行は30兆円でしかなかった（1970年代になると，郵便貯金は脱税の主要な手段として利用されるようになった。個人預金者は，各郵便局にひとつずつ口座を開設することができたので，300万円を超えないようにいくつもの郵便貯金口座を作って税対策を行った。郵政省もすべての口座を監視することはできないと認めていた。さらに問題だったのは，各郵便局の局長が，300万円以上を預金している個人預金者に対して，別の郵便局で新しい口座を開設することをよく勧めていたことである）[24]。財政投融資制度が構築されると，開銀は同制度から資金を調達し，通産省が指定した業者に融資することを認められた。

表15が示すように，1953～61年の間，政府による産業への直接的な資金供給は，全体の38パーセントから19パーセントの間を推移した（残りはオーバーローンを通じた間接的な資金供給であった）。このうち開銀の融資は，1953年には全体の22パーセントほどであったが，1961年にはわずか5パーセントに減っていた。民間銀行からの融資が拡大したこと比べると，開銀の融資の割合は減少したものの，開銀は新しい産業を支援するか否かといった決定を伝達すること通じて，資本を「誘導」するパワーを持っていた。額の大きさにかかわらず開銀からの融資は，通産省からの承認の証として認識され，開銀から融資を受けた企業は，民間銀行からも容易に融資を受けることができた[25]。

表15　産業資金の源泉（1953〜1961年）

（単位：億円）

	1953	1954	1955	1956	1957	1958	1959	1960	1961
民間資金計	2,456 （62%）	2,531 （66%）	3,056 （69%）	5,300 （77%）	5,910 （74%）	7,154 （76%）	8,940 （77%）	12,276 （81%）	14,339 （80%）
銀行	1,945 （49）	1,592 （42）	1,767 （40）	3,387 （49）	3,559 （44）	4,125 （44）	4,808 （42）	6,427 （42）	7,053 （39）
その他	511 （13）	969 （25）	1,289 （29）	1,913 （28）	2,351 （29）	3,029 （32）	4,132 （36）	5,849 （39）	7,286 （40）
公的資金計	1,481 （38）	1,303 （34）	1,364 （31）	1,595 （23）	2,131 （27）	2,314 （24）	2,606 （23）	2,856 （19）	3,697 （20）
開発銀行	871 （22）	575 （15）	464 （11）	448 （7）	632 （8）	589 （6）	681 （6）	650 （4）	862 （5）
その他政府系機関	415 （11）	455 （12）	559 （13）	716 （10）	930 （12）	1,009 （11）	1,338 （12）	1,555 （10）	1,850 （10）
特別会計	195 （5）	274 （7）	341 （8）	431 （6）	569 （7）	716 （8）	587 （5）	651 （4）	986 （6）
合計	3,937	3,835	4,420	6,896	8,040	9,468	11,547	15,132	18,036

出典：遠藤湘吉（1966）『財政投融資』岩波書店，149ページ

産業全体の中での融資の割合よりも重要なのは，電力，造船，石炭，鉄鋼といった通産省が指定する産業に対する開銀の貢献度であった。1953年から55年にかけて，開銀の融資総額の約83パーセントが，これら4つの産業に向けられていた。開銀融資は，電力産業向けの投資総額の23.1パーセント，造船業の33.6パーセント，石炭産業の29.8パーセント，鉄鋼業の10.6パーセントを占めていた[26]。

開銀を通じての政府資金の割合が非常に高いことから，日本の研究者の間では，日本経済を「国家独占資本主義」ととらえる見方が広まった。この用語は，マルクス主義的な概念に聞こえがちだが，純粋なマルクス主義的な概念というよりは，日本の学界の伝統を反映したものである。遠藤湘吉の説明によれば，この概念の意味は，国家が設定した特別の政策目標に寄与する産業に対して，民間よりも有利な条件で国家が資金を供給することである。遠藤によると，財政投融資こそが，国家独占資本主義の最も典型的な制度であり，それは世界恐慌のころに生まれ，現在までほとんど形を変えずに存続しているという[27]。

通産官僚としては，マルクス主義的な響きのある概念や，官僚が特定の「有産階級」のために働いているというような見方は受け入れられないが，財政投融資の役割に関する遠藤の見解は，認めざるを得ないだろう。1953年以降，財政投融資はつねに一般会計の3分の1から半分の規模で，GNP比では3.3パーセント（1956年）から6.3パーセント（1972年）程度であった。1973年

まで，財政投融資は経済官僚によって完全に支配され，国会の審議や承認の対象ではなかった。Boltho が言うように，同制度は「戦後 GHQ によって採用された厳格な均衡財政原則をすりぬける，主要な手段であった」[28]。

一万田と池田が，こうした二重構造を持つ金融システムを構築していたころ，通産省は内部体制を立て直し，経済発展政策の運用面を整備することに忙殺されていた。1949 年 5 月に通産省が誕生してから，同省はその後占領統治に 3 年間，また同省に懐疑的な吉田首相に 5 年間，対峙しなければならなかった。最初の数年間に通産省の中核的な部局であったのは，貿易庁の後身である通商局であった。しかし同局の幹部がすべて日本の対外関係が改善するのを待っている外務省からの出向者であったために，同局は「外務省の出店」とみなされ，岸・椎名ラインのベテラン官僚らから嫌われることとなった。この時期は，通産省の「暗黒時代」であり，当時の官房長は，吉田の顧問の白洲次郎が任命した永山時雄であった[29]。

そこで新しく次官となった山本高行の最初の仕事は，産業行政を担う官僚たちの士気を高め，永山によって引き起こされた省内の派閥争いを沈静化させることであった。このころ起こった 2 つの状況変化が，山本にとっては有利に働いた。ひとつは，ドッジの均衡財政原則によって政府職員の数を削減しなければならなかったこと，もうひとつは，朝鮮戦争をきっかけにして GHQ が共産主義者とみなした労働組合の幹部を追放したことである。通産省には過激な労働組合である官公労の支部である「全商工（全商工労働組合）」があり，つねに追放の口実に使えるトラブルを起こしていた。たとえば，1950 年 4 月に文部大臣の高瀬荘太郎（元東京商科大学［現・一橋大学］学長）が通産大臣を兼務することになった際には，大臣の公用車を取り囲んだり，大臣執務室をバリケードで封鎖したりしたことがあった[30]。

内閣から人員削減の指示が出されたことで，山本はこうした事件を利用して，1949 年から 1951 年にかけて約 1 万人を解雇した。通産省の内部部局の人員は，1949 年には 1 万 3822 名だったのが，1952 年には 3257 名にまで削減された[31]。これは，間違いなくドッジのデフレ政策の最も有益な帰結のひとつであり，通産省は戦前の商工省に比べて，より効率的でまとまりのある機関になった。

省内派閥争いに関しては，山本は石原武夫を企業局長に，徳永久次を鉱山局長に，平井富三郎を通産振興局長に，玉置敬三を通商機械局長に，それぞれ任命した。これらの人物はいずれも岸・椎名ラインの有力者であり，後に次官を務めることになる。山本は1952年3月に退官する際に，玉置を後継の次官に指名した。一方で永山は，上記以外の局長や課長を任命した。そのひとつの成功例は，当時「統制派」の有力若手官僚だった佐橋滋を，重要ポストであった繊維局綿業課長の座から外し，仙台通産局総務部長に転出させたことであった。

占領統治前期に労働組合の組織化が急速に進んだ際，佐橋は初代の全商工委員長に選出された。佐橋は共産主義者ではなかったが，レッド・パージが始まると，全商工委員長としての佐橋は目立つ存在となってしまった。ドッジ・ラインの人員削減のさなか，全商工の組合員たちが永山官房長をつるしあげる事態が生じた。その時，佐橋は課長職にあり，すでに組合運動からは離れていたが，事態の解決を任された。持ち前の歯に衣着せぬ話し方（これについては他の例も後述する）で，佐橋課長は永山のようなバカを責めても人員削減は撤回されないと組合員たちを説教し，事態は収拾された。しかし，それから間もなくして佐橋は，仙台に左遷されることとなったのである[32]。

永山に対する反感の原因は，彼が吉田と白洲の手下であっただけではなく，官房長のポストに就く際に，年次の上の者を何人も飛び越えて昇進したという背景もあった。貧困と失業の時期にあって，日本のさまざまな組織において，年功序列制度が安定雇用に不可欠な要素として根付き始めていた。しかし永山は，人事に政治力学を持ち込んだため，潜在的な危機感を抱く者が多かった。だが永山を排除することは，容易ではなかった。玉置は「永山問題」に正面から取り組み，池田大臣の支持を取り付けることに成功した。池田が上述の「舌禍事件」によって辞任に追い込まれた際，後任の小笠原三九郎に永山を更迭するよう進言した。またこのころには，永山の後見役である白洲が吉田首相を公然と批判したことで吉田の反感を買い，影響力を失っていたので，永山の立場も弱くなっていた。

1953年1月に小笠原と玉置は，永山を官房長から外し，東京通産局長に異動させた（後任官房長は石原武夫で，石原はその2年後に通産事務次官となる)。永山は，翌1954年7月まで同職にとどまり，その後繊維局長として通産省に戻るものの，1955年12月に退官し参議院議員選挙に立候補した。同省で築き上げた東京での，そして繊維関連の人脈を活かして政界進出を目指したものの，選挙には落選してしまった。結局，民間に天下りすることとなり，昭和石油社長と三菱油化の取締役を務めた[33]。そして石油精製業の「長老」となった。ただし，通産省の歴史の中で，「永山天皇」の時期は，(1941年に岸が商工大臣に就任した時，1963年に佐橋が事務次官への就任を拒絶された時と並んで）同省で深刻な内部対立が起きた3つの時期のひとつとして，いまでも通産省関係者に記憶されている。

こうした人事と派閥の争いの中にあっても，通産省内では高度成長政策の確立に向けて最初の一歩が踏み出されていた。当時の通商局は通産省の中でも最も多忙な部局であったが，その業務の大半は，輸出入申請の処理とGHQとの調整で，同局内で日本経済はいかにあるべきかといった議論が行われることはほとんどなかった。そのため数年後には，政策を立案する中心部局として企業局の重要性のほうが高まった。1949年ごろには，企業局の存在はあまり知られてなく，GHQの文書にもほとんど登場しないが，着実に業務をこなしていた。1949年9月13日，閣議において「産業合理化に関する件」が決定された。これはほとんど知られていないが，戦後日本の産業政策の歴史上最も重要な政策決定のひとつと言えるものである[34]。

この閣議決定の中には，日本開発銀行の設立，1950年の「外資に関する法律」（外資法）制定，独禁法への批判的見解，産業振興のための税制改革，産業合理化審議会の設置などといった重要政策の萌芽が含まれていた。その最も具体的な成果のひとつが，この2年後の「企業合理化促進法」の制定であった。同法は，1952〜56年にかけて通産省によって立案された58にも及ぶ産業政策関連の法令の第一弾であった[35]。1950年代には，企業局と産業合理化審議会は，戦前の吉野次官の時の臨時産業合理局や商工審議会と同様の重要性を持つようになった。そしてこの1949年の閣議決定も，世界恐慌時代の商工省で練られたアイディアを起源としていたのである。

占領期の終わり頃に通産省企業局の業務を主導した人物には，局長の石原武夫，次長の田中申一（旧企画院で物資動員計画を担当していた）と岩武照彦（退官後神戸製鋼の役員），課長の今井博（退官後日本開発銀行の役員）と樋詰誠明（退官後大丸百貨店取締役）らがいた。彼らの政策決定の主要なツールは，産業合理化審議会であった。この審議会は，産業ごとに設置された45の委員会と81の小委員会によって構成され，経団連会長の石川一郎と東大教授の有沢広巳を中心に何百人もの企業人や学者らが参加していた。そしてそれは，政府と民間産業界を密接に連携させる重要な手段となっていた。同審議会においては，鉄鋼業の合理化から日本映画の輸出促進にいたるさまざまな政府の試案が検討され，必要に応じて修正が加えられた[36]。

産業合理化審議会の功績として，あまり知られていないが後に高く評価されることとなったものには，企業経営方式の改革，終身雇用制度の制度化，産業生産性向上などがある。三菱系企業の役員で産業合理化審議会管理部会の議長を務めた野田信夫は，同審議会が生産性測定方法や品質管理方法についての新しい概念をアメリカの研究から得たと証言している。皮肉なことに，1970年代になると日本から，それらの概念がアメリカに輸入されるようになった[37]。

管理部会は，GHQやアメリカ空軍の経営管理の専門家を講師として招き，経営者や新聞記者を対象とした講演会を日本各地で開いた。とくにアメリカのW. E. デミング教授の統計と産業技術に関する見解は，深い感銘を与えた。そこで日本科学技術連盟と日本経済新聞社は，1951年に「デミング賞」を創設し，優れた品質管理を行った企業に対して同賞を贈ることを決定した。その最初の受賞者となったのは，昭和電工と八幡製鉄と田辺製薬の3社であった。デミングは，経団連会長，産業合理化審議会会長，昭和電工会長などの要職にあった石川一郎にとって，人気の講演者となり，彼の講演は日本中で人気を博した[38]。そして，この賞は産業の水準と独立した調査機関によるその証明の象徴となった。

産業合理化審議会は，アメリカ流の「科学的経営管理」という概念を非常に気に入り，経営改善に関する出版物を刊行し，講演活動を支援した。それがきっかけとなって1950年代半ばには，日本に「経営ブーム」が起こり，ピーター・ドラッガーの著書『現代の経営』がベストセラーになったりもした（とりわけ日本の現在の雇用制度が日本社会の伝統に基づくものと考える人にとって）興味深いことに，産業合理化審議会の労働力小委員会は，1951年だけで22回も会合を開き，賃金や昇進システムの基準，作業場の設計，ストライキ防止策，雇用者の訓練プログラムなどについて多角的な検討を行い，多くの企業に対しその提言の実践が推奨された。こうした提言には，民間企業に対する法的強制力があったわけではないが，同審議会には外国為替へのアクセスが無駄に使われているならば，そのアクセスを断ち切ることができる通産省という後ろ盾があったことを忘れてはならない。実際，こうした啓蒙的提言の多くが企業で採用されたことも驚くにはあたらない[39]。

審議会の発足に続く企業局の大仕事は，1950年5月の外資法の制定であった。1949年に「外国為替及び外国貿易法（外為法）」が制定されたことで，輸出で得られたすべての外貨を集中管理し（外貨を獲得したら10日以内に外為銀行にそれを売らなければならないことが法律で義務づけられていた)，その使用を外貨予算に基づいて輸入を統制する権限が政府に与えられていた。そこで通産省は，とくに国産製品と競合する完成品の輸入を極力抑える一方で，先端技術や機械の輸入は大いに推奨した。技術導入における大きな課題は，導入する技術の対価を下げることもさることながら，技術導入に伴うはずの外国人による株式所有，特許権，技術協定，資本参加，株主投票権，合弁の提案，外国人役員の送り込みなどを技術導入から分離することであった。

外資法は，こうした問題に対処するために制定された。外資審議会が設立され，外国からの技術導入，株式取得，特許権の行使，日本国内での資産保有などを伴ういかなる契約にも，同審議会の許可を義務づけた（占領終了と同時に，この許可権限は通産省企業局に移管された)。GHQがこの法律制定を許可したのは，ライセンス料の支払いのための外貨が確実に用意されるようにするためであったが，日本政府は，技術導入を日本産業の発展に必要なものに限定することに重きを置いていた。GHQは，「同法に基づく規制は，その必要性がなくなれば緩和され，最終的には廃止されるべきである」[40]と記しているが，この規制は国際収支の制約がなくなった後も存続し，1968年まで緩和されることはなかった[41]。

企業局の次の大きな成果は，「企業合理化促進法」の制定（1952年）であった。それは立案から調整そして根回しに2年をかけた大仕事であり，石原と樋詰が担当した。通産省は，同法について「全く画期的な法律」[42]であると評価している。同法の内容は，次の3点に集約される。第一は新規の機械や装置の試験的運用に対する政府の直接的な補助，そしてすべての研究開発に対する投資の地方税免脱と速い償却の適用である。第二は（政府が指定する）特定業種に対して，新規設備設置費用の50パーセントに初年度償却を認めることである。さらに，第三は国と地方自治体が港湾，道路，鉄道，送電設備，ガス管網，工業団地などの産業関連設備を公的資金によって提示し，特定産業に使用されること，である[43]。

これらの中で最も重要であったのは，おそらく第三の点であろう。それは，生産コストの大幅な削減につながったからである。通産省と建設省は，同法制定から約20年にわたって，単に産業インフラを整備するだけではなく，インフラを可能な限り合理化することに尽力した。この背景には，日本経済が原材料を輸入し製品を輸出しなければならない構造である以上，工場と港湾設備は

表16　戦後日本の景気変動（1950～74年）

名　称	時　期	期間
動乱ブーム	1950年6月～51年6月	13カ月
休戦反動	51年7月～51年10月	4カ月
消費景気	51年11月～54年1月	27カ月
（昭和）29年不況	54年2月～54年11月	10カ月
神武景気	54年12月～57年6月	31カ月
ナベ底景気	57年7月～58年6月	12カ月
岩戸景気	58年7月～61年12月	42カ月
（昭和）37年不況	62年1月～62年10月	10カ月
好況感なき繁栄	62年11月～64年10月	24カ月
（昭和）40年不況	64年11月～65年10月	12カ月
いざなぎ景気	65年11月～70年6月	56カ月
（昭和）45～46年不況	70年7月～71年12月	18カ月
異常インフレの時期	72年1月～74年1月	25カ月
石油ショック以後	1974年2月～	

出典：栂井義雄（1976）「戦後日本の企業経営」小林正彬ほか編『日本経営史を学ぶ』第3巻，有斐閣，2ページ

完全に一体化されていなくてはならないという考えがあった。戦前の日本の鉄鋼産業では，鉄1トンの生産には，原材料が6トン必要であるという大まかな目安があった[44]。通産省はこうした状況を根本的に改善しようと考えた。そのため，港湾を深く浚渫（しゅんせつ）し，工場を港の近くに建設させ，中間加工工場と最終組立工場を隣接させたのである。この政策の最も有名な例のひとつに，京葉工業地帯・石油コンビナートがある。川崎製鉄は，1953年千葉県に（当時としては世界最新鋭の，鉄鉱から圧延鋼までの）一貫製鉄工場を建設するにあたって，千葉県から300万平方メートルの土地を無償で与えられた。一万田日銀総裁や銀行，さらには（八幡や富士，日本鋼管などの）他のライバル会社は，川崎製鉄の計画を無謀だと批判した。しかし，通産省は同プロジェクトが前例のない大成功であったとして，こうした批判をものともしなかった[45]。

開銀や外資法や企業合理化促進法を利用した通産省の政策は大きな成功を収めたが，真の高度成長システムの確立にはまだ程遠かった。1950～54年の間，景気変動の荒波が日本経済を大きく揺さぶったが，それはまず朝鮮戦争の休戦，そして国際収支の赤字によって引き起こされた。国際収支が赤字に陥ったのは，国民の経済状況が少しでも改善すると，輸入が増え，輸出を上回るようになったからである（表16を参照）。1951～54年にかけての不況では，多くの企業倒産が発生し（最も大きかったのは尼崎製鉄の倒産で，同社は神戸製鋼に吸収

された），製造業者の多くは政府に支援を要請するようになった。しかし，政府内での意見は分かれていた。吉田首相は，経済戦略と言えるものはとくに持っておらず，ただ日米関係をできる限り緊密にしておきたいという考えであった。通産官僚はこれに反対ではなかったが，ナショナリズム的な観点から，アメリカとは，依存するだけでなく，経済的な競争も必要であると考えていた。一部の通産官僚の中には，中国との貿易の再開を望む者もいたが，それはGHQや吉田にとってとうてい受け入れられなかった。より重要なことに，通産官僚は軽工業から重工業への構造転換を志向していたが，一万田日銀総裁や多くの消費者は重工業化について経済的に見合わないと考えていた。

1952年4月28日にサンフランシスコ平和条約が発効し，日本の独立が回復された。1952年5月29日には，アメリカの後押しによって，日本はIMFと世界銀行への加盟が認められ，1955年8月12日にはGATTへの加盟も果たした。しかし，IMFとGATTにおける日本の立場は，「貧困国」というものであった。また1953年9月15日には，日米友好通商航海条約の締結で基本的に合意した。こうした国際機関への加盟と国際条約の締結は，日本国内においてはあまり好意的に受け入れられなかった。とくに吉田首相が，世界銀行の融資を通じて「外資を導入する」計画を発表すると，ナショナリスト的な国会議員から「国辱」との非難を受けたことがあった[46]。そうした批判にもかかわらず，吉田首相は世界銀行から4200万ドルの融資を受ける協定を結び，関西電力，中部電力，九州電力による火力発電所建設を推進した。その後，製鉄会社も世界銀行から融資を受けることとなった。通産省は世界銀行からの融資を歓迎したが，それに対する政治的批判をみて，同省独自の高度経済成長政策を維持すべきとの考えを強くしたのであった。

占領統治が終了すると，吉田内閣は占領時代から継続するすべての行政組織と法令の見直しを指示した。吉田は，とくに統制経済のシンボルとされていた経済安定本部の廃止を望んでいたが，同本部に最も多くの職員を出向させていた通産省は同本部を存続させたいと思っていた。経済安定本部を救うために，平井富三郎は吉田を通り越して自由党と協議し，経済の分析と予測を主な任務とする小規模な機関（わずか職員数399名）として再編成することを了承させた[47]。こうして1952年8月1日に（「泣く子も黙る」といわれた）経済安定本部は，行政権限を持たない「シンクタンク」的な経済審議庁として生まれ変わった。吉田首相退陣後の1955年7月20日，同庁は経済企画庁と名称変更された。

通産省はその後経済企画庁を，同省の「支店」として扱い，同庁の事務次官や調整局長などといった重要ポストは，通産官僚が占めるようになった。さらに，1952年，経済安定本部が持っていた権限の多くは通産省に移管された。外貨予算の立案と執行は通商局が担当し，外資による国内投資計画はすべて企業局が審査することとなった。通商局があった旧通産省庁舎の3階は，毎日何百人もの輸入業者が輸入許可を求めて集まったため，「虎ノ門銀座」と呼ばれるようになった。通産省の担当記者たちによると，この時期は通産省が最も腐敗していた時期であったという。通商局の職員は，さまざまな贈り物を受け取ったり，接待麻雀に誘われたりした。また魅力的な女性の職員を雇って，通商局とのやり取りを担当させた商社もあった[48]。さらには機密の外貨予算のコピーが高値で売却されたという噂もあったが，そうした文書を入手することで商社は，個々の輸入品がどの程度許可されるか算出することができたと考えられる[49]。こうした状況は，厳しく統制された貿易体制にはつきものであるが，通商局の評判を貶めることは決してなかった。

通産省は，占領終了にあたって吉田が行った行政の総合的な見直しを，自らの再編成の機会として最大限に利用した。同省官房は，通産省設置法の改正案を立案し，同改正案は1952年7月31日に国会で可決された。それまで産業別のタテ割り原局の名称に付いていた「通商」という語句を削除し，通商局と貿易振興局は統合された。また総理府のもとに置かれていたGHQの公益事業委員会を廃止し，代わりに通産省内に公益事業局を創設した。これは軍需省が1943年に設立された時にそのもとに置かれた電力局を直接的に引き継ぐ組織であった。また，企業局の各課は拡充され，かつての経済安定本部に代わって経済計画の策定と統制の業務を行うようになった。このようにして，高度成長を推進していくための組織の原型が完成し，この組織体制は1973年の組織改編まで続いたのである。

1952〜53年にかけての重要な時期に，通産省は新たな政策展開を図ったが，その結果，GHQが創設した公正取引委員会（公取委），つまり経済憲法ともいうべき独占禁止法の番人との衝突が不可避となった。同法の正式な名称は，「私的独占の禁止及び公正取引の確保に関する法律」といい，その運用は占領終了以前からさまざまな問題を生じさせていた。GHQは「そもそも日本の法体制には，自由な競争が国民の利益につながるという考えがない。唯一の例外は1934年制定の不正競争防止法であるが，これも偽造品の製造・販売の禁止に関するもので，競争促進政策であるとは言いがたい」として，同法の正当性を主張した。またGHQは，政府官僚の多くが反トラスト政策に理解や共感がないことにも気づいていた[50]。

独占禁止法は，企業が共謀して価格を設定したり，生産量や販売量を制限したり，市場や顧客を分けあったり，設備の増大・拡充を制限したり，新技術や生産方法を独占することなどを禁止するものであった。同法第9条では持ち株会社を禁止しているが，この規定は今日でも存在している。実際のところ，持ち株会社制度は，戦後の日本には存在しない。すでに述べたように旧財閥企業は持ち株会社とは全く異なる構造で，銀行系列を中核として再編成された。またこの法律によって，公正取引委員会が設置された。その7名の委員は，首相が指名し，衆議院の承認を受け，5年間の任期を務めることと定められた。

独占禁止法が制定されるとすぐに，同法の改正に向けた動きが起こった。GHQは，企業が民法上の組合や社団，あるいは財団として「業界団体」を結成することで，容易に同法の規制を逃れることができるという点に気がついた。そこで，GHQは「事業者団体法」（1948年7月）を制定し，2人以上の企業人から構成されるいかなる組合や協会も，設立後30日以内に公取委に届け出ることを義務づけた。通産省は，この法律を1953年に廃止した。

もうひとつの問題は，吉野信次が1925年に「重要輸出品工業組合法」を制定して以来，中小企業がダンピングをせずに生き残るために，カルテルに大きく依存するようになっていたことであった。GHQも中小企業に対して何らかの特別な支援が必要であることは認識していたが，独占禁止法に例外を設けてカルテルを認めるのではなく，1948年に商工省の，そしてのちに通産省の外局として中小企業庁を設立することを促進した。中小企業庁は，物資調達，市場情勢，経営方法などに関する情報の収集分析と提供を本来の業務としていたが，実際は中小企業のカルテル本部のようになってしまった。同庁の初代長官は蜷川虎三（元京都大学経済学部長）が就任し，蜷川は同庁の権限と予算拡大のために，GHQや吉田内閣と激しく衝突を繰り返した。とくに彼が望んだのは中小企業向けの政府融資であった。

1950年4月，蜷川の要請に応えてGHQが日本政府に中小企業庁設置法改正を指示すると，蜷川は長官の職を辞し，中小企業の多い京都府知事選に出馬し当選した。蜷川は，社会党と共産党の支援を受け，1978年まで知事職を務めたが，保守陣営にとっては「喉にささったトゲ」のような存在であった。通産省は，決して中小企業庁に熱意を持ってはいなかったが，中小企業の政治力を考慮すると，同庁を支持する以外なかった。さらに，政界進出を志す通産官僚らは，中小企業庁長官のポストが非常に有益なものであることに気がついた。こうした事情で，今日では通産行政の主流とは言わないまでも，重要な部局である中小企業庁も，創設当時は微妙な存在であった。

1947年の制定当初の独占禁止法の条項の中で最も深刻な問題を引き起こしたのは，技術やノウハウの独占的使用に関する企業間協定の禁止条項であった。これに関しては，GHQも「こうした規定は，きわめて先進的な独占禁止の考え方を反映したものであった」[51]と認めている。実際こうした規定はアメリカの独占禁止法にも存在していなかった。むしろアメリカでは，憲法による特許の保護はもちろんのこと，ノウハウや企業秘密は各州の法律によって保護されていた。当初の独占禁止法は，独占的なライセンス協定を禁止していたため，日本企業は技術の輸入に積極的に取り組まなくなってしまった。

GHQは，日本企業と外国企業の間で，いかに長い間工業所有権が係争のタネであったかを十分理解していなかったと思われる。この問題は，少なくとも1933年にファイヤーストン社が日本のブリヂストン社（1931年設立）を，社名が似ているとして訴えたケースにさかのぼることができる（このケースでは，ブリヂストンは創業者の名である「石橋」を直訳したものにすぎないという日本側の主張が認められて，日本側の勝訴となった）。1949年の時点でも，特許をめぐる外国企業との争いは依然として問題であった。日本政府は戦前に外国企業が所有していた特許権の存続期間を戦後にも継続して認めることを決定した（通常日本の特許は15年，アメリカの特許は17年）ため，デュポン社が持っていたナイロン6という商品の特許権を東レが侵害しているとして訴訟が起きた（後にこの訴訟は，示談で解決され，両社は技術提携関係を結んだ）[52]。

外国企業は，日本の独占禁止法のもとでは自らのノウハウや企業秘密が保護されないばかりか（日本ではノウハウについて法的な保護措置がなかった），特許供与協定すら尊重されないと考えるようになった。そのため，外国企業は日本の法律制度がどう整備されるのか明確になるまで特許の提供を拒否するようになった。これを受けてGHQは，経済再建のために1949年6月に独占禁止法を改正し，特許権と総代理店契約を認めるとともに，外国企業が日本企業の株式を取得することを認めた。この法改正によって通産省は，誰がどのような特許をいかなる対価で取得するかを政府がコントロールできるよう，速やかに外資法を制定しなければならないと考えるようになったのである。

独占禁止法に対するこうした反発と修正は，1952年に通産省がとった行動の先がけと位置づけられる。前章で述べたように，1946年以降商工省，経済安定本部，各種公団は，「臨時物資需給調整法」に基づいて，すべての物資に対して完全な統制権を有していた。同法は，本来戦時期の国家総動員法の代替として，GHQによってあくまで緊急措置として認められたもので，1948年4月1日には期限切れになるはずであった。しかし物資不足が解消せず，配給・割当制が依然必要であったため，2年間延長されていた。1950年に政府が同法の再延長を提案した際には，GHQはこれに反対した。GHQの記録には，「GHQからみれば，日本政府の提案は統制を廃止するのではなく，統制を制度化し，継続しようとするもののように感じられた」と記されている[53]。しかし需給調整計画を完全に撤廃してしまうと，経済の混乱は避けられないと日本側は恐れ，GHQは結局1年間の延長を承認した。1951年4月には，朝鮮戦争の停戦交渉開始による「休戦不況」の影響が表れ始めたため，GHQはさらに1年の延長を認めた。しかしGHQも吉田首相も，1952年4月1日には，同法を期限切れ失効とすることを決心していた。

通産省は，1952年の臨時物資需給調整法の失効に際して沈黙を貫いたのは同省が大蔵省や農林省よりも自由経済志向で，統制的ではない機関であることの証左であるとしばしば主張する。大蔵省の銀行に対する統制や農林省の米作に対する統制は，依然として継続されていたからである[54]。しかし前田靖幸教授によると，臨時物資需給調整法の失効は，外貨割当を武器として1964年まで続く通産省による「第二の統制時代」の始まりをもたらしたにすぎなかった[55]。

評価はともかくとして，1952年の春に臨時物資需給調整法が失効したという事実は，いくつかの産業に対して深刻な影響を及ぼした。とくに企業数が多く，競争が激しく，朝鮮特需の消滅によって大きな打撃を受けていた産業への影響は重大であった。こうした状況にあって，通産省は初めて独自の政策を講じることとなった。1952年2月25日に，通産省は綿紡績のトップ10企業に対して40パーセントの生産縮小を非公式に指示し，各社に生産量の割当を行った。この「行政指導」に従わない企業に対しては，翌月から原綿輸入に必要な外貨割当を行わないかもしれないと（非公式に口頭で）伝えた。これが戦後最初の「勧告操短」であり，政府主導のカルテルが作られる契機となった。同年3月と5月には，ゴムと鉄鋼に対しても同様の勧告操短が指示された。公取委は，通産省の指導は独占禁止法違反であると主張したが，通産省は政府による非公式の指導は独占禁止法の対象にならないとの立場をとり，以降もこの政策を継続した。

このようにして通産省の異議申し立てが始まった。そして，占領統治が終わると，通産省はただちに2つの重要な法案を国会に提出した。中小企業安定法（特定中小企業の安定に関する臨時措置法）と輸出取引法である。これらが国会で可決されたことによって，通産省が中小企業のカルテルを作ることが独占禁止法の例外として認められるようになった。これらの法律は，その後に続く同様の立法の先例となり，1953年の独占禁止法改正にもつながった。占領後の自律した日本政府による最初の法改正であった。

1953年になると鉄鋼連盟と経団連は，不況カルテルと合理化計画推進のためのカルテルを認めるよう国会に請願した（一部には，政治家たちの買収も行われたとの見解もある)。通産省は，白書などによると独占禁止法の趣旨は尊重するという立場であった。しかし，実際問題として同法は，産業を過度に細分化し，国際競争力強化に必要な資本蓄積の妨げになっていると考えていた。独占禁止法の改正にあたって通産省は，不況の影響を受けた産業に対し生産量や販売量を制限したり，合理化計画を実施中の産業に対し生産コストを削減し輸出を促進したりするための「共同行為」をとることを認める権限を与えてほしいと主張した。こうした共同行為は，技術の共有，生産ラインの制限，原材料や製品のための倉庫の共同利用，投資計画についての協議などを含んでいた。1953年9月1日，国会は独占禁止法改正案を可決し，不況カルテルと合理化カルテルが合法化された。またGHQ時代の事業者団体法を廃止した。*New York Times* 誌の東京特派員は「マッカーサー司令官が日本政府に強制した独占禁止のための諸措置は，ほとんど跡形もなく消えてしまった」と書いている[56]。

その後も通産省は，独占禁止法と公取委に対して圧力をかけ続けたが，それらが完全に消えてなくなることはなかった。1955年に通産省は，「輸出取引法」を「輸出入取引法」と改正し，すべての中小輸出業者に対してカルテルを結ぶことを義務づけるとともに，総合商社の影響力を強化した。さらに同年，占領統治の遺物である「過度経済力集中排除法」を廃止した。1956年になると，業種ごとの「産業立法」を次々と成立させ，独占禁止法の例外を多数作り上げた。たとえば,「繊維工業設備臨時措置法」,「機械工業振興臨時措置法」,「電子産業振興臨時措置法」などである。1958年6月には,公取委に鉄鋼業界の「公開販売制度」を認めさせた。これは,かつて商工省の職員で当時は八幡製鉄の重役であった稲山嘉寛と,重工業局次長の佐橋滋によって考案された巧妙な価格操作の制度であった[57]。通産省が経済発展のために必要だと言えば,海賊行為でもない限り公取委は何でも認めるようにみえるほどであった。

実際に通産省は,独占禁止法そのものを廃止する機運ができたと考えていた。1957年10月から翌年2月まで,企業局は独占禁止法の今後の取り扱いを議論するため,中山伊知郎を座長とする閣僚レベルの審議会を開催した。同審議会の最終報告書は,「独占禁止法の規定は,我国経済の適正な運営に必ずしも合致してはおらず」,「国民の利益は単に自由競争の秩序を維持するだけでは守られない」と結論づけた。さらに銀行系列グループ間の「過当競争」を克服するため,「投資調整」を可能にし,企業合併を促進するような法律の制定を提言した。

この提言に基づいた法案は,1958年10月に国会に提出されたが,警察官職務執行法改正案をめぐって国会が混乱したことで,廃案となってしまった。また通産省の報告によると,翌年には「岩戸景気」のもと,通産省も独占禁止法廃止の意欲を失くしてしまった[58]。その後,通産省と公取委との力関係は,微妙に変化した。公取委はすでに失った権限を取り返すことはできなかったが,残された権限を失うこともなかった。1958年ごろまでは,経済的自立を達成するためには通産省の政策は必要不可欠だと日本中が考えていた。しかしそれ以後は,見解が分かれた。そのため,通産省の新しい政策は,行政指導に基づいて遂行されるようになった。たとえば,佐橋が考案した「特定産業振興臨時措置法」が行き詰まると,行政指導で投資調整を行わせた(詳細は次章)。公取委は生き残り,1974年2月にはついにある取引制限行為を刑事告発するまでに至った(詳細は第8章)。

反トラストに関する法制度については,賛否両論がある。欧米の経済理論では,反トラスト政策は競争維持に不可欠な政策手段であるとされる。しかし佐橋滋元通産事務次官は,日本の産業政策が欧米流の反トラスト政策とは相容れないものだったにもかかわらず,より高いレベルの競争と成長をもたらしたと主張する[59]。通産省史の観点からは,この1953年の独占禁止法改正によって産業政策推進のための政策手段がほぼ完成したとされている。外貨割当,外資導入の規制，カルテル，銀行系列，産業立地，政府の直接金融，産業合理化審議会などといった数々の政策手段が，通産省の手中に入った。高度成長のためのシステムをいよいよ運用に移す用意がほぼ整ったかのようであったが，さらに必要だったのは税制を改革すること，そして通産省の考え方を支援する政治勢力を形成することであった。1954年の朝鮮戦争休戦協定成立後に訪れた大不況が，これら2つの課題を解決する機会となった。角間隆が指摘するように，日本経済の発展にとって朝鮮戦争休戦後の不況は，朝鮮特需と同じくらい重要であった[60]。ただその影響は，長いあいだ気づかれなかった。

朝鮮戦争が勃発した1950年6月から4年間にわたり，米軍は23億7000万ドル分もの物資を日本から調達した。加えて，産業合理化運動によって人々が生産現場に復帰し，占領統治がようやく終了したという高揚感もあって，1952～53年にかけて消費と投資のブームが起きた。しかしその結果として，日用品や産業機械などの輸入が急増し，1953年末までには2億6000万ドルの貿易赤字を計上し，翌年はさらに拡大することが見込まれた。そして日本製品の価格が相対的に高かったことと，朝鮮戦争後の世界貿易が停滞したことで，輸出が伸び悩み，商品の在庫は膨れ上がった。大蔵省と日銀は金融政策を引き締め，財政投融資や開銀からの融資を含む政府全体の支出を削減した。このように金融と輸入を引き締めたことで日本経済は不況に突入した。

岡野清豪通産大臣（元三和銀行頭取）は，通商局に対して食糧，化学製品，薬，繊維などの輸入割当，1952年上半期の800万ドルから翌年上半期には400万ドルまで削減するように指示した。さらに10月にはこれらの物資の輸入枠をゼロにしたため，東京周辺では日用品を扱っていた小売店が多数倒産し，闇市場が再び出現するようになった。こうした状況に直面して，多くの経済官僚たちは，戦争特需によるアメリカの調達に依存する経済構造から脱却する方法を真剣に考えるようになった。吉田首相ですら，経済に対する自らの対処療法的な方法がうまくいっていないことを，認識せざるを得なくなっていた。

こうした計画の第一弾は，岡野大臣が長官を兼務し，平井富三郎が次長をしていた経済審議庁から出された。「わが国経済の自立について」と題されたこの計画は，「岡野構想」としても知られ，輸出拡大のための新しい方策を提示した。この中で，岡野と平井は，産業合理化だけでは不十分で，東南アジアとの関係強化，税制の合理化，そして輸入代替産業を育成する強固なプログラムが必要であると主張した。

岡野構想は，また，日本が国際収支の制約から解放されるには「重化学工業化」が唯一の方法であるとする通産省の見解を反映していた。それは，これまで輸出の中心であった軽工業よりも，需要の所得弾力性が高い輸出商品を生産できる産業構造を追求すべきであることを意味していた。需要の所得弾力性とは，消費者の所得が1パーセント変化した時に，需要が何パーセント変化するかを示す数値である。岡野と平井は早くから，人々の所得が増えても食糧や繊維への需要はあまり増えないが，家電製品や自動車などの需要は，所得の増加に比例して増加することに気づいていた。彼らの出した結論は，日本経済が真に自立を目指すのであれば，たとえ日本産業の比較優位性が（軽工業に向いている）大量の安価な労働力にあるとしても，重化学工業製品の生産に力を入れる必要があるというものであった[61]。

しかし吉田首相は，岡野構想を全く受け入れなかった。それは同構想の内容よりも，同構想の計画経済的な性格に反対したからであり，そうした政策は社会主義国家でしか受け入れられないと批判した。その後，岡野は大臣職を辞し，平井は事務次官として通産省に戻った。しかし1954年に不況がさらに深刻化すると，岡野構想が再びさまざまな場と形で浮上し，検討されるようになった。そして吉田の自由党に対する統率も次第に弱まっていった。吉田が岡野の後任として選んだ愛知揆一は，大蔵省時代からの池田の同僚で（財閥解体時における銀行局長），岡野よりもはるかに政治力を持っていた。

1954年9月6日，愛知らは「経済拡大総合政策要綱」を閣議決定させ，それに基づいて同月，通産省は「新通商産業政策大綱」[62]と題した基本政策を発表した。これら2つの文書は，岡野構想をより精緻にまとめたものであった。同年12月には吉田内閣が総辞職し，吉田の政敵であった鳩山一郎が首相に就任し，鳩山は石橋湛山を通産大臣に任命した。それによって，政治的影響力が弱かった通産省の立場は一変した。以降，通産大臣は閣僚の中でも有力ポストと目されるようになり，（大蔵大臣，外務大臣と並んで）首相になるための登竜門となった。

平井によると，それまでの経済計画担当者らが見落としていた理論構築の最後のピースを埋めたのが，石橋であった。つまり，輸出拡大のカギとなるのは当然生産コストの削減であるが，そのためには生産力を拡大して規模の経済の効果を活用しなければならないという点であった。しかし，生産拡大にはより多くの消費者が必要である。では，消費者はどこにいるのか。それは日本である。日本自体が，巨大な市場になりうる潜在能力を持っている。日本人は過去20年間耐乏生活を送ってきたが，彼らはそろそろ耐乏生活を脱却しつつあり，適正な価格で供給すれば必ずモノは売れるはずである。このように，石橋の考えは，通産省が輸出と国内消費の両方を拡大すべきというものであった。国際収支が悪化する時は，国内需要を抑制して，輸出を伸ばす。原材料の輸入に対する支払いが滞る場合は，国内の消費の拡大に専念する。これが達成できれば，景気変動にかかわらず，日本の工場はずっと稼働し続けることになる。平井の言葉を借りれば，「石橋は輸出促進と高度成長を，ひとつの整合的理論体系の中に統合した」のである[63]。

こうしたアイディアは，池田勇人の考えとも共通するところがあった。池田は吉田の弟子とみなされ，鳩山内閣でポストは与えられなかった。鳩山内閣は，吉田体制から新しい自由民主党体制への過渡期の内閣であった。自民党は，1955年11月15日に結成され，池田は石橋内閣，岸内閣のもとで大蔵大臣を務め，石橋の構想を徹底的に実行した。池田は，1956年12月の有名な1000億円規模の所得税大幅減税を実施し，消費者と企業にかつてないほど資金をもたらし，アメリカ市場の半分の大きさを持っていた国内市場を積極的に刺激した。ある日本の専門家の説明によると，「輸出の増加により国内生産が拡大する業種は，トランジスタ・ラジオとカメラくらいで，これら（とくにラジオ）はいずれ市場が飽和してしまうから，このような成長パターンは健全ではないと考えられる。他の日本製品は，むしろ国内市場の拡大に刺激されて，輸出も増大した」[64]。このようにして，石橋と池田によって，「消費革命」と新しい輸出促進装置を原動力とする高度成長システムが，いよいよ本格的に動き始めたのである。

1954年9月に発表された通産省の政策に基づいて，輸出促進のための新しい制度がいくつか作られた。そのうちのひとつは，総理大臣をはじめ通産大臣，農林大臣，大蔵大臣，日銀総裁，輸銀総裁，有力企業経営者からなる「最高輸出会議」の設置であった。この会議の広く公的な役割は，毎年の輸出目標を設定し，政府の高いレベルにおいて輸出促進に向けたあらゆる努力が行われていることを示すことにあった。当然ながら輸出目標を算出するのは同会議ではなく，実際の作業を行ったのは経済企画庁であった。経済企画庁の主な業務は，一定期間内に日本経済が達成すべき目標を，「計画」として政府と民間の両方に対して提示することであった。後に経済企画庁は通産省とは異なる独自の政

表 17　戦後の経済計画（1955～60 年）

	経済自立五カ年計画	新長期経済計画	所得倍増計画
作成時期	1955 年 12 月	1957 年 12 月	1960 年 12 月
首相	鳩山	岸	池田
計画期間	1956-60	1958-62	1961-70
予定成長率	5.0%	6.5%	7.2%
実現成長率	9.1%	10.1%	10.4%*

*：1961～67 年平均

策方針を志すようになったが，この時期はその前身である経済審議庁と同様，通産省と緊密に連携していた。表 17 は，初期の 3 つの経済計画の概要をまとめたものである[65]。

輸出促進のために作られたもうひとつの制度は，日本貿易振興会（ジェトロ）である。これは，平井がかつて指摘した「めくら貿易」の問題を克服するために設立された国際貿易情報機関であった。「めくら貿易」とは，1950 年代中ごろに日本企業が海外市場に対して何を製造すべきかについての十分な情報がないままに貿易していたことを指していた。日本企業は，また海外市場の関税率の変化や商品規格についての情報を収集したり，現地での広告やマーケティングを支援する代理人を持っていなかった。こうしたニーズを受けて，ジェトロが設立されたのである。1975 年の時点で，ジェトロは 24 の海外事務所と 54 の連絡事務所を世界 55 カ国に展開していた。

実は 1950 年代には，3 つのジェトロが存在した。はじめは，商工省の元官僚で大阪府知事の赤間文三と大阪商工会議所会頭の杉道助によって設立された。これは関西の経済界と各県が資金を出し合って作ったもので，通産省は単にその活動を承認したに過ぎなかった。次に通産省は 1954 年にこれを引き取り，さらに国の資金を大量に投入して，その活動の拡大を図った。そしてついに 1958 年，国家資金の額が県からの額をはるかに上回るようになったことにかんがみ，その活動を完全に通産省の監督のもとに置く必要があったため，全額政府出資の公的機関として再編成されたのである（日本貿易振興会法，1958 年 4 月 26 日）。1951～54 年にかけては元貿易振興局長の岡部邦生が理事を務め，1954～65 年までは元経済審議庁次官の長村貞一が務めた。ジェトロの海外職員のほとんどが，通産省からの出向者で占められている[66]。

大阪経済界のリーダーたちが主導していた設立初期を除くと，ジェトロはつねに通産省の出先機関であった。しかし 1958 年以降の法的位置づけが政府機関ではなく公共団体であるがために，アメリカではしばしばトラブルに見舞われることがあった。1950年代後半に，ジェトロは，すべてアメリカ人スタッフで構成される「日米貿易協議会」という団体を設立した。ところが外国機関登録法に基づいた登録を行わずにいたため，1976年にアメリカ司法省は，同協議会を民事詐欺の容疑で告訴した。司法省は，同協議会が運営資金の90パーセントをジェトロのニューヨーク事務所を通じて通産省から得ていると主張した。同協議会は，法廷外で示談した。その出版物のソースが日本政府であることを公表し，外国機関として登録することに同意した。この事件の核心は，ジェトロが日本の利益のためにロビー活動を行っていたことではなく，ジェトロが何なのかがアメリカにとってわかりづらいことであった[67]。

初期のジェトロの資金調達方法は，非常に画期的なものだった。1954年の不況時には，バナナの輸入収益を運営資金に充てていた。輸入割当制のもとで，バナナと砂糖の輸入許可証は，価値の高いものであった。これら商品の輸入量は厳しく制限されていたため，国内市場での価格は高騰していた。バナナの場合，政府は輸入業者の利益に税金を課し，その税収がジェトロの活動にまわされた。ジェトロの運営資金は，1954年には300万円弱だったのが，翌年には1億円強に増加した。すべてバナナ貿易のお陰であった。このスキームは船舶輸出を対象とした補助金に，砂糖の輸入割当制度を利用して資金調達がなされたのと似ていた。1953～55年にかけて，日本ではキューバ産の砂糖が，輸入価格の2～10倍の値段で売られていた。砂糖の輸入許可を得ることができたのは，造船会社と提携し，砂糖輸入から得られる利益の5パーセントを船舶輸出の補助金に充てた貿易会社のみであった。この砂糖輸入と船舶輸出の連携システムは2年間続けられたが，その期間中に約100億円もの資金が造船産業に提供された。しかし同システムは2年後に打ち切られることとなった。他の産業も砂糖とバナナの補助金の対象とするよう要求したことと，IMFがこの慣行に難色を示したからであった[68]。

砂糖・バナナ輸入連携システムは，特定の産業の成長と特定の商品の販路拡大を支援するために，大蔵省と通産省企業局が考案した数々の斬新な税制上の措置のほんの一例にすぎない。中村隆英は，1951年にはこうした税制上の特例措置が，直接的な政府補助金に代わって，産業政策の主要な遂行手段となっていたと指摘している[69]。そしてドッジによって価格差補助金や復興金融金庫融資が大幅に削減されて以降は，まちがいなく通産省企業局はその代替手段を租税政策の分野に求めるようになっていた。

こうした企業局の試みにとって障害となったのは，コロンビア大学のシャウプ博士を団長とし，ニューヨーク市立大学のコーエン教授のような専門家も含まれていたGHQの税制使節団が残していった影響であった。1949年の春，シャウプ使節団は，ドッジとともに来日し，9月に勧告書をまとめた。大蔵省はこの使節団に敬意を抱き，国税や地方税に関する同使節団の勧告は1950年から1955年まで強い影響力を与えた。シャウプ勧告の核心は，簡素化であり，法人・個人を問わず各納税者の収入はすべて合算することと，そして租税特別措置法に基づいた特別措置は極力排除することを求めた。

シャウプ勧告にあったいくつかの提言，たとえば地方自治体による付加価値税の導入は，当時としてはあまりに進歩的で，赤字でも課税されるような税制に対して企業側が大反対したこともあり，実現しなかった。しかしシャウプの考え方は，経済復興に税制措置を利用することを認めないというわけではなかった。たとえば，インフレの中で資産価値の再評価を行い，企業の資産形成を促進することについての彼の積極的評価は，「資産再評価法」（1950年4月）として結実した。同法によって，企業資産が税制上（下方に）再評価され，文字通り無から資本が生み出されることとなった。1951～55年の間に，こうした再評価は3回行われた。

しかしシャウプ税制の問題は，戦略的に選ばれた産業への優遇措置を認めなかったことであった。池田も，そうした特別措置が税制負担の不公平をもたらすことは十分承知していたが，産業振興のためにはやむを得ないと考えていた。大蔵官僚も，政府補助金よりは租税免除のほうが好ましいと考えていたため，池田に同調していた。吉國二郎（元国税庁長官，元大蔵事務次官）も次のように語っている。免税も補助金も理論的には同じだが，免税のほうがいい。なぜなら免税措置は企業が政府の方針に従っていることを確認した上で与えられるが，補助金は企業がなすべきことを実行する前に交布され，時には何の効果も生まないことがあるからである[70]。税制上の措置が好まれたもうひとつの理由は，補助金よりも政治的に目立たないことであった。このことは，昭和電工事件やその他の汚職事件が占領期の初めに発生したこともあって，1950年代において官僚にとってはかなり重要な点であった*。

1951年に入ると大蔵省は，通産省企業局や産業合理化審議会と連携して，租税特別措置法を毎年少しずつ修正し，1950年代終わりごろには，シャウプ勧告に基づいた税制を全面的に変更してしまった。こうした修正の中には，輸出所得の50パーセントまでを非課税扱いとすること（これは1955年に80パーセントに引き上げられた），産業合理化に関連する特定設備の加速償却，重要機器の輸入に対する課税免除，外国技術に対するロイヤリティ支払いの経費扱いなど実に多くのものが含まれていた。大蔵省支配下の「税制審議会」は，毎年の税制改正を監督し，改正内容を承認する権限を持っていた。同審議会は，1959年に「税制調査会」と名称変更し，総理府に属する常設機関となった。その後は内閣や国会ではなく，税制調査会が経済や産業の動向を踏まえて毎年の税制改正を決定することとなった（国会は通常こうした答申に判を押すだけであった）。同調査会のメンバーは大蔵大臣が選定し，議事運営は非公開である。自由民主党が結成されてからは，この調査会は大蔵省が税制を政治問題化させないための中心的な手段となった[71]。

1950年代に導入されたさまざまな租税特別措置の中でもとくに独創的であったのは，発展途上にある産業を支援するために設けられた留保金制度である。これには引当金と準備金の2種類があった。引当金は主要国のほとんどの法人税法でも認められている。一方，準備金は大蔵省自体も「一般に受け入れられている企業会計原則には合致しない」と認めるように，非常に特殊である[72]。両者ともに，課税対象利益から控除することができるが，引当金の最大のものは退職金としての支払いである。これは1952年，米軍横須賀海軍基地にあった米軍経営の自動車修理工場が閉鎖された際，同工場の労働者が一銭の退職金も受け取れずに解雇され問題となったのを機に，こうしたトラブルの再発を防ぐために，米軍経営の会社も含めて，すべての企業に認められた[73]。

準備金制度は，これよりもはるかに独創的である。それは，税金の免除ではなく，うまく使えばその年のあらゆる税金の支払いを猶予する制度である（たとえば，東洋レーヨンといった大手の企業が1950年代初めにこの制度の適用を受けている）[74]。こうした準備金制度には，価格変動準備金，渇水準備金，

＊　Randall Bartlettのコメントは，的を射たものである。「特定の企業と産業に認められた特別免税措置は，実質的には政府補助金と同様の効果を持っていた。他の社会集団から直接徴税し，予算編成を経て，特定の企業や産業に補助金として再配分するのでなく，免税措置は，（少ないコストで）より多くの資金を企業や産業に残すのみである。この支援に必要となる資金の源泉は，他者が払う高い税金である。このような税の利用は，政府から補助金受給者への支払いや補助金の是非を毎年審議する必要もなかったため，企業の立場からも歓迎されていた。また政府の側も，こうした措置は消費者の効用マインドに与える悪影響が少ないため，わかりやすい直接的な補助金支給よりもより容易に整備することができた」（Bartlett 1973, p. 109）。

違約損失補償準備金（以上1952年），異常危険準備金（1953年）などがあった。その後も1970年代までには，不良債権，返品，ボーナス，特別修理，瑕疵担保，海外市場開拓，海外投資損失，沖縄自由交易地域での貿易に伴う損失，公害規制，特別鉄道建設，原子力発電所建設，株式取引損失，コンピューターの買戻し，ソフトウェアの品質保証など，さまざまな名目のもとに多数の準備金制度が導入された[75]。これらの準備金制度は期限が設定されていたが，1957年の税制改正で輸出損失準備金については期限が撤廃された[76]。

企業のための特別措置としてはほかにも輸出に伴う海外からの収入に対する一定割合の非課税措置があり，パテントやノウハウ（50パーセント），映画以外の著作権（20パーセント），コンサルタント料，建設事業（20パーセント）などが対象となった。通産省企業局は，税制面ではとくに多くの斬新なアイディアを持っていた。1964年には，GATTにおける日本のステイタスが変更され輸出所得控除制度を廃止せざるを得なくなった時には，輸出促進のための新しいスキームを考案した。輸出所得控除の代わりに，前年の輸出パフォーマンスに応じて償却を計算できるように変更した。これは，通常の償却限度に加えて，直前の決済期間における全収入に対する輸出収入の割合に0.8を掛けて上乗せすることを認めるものであった[77]。鶴田俊正の試算によると1950〜70年の20年間にこのような租税特別措置の結果として，合計3兆1000億円の税収減となった[78]。これは法人税の20パーセントに相当する（1955〜59年では30.2パーセント相当）。

もうひとつの斬新な税制政策は，特定の製品の消費・販売を促進させるための免税措置である。たとえば，大蔵省は創建当時のソニーを以下のような手段で育成したと自負している。まずソニーがトランジスタ・ラジオを市場に導入すると最初の2年間物品税を免除し，テレビも大量生産が軌道に乗って価格が下がっても2年きざみでしか税率を変更しなかった（その後テレビの価格が下がると，税率は引き上げられた）[79]。こうした税制措置は，すべての家庭が同じ時期に同様の商品を購入するという日本独自の現象を引き起こした。たとえば，1960年代初めのいわゆる「三種の神器（テレビ，洗濯機，冷蔵庫）」や，1960年代後半の「3C（自動車〔car〕，クーラー〔cooler〕，カラーテレビ〔color TV〕）」などである。経済成長に合わせて所得税を毎年減税し，さらに特定品目の物品税を免除したことによって，霞が関主導の「消費革命」に火がついたのである。

このようにして完成型をみた1950年代後半の通産省による新規産業（たとえば石油化学産業）の育成システムには，以下のような施策が含まれていた。第一に，通産省が当該産業についての調査を行い，その産業の必要性と将来性を明らかにした政策提言書を作成する。たとえば石油化学産業の場合には，「石油化学工業育成対策」が作成され，1955年7月11日に省議決定された。第二に，通産省が外貨割当を承認し，開発銀行が資金を供給した。第三に，外国技術の導入に対して許可が与えられた（石油化学産業の場合，ほとんどの技術は海外から導入された）。第四に，当該産業が「戦略的重要産業」と認定されると，その設備に対して特別償却が認められた。第五に，工場建設のために造成済みの工業用地が無償あるいは特別な低価格で提供された（1955年8月，石橋通産大臣は四日市，岩国，徳山にあった旧軍部の燃料施設の土地を，発足したばかりの石油化学会社4社に払い下げた。これに対して軍人出身で議員になっていた辻正信や保科善四郎らは反対したが，押し切った）。第六に，政府から税法上の特別措置が与えられた。石油化学産業の場合には，輸入された触媒材や特殊設備に対する関税の免除，原料として用いられた精製済み石油製品の関税還付，ガソリン税の免除などであった。第七に，「行政指導によるカルテル」を結成し，競争制限や投資調整が図られた。たとえば1964年12月19日に設立された石油化学懇談会などがそれにあたる[80]。

もちろん，ほかにもさまざまなパターンがあった。電子工業の場合には，「電子工業振興臨時措置法」という特別法のもとで，振興策が推進された。また非常にリスクや初期投資が大きい産業には，政府と民間の合弁会社が設立されたりした。たとえば，1957年6月1日に設立された日本合成ゴム株式会社などがある。1950年代前半には，通産省は鉄鋼，電力，造船，化学肥料といった産業の育成に力を注いだ。その後も，合成繊維（1953年4月「合成繊維産業育成対策」），プラスチック（1955年6月「合成樹脂工業の育成について」），石油化学，自動車（1956年「機械工業振興臨時措置法」による部品の指定），電子工業（1957年6月「電子工業振興臨時措置法」）などといった分野の商業化が進められ，産業育成政策が推進された。

こうした政策は，目覚ましい成果をあげた。1956年度版の『経済白書』は「もはや戦後ではない」と宣言し，1961年度版は「投資が投資を呼ぶ」状態であるとうたっていた[81]。これら2つの有名な宣言の間に，民間設備投資の伸び率は平均25パーセントを超え，35パーセント以上の年も3回あった（表18

表 18　経済成長率
（1955〜65 年）

（対前年伸び率）

年	実質 GNP	民間設備投資
1955	8.8	−3.2
1956	7.3	39.0
1957	7.4	25.1
1958	5.6	−4.7
1959	8.9	16.9
1960	13.4	40.9
1961	14.4	36.8
1962	7.0	3.4
1963	10.4	5.3
1964	13.2	20.0
1965	5.1	−6.4

出典：有沢広巳監修（1976）『昭和経済史』日本経済新聞社，371 ページ

を参照）。1961 年 1 月末の通産省企業局の試算によると，大企業 1500 社の設備投資予定額は，1 兆 7950 億円で，これは 1960 年度から 30.3 パーセントの増加であり，またその 1960 年度は 1 兆 3770 億円で，前年度比 59.5 パーセントの増加であった。企業局は設備投資の過熱を防止するため，1961 年度については前年度比 20.4 パーセント増の 1 兆 6580 億円に抑えようとした[82]。1961 年に起きた大きな出来事のひとつに，東京晴海埠頭で，天皇の臨席のもとに開催された「機械工業年間生産額三兆円突破記念大会」があった。しかし，同式典を主催した通産省の佐橋重工業局長によれば，同生産額はこの時すでに 4 兆円を突破していたという[83]。

しかし，すべてが完璧であったわけではない。ワシントンや西欧諸国の政府では，日本経済の自由化に関して警鐘が鳴らされていたが，それに注意を払う通産官僚はあまりいなかった。1959 年秋には，ワシントンでの IMF の会合や東京における GATT 総会において，日本の為替自由化や国内市場の開放が要求された。通産官僚らは，日本経済の中に外国企業が多数参入すれば，高度成長メカニズムは機能しなくなることを理解しており，すでにヨーロッパで問題化していた「アメリカ資本の侵略」に対して懸念を抱いていた。だが彼らが最も危惧していたのは，「自由化」した経済のもとで彼らがどのような役割を果たすことになるのかということだった。しかし，そうした問題について十分検討する余裕はなかった。1960 年 6 月 24 日，安保条約に反対する 30 万のデモ

隊が国会を取り囲む中，岸内閣は「貿易為替自由化計画大綱」を閣議決定した[84]。同年7月には岸内閣が総辞職し，池田が首相に就任した。それは，日本経済「自由化」の夜明けであった。

Alfred Chandlerは，戦後の高度経済成長の重要な特徴について「ドイツと日本の奇跡は，改良された制度枠組みと安い石油によってもたらされた」と結論づけている[85]。これら2つの要因のうちで，われわれの関心があるのは前者のほうである。なぜなら安い石油は，日本とドイツだけではなく，その恩恵をうまく利用しようと立ち回ったどの国でも入手可能であったからである。Chandlerは「制度枠組み」について，公式なものと非公式のもの，明確なものと不明確なものとにかかわらず，「民間企業や政府機関や大学などといった大組織の間で行われるさまざまな活動を総合的に調整し，それらの組織を互いに結びつけるために構築された」社会構造と定義している。日本経済の成功（と失敗）をこのようにとらえる観点は，偶然，環境，文化など変化させることのできない要因に依拠して説明しようとする既存のアプローチとは大きく異なっている。このような斬新な観点は，長く神秘化されてきた日本経済の高度成長システムの解明に寄与するものである。筆者は，日本の高度成長システムは以下の3つの要因によってもたらされたと考えている。(1) 1940年代の経済的困窮と日本が置かれた状況を通じて構築された経済最優先という国民的合意，(2) 昭和の最初の25年間に形成された制度的遺産，(3) ドッジ・ラインや朝鮮戦争から始まった意識的な制度変革。こうした政治的および制度的な展開のすべては，高度経済成長を達成するために，国全体の力を総動員する目的で行われ，その目標を見事達成することに成功したのである。

日本人が経済を最優先した理由は，さほど複雑なものではない。前章で述べたように，太平洋戦争のさなか日本人は交戦国の中でも最も厳しい生活を強いられ，戦後のインフレによって状況はさらに悪化した。1940年代の悲劇は，単に経済的動員へのインセンティブとなっただけではなく，もうひとつの構造的な要因を生み出した。それは，日本人が押し並べて貧しくなったということである。1950年代の高度成長は，特定の階級の犠牲のもとに他の階級が富を得たのではなく，社会的な亀裂を生むことはなかった。1950年代の平等主義によって恩恵を受けたのは，1960年代に生まれた世代であった。高度成長の果実の一部は，国民の間に均等に分配され，残りの大部分は分配されず再投資に回された。アメリカは，日本が経済復興を最優先することを支持し，同盟国としてあらゆる支援を行った。

第二の点である昭和初期の制度的遺産は，やや複雑である。筆者は，政府と民間の協調に対する社会の支持が生まれたのは産業界による自主統制と国家による直接統制の両方が失敗したという経験，さらには官僚と企業経営者らが同様の教育（たとえば東大法学部）を受けてきたことと，官僚出身者が政界や財界へ進出して相互浸透的なネットワークが生まれたことにより経済経営においての共通認識を持っていたことによると考えている。日本社会のこうした特性は，日本人が昭和初期の混乱の中から作り上げたもので，他の国において再現することは難しいが，純粋に文化的な要因がもたらしたわけではない。こうした特性を手に入れたいと考える国は，日本の近代史を自ら歩み直す必要がある。有名な日本の「国民的合意」は，1950 年代になって初めて形成されたものであり，1930 年代や 1940 年代にはまだ存在していなかった。この事実は，こうした合意が，日本特有の社会的価値観に依拠するものではなく，歴史的状況と政治的意図の産物であることを示唆している。

「改良された制度枠組み」については，本章で詳述した通りである。2 系統の銀行制度，財政投融資，輸出振興措置，銀行系列グループ間の激しい競争，外貨の完全な統制，外資に対する厳しい規制，経営者の天国ともいうべき企業優遇税制などといった本章で触れた諸制度の他にも，第 1 章で言及したさまざまな制度がある。そうした制度には，労働者をより協力的にした企業別労働組合，多岐にわたる下請け制度，終身雇用制，農村から工業地帯への人口移動，株主の介入から自由な企業経営，社会保障の脆弱性もしくは不在を背景とした高い貯蓄率（これは政府による貯蓄奨励政策が果たした役割も大きく，郵便貯金を通して蓄積された資金は大蔵省に直接流れた）があり，その他にも一見高度成長には関係がないと思われる一過的なものも多数存在する。そして，政府が産業合理化審議会のような官民合同の場を利用して，こうした制度構築を促進し，それらに対する支持を形成したことは忘れてはならない。

このような「改良された制度枠組み」の中でも最も重要なものが，通産省であった。他のいかなる先進国をみても，こうした「主導的官僚機構（pilot agency）」もしくは「経済参謀本部」ともいうべき機関は見当たらない。皮肉なことに，「臨時物資需給調整法」が 1952 年に廃止され産業への直接的な国家統制ができなくなった後になって，通産省の効能はさらに向上したのである。

通産省はすべての統制権を失ったわけではなく，外国貿易や技術輸入に対する統制権は維持していた。だが1952年以降は，より間接的で市場原理に則した形態の介入に依存せざるを得なくなった。この点では，通産省は，大蔵省や農水省とは対照的であった。通産省は，自主統制と国家統制の持つそれぞれの長所を生かしつつ，それらの欠点を最小限に抑える真の官民協調体制を作り上げたのである。

1952年から1961年にかけての期間は，通産省の黄金期であった。財政投融資制度，開発銀行，産業合理化審議会，その他の制度を最大限に利用して，通産省企業局は日本の産業構造を，軽工業・労働集約型産業を中心としたものから，鉄鋼，造船，自動車など今日日本が世界をリードする産業を中心としたものへと変えていった。これに比類する政府官僚によるプロジェクトを他国に見出そうとするならば，アメリカのマンハッタン計画かNASAによる有人ロケットの月面着陸くらいしかないだろう。もちろん，日本国民の向上心，民間における技術革新と競争，他の政府機関の支援措置といった他の要因なしに，通産省がこうした目標を達成することはできなかったであろう。しかし経済発展の達成には，適切な管理・運営が必要なことも事実である。そしてそれこそが，通産省の果たした役割であった。

1945年に大阪の焼け野原で，すべてを失ったある経営者が，あるアメリカ人に「戦争するのが20年早過ぎたんだ」と語ったという[86]。だが20年というよりは40年と言ったほうが，正確であったかもしれない。1941年から1961年にかけて，日本経済は戦争体制に近い状態であった。経済政策の目標は軍事的勝利から経済的勝利へと変化したが，日本国民は，たとえ戦争を遂行していたとしても，あれ以上に懸命に働いたり，貯蓄したり，技術革新にはげんだりすることはできなかったであろう。いや実は彼らは国家の存続をかけてそうしていたのである。戦争のために国家総動員された体制が統合参謀本部を必要とするように，経済発展のためには経済参謀本部が必要である。商工省，軍需省，通産省の官僚たちは，経済参謀の役目を果たすべく，1920年代末からその準備を着々と進めていた。そして1950年代になって，いよいよ彼らの出番の時が来たのであった。

注

1 中村（1969）p. 313.

2 日本開発銀行（1963）p. 17.

3 Johnson（1972）を参照。

4 Supreme Commander for the Allied Powers, Monograph 47, “The Heavy Industries,” p. 120.

5 Boltho（1975）p. 55*n*.

6 John Campbell によれば,「池田は積極財政派であっただけではなく，あらゆる種類の政策や予算に関連して非常に活発に政治工作を行っていた」という。Campbell（1977）p. 233.

7 Johnson, Chalmers（1963）“Low Posture Politics in Japan,” *Asian Survey,* 3: 17-30.

8 通産省記者クラブ（1956）p. 42；角間（1979b）p. 84；阿部（1955）p. 255.

9 Ito（1968）p. 465.

10 Broadbridge（1966）p. 88.

11 渡辺（1966）p. 234.

12 通産省（1949）『昭和 24 年度 通商産業省年報』，p. 129.

13 典型的な文化論の誤った主張の例としては，次のようなものがある。「系列企業のつながりは，社会的要因によるものである。集団を作る傾向というものは，日本人の伝統的な文化に受け継がれたものである」(Haitani 1976, p. 124)。

14 池田（1952）pp. 148-50.

15 “Mergers Revive Trade Concerns Splintered in Japan in Occupation,” *New York Times*, Dec. 7, 1952; “Broken-up Concerns in Japan to Reunite,” *New York Times*, Mar. 31, 1955.

16 通産省（1954）『昭和 29 年度版 通商産業省年報』p. 80; 通産省（1965）pp. 573-75; 通産省記者クラブ（1956）p. 42.

17 Abegglen and Rapp（1970）p. 430.

18 日本の経済計画担当者に対する批判的な見解については，以下を参照。Watanabe Tsunehiko（1970）“National Planning and Economic Development: A Critical Review of the Japanese Experience,” *Economics of Planning*, 10: pp. 21-51.

19 日本開発銀行（1963）p. 23.

20 玉置敬三の手記を参照，通産省（1960）p. 116. またエコノミスト編集部（1977）pp. 99-101 に所収の林信太郎のコメントも参照；日本開発銀行（1963）p. 28 も参照。

21 Supreme Commander for the Allied Powers, Monograph 39, “Money and Banking,” p. 42.

22 通産省『昭和 25 年度版 通商産業省年報』，p. 151. 同年報は，題名にある年度よりも後になって出版されているため，昭和 25（1950）年度版に，1951 年のデータが載っていることがある。

23 日本開発銀行の役員リストは，日本開発銀行（1963）p. 52 を参照。

24 “Sharp Increase in Post Office Savings Upsets Banks and Worries Bank of Japan,” plus

editorial, *Japan Economic Journal*, Oct. 7, 1980; Ministry of Finance Tax Bureau（1977）pp. 27, 41.

25　通産省記者クラブ（1956）p. 24；遠藤（1966）pp. 174-75.

26　日本長期信用銀行産業研究会（1972）pp. 4-5.

27　遠藤（1966）pp. 179; 藤原ほか（1972）p. 426; 柴垣和夫「産業構造の変革」東京大学社会科学研究所（1975）第8巻所収，p. 88.

28　Boltho（1975）p. 126. 財政投融資の総額と，一般会計およびGNPとの比較についてはJohnson（1978）pp. 83-84.

29　「外務省の出店」との表現については，政策時報社（1968）p. 118；「暗黒時代」については，秋元（1975）p. 39.

30　山本の手記については，通産省（1960）p. 115; 城山（1975b）p. 315; 高瀬荘太郎先生記念事業会（1970）p. 1067.

31　通産省の各部局の職員数に関しては，通産省（1975）p. 95.

32　佐橋（1967）pp. 79, 87-88。佐橋は同組合のことを，「首切り委員会」と呼んでいる。

33　永山事件については，秋美（1956）pp. 76-77, 148-51；秋元（1975）p. 43；通産省記者クラブ（1956）pp. 258-59；名和（1976b）を参照。永山が昭和石油と三菱油化に天下りした理由は，官房長時代に四日市にあった旧海軍の燃料備蓄施設の財閥系企業への払い下げに深く関わったからであった。ちなみに昭和石油と三菱油化の両社は，四日市に拠点を置いていた。

34　閣議決定の内容については，通産省（1972）pp. 42-44；鶴田俊正「産業政策と企業経営」小林ほか（1976）所収，p. 138.

35　上野（1978）p. 23, 221. 同書の副題は，「経済法規・行政とその効果に関する研究」であった。

36　通産省『昭和24年度版 通商産業省年報』p. 128；同『昭和25年度版』p. 148；同『昭和26年度版』pp. 145-49；同『昭和27年度版』p. 164.

37　Noda（1970）pp. 27-28；"U.S. Firms Worried by Productivity Lag; Copy Japan in Seeking Employee's Advice," *Wall Street Journal*, Feb. 21, 1980; "How Japanese Firms Pick Their Workers," *Wall Street Journal*, Mar. 10, 1980.

38　Noda（1970）p. 24；阪口（1972）p. 175；経団連（1971）pp. 264-67には，デミングによる石川に対する追悼文が掲載されている。また1980年のデミング賞を受賞したのは，富士ゼロックスであった，*Wall Street Journal*, Oct. 16, 1980.

39　通産省『昭和26年度版 通商産業省年報』p. 148；同『昭和27年度版』p. 136.

40　Supreme Commander for the Allied Powers, Monograph 50, "Foreign Trade," p. 130.

41　Ariga Michiko（1977）"Regulation of International Licensing Agreements under the Japanese Antimonopoly Law," in Doi and Shattuck（1977）p. 289.

42　通産省『昭和26年度版 通商産業省年報』p. 149.

43　通産省（1957）pp. 13-14.

44　佐橋（1972）p. 160.

45　有沢（1976）pp. 344-47；秋美（1956）pp. 49-53；通産省（1970）p. 502を参照。後年

になって通産官僚が，川崎製鉄のプロジェクトに関して一万田を揶揄した発言については，天谷（1975）pp. 75-76 を参照。

46　世界銀行の融資に関しては，通産省（1972）p. 101．世銀融資に対する反応については，ワシントン D.C. で世銀融資の交渉にあたった大堀弘の手記を参照，産業政策研究所（1970）p. 238; 通産省記者クラブ（1956）pp. 47-48.

47　『通産ジャーナル』1975 年 5 月 24 日号，p. 29；大西（1975）p. 12.

48　秋美（1958）p. 78；秋元（1975）pp. 19-21；通産省記者クラブ（1956）pp. 66-87.

49　「クラブ記者放談」『通産ジャーナル』1975 年 5 月 24 日号，p. 50.

50　Supreme Commander for the Allied Powers, Monograph 26, "Promotion of Fair Trade Practice," pp. 95, 101.

51　*Ibid.*, p. 60.

52　ブリヂストンの案件については，Hewins（1967）p. 310; デュポンと東レの案件については，仙波恒徳「戦後産業合理化と技術導入」産業政策史研究所（1977a）所収，pp. 118-19.

53　Supreme Commander for the Allied Powers, *Historical Monographs,* vol. X, part C, "Elimination of Private Control Associations," p. 85．この文書は，当初アメリカ国立公文書記録管理局によってマイクロフィルム化され，公開された文書の中には収録されていなかった。筆者の申請に応じて，1974 年 6 月 4 日に，同局によって一般に公開された。

54　通産省（1969a）p. 6.

55　前田（1975）p. 14.

56　"New Japanese Law Sanctions Cartels," *New York Times,* Sept. 27, 1953.

57　鉄鋼産業の「公販制度」に関しては，名和（1976a）pp. 146-54；佐橋（1967）pp. 180-85；「行政指導の実態を洗う」『東洋経済』1974 年 4 月 6 日号，pp. 31-33．有賀美智子は，鉄鋼公販制度について，「独禁法の去勢」と表現している。エコノミスト編集部（1977）pp. 226-54.

58　通産省『昭和 32 年度版 通商産業省年報』pp. 100-101；『昭和 33 年度版 通商産業省年報』p. 100；『昭和 34 年度版 通商産業省年報』p. 99.

59　佐橋（1971a）pp. 266-75；佐橋（1972）pp. 18-19.

60　角間（1979b）p. 106.

61　経済企画庁（1976）pp. 75-76；大西（1975）p. 13．重化学工業化政策の起源についての，草柳大蔵による考察は，『文芸春秋』1974 年 8 月号，pp. 112-13.

62　通産省（1962）pp. 499-501.

63　岡野と石橋に関する平井のコメントについては，松林（1973）pp. 31-34, 41-42; 産業政策研究所（1970）p. 247.

64　*Consider Japan*（1963）p. 56 に引用。

65　柴垣論文，東京大学社会科学研究所（1975）第 8 巻所収，p. 89.

66　日本貿易振興会（1973）pp. 2-68, 935-43, 951-52．日本貿易振興会法の条文の英訳は，同上 , pp. 935-43.

67　"How Foreign Lobby Molds U.S. Opinion," *San Francisco Chronicle,* Sept. 15, 1976.

1959～62年にかけて，ジェトロのニューヨーク事務所は，元ニューヨーク州知事のトーマスE.デューイをロビイストとして雇っていた。日本貿易振興会（1973）p. 78.

68　エコノミスト編集部（1977）pp. 100-105；日本貿易振興会（1973）p. 49；通産省記者クラブ（1956）pp. 88-101；Stone（1969）pp. 147-48.

69　中村（1969）p. 309.

70　エコノミスト編集部（1977）pp. 51-52.

71　柿崎（1979）.

72　Ministry of Finance, Tax Bureau（1979）pp. 84.

73　エコノミスト編集部（1977）pp. 27-28.

74　同上，pp. 24-25.

75　柿崎（1979）p. 83；Ministry of Finance, Tax Bureau（1979）pp. 84-91.

76　通産省『昭和31年度版 通商産業省年報』，p. 109.

77　通産省『昭和39年度版 通商産業省年報』，p. 62.

78　鶴田論文，小林ほか（1976）所収，p. 148.

79　エコノミスト編集部（1977）pp. 36-38.

80　石油化学産業に関しては，以下を参照。基本政策の発表については，通産省（1969b）pp. 317-24. 政府と民間企業の関係については，エコノミスト編集部（1977）pp. 98-148. 認可と技術輸入に関しては，産業政策研究所（1970）pp. 100-114に所収の仙波論文を参照。政府資産の払い下げに関する議論は，産業政策研究所（1970）pp. 126, 246，および有沢（1976）p. 244. 有沢は，1950年代における政府資産の払い下げは，有名な明治時代の官営事業の払い下げよりも重要なものであったとしている。

81　有沢（1976）pp. 375, 390.

82　通産省『昭和36年度版 通商産業省年報』，p. 112.

83　角間（1979b）p. 131.

84　同計画の全文はエコノミスト編集部（1977）pp. 172-74.

85　Chandler（1980）.

86　Cary, Otis. ed.（1975）*War-Wasted Asia, Letters, 1945-46*, Tokyo: Kodansha International, p. 193.

第7章 行政指導

佐橋滋は，1913年4月5日，名古屋から電車で1時間半ほどの陶器の産地である岐阜県土岐市に生まれた。彼は一般的な家庭の出身であった。佐橋はごく普通の家庭で育った（父は土岐駅の近くで60年間小さな写真館を営んでいた）が，その彼が東京帝国大学法学部を卒業したという事実は，戦前の教育制度においても，経済状況にかかわらず能力があれば，高等教育を受ける機会があったということを示している。佐橋は，名古屋の東海中学に入学し，毎朝5時の列車で通学した。アメリカのリベラル・アーツカレッジに相当する名古屋の旧制八高の入学試験に合格すると，家族は学費の工面に苦労したが，彼への援助を惜しまなかった。八高から東大に進み，1937年に東大を卒業した。佐橋は，大学3年生の時に高等文官試験を受験した時には失敗したが，大学4年生の時に合格を果たした。彼は何のコネも持っていなかったので，すべての省庁に応募した。その結果，大蔵省と商工省の両方から採用通知をもらったが，商工省を選んだ。その理由は，もし日本が社会主義国となっても（大恐慌のころには，その可能性は十分あると思われていた），商工省なら何かしらの役割があるはずだと考えたからであった[1]。

佐橋が入省して4カ月後に，日中戦争が勃発した。そしてその4カ月後に佐橋は，徴兵されて華中戦線に送られた。この当時の帝大出身者は，身体虚弱で兵役に向いていない者が多かったが，佐橋は元々丈夫な体質で，徴兵検査を簡単にパスした。東大出身の兵隊であった佐橋は，陸軍でかなりひどい扱いを受けたが，この経験（武漢作戦に参加）は彼に強い自信を与えたようである。兵役を終えた佐橋は，1941年10月に商工省に復帰したが，それは岸信介が商工大臣に就任した月であった。彼は自伝に，自分がいない間に商工省がすっかり変わっていたと記している。1937年に配属された旧工務局は，6つのタテ割りの産業を所管する局に変わっており，それぞれの局は戦時生産のために，各産業を育成し統制することに力を注いでいた。佐橋は商工省と軍需省のさまざまな局で勤務し，1946年11月に初めて課長に昇進した。

佐橋滋は，その後，最も有名でまちがいなく最も評価の分かれる通産事務次官となる。彼の経歴，風貌，性格などのすべてが評価を分ける要因となった。そのため，佐橋には「異色官僚」，「サムライの中のサムライ」，「ゲバルト官僚」，新聞が好んだ「怪人サッチャン」，通産省における「民族派」のリーダー，鈴木幸夫が使った「産業ナショナリスト」などさまざまな呼び名があった[2]。佐橋は，企業局長として，そして後には事務次官として，経済自由化に対する通産省の最初の対応を取りまとめ，その方針は1960年代後半の高度経済成長の礎を築いた。彼の行動や率直な物言いは，しばしば官界や産業界や金融界だけではなく，政界にまで衝撃を与えた。彼の官僚としての経歴は，国家が経済運営の主導権を持つ状況において，官僚の利害と政策の実質的な問題とが不可分であることを示す最良の例であろう。

彼の影響力の大きさを示す一例として，佐橋自身もしくは彼が通産省にいた時代が少なくとも3つの小説の題材となったことがあげられる。そのうちの1冊（城山三郎の小説）は，佐橋のお気に入りであったが，別の1冊（朝日新聞の名和太郎のペンネームである赤星潤による小説）は，彼をいらだたせる内容であった。これらの小説は，佐橋が通産省の経済運営を「高飛車な」態度で擁護することに，人々が興味を持っていたことを示している。佐橋の数多い業績の中でとくに重要なのは，通産省が外国為替のコントロールを失った後における主要な政策遂行手段として，意図的か偶然かは別として，「行政指導」を制度化したことである。そして佐橋の事務次官就任後に起こった通産省の国際化は，彼自身と彼の政策に対する反動でもあった*。

---

* これらの小説は，城山三郎（1975）『官僚たちの夏』，赤星潤（1971）『小説 通産省』，そして同タイトルの秋元秀雄（1975）『小説 通産省』である。秋元の小説は，『週刊文春』に連載された。赤星と秋元は，文中で登場人物の実名を使っていた（タイトルに「小説」とあるのは，批判を避けるためであった）。扱っていた内容は，三作とも同じようなものであった。たとえば，自由化に対する通産省の対応，佐橋と今井の事務次官争い，佐橋と住友金属との対立，政治家による省内人事介入などであった。違いと言えば，赤星の作品が一番最初に出版されたということくらいである。城山の小説と実名との一致については，『官界』1975年11月号，pp. 130-31。たとえば，小説中の風越は佐橋，須藤恵作は佐藤栄作首相，九鬼大臣は三木武夫通産大臣（1965年6月～1966年12月）。佐橋が，赤星の作品を嫌っていたことは，筆者による佐橋のインタビュー（1974年9月5日）。大慈弥嘉久・通産事務次官（1971年）は，赤星の小説が自分の次官任期中に出版されたことに怒りを覚えたと後に書いている。『通産ジャーナル』（1974年9月5日），p. 44. 佐橋が城山の作品を評価していたことについては，『通産ジャーナル』（1975年5月24日，p. 38）を参照。

佐橋はそのキャリアのほとんどを繊維局，石炭局，重工業局など，産業関連の部局で過ごした。とくに重工業局では，1957～61年までの重要な4年間にわたって勤務した。前章で触れたように，佐橋は1951年に永山官房長と対立して，仙台に飛ばされた。本省に復帰すると，炭政課の課長に就任した。それはちょうど，国産エネルギー生産を，（当時非常に廉価だった）輸入石油から保護するための最初の合理化政策が実施されている時であった。石炭局での功績によって，石炭行政の大先輩であり当時の事務次官であった平井富三郎は，佐橋を重要なポストである秘書課長に任命した。秘書課は省全体の採用や人事配置を担当する部局であり，吉野と岸が商工省で吉野・岸ラインを作り上げるために利用した商工省文書課に相当した。

佐橋ほど，戦後長く人事に携わった官僚はほかにいない。秘書課にいた3年間に，佐橋は多くの重要な決定を行った。まず彼は，通産省で初めて女性をキャリア官僚として採用した。そして人事配置を厳格な年功序列制ではなく，能力本位で行った（彼の同僚の多くはこれを快く思わなかった）。さらに永山の影響の痕跡をすべて排除した。そして最も重要だったのは，いわゆる「岸・椎名路線（重工業化）」を省内の政策決定における恒久の原理として確立することへの尽力である。彼は，先輩と後輩を慎重にかつタイムリーに動かすことで，事務次官人事のラインを作り上げた。それは，石原武夫から上野幸七，徳永久次，松尾金蔵というもので，最終的には自分自身へと連なるラインを想定していた。この戦略のカギは，企業局長を事務次官となる直前のポストとすることであった。そしてそれは，1961年7月に松尾金蔵が企業局長から事務次官に，そして佐橋が企業局長に就任した時に達成されたかと思われた。

こうした人事を行う過程で，通産省内には2つのグループが形成された。ひとつは佐橋に近い人たちのグループで，もうひとつはそうでない人たちのグループであった。これらのグループは，まだそれほど明確に派閥化していたわけではく，通商・産業行政におけるキャリアの専門化を反映していた。佐橋に最も近いグループは，企業局や産業を所管する局にいた産業政策の専門家たちであった。そうでないグループは，在外公館やジェトロにいたり，省内で通商関係の業務を担当していた人々であった。佐橋は自身のことを，「外国語に弱い」とか「国内限定の官僚」などと語っていた[3]。これは，彼が好んだ人々の多くにもあてはまることでもあった。佐橋の人事は，1950年代においては大した問題にはならなかった。しかし経済自由化の波が押し寄せ，それに対する通産省の対応を考えなければならなくなると，問題となった。佐橋が昇進させた人々，そしてそれに応えて佐橋を支持した人々は，すべて重化学工業化のリーダーとして知られていた。重化学工業化は，当時，通産省全体を通じて支持された基本政策であった。

1957年6月に事務次官を退任する直前，石原武夫は佐橋が人事担当として長く職責を果たした見返りに省内のどのポストを希望するかを尋ねた。佐橋は，重工業局次長のポストを選択した。当時は，重工業局が最も強い影響力を持っていた時期で，同局は最も古い体質の部局であった。重工業局は，鉄鋼，工作機械，一般機械，自動車，電子機器，大型電気設備，鉄道車両，航空機などの育成・輸出と，それらの製造に対する管轄権を持っていた。当時機械類は，日本の高付加価値輸出品の主要な部分を占めるようになりつつあり，機械工業の企業による投資額は，国内産業の中でも大きかった。そして重工業局は，岸・椎名ラインの最前線であった（岸は1957～60年総理大臣，椎名は1960～61年通産大臣）。その意味では，佐橋の選択は賢明なものであった。

重工業局での多くの仕事の中でも，佐橋はまず鉄鋼業に手を付けなければならなかった。最初の業績のひとつは，1958年に鉄鋼業者に価格カルテルを結成させ，それを公正取引委員会に承認させたことである。このような仕事は，通産省の官僚にとってとくに難しいことではなかった。鉄鋼業は20世紀の初めから半世紀にわたって官営であり，佐橋の交渉相手は，役所の先輩か，あるいは戦時中に彼が軍需省製鉄課で勤務していた時の知り合いの企業家であった。その中には，小島新一（1941年に岸の後を継いで商工次官となり，戦後はGHQが日本製鉄を分割した結果生まれた2つの会社のうちのひとつである八幡製鉄の社長に就任した），稲山嘉寛（1927年に当時国有であった八幡製鉄所の職員として商工省に入省し，1962年に小島の後を継いで八幡製鉄の社長に就任した），永野重雄（日本製鉄の分割によって生まれたもうひとつの会社である富士製鉄の社長で，戦時中は佐橋とともに鉄鋼統制会で勤務した），藤井丙午（八幡製鉄副社長で，佐橋が住友金属と対立した時に佐橋を支援した），そして平井富三郎（八幡製鉄の取締役で，1954年に佐橋を秘書課長に任命した通産事務次官であった）などといった人々がいた。その後小島は，新設された産業構造調査会の会長に就任して，通産省が関わった各問題において重要な役割を果たした。同調査会は，自由化の影響に対する対応策を検討するために作られた通産省の花形の諮問機関であった。佐橋と八幡製鉄および富士製鉄との関係は非常に緊密であったため，佐橋が事務次官に就任すると，住友金属の経営陣は通産省が「八幡製鉄霞が関出張所」になったと批判した[4]。

それほど緊密でなかったのは，佐橋とIBM社との関係である。しかしIBMのケースは，佐橋がサムライとして「アメリカ資本の侵略」を撃退するという最初の見せ場のひとつを提供した。通産省は，この時すでに外国企業を国内市場から排除するためのさまざまな政策を導入していた。たとえば，外国人に対して合弁会社の50パーセント以上の株式保有を認めないこと，日本企業の取締役会における外国人の数と投票権を制限すること，外国人が日本企業の合意なしにその会社を買収することを禁止することなどといった非公式なルールがあり，外国人は実質的に通産省の許可なしでは日本経済に参加することができなくなっていた。1950年代後半には，アメリカのシンガー・ミシンと日本のパイン・ミシンが合弁会社を立ち上げる計画に対して，重工業局があらゆる手段を講じて阻止しようとした。シンガーは戦前日本のミシン市場で最大のシェアを持っていたが，それを取り戻そうとしていた。一方通産省は国内のミシン産業を育成していたため，シンガーとパインの合弁会社に生産量の制限を課した[5]。しかしIBMのケースには，より深刻な問題が存在した。IBMは円建ての国内企業として組織されていたため，外国為替の使用や利益の本国送還に対して通産省のコントロールが及ばなかった。さらに重要なことは，IBMがコンピューター技術に関するすべての基本技術に関わる特許を保有しており，それが実質的に日本のコンピューター産業の発展を阻害していたことであった。

佐橋は，IBMの特許を何とかして手に入れたいと考え，IBMに対して次のように通産省の立場を伝えた。「もしIBMが日本企業に5パーセント以下のロイヤリティで特許技術を公開しなければ，我々はあらゆる手段を使ってIBMのビジネスが成功するのを妨害するだろう」[6]。またある交渉の場で，佐橋は「日本はIBMに対してコンプレックスを感じていない。われわれは金と時間がないだけである」と自慢気に述べたという[7]。最終的にIBMは通産省の要求を受け入れざるを得なかった。日本でコンピューターを製造する条件として，IBMは特許技術を売却し，日本国内で販売するコンピューターの台数に関する通産省の行政指導を受け入れたのである。IBMは自社の機械を販売するよりは，リースするほうが多かった。これに対して佐橋は，1961年に日本開発銀行の融資を受けて，国内メーカーからハードウェアを購入し，それを利用者にリースするための半官半民企業である日本電子計算機株式会社（JECC）を設立した。そしてこのリース会社に対する通産省の統制を確実にするために，通産省のOBである村瀬直養を社長にした。

佐橋の激しい外国企業嫌いは，財界人には受けが良かった。しかし，政界との関係において佐橋はIBMと対峙した時のように賢明ではなく，鋭い感覚も持っていなかった。1955年の自由民主党結成以降，政治家たちは徐々に官僚のライバルとして力をつけつつあり，官僚たちはこのことにまだ気づいていなかった。たしかに1932年から55年までは，日本政府はまず軍官僚に，それから経済官僚に支配された。しかし1960年代の状況は，1920年代に吉野信次が直面したのと同じようであった。新しい時代の政治家は，以前よりも官僚に依存していたが，他方で憲法に基づいて昔以上に強力な制度的な権力を有していた。1957年に石橋首相が病気によって辞任した後は，岸，池田，佐藤といった有名な官僚出身の首相が続いたため，官僚らはすっかり安心しきっていた*。しかし池田や佐藤でさえも，政治的なプロセスを無視するわけにはいかなかった。彼らは元官僚であるのと同時に，非常に老練した政治家でもあった。この点を，佐橋は十分に理解してはいなかった。

自民党は一般的な政策決定を官僚機構に任せていたが，官僚たちが省庁間の争いのために政治家を利用しようとする時には，何か政治家に見返りを与えなければならなかった。たとえば，佐橋は重工業局長だったころ，日本の機械輸出を促進させるためのすばらしいアイディアを持っていた。それは産業展示会を開くための船舶を，欧米の港に寄港させるというものであった。初めは貨物船を改修したものを使っていたが，佐橋は産業展示会向けに特別設計された外洋船を，政府の資金で新しく建造したいと思っていた。しかし大蔵省主計局の官僚たちは，新しい船を造る必要はないと考えていた。そこで主計官たちの考え方を変えるため政治的圧力を利用しようと，佐橋は大野伴睦に接触した。大野は自民党の有力派閥のリーダーで，「党人派」（官僚出身ではない政治家たち）の長老であり，佐橋と同郷の岐阜県出身であった。大野は期待に応え，佐橋は新しい船を手に入れた。そして誰もが，佐橋のアイディアはすばらしいと称賛した（皮肉なことに，この17年後には，アメリカが日本でアメリカ製品

---

* 政治研究者の中には，1957～72年まで官僚出身の首相が続いたことを嘆く者もいる。そして，もし石橋湛山が，1957年2月に母校・早稲田大学の式典に出席した際に厚手のコートを着ていれば，戦後日本政治史は全く違うものになっていただろうと語っている。読売新聞政治部『総理大臣』（読売新聞社，1972年），p. 80.

の展示会ができるよう，この「さくら丸」はアメリカに貸与された)[8]。しかし佐橋は，ひとつ大きな過ちを犯した。大野に礼をするのを忘れたのである。数年後，佐橋が（大野のライバルを含む）何人かの政治家とこのようなスキームをもう一度試みた時，大野は佐橋にお仕置きをした。池田は佐橋を助けようとしたが，自身も政治問題を抱えており，それができなかった。さくら丸は海に浮かぶジェトロとして大変な効果を発揮したが，佐橋が1963年に事務次官ポストを手中に収めようとした時に，大きな障壁となってしまった[9]。

佐橋が重工業局の業務に携わっていたころ，1937年入省の同期であった今井善衛は，当時の最重要問題への対応に追われていた。それは，日本経済の自由化を求める国際機関や同盟国からの圧力に対し，どのように対応するかという問題であった。今井の通産省におけるキャリアは，佐橋とは大きく違ったものであった。今井は1913年10月5日に新潟で生まれ，佐橋と同じく東大法学部を卒業した。しかし，今井は格式の高い旧制一高を経て，東大に入学した。戦時中，今井は物資動員計画に従事していたが，その経験は占領期に石炭庁や経済安定本部で勤務した時に役に立った。通産省の幹部の多くは，佐橋が頭角を現す以前から，今井を1937年入省組の中で最も有能な人材のひとりと考えていた。通産省設立後，今井はおもに国際貿易行政分野の業務に従事した。そしてワシントンの在米日本大使館が再開されると，1年間そこで勤務した。また今井と佐橋は，同じ時期に大臣官房の別の課で働いた。そして今井は，佐橋より2年早く局長に昇進した。今井は1958年8月から1961年2月にかけて繊維局長として勤務し，経済自由化問題に直面したのである。

官庁としての通産省が，自由化によってその存在意義を失ってしまうことを恐れていたことは確かである。そのため，通産省は新しい権限を手に入れようとしていた。一方，経済行政官としての通産官僚は，自らが築いたシステムの構造的欠陥（彼らは「ひずみ」と呼んでいた）に悩まされ，自由化がこのひずみを悪化させるのではないかと危惧していた。この問題の原因の一端は，彼らのナショナリズムにあった。日本経済が完全に自由化されてしまうと，資金力のある巨大な外国企業に圧倒されてしまう可能性があったが，たとえ自由化への圧力がなかったとしても，既存のシステムが表面上は何のリスクもない過剰投資を引き起こしていることに対して何らかの対策をとる必要があると認識していた。いわゆる「過当競争」問題は，経済自由化が政策課題として浮上したのと同時期に発生しており，これら2つの問題は密接に関連していた。そして繊維産業は，こうした過剰投資と過当競争の最悪の例のひとつであった。

今井が繊維局長をしていた時期は，この危機が悪化した時期であった。外貨予算制度は依然として機能していたが，今井は繰り返される綿紡績業界の無秩序な過剰生産を防ぐためにより強力な権限が必要だと考えていた。今井が回顧するところによると，「原綿割当制度の違反行為は，目に余るものだった」。そのため，今井は「割当制度に代えて綿花輸入公団の設立を提案した。しかし業界は，この案に強く反対した。割当制度の基本的な問題点は，生産設備への過剰投資，つまり過剰生産を引き起こしたことであった。したがって，単に原綿に対する割当権だけではなく，設備投資の割当権も必要としていた」[10]。帝人，東レ，鐘紡，ユニチカといった大手紡績メーカーを統制するのは，困難を極めた。それは，伝統的な大阪流の政府介入に対する抵抗によるものであった。しかし，より小規模な紡績メーカーは，もっと困難だった。彼らは，政府によって保証された輸入原綿割当をあてにして，銀行から資金を調達し，設備に投資していた。経済自由化という脅威に対して，政府と国会には紡績産業から保護を求める声が殺到した。

1950年代後半には，原綿と羊毛の輸入額は，外貨予算の20パーセント以上を占めていた。これは1970年代の石油輸入額の割合よりも大きく状況は改善のされなければならなかった。さらにアメリカは，日本からの「1ドルブラウス」の大量流入を問題視し，アイゼンハワー大統領は1960年11月16日に「ドル防衛策」を発表し，その後この政策はケネディ政権に引き継がれた。それは，アメリカ国外に駐留する米軍の支出を削減し，海外援助プログラムにおいてアメリカ製品の優先購入を行い，日米間で綿製品の輸出制限に関する交渉開始を求めた。

この問題の解決への第一歩として，1958年10月に今井は「繊維総合対策懇談会」という官民合同の非公式な懇談会を開いた。その中心人物は，当時東京銀行頭取の堀江薫雄であった（東京銀行は，横浜正金銀行の後身で，日本における主要な為替取引機関であった）。その他のメンバーには，大屋晋三（前商工大臣，帝人社長），中山素平（日本興業銀行），稲葉秀三（企画院の出身で，当時は経済評論家だった），そして繊維メーカーの経営者たちであった。

堀江は，たびたび懇談会のメンバーに対して，ヨーロッパ諸国における通貨交換性確立の動きやEC（ヨーロッパ共同体）設立の動きについて説いた。また堀江は，ドイツとイギリスがIMF「8条国」に移行した状況について熟知していた。8条国になると，経常取引の支払いと非居住者が保有する通貨の交換に対する制限を撤廃することが求められた。貿易に依存する日本は，貿易相手国や競争相手に遅れをとることはできないと，今井は主張した。1959年に池田勇人が通産大臣に就任して，この懇談会に出席した際に，池田は堀江について「世界的な流れをよく理解している」と評したという[11]。

1959年12月に，懇談会における審議と今井の意見に基づいて，池田は自由化に関する最初の決定を下した。原綿と羊毛の輸入に関する政府統制を撤廃したのである。これは強力な前例となった。そして1960年1月に政府は，他の産業における自由化計画を策定するために「貿易自由化促進閣僚会議」を設置した。その後1960年3月8日に通産省で自由化問題を検討するために開かれた省議の中で，大きな論争が起きた。小松勇五郎の報告によれば，自由化政策を支持する発言をしたのは，当時の通商局長であった松尾泰一郎だけであった。今井はすでに自由化推進派とみなされていたため，発言する必要はなかった。今井は一部の人々にとっては英雄であったが，他の者にとっては裏切り者に等しかった[12]。しかし今井が，その後まもなくして総理大臣となる池田通産大臣の信頼を得ていたことは明らかであった。

今井自身は，自由化が経済問題であると同時に，政治および行政の問題でもあると認識していた。彼が自由化を支持したのは，占領期の経験から統制経済を嫌悪していたからであった。しかし同時に今井は，自由化が日本経済をより少ない数のハイテク企業から構成される産業構造に転換する絶好の機会であると考えていた。この点では，今井と佐橋の立場は一致していた。しかし通産省全体としてみると，若手官僚たちは自由化を通産省の終焉としてとらえ，タテ割局にいた年配の官僚たちは自分たちが所管する産業の国際競争に対する構造的な脆弱さに苦悩していた。さらに政治家たちは，再選への悪影響を恐れていた。しかし池田は，信念を貫き通した。辞任間近の岸内閣は，1960年6月に池田の貿易自由化計画を採用した。この計画は，3年以内に経済の80パーセントの自由化を目指すものであった。

この80パーセントという数字は，ブリュッセル関税率表の商品・製品分類に基づいて算出されることになっていた。この基準によると，1956年4月には22パーセントであった輸入自由化率は，1960年4月には41パーセントに引き上げられていた。自由化計画の80パーセントは，1963年度までに達成されるべき目標とされ，初年度である1961年度の当初目標数値は62パーセントに設定されていた。この目標数値は，それが公表されるだけで，各産業（と通産省の担当局）に，自らの分野の自由化ができるだけ遅くなるよう画策する複数なプロセスを生じさせた。城山三郎は自身の小説の中で，池田が綿と羊毛の自由化から着手した理由は，それらの産業が池田の政敵に多額の献金をしていたからだと示唆している。もっとも，今井はそのことには言及していない[13]。

現在では，1961 年の時点での日本がそのような危機的な雰囲気に包まれていたとは想像しづらいが，当時のマスコミは「第二の黒船襲来」，「巨大な外国資本の力に対する日本列島の無防備さ」，「国内資本と外国資本との血みどろの戦いに対する日本経済の準備態勢」などについて連日のように報じていた[14]。佐橋自身も，1938 年の「国家総動員法」に言及し，厳しい国際競争に耐えられるような経済体制を作るには，再度「国家総動員」が必要であると主張した[15]。結果的には，この危機はかなり誇張されたものであった。1960～65 年の間に，輸出額は通関ベースで（40 億ドルから 87 億ドルに）倍増して，日本経済がかなりの国際競争力を持っていたことがわかる。にもかかわらず，当時の危機感はリアルなもので，これが輸出増という結果を生んだとも言えるだろう。

池田内閣は，世間に広まった不安感を払拭するためにさまざまな措置を講じた。まず 1960 年には発展途上国の市場調査を行う機関として「アジア経済研究所」を設立し，1961 年には海外援助のための「海外経済協力基金」を立ち上げた。両機関とも，対外的には先進国による経済援助に貢献するためとされていたが，国内的には日本の援助が日本製のプラントや機械の購入につながることから，輸出促進のための機関として正当化された。同じく政府は，1960 年に関税率と関税分類を改正し，自由化された産業により大きな保護を与えた。また輸出促進のために輸出入銀行の資本金を増額した。

政府がとった対策の中で，最も有名なのは「所得倍増計画」である。これは 1960 年 12 月 27 日に，正式に閣議決定された。計画そのものは，当初目標を大きく上回る成果を上げた。振り返ってみると，この計画の最も重要な点は，メディアや通産省による自由化についての悲観的な見方を打ち消すような，楽観的な将来見通しを生み出したという心理的効果であった。ただ，所得倍増計画は，官僚機構にひとつの重要な影響を与えた。池田が同計画の立案を経済企画庁に委ねたことで，経済企画庁内のエコノミストたちの働きが世間に広く知られるようになり，いわゆる経企庁プロパー（通産省や大蔵省からの出向者ではなく，同庁生え抜きのキャリア官僚）が通産省の支配から自由になる機会を与えた。経済企画庁は，事務次官として従来通り通産省の人間を受け入れるのではなく，プロパー官僚で，著名なエコノミストであった大来佐武郎（後の外務大臣）を事務次官にしようとした。通産省はこの試みを握りつぶすことに成功したが，その過程で経済企画庁事務次官ポストを通産省人事の最終ポストとせざるを得なくなった。つまり，経済企画庁事務次官として通産省から送られた人間は，通産省に戻ることができなくなったということである。後述するように，佐橋が通産事務次官を目指していた時に，2人のライバルを経済企画庁事務次官に任命させることでライバルを排除し，佐橋が通産事務次官になる可能性を高めた。経済企画庁事務次官に就くことで，通産事務次官になることは不可能になったからである。

自由化に対する官僚の対応の中で，最も重要なものは，通産省において「産業構造」という概念が生み出され，1961年4月1日に「産業構造調査会」が設置されたことである。この概念は，時価総額，輸出比率，産業集約度，規模の経済などといった国際競争力を示す指標から，日本と欧米の産業を比較することを単純に意味していた。こうした比較が行われるようになると，日本の各産業も国際市場で十分に競争する能力を持っているが，現在の産業構造では競争できないという主張が展開された。業界内で競争しあっている企業の数を減らし，残る企業の規模を拡大し，「系列」システムによって生まれた先行投資と過剰生産能力をコントロールする必要があった。産業構造という概念は，佐橋が後に事務次官として推進した行政手段，すなわち主要産業における合併の促進と設備投資調整カルテルに，鍵となる理論武装を提供した[16]。

産業構造調査会は，この概念を精緻化し，正当化した。小島新一（元商工次官，八幡製鉄社長）を筆頭に，調査会には国内の産業界のリーダーが集められた。そしてこれまで政府が行った経済分析の中でも最も綿密な分析を行った[17]。1964年に調査会の根拠法が期限切れとなると，1949年に設置された産業合理化審議会と統合された。そうして生まれた「産業構造審議会」は，通産省の産業行政指導の主要な公式チャンネルとして，現在まで続いている。

産業構造調査会は，外見上は民間人によって構成された委員会を使って，通産省が同省の政策を一般に広め，権威づけを行うというやり方の傑出した例であった。調査会の実際の作業は，通産省が執り行った。企業局が産業金融，労働，技術，国際経済といった問題についての報告書や提言の作成を行い，個別の産業については大臣官房に新設された産業構造調査室が調査を行った。その室長は，大慈弥嘉久であった。大慈は1960年の池田内閣の自由化計画の実際の策定者であり，後に通産省事務次官となる。

産業構造調査会の50人のメンバーの多くは，通産省OBや同省の関係者によって構成されていた。調査会長の小島新一に加えて，石原武夫（東京電力常務），上野幸七（関西電力常務），徳永久次（富士製鉄常務）らがいた。彼らはいずれも，通産事務次官を退官してまもない人々であった。さらに植村甲午郎，稲葉秀三，永野重雄，稲山嘉寛などといった，商工省，軍需省，内閣企画院出身で通産省に近い人物が多く含まれていた。調査会の重要な下部組織である「産業体制部会」にはわずか7人のメンバーしかいなかったが，佐橋はこの部会で総合的な産業統制の新しいアイディアを練った。同部会のメンバーは，元農林官僚，開発銀行総裁，朝日新聞編集委員，経団連会長，民間経済研究所の所長，前通産事務次官（徳永）であった。部会長は各方面で活躍していた有沢広巳が務めた。有沢は占領期の傾斜生産方式の発案者であり，産業合理審議会会長，石炭産業の権威，そして学界における通産省の最も重要なアドバイザーであった。

1961年7月には佐藤栄作が椎名悦三郎の後を継いで通産大臣となり，佐橋滋は松尾金蔵（事務次官に昇進）の後任として企業局長となった。この異動があったころ，今井善衛は通商局長として困難な仕事に取り組んでいた。今井は，通産省の息のかかった経済企画庁調整局とともに，各産業の自由化スケジュールを策定していた。そしてその1年後の1962年7月，今井は退官直前のポストとされていた特許長官に就任した。こうして佐橋は，通産省の主流であった産業政策の各分野で輝かしい経歴を持つ1937年入省組の中で最後に残った人物となった。

しかし佐橋の事務次官への道には，まだ障害が残っていた。当時の通産事務次官は，1934年入省の松尾金蔵であった。そして1935・36年入省組にもそれぞれひとりずつ有能な人材がおり，彼らは37年入省組に先んじて事務次官ポストに昇進してもおかしくなかった。そのうちのひとり，1935年入省組の小出栄一は，経企庁事務次官に就任していたため，通産事務次官レースからすでに外れていた。もうひとりの1936年入省組の大堀弘は，鉱山局長や公益事業局長などを歴任し，中小企業庁長官を務めていた。松尾と佐橋は，大堀にレースからはずれてもらうために，小出が退官して天下りした後，大堀を経企庁事務次官に任命するように佐藤大臣に進言した。

小出や大堀自身，さらには大平正芳内閣官房長官（後の首相で大蔵官僚時代から省庁内部のこうした抗争を熟知していた）や多くの通産官僚の抵抗にもかかわらず，佐藤は大堀を経企庁事務次官に任命した。そして佐橋の通産事務次官への道は完全に開かれたようにみえた。しかし，先述のさくら丸事件のように有力な政治家を通産省の内部のことに巻きこんだことで，佐橋と通産省の両方が多大な代償を払うこととなった。佐藤の目的は，池田勇人の後任として首相の座に就くために，通産省を強固な基盤とすることであった。それは，池田が大蔵省に，河野一郎が農林省に対して行ったことと同じであった。しかも，佐橋は事務次官退官後政界に転出することを計画しており，佐藤は佐橋が当選すれば佐藤派に参加させようとしていたという噂があった。池田や大野伴睦といった他の派閥リーダーたちにも，そうした佐藤の思惑は明らかであった[18]。

一方で，佐橋の企業局長としての大きな業績は，「特定産業振興臨時措置法案」（特振法案，1963年）をまとめその成果に向けて尽力したことである。この法案は，政治家にとっては触れがたいほどあまりに賛否の分かれる内容であったため，最終的には廃案となってしまった。しかし同法案をめぐる議論は，戦後復興後の日本経済に浮上した主要な問題のすべてを凝縮したものであった。そしてこの法案が廃案になったことで，1960年代後半に同法案の内容を，非公式に行政指導を通じて遂行するという手段がとられるようになったのである。特振法案は，まぎれもなく，占領期前半以来最も重要な経済統制に関する政策提言であった[19]。同法案が立案され，熱心に議論され，最終的に挫折するという過程には，日本の産業政策に関連していたすべての問題，つまり自由化政策，通産省と大蔵省の権限争い，独占禁止法，「過当競争」問題，自民党内の派閥闘争，事務次官レースをめぐる通産省内部での戦いなどが含まれていた。

特振法案が提起した基本的な問題は自由化そのものではなかった。もっとも，外国からの自由化要求は，真の問題が何であるかを明らかにすることを避けるのに都合の良い隠れ蓑となった。佐橋は，今井ほど自由化に熱心ではなかったが，日本が海外市場を拡大し経済成長を維持するためには，自由化は不可避というよりはむしろ望ましいとすら考えていた。では基本的問題は何だったかといえば，それは1920年代後半から1930年代前半にかけて吉野信次が直面した問題と同じで，多数の小規模企業が保護され非生産的な競争を激しく行っているという問題であった。自由化が，こうした状況を国際的な経済圧力にさらすことになり，その結果，日本経済は混乱し，大部分が外国資本に所有され，通産省の業務は失われてしまうのではないか，と考えられていたのである[20]。

佐橋にとってこの問題の本質は，各企業の財務と投資に関する決定を，通産省が作り上げた統制と育成の枠組みの中にいかにしてはめ込むかということであった。（銀行を管理する）大蔵省と（独占禁止法に携わる）公正取引委員会が，自分たちの領分へのいかなる侵害に対しても必ず抵抗することは明らかであった。このような構造的な問題に対する解決策は，多少の修正は必要であったが，数十年の歳月が経過しても1930年代に吉野や岸が編み出した方法と同じであった。つまり，カルテル，強制合併，中小企業への圧力，一部企業の事業転換など昔の「企業再整備」のような手段であった。こうした古くからの手段を，佐橋は「官民協調」，「産業体制整備」，「体制金融（合併を促進する政府融資と税制優遇措置のこと）」などといった新しい用語で呼んだ。

より困難な問題は，これらをいかに実行するかであった。国家統制か自由放任かという古くからの論争は，産業界のリーダーたちにとって依然として記憶に新しく，彼らは一様に国家統制を嫌っていた。こうした産業界の反対を鎮めるために，佐橋企業局長を補佐する次長であった高島節男は，1963年に『経済評論』5月号に論文を掲載し，きわめて巧みに議論を展開した。高島は丹念に「官僚統制」の問題点を分析し，問題点はそれほど多くないものの，人々が官僚統制を嫌っていることについては認めた。そして「自主調整」について，「人々が求める結果をもたらすものではない」と論じた。そして，この統制と自由の対立を解消する方法として，通産省が提案する「誘導行政」を紹介した。高島は，この方法ならば産業が進むべき方向は政府によって決定されるものの，政策遂行に伴う最悪の問題は回避することができると指摘した[21]。実質上，誘導行政とは，官僚・産業界・金融界が協力する委員会において，投資額を決め，合併を促進し，特定産業への新規参入を抑制することで，海外における最も重要な参考例としてのアメリカと西ドイツと同等の産業構造を構築することを意味していた。

こうした目標と方法を含んだ法案を立案するために，佐橋は企業局にきわめて有能な通産官僚たちを集めた。企業局長就任後すぐに，佐橋は当時パリの日本大使館に勤務していた両角良彦（1956〜61年まで在パリ）に手紙を書いた。その手紙の中で佐橋は，自由化が不可避であり，それに対処するために新しい産業政策が必要であると述べ，両角に企業局で勤務するよう依頼した。両角は，通産省における新しいタイプの官僚の代表的存在であった。新しいタイプの官僚とは，英米よりは欧州大陸での勤務経験を持ち，産業政策の専門知識を兼ね備えた官僚のことであった。彼らの多くは，両角を含めて，1970年代に事務次官に就任する。彼らは，ヨーロッパ共同市場や，いわゆる「アメリカ資本によるヨーロッパの侵略」，あるいはフランス流の「混合経済（écononomie concertée）」*といった産業の動きを熟知していた。こうした経験を持った通産官僚としては，両角以外にも，林信太郎（ハンブルグ・ジェトロ所長），小松勇五郎（1960〜65年に在ボン日本大使館），増田実（1962〜66年に在ブリュッセル日本大使館）などがいた[22]。彼らは佐橋が失脚するまでは，佐橋の提案した特振法案を支持していたが，1960年代後半になると，いわゆる「国際派」に変わっていった。

両角は，特振法案の主要な立案者のひとりであった。彼がド・ゴール時代のパリで得た経験，つまりアメリカ資本に対する警戒感，そして佐橋がやろうとしていたことのフランスにおける前例を知っていたことが，特振法の立案に役立った。1961年8月25日に，佐橋は両角を企業局企業第一課長に任命した。両角の他に立案に携わった人物には，企業局次長の高島，産業資金課長で佐橋の息のかかった三宅幸夫，さらに2人の若手官僚，小長啓一（後の田中角栄首相の秘書官で『日本列島改造論』の実際の著者）と内田元亨（自動車産業の育成に携わった技官）がいた[23]。

企業局は，当初この法案を「特定産業競争力強化特別措置法」と呼んでいたが，内閣がその名称を変更した。第1条は，自由化の影響に対処し，特定産業の国際競争力を強化することによって，国家経済の健全な発展を促進するという同法案の趣旨を規定していた。第2条は，3つの産業，すなわち特殊鋼，自

＊　Stephen S. Cohen によると，「écononomie concertée とは，大企業と（フランス）政府と業界団体の共同体である（理論上は業界団体も含まれるものの，実際はそうではないことが多い）。大企業の経営者と政府の主導者らが，国家経済の根幹，とくに寡占セクターを管理する。その原動力は，市場原理にあるような競争や対立というよりは，積極的な協調である。国家は静かなパートナーではなく，主導的で行動的なパートナーである。国家は促進，指導，時には脅しを通して，経済のあらゆる分野に介入する。その目的は経済の近代化，すなわち効率や生産性の向上と規模の拡大である。このパートナーシップは公益のために機能し，伝統的な政治の場からは切り離されている。議会やそれに準ずる機関は，必要とされない。（中略）écononomie concertée は，新しい高級官僚が好む，経済・社会組織のモデルである。そしてその根底にあるのは，国家官僚と大企業経営者との協調の姿勢である」。Cohen（1969）*French Model*（Cambridge, MA: Harvard University Press), pp. 51–52. 元通産事務次官の大慈弥嘉久は，「特振法は，日本にフランス型の混合経済を導入する試みであった」と単刀直入に語っている（「日本の官僚行政と官民協調体制」『現代経済』1972年9月号，p. 30）。

動車，石油化学を特定産業に指定し，他の産業も産業構造調査会の見解を参考にして政令で指定することを規定していた。第3条と第4条は，佐橋が同法案の中心と考えていた官民協調方式を具体的に規定していた[24]。これらの規定によって，政府・産業界・金融界の代表者からなる「三者懇談会」が，個別産業についての「振興基準」を策定し，それを実行に移すとされた。日本語の「懇談会」は，英語の同義語（ディスカッション・グループやコミッティー）といったものより深い意味を持っているという点に留意すべきであろう。ある和英辞典は，懇談の訳語として，イタリア語の「conversazione」をあげて，「二者またはそれ以上の当事者間の口頭合意」と説明している。これは，「契約」まではいかないが，「話し合い」以上の意味合いであることを示唆している。

第5条と第6条は，特定産業の経営者に対して，各企業の競争力強化のために協力することを義務づけている。また金融機関は，特定産業からの借入要求に対しては「配慮」しなければならないとし，さらに政府系金融機関がそれを支援することを規定していた。第7条および第8条には，特定産業に対する「体制金融」，政令による租税特別措置，法人税の軽減に関する諸規定が設けられていた。第9条は，特定産業内の企業の「協調的行動」を独禁法の適用除外とし，それらを合法化すると規定していた。第10〜13条は，法律上の技術的な規定であった。他の多くの日本の法令と同様に，特振法案は比較的短いものであった[25]。

産業構造調査会において，法案の内容が明らかにされると，3つの論争が起こった。第一の論争は，自主調整対官民協調というおなじみの議論であった。近衛内閣の経済新体制確立運動の時代における小林一三と同様に，石坂泰三経団連会長は，自主的コントロールが好ましいと表明した。さらに石坂は，「政府がやるべきは，消防と警察だけである。他のことはすべて民間に任せればよい」と主張した。さらに，「海外からの投資に反対する者は，おむつを着けて母親のそばを離れられない大人のようなものだ」と考えていた[26]。しかし経団連は特振法案に反対だったが，佐橋は経団連のライバル組織である経済同友会の支持を取り付けた。

第二の論争は，銀行がさまざまな「懇談会」に参加することを法案が規定していることに関してであった。銀行業のリーダーたちは，特振法案を彼らの系列に対する攻撃であると考え，その考えは当たっていた。また大蔵省は，彼らの領分に通産省が侵入しようとしていたことに憤慨した。三菱銀行頭取で全国銀行協会会長を務めていた宇佐美洵は，特振法に関わることをいっさい拒否した。

第三の論争は，公正取引委員会が呈したものであった。公取委は，佐橋がこの機を利用して独禁法を撤廃しようとしていると警戒していた。1962年12月5日に，佐橋は公取委と調整を始め，法案の趣旨，自由化が日本経済に与えている脅威，カルテルの必要性について協議した。6度目の協議の後，佐橋はある程度の手ごたえを感じ，1963年2月1日，通産省は法案を公表した。しかし，法案が閣議で協議される段階になっても，公取委は協力を拒み，池田首相が公取委に協力を要請しなければならなかった。

こうした議論の中で佐橋の後ろ盾は，産業構造調査会であった。産業体制部会（部会長は有沢博士）は，とくに佐橋にとって力強い存在で，同法案に関するすべてのことについて，同部会の見解を参考にしていた。1962年10月からは，産業金融部会も佐橋を支援し始めた。同部会は，日本興業銀行の中山素平が部会長を務め，他のメンバーは4名（元通産事務次官の上野幸七，製紙会社社長，新聞社役員，輸出入銀行総裁）しかいなかったが，同部会は「懇談会」に銀行を参加させることはすばらしいアイディアで，もっと早い段階で始められるべきであったと結論づけた。

このように議論が高まってきたことで，政治家は自らが介入しいくつもの論争の解決に尽力せざるを得なくなってきた。1963年2月14日に池田首相は，経済関連の閣僚全員に対して，特振法案の決着がつくまで，定期的に首相と会合を持つよう指示した。その後1週間も経たないうちに，経団連の関西支部が通産省の提案する独禁法の骨抜き化に対して，正式に反対の意思表示を行った（後述するように，大阪からの反対は表面上のものだけではなかった）。閣議の最終結論は，法律の名称をより当たり障りのない「特定産業振興臨時措置法」と改め，5年間の法律期限を付け，産業指定の方法を修正し，法律実施における大蔵大臣の関与を強めるというものであった。こうした修正を加えて，自民党の政務調査会（同調査会においては元大蔵官僚の政治家の影響力がきわめて強かった）は，大蔵省銀行局の反対を押し切って法案を了承し，自民党も1963年3月22日に同法案を最終的に承認した。同日，内閣も同法案を閣議で承認し，同法案は3月25日に衆議院に提出され，商工委員会に付託された。

予想された通り，野党は同法案を官僚統制の復活であると批判し，新聞は通産省を擬人化して「通産省救済法案」であると評した。また事情通は「佐橋軍団の進撃」と呼んだり，評論家は「経済憲法」の崩壊につながると主張した。佐橋は，何時間も国会答弁に立ったが，彼の問題は野党ではなかった。佐橋は，まもなく内閣も自民党も，そして通産大臣でさえ内々に，この法案ではがんばり通さないと決めたことを知るのである。特振法案は，「スポンサー不在の法案」であると目され，指導者たちは法案を見捨てていたのである。特振法案は否決されるまでもなく，採決に持ち込まれることにすら至らなかった。政府は，第43回国会（会期は1962年12月24日〜1963年7月6日），第44回国会（同1963年10月15日〜10月23日），第46回国会（同1963年12月23日〜1964年6月26日）にも法案を提出した。しかし提出後，自民党の幹部たちは，法案を本会議での採決にまで持ち込むための努力をいっさいしなかった。通産省は，公式には同法案が廃案になったことを「誤解や省庁間の縄張り争いや党利党略」によるものとし，「手痛い後退」であるとした[27]。しかし通産官僚の多くは，何が本当の問題であったかを知っていた。銀行業界と関西財界の反対は，たしかに影響があったが，より深刻だったのは，佐橋自身が問題視されたことであった。

佐橋の企業局長在任中に，産業界全般，そしてとくに大阪の産業界をいらだたせるいくつかの事件が起きた。その中には，佐橋の政策が結果として正しかったと証明されたケースもあった。最も有名な事件は，大阪に本社を置く丸善石油に関連したものであった。丸善石油は1933年に設立され，（同じく大阪を本拠地とする）三和銀行の系列企業である。同社は石油精製・元売りを行う日本資本の企業であるが，原油の主な供給者であるユニオンオイル・カンパニー・オブ・カリフォルニア（ユノカル）と長期契約を結んでいた。1956年にスエズ運河が閉鎖された時に，丸善石油の和田完二社長は，長期石油購入契約を結んだが，1962年の景気停滞期には，これが丸善石油にとって不利となり，同社の財務危機につながった。和田社長は，会社存続のためにユノカルから大型融資を受けることを提案し，外資法に基づいた借り入れの承認を通産省に申請した。

しかし佐橋は，この申請を却下した。佐橋は，丸善石油自身の経営上のミスが財務危機の原因であり，外国資本が支配している産業でさらに外国資金を受け入れるのは国益に反する，と主張した。和田も政治的な力を持っており，通産省に対して圧力をかけた。しかしそれは逆に佐橋を攻撃的にしてしまった。だが最終的に佐橋は，丸善石油を救済するための5人からなる委員会を組織することを認めた。同委員会は，植村甲午郎が委員長を務め，和田の退任を求めたほかユノカルが丸善石油の経営権を握らないようにするために，通産省が直接ユノカルと融資条件を交渉すると勧告した。通産省は，この勧告を受け入れた。佐橋がユノカルと交渉し，和田に代えて三和銀行の宮森一雄を社長にすることで，丸善石油は無事再建された。しかし大阪選出の国会議員らは，国会で「佐橋という役人」が，地元産業のリーダーである和田を追放したと批判した[28]。

一方，佐藤栄作は1962年7月18日に通産大臣の座を退き，池田首相は後任に福田一を任命した。福田は典型的な党人派の政治家で，シンガポールの戦時通信員，同盟ニュース社の政治部長を経て，福井県から衆議院に5回当選した議員で，大野派に属していた。池田は，大野の推薦を受けて福田を任命していた。池田は，佐藤栄作と河野一郎の政治的挑戦に対抗するために，大野の支持を必要としていた。福田は，通産省のエリート官僚にとっては「小物政治家」であったが，1963年7月の「福田台風」を起こした人物として彼らの記憶に深く刻み込まれることとなった。

1963年6月に松尾金蔵事務次官は，退任後に日本鋼管取締役（その後副社長に就任）に天下りする準備を進めていた。松尾は，福田大臣に対して，後任には佐橋を任命するように進言した。これは，かなり早い段階から入念に計画されていた指揮権の継承であった。しかし1963年7月1日，福田は記者たちとさまざまな件について懇談していた際に，記者のひとりに「人事案件の多くが通産省内で保留になっていますが，何か話してもらえませんか」と聞かれ，「よろしい」と答えた福田は，以下のようなコメントをした。「通産省は公益に資するための機関であるから，佐橋が産業界で評判が悪いということは，事務次官には不適任だということだ。私は今井が適任だと思う。今井を次の事務次官に任命するつもりだ」[29]。

この発言が引き起こした通産省内の混乱は，いまでも語り草になっている。すべての業務がストップした。1936年の二・二六事件の時と同様に，通産官僚らは入省年次ごとに集まって，この異例の事態について話し合った。ある者は，翌日の新聞に「われわれの栄光ある通産省の歴史を全く知らない党人派の大臣が，われわれの好まない事務次官を選ぶとは何事か」と述べたと報じられた。メディアは，通産官僚たちの「甘い生活」は終わったと風刺した。そして人々は，通産省であれ他の省庁であれ，大臣の直属の部下である事務次官を選ぶのは大臣であると思っていたため，何が起こっているのか理解できなかった。

冷静な見方をしていた者は,「もちろん大臣は，人事に関して最終決定権を持っている。佐橋が省内に派閥を作っていたという点以外は，佐橋だろうが今井だろうが違いはない。どちらも通産省全体を変革することはできない」とコメントしていた。こうして「佐橋派」，そしてそれに対する「国際派」が生まれた。国際派は，1966年に通産省を掌握することになる。新聞が「福田台風」を報道したことで，人々は特振法案の国会審議に関心を失い，同法案の立案者である佐橋の適性が疑問視され，特振法案が「スポンサー不在の法案」になってしまったのである。

福田がこうした行動をとった理由は，いくつもあった。第一に，官僚出身者が支配的になりつつあった自民党の中の党人派の政治家として，福田は官僚を自らの居るべき場所に置こうとしたのである。福田は,「官僚が，政治家の権威を奪い取ろうとするのは，思い上がりもはなはだしい」とよく語ったという。第二に，丸善石油事件と特振法案が，官僚による経済統制復活の懸念を産業界に引き起こしたからであった。今井が単に自由化支持の先鋒であるだけではなく，池田首相の信頼も厚く，また山崎種二・山種証券社長の女婿でもあったため，福田の行動は産業界のリーダーたちを安堵させた。第三に，自民党の指導者たちは，佐藤栄作と佐橋との間に深い関係があると考え，福田が属する派閥のリーダーである大野伴睦は，この関係を断とうと画策していた。

この騒動のダメージを抑えるために，通産省のOBたちに声がかかった。退任を控えていた松尾金蔵は，解決策が見つかるまで佐橋に沈黙を保つよう忠告した。佐橋は今井と同じ1937年入省組であったが，慣例通り退官するようなことはしないと明言した。その結果，彼らの大先輩である椎名悦三郎の主催による会合がもたれた。その席で，今井が事務次官に就任し，佐橋は今井の前職である特許庁長官のポストに就き，今井は1年後に退官し（実際は15カ月在任した），その後は佐橋が事務次官に就任することが決定された。この事件について，佐橋は自身の30年間の官僚生活の中で最も辛い出来事であったと述べているが，たしかにその通りであっただろう。しかし，佐橋自身と彼の法案の評判が悪かったにもかかわらず，経済に対する彼のアイディアは，最終的には受け入れられ，実行されることとなり，佐橋にとっては満足な結果となった[30]。

この時期，日本経済の自由化のスピードアップを求める海外からの圧力は，いっそう強まっていた。1961年の第1回日米経済閣僚合同会合の際に，アメリカ側は池田が約束した80パーセントを超えるペースの自由化を要求した。そして1962年9月には，IMFが95パーセントの自由化を勧告した（最終的にIMFと日本政府は90パーセントで合意した）。さらに1963年2月20日，IMF理事会は日本が8条国に移行しない理由書を否決し，90パーセント以上の自由化を求めた。国際貿易に関与し続けるためには，日本に選択の余地はなかった。そこで日本は，1964年4月1日に正式に8条国となり，同時に通産省による外貨予算に基づいた外国為替の割当を廃止することを通告した。

GATTからの圧力も，同様に強まっていた。イギリスが日本との通商航海条約を締結するにあたって，日本はGATT第14条（政府輸出補助金の禁止）を受け入れるべきであるとし，GATT第11条（国際収支を理由とした貿易制限の禁止）の順守はIMF 8条の受諾と同様に重要であると主張した。このため日本は，1963年4月4日にイギリスとの条約締結と同時に，GATTに対して1年以内に11条国に移行すると通告した。また1963年7月には，OECDへの加盟を申請し（アジア諸国では初），1964年4月29日に承認された。日本は，OECD加盟国の行動規範に対して17項目の暫定的保留を行っていたが，OECDへの加盟は日本が貿易自由化だけではなく資本取引の自由化にも取り組むことを意味していた。こうしてついに，「完全に開放された経済」が，日本の達成目標となったのである。

国際的な規約を受け入れたのと同時期に，日本経済は戦後最悪の不況に陥っていた。1964年10月に佐橋が今井に代わって事務次官に就任したのと時を同じくして，景気後退が始まった。この景気後退は，当初は国際収支の制約と政府の金融引き締めによって生じた通常の周期的停滞のようにみえた。そういったタイプの周期的な景気後退は，朝鮮戦争以後，何度か経験していた。しかし1964年12月1日には，日本特殊鋼株式会社の経営が破たんし，「会社更生法」に基づく更生申請を行うことを発表した。1965年3月6日には山陽特殊鋼株式会社が負債500億円を抱えて倒産した。これは戦後日本における最大規模の企業倒産であった。その2カ月後，山一證券が債務不履行になり，破産寸前の状態にあると報告した。山一證券は，政府保証を受けた大規模な融資計画によって辛うじて救済された。そしてついに，政府は同年6月7日に，16年間続いた均衡予算の継続を諦め，不況対策支出による財政赤字をカバーするために，国債の発行を開始した。長年金融政策に依存してきた日本政府が，財政政策へと政策の重心を転換したのである。

こうした状況のもとで，研究者たちはこの不況が「通常」の不況ではなく，急速な経済成長によって生じた「ひずみ」がもたらした「構造不況」であると主張し始めた。構造不況論は，何よりも佐藤首相（1964年11月に池田の後任として首相に就任した）と通産省に近いエコノミストたちがおもに提唱していた[31]。振り返ると，構造不況論はいくらか誇張されたものであったし，根本的な経済状況の変化によってというよりは，佐藤が池田を批判するための政治的な必要性から生まれた主張であったように思われる。不況の原因は，第一に経済自由化・IMF 8条国移行・OECD加盟などによって生じた不確実性，第二に若年労働力供給の枯渇によって生じた労働コストの上昇，第三に政府の金融引き締め政策，第四に系列システムによって生じた過度の投資がもたらした慢性的な過剰生産などであった。

特振法案に対しては冷淡な態度をとっていた福田通産相のような政界のリーダーたちも，こうした構造不況が起きることを危惧していた。1964年の半ば，福田は佐橋を大いに喜ばせるようなことをした。6月26日（特振法案廃案決定の日），福田は閣議において，特振法案は成立しなかったが，同法案の趣旨と目的はすべて真っ当であり，法案の中にあった「協調方式」は優れたアイディアで一般的な産業政策の手段として用いられるべきである，と発言した。福田は，通産省が協調懇談会を合成繊維（1964年10月26日設置）と，石油化学（同年12月19日設置）について設置する予定であり，過剰生産問題を抱える他のすべての産業についても協調懇談会を設置することを考えていると説明した。こうした懇談会は，特定の法的根拠は持たず，通産省の裁量による「行政指導」に基づいて実施されると福田は語った。この「行政指導」という言葉は，1962年度の通産省年報で初めて現れた用語であった[32]。福田がこの発言をした1カ月後の1964年7月18日，池田は内閣を改造し，福田の後任として櫻内義雄を通産大臣に任命した。櫻内の父は，戦前（1931年）に商工大臣を務めており，櫻内自身は河野派（1965年7月に河野が死去した後は中曽根派）の幹部のひとりであった。櫻内は佐藤内閣になっても通産大臣に留任した（1965年6月に三木武夫と交替）。櫻内と三木と佐橋の3人は，行政指導を使って特振法案のアイディアを実現させることで不況と戦った。

行政指導という制度ほど，他のどんな実践よりも，日本における政府と民間企業との関係が他国には例のない文化的な何らかの習慣に根ざしているという誤った考えを世界中に広めたものはない。イギリスの *The Economist* 誌は，行政指導を「成文化されていない命令をさす日本語」と定義し，東大の内田忠夫教授は「国会は経済政策の決定にほとんど影響力を持っておらず，実際の権力は行政府，とくに各省庁が持っている」と指摘した[33]。多くの外国人は，こうした状況に抗議している。ドイツ繊維製造業労働組合のエルンスト・ヘルマン・シュタールは，「ドイツの製造業者をいらだたせているのは，実は日本の競争力の問題ではなく，迷路のように不可解な日本政府による支援と補助金である。われわれがどう対処しようとも，日本企業はますます価格を下げてくる」と述べている[34]。1960年代に通産省が「一方的貿易」[35]の機関であるとの評判を作ったのは，行政指導だった。一方で，日本のある研究者は，行政指導こそが，「日本の産業を動かし，日本を世界第3位の工業国にしたのである。それは日本株式会社の支柱のひとつである」と評価している[36]。

行政指導は，何も謎めいたものではない。それは，単に各省の設置法に規定された政府の権限に基づいて，各省庁が所管する企業や顧客に対して「指示」，「警告」，「要望」，「勧告」，「勧奨」を行うことを指す[37]。行政指導に関する制約は，「指導対象者」が省庁の所轄範囲内でなければならないということだけである。また行政指導は，それ自体法律を明示的に根拠とはしないが既存の法律に反してはならない（たとえば，独禁法に反する指導を行うことはできない）。1950年代には，通産省の業務に関して行政指導という言葉が言及されることはほとんどなかった。それは，当時通産省のほとんどの命令，許可，認可は，統制のための明示的な法律に依拠していたからである。行政指導が広く実施され議論されるようになったのは，1960年代になってからである。それは，このころ通産省が，自由化と特振法案の廃案によって，明示的な統制権限を失ったからであった。その意味で行政指導は，通産省がすでに確立した慣行を異なる手段を用いて継続しているだけにすぎない。城山は「特振法案の失敗の後，残されたものは行政指導だけだった」と結論づけたが，日本人研究者のほとんどはこれに同意している[38]。

行政指導は法的拘束力がないという点で，たとえば外為法に基づく命令などとは異なる。それでも行政指導が影響力を持つのは，1930年代以降に確立された官民関係，官僚に対する畏怖，国益のために指導しているという省庁の言い分，そして各省庁が行使できる各種の非公式的な圧力などによる。日本の古いことわざに「江戸の敵を長崎で討つ」というものがあるが，これは政府に対する畏怖にも当てはまる。官僚は行政指導を無視した業者に対して，報復する手段をいくつも持っていた[39]。後述するように，通産省は業者が指導を受け入れない場合は，これに対する報復を行った。

行政指導は，形式によっては政府による正式の命令と区別が難しいことがある。たとえば，「指導要綱」による指導は，指導に従わないことに対して罰則は示されていないものの政府によって適切に計画され公表された政策に対して，国民が配慮し誠意を持って対応することを義務づけるものである。この形式の行政指導の有名な例は，1970年代初頭の武蔵野市のケースである。それは東京郊外にある武蔵野市が，大規模宅地開発を行う業者は，小学校を建てる土地を提供するか，そのような土地を購入するために市当局に協力しなければならないという指導要綱を制定したものである。ある開発業者がこの要綱を無視した際に，武蔵野市はその業者が開発プロジェクトのために構築した下水路をコンクリートで封鎖してしまった。業者は市を提訴したが，裁判所は市を支持する判決を下した[40]。一般的に行政指導が国益に資するとして出された場合，異議を唱えるのはほとんど不可能である。メディアは，ある都市銀行の重役が大蔵省に対して，行政指導によって割り当てられた国債のすべてを買い取ることはできないと抗議したケースに好んで言及する。このとき，銀行局の官僚は「それならあなたは，日本が崩壊してもあなたの銀行が存続できると思うんですか。頭取にもそう言ってやりなさい」と答えたという[41]。とくに佐橋は，こうした手法で行政指導を正当化することがうまかった。

行政指導に問題が生じるのは，以下のような場合である。たとえば，省庁が調停をすべき事案において中立を保っていないと疑われる場合，規制対象となる業者や人物と省庁が癒着している場合，行政指導が違法なカルテルの「隠れ蓑」として使われている場合，あるいは行政指導を行う審議会のメンバーの人選が偏向している場合，などである。こうした疑念が生じた場合，それを払拭することは容易ではない。次章でみるように，1970年代にはこうした理由によって行政指導に対して抗議の声が上がった。

1965年の不況の時期には，通産省の行政指導の主要な形態のひとつは「協調懇談会」を通じた設備投資調整であった。企業経営者や政治家が国会において，通産省や佐橋や特振法案について批判することがあっても，彼らも個人的には，先行的な投資や需要の先細りの問題を回避するためのカルテルを歓迎していた。1965年1月29日，石油化学協調懇談会は，1965～66年度の新規エチレン製造設備は35万トン以下に制限し，設備の建設は既存の企業のみに認めることを決定した。同じく1965年3月18日に化学繊維協調懇談会は，新規のアクリル繊維のための設備については1日の生産量を30トン以下に制限することで合意した。また通産省は1965年5月には紙パルプ産業に，1966年11月には合金鉄産業に，それぞれ協調懇談会を設置した。同じような目的を果たすために，その他の業種については，産業構造審議会の特別部会を用いた。そして同審議会は，ほとんどの産業の代表者と金融業界の代表者が一同に会し，それぞれがどのような種類の工場や設備にどのくらいの金額を投資するかを決定するための場として，最終的に協調懇談会にとって代わった。

この時期の行政指導のもうひとつの重要な形態は，政府による合併の促進であった。これは時には，単に通産省が当事者同士を会わせて合併を促し，それを公取委に認めさせるだけのこともあった。このタイプで最も大規模な合併は，旧三菱重工がGHQによる分割でできた3社が，1964年6月1日に再合併したケースである。しかし合併を実現するために，時には口頭で合併を勧める以上のことをする必要があった。1963年度に日本開発銀行は，合併した大企業に対する「構造融資」枠として，約30億円（1964年度には60億円に拡大）を用意した。以前から政府は，中小企業間の合併を促進するための低利融資を行ってきたが，そうした資金が自動車，石油化学，合金鉄産業にまで拡大された。1966年8月1日に日産自動車とプリンス自動車が合併した際に，日産は見返りとして日本開発銀行から1110万ドルの融資を受けたといわれている[42]。政府は，輸出促進政策の一環で，規模の経済が輸出品の価格を引き下げるとしてこの種のバラマキ政策を正当化した。Hollermanが言うように，「占領軍によって経済民主化の名のもとに財閥の解体が行われた一方で，今日の日本で輸入自由化の名のもとに財閥の再建が行われているのは皮肉なことである」[43]。佐橋は，日産とプリンスの合併が櫻内通産大臣の功績だとしているが，多くの研究者は佐橋自身がそのほとんどを行ったと信じている[44]。

こうした「構造不況」，合併，行政指導が頻繁に行われた日々は，佐橋事務次官が関与した最後の大事件につながっていった。佐橋の行政指導に従うことを拒否した大阪の住友金属との衝突である。稲山嘉寛は鉄を「産業のコメ」を呼び，事情通の論者の多くは鉄鋼産業を官民関係の「優等生」であるとみなしていた[45]。しかし1960年代半ばに通産省は，その優等生との間にいくつかの問題を抱えていた。八幡製鉄は国営企業として設立されたため（同社は1934年に，特殊会社である日本製鉄の主要な一翼となった），「6大」鉄鋼会社（八幡，富士，日本鋼管，川崎，住友，神戸）のうち4社は，通産省が八幡と富士（GHQによる日本製鉄解体の結果できた同社の後継企業）に対して甘いと考え，通産省の中立性に不信感を持つようになっていた。そもそも，通産省と鉄鋼産業との関係はデリケートなものであった。住友金属を除く5大鉄鋼会社は，取締役会に退官した元通産官僚を抱えていた。それにもかかわらず，鉄鋼産業の重役の多くが，経団連や経済同友会といった財界組織のトップ・リーダーであったため，通産省が鉄鋼産業に対して直接命令を下すのは困難であった。

鉄鋼行政には，2つの大きな問題があった。それは，新規高炉と転炉に対する投資調整と，適切な価格を維持するための生産調整である。八幡製鉄の稲山は，以前から鉄鋼価格の変動抑制は鉄鋼産業が膨大な投資に対する融資の返済を予定通りに行えるようになること，また鉄鋼価格の不安定化が他の産業に与える波及効果を抑えられるようになることという2つの点で，国益にかなうと主張していた。終戦後の傾斜生産の時代から1960年ぐらいまで，通産省は産業合理化審議会の計画や外資法を活用して，鉄鋼産業の設備投資を細かくコントロールしてきた。1960年に松尾通産事務次官（退官後日本鋼管に入社）は，独占禁止法の例外として，設備投資調整カルテルを設立するための鉄鋼事業法の制定を提案した。しかし鉄鋼産業は，通産省の監督によるが実際は日本鉄鋼連盟による鉄鋼産業の自主調整を好んだため，この法案を拒否した。しかし1965年には，自主調整の試みは破綻し，不況の影響もあって，鉄鋼産業の過剰生産問題は深刻化し，最大級の企業倒産を引き起こす可能性もあった。

喫緊の課題は鉄鋼の値崩れを防ぐため，生産量の削減を勧告する「勧告操短」を行うことだった。通産省は1965年第2四半期（7〜9月期）には，鉄鋼各社が1964年度下半期（1964年10月〜翌年3月）の総出荷額のシェアに応じて，10パーセント生産削減することを「勧告（命令）」した。住友金属を含むすべての「6大鉄鋼会社」が，この勧告に従った。その後1965年11月9日に，通産省はこの減産を第3四半期（不況は10月に底を打った）にも継続するよう命令した。しかし住友金属は，大手6社の中で通産省の割り当てた輸出目標を満たしたのは住友金属だけであり，最大手3社である八幡，富士，日本鋼管が輸出向けに生産された鉄鋼製品を国内市場で販売したとして，この行政指導を受け入れることを拒否した。住友金属は，通産省による市場シェアの算出は各社の輸出実績を考慮しておらず，住友金属のように新しく経営効率の良い企業にとっては不利なものであると主張した。

住友金属社長の日向方斎は，この種の問題を扱うことには慣れていた。日向は1931年に東大法学部を卒業して以来，ずっと住友金属で勤務していた。そして第三次近衛内閣（1941年）の小倉正恒大蔵大臣（住友出身）のもとで秘書官を務めた経験があり，政府の官僚機構について熟知していた。また日向は，1965年には大阪経済同友会の会長を務めた。そのため彼は，八幡と富士をつねに贔屓する通産省の鉄鋼産業への介入に対しても，冷静に対応する能力を持っていた。

1965年11月18日に日向が行政指導に従わない意思を表明すると，通産大臣三木武夫（国会の最長連続当選記録を持ち，自民党派閥の領袖で，その後首相になる）から電話があり，もし住友金属が第3四半期だけでも減産に協力するならば，三木は住友金属の和歌山製鉄所の大規模投資計画（第4高炉と第4・5転炉の増設）に対して，便宜を図ることを約束したという。なお，佐橋は，日向が通産省の勧告を拒否するまで，この問題に直接は関わっていなかった。三木の電話の前に，佐橋と三木が事前協議をしていたか否かは定かではない*。

しかし三木の電話の翌日（11月19日），佐橋も日向に連絡を入れ，住友金属が勧告に従わない場合は，輸入貿易管理令（1949年政令第414号）に基づいて，住友金属の原料炭の輸入量を，同社に割り当てられた数量に限定し，それ以上はいっさい認めないと伝えた。この時，佐橋は通産省の最も権威主義的な側面を露にした。このことが公になると，新聞は一様に住友金属に同情的な報道をした。日向は大阪で記者会見を行い，次のように語った。事業に投資し，リスクをとっているのは企業であり，企業がどのくらい生産するかは政府が決めることではない（しかしこれは，必ずしも正しい主張ではない。住友金属は他の企業と同様に，政府保証による融資と世界銀行からの貸付けの恩恵を受けていたからである）。さらに日向は，通産省が天下り官僚を受け入れている企業を優遇していることや，佐橋事務次官がまるで三木通産大臣を操っているかのようにみえることを指摘した。そして，日向は会見に集まった大阪の記者たちに，「2人のうちのどちらが大臣なのか」と問いかけた。この発言は，すぐ

*　佐橋によると，三木の電話は，単に有力な政治家が影響力のある支持者に電話をしただけの内容だったという。三木の「約束」は非常に曖昧なもので，これは典型的な官庁用語の例であった（政府職員はしばしば，実際には応じる意思はないのに，国民からの要請に「ハイ」と応えることがある）。佐橋は，日向が意図的に三木のいう意味を曲解していたと考えている（松林松雄編『回顧録戦後通産政策史』政策情報社，1973年，p. 141）。

さま全国紙で取り上げられ，「佐橋大臣，三木事務次官」という見出しとなり，一般の人々にも強い印象を与えた（この事例は，1936年に起きた小川大臣と吉野次官，そして1941年に起きた小林大臣と岸次官の衝突に似ている）。

佐橋と三木の関係は良好であったが，この事件によって佐橋は恥をかかされた。ただ，佐橋は圧力を緩めず，最終的に住友金属との勝負に勝利した。1966年1月11日に住友金属は，行政指導に反対したのではなく，輸出実績が優れているために例外的扱いを求めただけだと釈明し，他社と足並みを揃えると表明した。これによって，必要不可欠な原料の輸入は速やかに回復された。鉄鋼産業のリーダーたちもこの妥協を成立させるために尽力し，住友金属の輸出枠も拡大された。

この有名な事件は，さまざまな影響をもたらした。中でも最も重要だったのは，この事件が鉄鋼産業および産業界全体に大きく揺るがし，これまで秘密とされていたプロセスを白日のもとにさらしたこと，そのため政府と財界のトップたちが，八幡と富士を合併させて鉄鋼産業の明確なリーダーとすることで，鉄鋼産業の構造そのものを改革しようと決めたことである。そして公正取引委員会との長期にわたる，しばしば厳しい折衝が続いたあと，1970年3月，世界最大の鉄鋼メーカーである新日本製鉄が誕生した。この有名な企業合併における通産省の役割については，次章で再度触れることにする。

これほど重大ではないが，同様に示唆的な影響としては，住友金属が初めて天下り官僚を受け入れたことである。この事件から3年が経った1969年，日向は退官を間近に控えた熊谷典文を，住友金属の取締役として招き入れた。熊谷は，通産省に入省する前に，短期ではあったが住友で勤務した経験があったため，他の人物に比べると受け入れやすかった。1978年6月，日向は会長職に就き，熊谷が住友金属社長に就任した。住友金属の役員たちは優秀であったが，通産省の内部事情に関する知識だけは足りなかったと，日向は悟ったのであろう[46]。

住友金属との争いに勝利してから3カ月後，佐橋は自身の役目は終わったと考えるようになった。しかし佐橋は，高級官僚が退官後に通常たどる天下りの3つの道のうちどれも選択しないと明言した。民間企業への天下りは，よそ者の存在で生え抜き社員の昇進の機会を失わせ，反感を買うだけなので，気が進まなかった。また政治家に対しては失望していたので，政界進出も望まなかった。そして公社などの政府系機関も，後任の事務次官からの命令を受けることになるので嫌だった。このため，佐橋は退官後の6年間を経済の研究をしたり，多くの優れた著書を執筆するなどして過ごした。そして1972年，通産省が観光・レジャー産業の振興のために設立した余暇開発センターの理事長に就任した。1974年に筆者が佐橋と面会した時には，佐橋は典型的な国際ツーリスト企業の重役といった風貌であった。佐橋は自分のオフィスで熱帯魚の入った水槽に囲まれ，南太平洋出張から帰ったばかりだとのことで，白いサファリスーツを着こなし，筆者の質問に答え，彼の愛する通産省を熱心に擁護した。佐橋がマスコミから「ミスター通産省」と呼ばれていたことも，故無きことではない。

日本経済における総動員態勢が本当に解除され始めたのは，1960年代初頭になってからで，それは貿易と為替の自由化による。1951年の『経済白書』が「もはや戦後ではない」と宣言したが，それは5年早かった。貿易自由化が強制されるまで，日本は完全に閉ざされた経済活動を行っていた。海外との接触のすべては，政府によって管理され仲介されていたのである。貿易自由化は，日本経済を開放し，世界の市場すべてに影響を与える通商と競争の圧力にさらすこととなった。そしてこの複雑なプロセスは，まだ始まったばかりであった。そして，1980年になって外資法が廃止されるまでは，日本の総動員態勢の解除が完了したとは言えなかった。貿易および為替の自由化への世界的な潮流によって，日本経済は大いに繁栄したが，日本が統制を撤廃していく実際のプロセスは，日本にとっても，またその貿易相手にとっても，辛く苦しいものであった。次章でみるように，1960年から80年にかけての期間は，日米関係にその後20年も続く傷跡を深く刻み込んだ。

1981年1月に，日米の見識あるリーダーたち（「賢人」）は，ある報告書をまとめた。この日米の賢人会議のメンバーは，当時の大平首相とカーター大統領によって任命され，日米間の長期的な経済問題について検討を行う使命を与えられた。そして彼らは，「日本市場は，開かれているのか，閉ざされているのか」というテーマのもと，行政指導について議論を行った。

> 外国人にとって，日本の経済システムを理解するうえでの最大の難点のひとつは，政府と経済界の関係である。政府と民間の間の協議が広い分野にわたっており，米国と比べると敵対関係があまりないということが，米

国人の眼からみれば「日本株式会社」のイメージの裏付けと映る。このイメージは，日本経済についてはなはだ間違った，また誤解を招きやすい印象を与える。これは日米経済関係にとっても有害である。というのは，日本が自由に輸出入を操作できるのだという誤った印象を与えるからである。企業は，政府の命令におとなしく従わないし，政府も企業の手下ではない。

しかし，日本人の大部分は「行政指導」の存在を認めており，これを米国におけるがごとく，法律ないし規則によらないで企業に影響を与えるために政府が用いる非公式な手段，と説明している[47]。

本章が示したように，行政指導は，通産省が貿易自由化と指導行政に必要な法整備を失敗したという背景から，日本の官民関係の代表的な特徴となった。それまでは，経済政策決定における政府の役割は，外貨予算の管理を通じて保証されていた。そして外貨予算が廃止された後も，政府は従来通りの役割を果たし続けた。しかし，産業や企業の国際貿易に対する統制を通じて，政府の方針に従わせるという仕組みは失われていた。

経済における政府の役割は，貿易自由化の前も後も，明確な法的制約を受けていたわけではなかった。たしかに，日本の経済システムは法的な基礎の上に成り立っている。しかしそうした法律は，特振法の例にもみられるように，簡潔で一般的な規定しか持たない。実際の詳細は法の効果が狭く目標達成に向けられるように，官僚による法解釈に委ねられている。そして多くの経済活動が，一般的な法律によっても，具体的な政省令によってもカバーされておらず，行政指導に委ねられている。行政指導のパワーは，軍司令官や船長が管轄下の事項についてすべての責任を負う代わりに，それらに関する全権限が与えられているのと似ている。そして合法性よりも有効性を重視する資本主義的発展指向型国家において，行政指導は完全に理にかなったものであると言える。

日本の経済官僚は，行政指導を使うことによって，新しい経済環境に迅速かつ柔軟に対応する能力を高め，自らが主導的に行動できる裁量の幅を十分に広げた。法的な代理人を立てたりすることもせず，友好的な官民関係を維持することで，日本が大きな利益を得てきたことは疑う余地もない。当然のことながら，こうした友好的な官民関係は腐敗しがちで，実際に次章でみるように，時として濫用されてきた。しかし戦後日本における全般的な経済成長の必要性が背景にあったため，迅速かつ効果的な経済行政を行う代わりに，官僚が時に法的権限を超えて力を行使することを，人々は受け入れた。貿易と資本の自由化が進むにつれて，行政指導は減少していった。しかし国民が日本経済の脆弱性を自覚し，また政府による経済活動の調整が必要なことを受け入れていることを考慮すると，行政指導が日本から完全に消滅することはないだろう。

佐橋は，古いタイプの産業政策官僚の最後のひとりとして，自由化の影響を緩和しつつ，高度成長を可能な限り継続させようと尽力した。彼が退官した後，通産省はその活動に対する激しい批判にさらされた。また政府と民間企業との協調的な関係は，民間側が自主統制を求めるようになったことによって，ほころび始めた。しかしながら，1973～74年にかけての第一次石油ショックが起こるとまもなく，通産省の役割が必要とされるようになった。つまり，第三段階にあった知識集約型産業化を主導し，民間企業による自主統制の復活によるさまざまな弊害を除去することであった。また通産省は，内部機構の改革を行い，通産官僚に必要な資質の定義を見直した。つまり，佐橋や彼の同僚のような古い官僚とは違って，新しい通産官僚には国際経験や外国語の技能を持ち，産業政策だけではなく貿易行政にも精通していることが必要とされるようになった。佐橋が自らを「国内限定の官僚」と呼んでいたことに比べると，彼の後継者たちは「国際的なナショナリスト」であった。

岸・椎名ラインの終焉は，高度経済成長の終焉というわけではなかった。日本の生産性は1950～67年にかけて，平均9.5パーセントの成長を記録したが，1967～73年にかけては平均10パーセントに上昇し，石油ショックの影響を受けた後も1978～79年にかけては8.3パーセントを維持した。1970年代の終わりまでには，日本とその同盟国であるアメリカの2カ国で，全世界の生産の35パーセントを生み出すことになり，世界貿易の約20パーセントを占めるようになった。日本は富裕国になったのである。佐橋のような人々の本当の遺産とは，「統制官僚」的なものの考え方ではなく，民主主義や競争原理の利点を失うことなく，経済環境の変化に対応して産業構造を変革する方策を国民に示したことであった。通産省のおかげで，古い産業を撤退させて新しい産業を振興するための知識と経験を，日本は他のどの国よりも多く手に入れることになったのである。

注

1 佐橋の経歴については，佐橋の自叙伝である佐橋（1967）と，佐橋（1972）pp. 158-62を参照。

2 「異色官僚」という呼称は，戦前の和田博雄にも使われていた。和田は企画院事件で逮捕された農林省の官僚で，戦後の占領期には経済安定本部長官を務めた。稲葉（1977）p. 178.「サムライの中のサムライ」という呼称については，松林（1973）p. 138.「ゲバルト官僚」については，草柳（1969b）p. 162.「怪人サッちゃん」は，草柳（1974）p. 115. 鈴木（1969）p. 62も参照。

3 佐橋（1967）p. 207.

4 通産省記者クラブ（1963b）p. 76.

5 エコノミスト編集部（1977）第1巻，pp. 72-74；通産省記者クラブ（1956）p. 190-94.

6 エコノミスト編集部（1977）第1巻，pp. 142-43.

7 佐橋（1967）p. 215；角間（1979b）pp. 131-36.

8 さくら丸の写真と記事については，“Japan's Floating Finds Success in Europe,” *New York Times*, Aug. 10, 1964. さくら丸のアメリカへの貸与については“Japanese Get Chance to Buy U.S. Goods at U.S. Prices,” *Los Angels Times*, Oct. 30, 1978を参照。

9 佐橋（1967）pp. 191-207；秋元（1975）pp. 80-82.

10 『エコノミスト』1976年9月14日号，p. 78.

11 同上，p. 79.

12 小松（1978）p. 23.

13 城山（1975a）pp. 86-87. 自由化の度合いについては，通産省（1965）pp. 698, 703.

14 有沢（1976）p. 443；通産省記者クラブ（1963b）p. 74.

15 佐橋（1967）p. 248.

16 太田真一郎（大臣官房企画室）「産業構造政策」，磯村（1972）所収，pp. 312-15；通産省（1969a）p. 11；通産省（1972）pp. 128-31；通産省『昭和36年度版 通商産業省年報』pp. 75-76, 109-10.

17 産業構造調査会（1964）.

18 赤星（1971）pp. 73-82；通産省記者クラブ（1963b）p. 78-84；通産省記者クラブ（1963a）p. 39；伊藤（1967）pp. 78-104.

19 前田（1975）p. 16；有沢（1976）p. 443；鈴木（1963）.

20 日本における「過当競争」の研究には，Abegglen and Rapp（1970）; Aliber（1963）; Boltho（1975）; Hollerman（1967）p. 162などがある。

21 高島（1963）.

22 日米通商関係の重要性にもかかわらず，アメリカではなくヨーロッパに滞在した経験を持つ通産事務次官の数については，遠藤（1975）p. 110.

23 小長と内田については，草柳（1974）p. 116-19を参照。

24 佐橋（1967）pp. 245-51.

25 衆議院（1963）pp. 2-4.

26 *Japan Times*, Mar. 7 1975; *San Francisco Chronicle*, Mar. 7, 1975.

27　通産省（1969a）pp. 2, 11.

28　赤星（1971）pp. 93-96; 佐橋（1967）pp. 240-45; 通産省記者クラブ（1963a）p. 38; 資源開発運営調査会（1973）p. 60.

29「福田台風」については，通産省記者クラブ（1963b）.

30　秋元（1975）pp. 91, 142-43; 角間（1979b）pp. 34-46; 佐橋（1967）pp. 257-68；政策時報社（1968）p. 89.

31「構造不況論」については，有沢（1976）pp. 465-67；通産省と「構造不況論」については，通産省『昭和40年度版 通商産業省年報』，p. 64.

32　福田の発言については，通産省『昭和39年度版 通商産業省年報』，p. 59；「行政指導」の初出については，通産省『昭和37年度版 通商産業省年報』，p. 123.

33　*The Economist*, Nov. 10, 1979, p. 85; *Japan Economic Journal*, May 14, 1974.

34　*Newsweek*, Aug. 21, 1972.

35　Stone（1969）p. 152.

36　“Gyosei Shido Gets Close Public Scrutiny,” *Japan Times*, June 3, 1974.

37　Henderson（1975）p. 202; 前田（1968）pp. 38-40.

38　城山（1975b）p. 317；天谷（1975）p. 79；山本（1972）p. 81.

39　山内（1977）p. 193.

40　同上，pp. 47-49.

41　“Administrative Guidance,” *Mainichi Daily News*, Jan. 8, 1976.

42　Hewins（1967）p. 305；通産省企業局編『企業合併』大蔵省印刷局，1970年。

43　Hollerman（1967）p. 252.

44　佐橋（1967）pp. 294-95；中山素平は，この合併における佐橋の貢献を高く評価している。『エコノミスト』1976年7月13日号，p. 87.

45　名和（1976a）p. 141；「行政指導の実態を洗う」『東洋経済』1974年4月6日号，pp. 31-33.

46　住友金属事件については，以下を参照。佐橋（1967）pp. 282-89；エコノミスト編集部（1977）第2巻，pp. 67-74；赤星（1971）pp. 83-92；秋元（1975）pp. 58-63；産業政策研究所（1970）pp. 117-19；角間（1979b）pp. 172-76；名和（1976a）pp. 159-66；山本（1972）pp. 82-84；山内（1977）pp. 29-30. この事件に関する法学的な研究については，山内（1977）p. 53. n. 2. 熊谷の天下りに関しては，松林（1973）pp. 182, 194.

47『日米経済関係グループ報告書：日本国総理大臣およびアメリカ合衆国大統領への提言』日米経済関係グループ，1981年，pp. 79-80.

第8章　国際化

1965年の不況から第一次「石油ショック」後の不況（1974年）までの10年間，通産省と日本経済は，当初は別々の方向に進んでいたが，最後にはまた同じ方向に進むこととなった。この時期，日本経済は戦後の経済成長の絶頂に達していたが，一方で通産省は官僚機関としての最大の問題に直面していた。すなわち，機関としての任務を達成したことで，その役割を失ってしまうという問題であった。また同じ時期，通産省は次から次へと難問を抱えることになった。産業公害，行政指導への反発，大企業との癒着への批判，インフレ，産業立地政策に対する国民の不満（島根県のような日本海側の県の人口減少と東京・神戸間の工業地帯における人口過密化）などといった問題である。そして，貿易不均衡や円安政策，資本自由化の遅れなどによって生じた，日本の主要な経済パートナーであるアメリカとの関係悪化も大きな問題となっていた。

しかし1970年代中ごろになると，通産省は再び勢いを盛り返した。通産省は新しい使命を再定義することに成功し，人事を刷新し，組織再編を行い，時代遅れとなった過去の遺産を排除し，そしてその一方で今後も日本にとって必要な要素に関しては，これを強化した。石油ショックとその結果のすべてが，通産省の寿命を引き延ばした。当時の通産省の最大の課題は，同省への批判に対応し，通産省の影響力低下を歓迎していた大蔵省のようなライバルを牽制するために，どのような自己改革が必要なのかを理解することであった。1968～69年の間が，通産省の歴史において最悪の時期であったという通産官僚もいる。そして両角良彦（1971～73年に事務次官）は，1973年7月に行われた通産省の機構改革までの時期を「長く暗いトンネル」の期間であったと述べている[1]。

すべては，資本自由化とともに始まった。日本は1964年にOECDに加盟したが，その際に日本は，スペインとポルトガルを除く加盟16カ国のうちで，

OECDの資本自由化コードに最も多くの留保を付けた。それはまるで日本が，加盟国内の適度に自由な資本の移動がOECDの基本目標のひとつであることを忘れてしまったかのようだった。だがすぐさま多くの国々が，対日直接投資に対する規制撤廃という約束を規定通りに履行するように要求してきた。日本はOECDに加盟したことで，海外市場において起債することが容易になったことなどを含めて，多くのメリットを受けた。また日本は，もちろん韓国や台湾や東南アジアに対する主要な投資国でもあった。日本の資本自由化の遅延は，1965年5月の日米金融首脳会談の場で取り上げられた。さらに同年7月の日米貿易経済合同会議の際にも，日本への自由化要求が議論され，同年12月のビジネス・インターナショナル東京大会や，1966年2月のOECD会議においても議論された[2]。

資本の自由化という概念は，通産官僚や日本の産業界のリーダーたちを震撼させた。彼らにとって，貿易の自由化は海外からの競争に製品（品質，デザイン，価格など）で対抗すればよいだけのことであった。欧米から導入した技術と日本の労働生産性とを結び付けて，海外製品に対抗できる製品を市場に供給する戦略を，日本はすでに確立していた。しかし資本の自由化は，技術，資本力，経営能力など企業のすべてのレベルでの競争を意味していた。朝鮮戦争時の資本不足によって生まれた間接金融体制の結果，日本企業の自己資本率は低く，日本企業は外国資本による企業買収に対して脆弱であった。もちろん問題の本質は，経済的というよりは，ナショナリズムであった。すなわち，アメリカが西ヨーロッパを「買った」ように，日本もアメリカに買収されてしまうのではないかという懸念に基づいたものであった。

通産省は，そうした事態が簡単に起こってしまうのではないかと危惧していた。そして1965年の不況の際（とくに山陽特殊鋼倒産の後）には，自己資本率が低く，政府保証の銀行借入に大きく依存しながら過剰投資を行っている企業の経営を，「花見酒の経済」と呼んで批判するようになった[3]。そうした企業が，国内経済での不況を温室の中でさえ乗り切れないならば，フォードやデュポンやIBMといった世界的企業とどうやって競争するのか。通産省は，この問題の解決法は，大型企業合併を促進し，アメリカや西ドイツと同等の経済力集約を実現することであると主張した。通産省は6大鉄鋼メーカーを2～3社に，また自動車メーカー10社（ダイハツ，富士重工，本田，日野，いすゞ，三菱，日産，スズキ，マツダ，トヨタ）を2社（日産とトヨタ）に減らしたいと考えていた。この計画の問題点は，企業別組合，終身雇用制，系列システムといった要素が，日本企業の合併を難しくしていたことであった。そしてそうした政策を実行すれば，通産省は大企業，さらには旧財閥グループと直接対決することとなる。通産省の古くからのスローガンである「スクラップ・アンド・ビルド」は，「中小企業をつぶして，三菱重工を作る」ことだと言う者もいた（このスローガンが初めて使われたのは石炭産業においてであった）[4]。実際のところ，通産省が恐れていたのは，中小企業よりも一部の大企業であり，公正取引委員会に関しては全く心配していなかった。

この問題が生じる前に，通産省は財界リーダーたちの支持を得ていた。だがそれは，資本自由化ではなく，どちらかというと住友金属工業事件による理由からであった。八幡製鉄社長の稲山嘉寛は，「佐橋大臣，三木事務次官」という論議や，鉄鋼市場のシェア争いにショックを受け，1966年3月に富士製鉄社長の永野重雄に2社の合併を提案した。この合併によって誕生する巨大な鉄鋼会社が，鉄鋼業界に真の指導力を確立し，安定した寡占体制を作ることが期待された。永野もこの提案を好意的に受けとめた。合併に必要な調整の場として，1966年3月に主要経済団体の指導者たちは，「産業問題研究会（産研）」を設立した。それは「産業参謀本部」とも言うべき，政策委員会であった。産研の最大の業績が，鉄鋼産業における大型合併であった（産研は後に活動を停止することとなる）。ただ，産研の結成は資本自由化議論の台頭と時を同じくしており，同研究会は鉄鋼だけでなく，他のすべての産業についても合併問題を議論することとなった[5]。

このように拡大して設立された産研には，鉄鋼，電力，化学，機械，繊維，商社，銀行，証券などの各業界のリーダーに加えて，中小企業の代表者も参加した。同研究会の理論的支柱は，中山素平であった。中山は1961年から日本興業銀行頭取を務め，現代日本産業界における最も偉大な調整役であったと言えるだろう。中山は，「過当競争」を終息させ，資本自由化に対応する準備をするための産業再編成に関する提言を行う委員会の委員長を務めた。この「中山委員会」と呼ばれた組織は，通産省と経済企画庁の官僚らを交え，1966年7月から1967年6月までの期間に調査を行い，報告書を作成した。同報告書は，鉄鋼，自動車，工作機械，コンピューター，石油精製，石油化学，合成繊維の7つの業種において，合併もしくは「協調」が必要であると提言した。同委員会の主要な貢献は，八幡と富士の合併に正当性を与えたことであったが，通産省が，電子工業と工作機械工業を連携させることに成功した案や，失敗に終わるものの自動車産業を再編させようとした案など，各方面に大きな影響を与えた[6]。

こうした研究調査活動が行われているころ，通産省も産業再編成の基礎的な段階が完了するまで自由化の影響を抑制する政策の準備に追われていた。1967年1月には，通産省の政策案について審議し承認を与える機関として，通産省の産業構造審議会の中に「資本取引自由化対策特別委員会」が設置された。この委員会は，大蔵省の外資審議会に設けられた特別委員会とともに，非常に膨大で複雑な規定と手続きを作り出し，これによって日本の「資本自由化」は全く形式的なものとなってしまったのである。

これらの規定には，以下のようなものがあった。完全に自由化を行うのは，国際競争が予想されない業種（日本酒，自動二輪，下駄などが有名な例である）に限る規定，他の業種に直接投資する場合には日本資本が50パーセント以上を占める合弁でなければならないことを条件とする規定，合弁企業の取締役の半数以上は日本人とする規定，外国資本による日本企業の株式取得を20パーセント以下に制限する規定，個別に選定された業種のみを自由化する規定，自由化されたといわれる業種でも重要な分野は除外される規定（テレビの製造は自由化されたが，外国企業はカラーテレビの製造やICの使用は認められなかった。また鉄鋼業においては世界の10大高炉のうち8つを日本企業が持っているにもかかわらず，外国企業は日本国内で自動車産業向けの鋼板の製造を認められなかった）など，多種多様な規定が設けられた。しかし，それでもまだ十分ではないとでも言うかのように，外資系の合弁企業や完全子会社設立の申請は，外国技術が導入される場合には，外資法もしくは外為法に基づいて，通産省の審査と認可が必要とされた（何らかの技術やノウハウの導入を伴わない合弁企業や子会社などはあり得ないため，ほとんどのケースがこれに該当した）[7]。

1967年6月6日，政府はこれらの原則を正式に閣議決定し，同年7月1日には資本自由化の「第1ラウンド」の開始を高らかに宣言した。これによって，50業種のうち17業種が100パーセント，33業種が50パーセント，外国資本に開放された。この第1段階の措置が単なる対外的な表面上のジェスチャーであったことは，疑う余地もない。自由化された業種は，すべて日本企業が市場の50パーセント以上を支配しているものか，製品のほとんどが政府向けもの

(鉄道車両)か,日本に市場がほとんど存在しないもの(コーンフレークなど)であった。日本における真の資本自由化は,きわめてゆっくり進んだ。それは,通産省の主導によるものではなく,同省の影響力が低下した結果であり,孤立を避けるために「国際化」が必要であると産業界が認識するようになった結果として生じたものであった。1970年代末に日本経済が完全に自由化された時に,日本における最大の海外投資家は,皮肉なことにアメリカ人でもヨーロッパ人でもなく,アラブ産油国の王族であった[8]。

この時期,通産省は多方面でさまざまな業務に追われていた。産研と通産省は1968年まで,八幡と富士の合併案をいっさい秘密にしていた。公正取引委員会や他の鉄鋼メーカーの反対を乗り切るため,支援勢力を最大限結集させることが必要だったからである。また通産省は,自動車や繊維といった競争の激しい分野での合併促進に苦労していた。そして外国企業も,1967年の限定的な自由化に対して,非難の声を上げ始めた。しかし1960年代後半の通産省の政策遂行能力は,省内の派閥抗争によって弱体化していた。佐橋が事務次官を辞めた本当の理由は住友金属との衝突であったが,佐橋を嫌っていた政治家の中には,もうひとつ別の事件まで持ち出して,佐橋が傲慢で事務次官にふさわしくないと批判した。

佐橋事務次官は,川原英之(1941年入省)を官房長に任命していた。川原は佐橋の長年の側近で,優れた通産官僚であった(彼は省内で公害問題の深刻さにいち早く気づいたひとりであった)。しかし1966年2月27日に,川原は病気で急死した。佐橋は国費による葬儀を,東京の築地本願寺で行うことを決めた。これに対して,政治家の葬儀よりも手厚い待遇だという不満の声が国会で上がり,佐橋にとってつらい経験となった。そして通産省内には,政治家が佐橋および佐橋のようなタイプの官僚に狙いを定めていることへの警戒心が生まれた[9]。

退官の前に佐橋は,川原の後任の官房長を選べるはずであったが,三木大臣は後任は自ら選出すると宣言した。三木が選んだのは,大慈弥嘉久であった(1966年3月~1968年5月)。大慈弥も一時期は「佐橋派」と目されていた(特振法の時期は,大臣官房の産業構造調査室長であった)。しかし佐橋よりも国際的な経済問題に関心を持っていたという意味で,(国内派から国際派への)移行期の人物であると言える。そして大慈弥は,旧「岸・椎名ライン」を受け継ぐといえる最後の事務次官(1969~71年)となった。三木は,佐橋の後任の事務次官に山本重信を選んだ。山本は通産局長で，バンコクの日本大使館での勤務も経験し，1966年には中小企業庁長官を務めていた。山本は事務次官に就任すると，熊谷典文を企業局長に充てた。その後，熊谷は山本の後任として，1968年5月〜1969年11月まで事務次官を務めた。

佐橋の後任である山本，熊谷，大慈弥は，懸案となっていた政策課題に加えて，佐橋と今井の衝突以来続いていた派閥争いと士気の低下という省内の問題に対処しなければならなかった。山本はあらゆる面においてすばらしい働きをし，最も敬愛される事務次官のひとりとなった。彼は，計画的に国内産業派の人物を国際的なポストに就け，またそれと反対の人事も行った。これは，山本が繊維や雑貨よりも重機械や高付加価値製品の輸出振興の専門家としての経歴を持っていたことを反映していた（山本が自動車産業に天下りした最初の事務次官であったことは特筆に値する。1968年トヨタ自動車常務取締役に就任した）。山本による人事の典型例は，重工業行政の経歴を持ち海外勤務経験のなかった宮沢鉄蔵を通産局長に任命したことや，パリ勤務・企業局の経験を持っていた両角良彦を鉱山局長に任命したことなどである。

こうした政策はうまくいったが，佐橋の政策をめぐる省内の抗争は絶えなかった。国内産業派の幹部たちは，新しい指導部が（佐橋のような）「省内生え抜きのサムライ」ではなく，資本自由化の要求に対して「対外宥和」政策をとっていると，暗に非難した。そのため初期の「国際派」のリーダーたちは，外国におもねっていると非難されないように，ことさら対外的に強硬な姿勢をとるようになった。日米繊維交渉は，その一例である。山本の退官後は熊谷が事務次官となり，新しい執行部は旧佐橋派の官僚を一掃することを決定した。熊谷は両角を官房長に任命し（1968年5月〜1969年11月），両角は佐橋派の若い官僚を徹底的に追放した。佐橋が通産省を去ってから，佐橋派の官僚で昇進した官僚はほとんどいなかった（唯一の例外と言えるのは大慈弥であるが，彼はどちらかというと無派閥であった）。

この省内派閥抗争が，この時期の通産省のさまざまな政策に影響を与えたということは，非常に重要な点である。通産省の新しいリーダーたちも，根本においては佐橋とそれほど違ってはいなかったが，彼らのほとんどは海外での勤務経験を持ち，国際経済の「文化」（その中には資本自由化の流れやIMF，GATT，OECDといった国際機関なども含まれる）に精通していた。そして鉄鋼，化学，繊維にとって代わる新しい高度技術産業に高い関心を持っていた。

国内派の佐橋らに対して，彼らは「国際派ナショナリスト」と呼ばれた。そして彼らが，1973年に通産省の機構改革を行い，日本経済を石油ショックの影響から回復させることに成功した。

しかし彼らが優越的立場を確立しようとしていた時期には，政治家に屈しているとか，外国と妥協しているとか，通産省の伝統に反しているなどといった省内の批判にさらされた。こうした内部の批判に対応しようとすると，今度は政治家や他省庁といった外部からの攻撃に直面した。外部からの批判は，時流とかけ離れているとか，戦前の革新派官僚のように傲慢だとか，外交関係を損ねるような政策を推進しているとか，大企業にへつらっているといったようなものであった。しかしながら，三木武夫が，佐橋の選んだ島田喜仁企業局長ではなく，山本を事務次官に任命したことで，省内に新しい主流派が形成された。これによって，佐橋が1955～1966年にかけて作り上げた事務次官の系統よりも，国際的な性格を持った系統が生まれ，山本から熊谷，大慈弥，両角，山下英明，小松勇五郎へと続いた。

1966年の春，産研から出された合併案，とくに大規模な鉄鋼企業の合併案を，山本は歓迎した。そしてこの合併案に関して，公正取引委員会と調整を行った。ひとつの業種において1企業が30パーセント以上のシェアを持つことになる合併は認めないという規則にもかかわらず，1966年11月28日，山本は公正取引委員会から合併案への同意を取り付けた。また同委員会は，海外からの脅威に対処するため，独禁法の例外として「投資調整」の必要性を認めた[10]。山本は，資本自由化が日本経済に本格的に影響を与える前に，産業構造を改善する必要があるとして，これらの措置を正当化した。1968年1月に八幡と富士の合併案がまとまると，山本は大いに喜んだ。それは「世紀の合併」であり，戦前および戦時中の日本製鉄の再生を意味した。

しかし1968年4月17日，富士製鉄の永野社長が口を滑らせたことで，毎日新聞と日刊工業新聞が，八幡と富士が合併交渉中であることをすっぱ抜いた。このスクープは4年前の特振法案に関連した報道と同様に大きな衝撃を世間に与えた。内田忠夫教授を代表とする東大の経済学者のグループは会合を持ち，この合併案は経済的に不健全であり，独占的価格上昇をもたらすだろうという声明を発表した。内田はさらに「この件の本質は，企業合併という民間企業の行動が，自らの決定に基づくものではなく，通産省の行政指導に基づくものであることに加え，このような大規模の合併が持つ法的・経済的・社会的な影響に対して警戒心がないことである」[11]と述べた。とくに内田は，日本国民が，競争と競争を維持する法的システムが経済的に必要であると理解していないことを懸念していた。

1969年1月27日，公正取引委員会はこうした意見を受けて，合併に関する法的な条件について見解を表明した。同委員会は，ひとつの産業において最大大手を生み出すような合併に必ずしも反対するわけではないが，それは新会社が価格決定において競争相手に追随を強制できるほど大規模ではないことが明らかである場合に限るとした。これに基づいて，1カ月後（2月24日）に公正取引委員会は，合併後に新会社が価格支配力を持つと予想されるいくつかの部門を切り離しさえすれば，八幡と富士の合併を承認すると正式に発表した。産研の中山は，すでにある程度の生産設備の売却は不可避であると警告していたが，稲山と永野はこの決定に抵抗し，公正取引委員会に対して政治的な圧力をかけようとした。この結果，1969年5月7日，公正取引委員会は同委員会の設置後初めて東京高裁に提訴し，合併の差し止め命令を勝ち取った。こうして事態は，深刻な局面を迎えたのである。

1969年6月に，東京高裁はこの合併案について公聴会を開いた。この公聴会では，公正取引委員会，通産省，学者，企業関係者，消費者団体，関連業界の代表が意見を陳述した。通産省の代表として公聴会に出席した，重工業局鉄鋼業務課長の左近友三郎は，この法廷では「素人が専門家を裁いている」という不適切な発言をした。新聞は，この公聴会の模様を詳細に報道した。1969年10月30日裁判所は，富士が工場のひとつを日本鋼管に，八幡が設備のひとつを神戸製鋼に売却することを条件に合併を認めるとの判決を下し，両社はこれにしぶしぶ従うこととなった。こうして1970年3月31日に世界最大の製鉄会社である新日本製鉄が正式に誕生した。そしてその3年後の1973年3月30日には，元通産事務次官で1955年に退官後八幡製鉄で勤務していた平井富三郎が同社の社長に就任した。平井は鉄鋼業界のリーダーとして広く尊敬されていたが，元官僚が政府との関係の深い企業のトップの座に就いたことは，経済に対して官僚が過剰に影響力を及ぼしているとの印象を与えた[12]。

新会社の役員に，小島新一，稲山嘉寛，平井富三郎，徳永久次といった商工省・通産省の元官僚が顔をそろえていたことからも，通産省はこの合併に深く関与していたと考えられていた。法廷で合併案に関して判決が出されたころ，他にも多くの問題が噴出したこともあり，通産省は同省の長い歴史の中でもとくに強い批判にさらされた。通産省に対する海外からの批判（James Abegglen の「日本株式会社」論やロンドンの *Economist* 誌による「悪名高き通産省（notorious MITI）」）に対して，通産官僚は特別気にはしなかったが，国内の批判は真剣に受け取った。国内で提起された問題は，鉄鋼メーカーの合併問題に加えて，環境破壊，人口過密，企業との癒着，そして高度成長がもたらした幾多の問題であった。さらに，あたかもこうした問題だけでは物足りないのかというように，通産省はその行政指導に対する史上最大の抵抗と直面することになる。それは，これまでの通産省と大企業との関係を一変させるような衝撃であった。

産業公害と環境破壊の問題は，多くの側面を持っていた。その最悪のケースは，水俣病とイタイイタイ病であった。原因は，熊本県水俣湾の海水が水銀で汚染され，富山県その他の地域でカドミウム汚染が生じたことであった（1969年9月に群馬県でカドミウム汚染が確認されると，通産省の部局である東京鉱山保安監督部の課長が自殺する事件が発生した）[13]。やや深刻さでは劣ったが四日市や徳山の大規模な石油化学コンビナート地帯の住民の間で，四日市ぜんそくも発生した。メディアが明らかにしたようにこうした健康被害の多くは1955年にはすでに診断されていたものの，政府は対応策を打ち出そうとはしなかった。その結果，通産省は厳しい非難に直面することとなった。

多くの人々が影響を受けるという理由でさらに大きな政治的な問題となったのは，大都市における大気汚染（将来はお洒落なデザインのガスマスクが発売され，雨傘のように日常の必需品となると予想する者もいた）と交通事故（高速道路建設に対する不十分な投資と自動車設計における安全対策の欠如によると考えられた）であった。そして大都市における騒音，人口過密，住宅不足も，人々に急速な経済成長の価値に疑問を抱かせた。そして「日照権」（高層建築によってすべての太陽光線が遮られることを防ぐ住民の権利）を守るために，地域住民や消費者の団体が結成された。「公害」という言葉が新聞に現れない日はなかった。

1967年に，国会は公害対策基本法を制定した。同法は，空気，水，土壌（1970年に追加），騒音，振動，地盤沈下，悪臭の7つの汚染に対する基準を設けた。しかし通産省の横やりで，国会は厚生省原案の第1条に，公害対策は「経済の健全な発展との調和」を図るようにするという文言を加えることとなり，同法は実質的に骨抜きにされた[14]。だが公害問題がさらに深刻化すると，政治家たちもついに通産省を押さえつけざるを得なくなった。その結果，有名な「公害国会」（第 64 回国会，1970 年 11 月 24 日～12 月 18 日）が開かれた。同国会では，14 の公害規制法が成立し，公害対策基本法から「経済との調和」に関する文言が削除された。こうして通産省もようやく公害対策の重要性を理解することとなった。1970 年 7 月 1 日，通産省は鉱山保安局の名称を公害保安局と改め，産業公害問題対策のための予算を 1970 年の 2 億 7400 万円から，1971 年には 6 億 3800 万円に引き上げた。その 10 年後，通産省は歴史上最も効果的な産業浄化キャンペーンを遂行させたと評価されることになり，その過程で，公害防止関連の新たな成長産業が生まれた[15]。しかし 1970 年当時は，そんなことを想像する者はおらず，多くの人々は通産省がこの仕事をこなせるとは思っていなかった。

公害問題の責任に加えて，通産省はまた，日米関係に支障をきたしたとの批判されていた。1968 年に発足したニクソン政権は，以前ケネディ政権が綿製品の「秩序ある市場協定」を交渉していたように，日本にアメリカへの合成繊維の輸出を規制させると公約していた。両政権の政策は，アメリカ繊維産業連盟からの要請に対応したものであった。同連盟は，輸入繊維製品の増加によって，黒人労働者の多くが職を失っているという説得力ある議論を展開していた（ここで注目すべきは，日本が皮製品の輸入を禁止する際に，日本の社会で虐げられたマイノリティーである部落民の人々の産業を奪ってしまうことになるからだ，という理由を用いて一貫して成功していたことであろう）。

ニクソン大統領は，佐藤首相が沖縄の返還を政策目標のひとつとしていたため，両国間で取引することができると考えた。ワシントンで開催された佐藤・ニクソン首脳会談（1969 年 11 月 19～20 日）において，ニクソンは佐藤が望んだ条件（核兵器に関する点を除く）で，沖縄の返還に合意した。そしてその見返りとして，佐藤が合成繊維の輸出規制を約束したものとニクソンは考えた。日本のマスコミも同様の見解を持っており，佐藤の対米政策を「糸（繊維産業）を売って，縄（沖縄）を買った」と評した[16]。

しかしその後佐藤は，繊維業界と通産省の妨害を受けて，ニクソンとの約束を実現することに失敗した。1969 年 9 月 15～19 日にかけて通産省の現地調査団が渡米し，アメリカの紡績業者・織物業者がどの程度日本からの輸入によって被害を受けているのかを調査して回った。同調査団は高橋淑郎繊維局長を団長とし，市場第一課長，原料紡績課長，繊維輸出課長らがメンバーであった。

同調査団は，アメリカの繊維産業が好調で，輸入による被害はほとんどないという結論を出した。その後2年間日本は何があろうとこの見解を崩さなかった。そして前田靖幸が「泥沼の交渉」[17]と評したように，繊維貿易摩擦は戦後日米間における最も非生産的な交渉のひとつとなった。

日米繊維貿易摩擦は，最も世間を騒がせることになったケースであったが，この他にもさまざまな貿易摩擦が発生した。そして他のケースにおいても，標的とされたのは通産省であった。たとえば，資本自由化の後に，テキサス・インスツルメンツは日本でICを生産するため，全額出資で子会社を設立する計画書を通産省に提出した。通産省はこの計画について「慎重な検討を行っている」と返答しながら，約30カ月もの間棚上げにしていた。その後通産省は，日本の国益に配慮して，アメリカ企業には50パーセント以上の出資を認めないこと，テキサス・インスツルメンツが日本企業に技術提供を行うこと，日本企業が有効に競争できるようになるまで生産を制限することなどを決定した[18]。同様に，沖縄返還にあたってガルフ石油が，日本の小売市場を獲得するために，沖縄に石油精製工場の建設を計画し，その許可を申請したが，通産省はガルフ石油に対して日本企業との合弁会社でない限りは認めないと回答した。そしてガルフ石油が出光興産との連携を模索したところ，通産省は出光興産にこれを拒否するよう指示した[19]。その他にも，日本製テレビの輸出，アメリカ産グレープフルーツの輸入，そして何と言っても自動車の合弁事業の問題などがあった（テレビに関しては，1970年6月9日ゼニス社が，日本がアメリカにテレビをダンピング輸出していると主張し，宮沢喜一通産大臣はテレビの国内価格が国外価格よりも高いことを認めた。また1968年12月にはアメリカが，グレープフルーツ，トマト，ハム，ソーセージ，牛肉などの農産物の輸入自由化を要求したが，農林省は通産省のマニュアルをコピーしたかのように，この要求を拒否した）[20]。

振り返ってみると，1960年代末の自動車産業をめぐる議論は，滑稽ですらある（1979年に日本はアメリカに210万台の自動車を輸出したが，アメリカから日本への自動車輸入は1万6224台に過ぎなかった）[21]。問題はアメリカ車の日本市場への進出ではなかった。アメリカの自動車メーカーは，日本市場で消費者を惹きつける車を開発する努力などしていなかったし，日本の関税は高すぎたし，アメリカ車は日本では大きすぎて価格も高すぎた。真の問題は，アメリカの3大自動車メーカーが，日本の自動車メーカーを自分たちの世界生産・販売戦略の一部として組み入れるべく買収しようとしていたことであった。最初の資本自由化の後，1967～68年にかけて，フォード・GM・クライスラーの重役たちは，合弁事業のパートナーを探すために来日していた。一方，通産省は小規模な自動車メーカーを，トヨタか日産の系列グループに合併させようと努力していた。前章で述べたように，佐橋はすでに日産とプリンスの合併を実現させており，通産省は各自動車会社から事前の相談なしにアメリカ企業と合併しないという確約を得ていた。さらに通産省は，問題を未然に防ぐために，自動車産業内の天下りOBネットワークを動員していた。自動車産業に天下りした元通産省の人物には，トヨタの山本重信（元通産局長），日産の山崎隆造（元通商局長），日野の菅波称事（元商工省商務局長）などがいた。

不運なことに，通産省は三菱自動車（1970年6月1日までは三菱重工業）には，OBの人脈を持っていなかった。それは，旧財閥の中でも三菱が（三菱商事のいくつかの例外を除いて），官僚出身者を受け入れないという強い方針を持っていたからであった。そして，トヨタと日産に自動車生産を集約させようとする通産省の政策は，日本最大の系列グループである三菱を自動車産業から締め出すことを意味しており，三菱はそれに不満を持っていた。また三菱は，通産官僚ほど，外資を警戒していなかった。三菱石油は，長年ゲッティ石油と深い関係を持っていた。また三菱グループは，外国企業と多くの合弁事業（キャタピラー三菱，三菱ヨーク，三菱TRW，三菱マロリー，三菱モンサントなど）を行っていた。三菱の強大な資金力を考慮すれば，三菱が外資を買収することはあっても，その逆は考えにくかった。

こうして，通産省の歴史の中でも最も衝撃的な事態が生じることとなった。1969年5月12日，デトロイトから帰国した三菱重工の牧田與一郎副社長が，三菱とクライスラーによる合弁企業を立ち上げることに合意したと発表した（三菱が資本金の65パーセントにあたる460億円を出資し，残りの35パーセントにあたる161億円をクライスラーが出資することとなっていた）。これに対して，当時の吉光久重工業局長は「寝耳に水だ」と発言し，熊谷事務次官も驚きを隠さなかった[22]。

三菱・クライスラー協定は，きわめて大きな波紋を巻き起こした。政治家や財界人は，一部の大企業が通産省に突き付けた独立宣言であると受け止めた。1969年10月14日，内閣は自動車の資本自由化の時期を1971年10月に前倒しすることに決定した。政府はその時点まで三菱とクライスラーの合弁事業を承認しないつもりだったが，自由化されれば承認せざるを得なかった。1969年秋，三菱は「コルト・ギャラン・ハードトップ」という車種の生産ラインを始動させた。そして通産省が後援していた大規模な国際博覧会であるエキスポ70において，三菱はこの車をクライスラーの関係者に披露した。資本自由化の期日が訪れるとすぐに，両社の合弁事業がスタートし，クライスラーは三菱の車をアメリカ市場において「ダッジ・コルト」という名称で売り出した。この結果，三菱はマツダ（東洋工業）を追い抜いて，日本第3位の自動車メーカーとなった（一方，この10年後，経営危機に陥ったクライスラーがアメリカ政府に支援を求めた際には，この合弁事業が同社の中で最も収益性の高い事業となっていたことが明らかになった）。

この件によって，通産省は恥をかかされることとなった。熊谷事務次官は，業界のリーダーたちに対して，もし民間企業が外国企業と関係を持ちたいと望むなら，通産省は反対しないと伝えなくてはならなかった。通産省は1968年6月19日に署名された協定により，三菱といすゞの合併が進むものと考えていたが，この新しい展開によってこちらの合併は破談となった。その代わり，いすゞはGMとの65対35の出資比率の合弁事業に合意した。三菱に比べると政治的および資金的に弱いいすゞに対しては影響力を行使することができたため，通産省はGMがいすゞの支配権を握らないように，両社の協定に修正を加えさせた。しかし自動車産業を再編成しようとする通産省の計画が，頓挫したのは明らかであった[23]。

しかし広い視点からみると，これらの展開がこのタイミングで起きたことは，通産省にとって幸運なことであったと思われる。通産省が自動車業界のリーダーとして選んだトヨタと日産の立場が揺らぐようなことはなかったし，日米企業の合弁事業はアメリカの自由化圧力をある程度軽減した。そして三菱といすゞに投資された資本は，両社を活気づけ，両社以外にも部品メーカーや商社（いすゞは伊藤忠，三菱自動車は三菱商事と関係が深かった）に多くの雇用をもたらした。こうした展開の結果をどう判断するかは別として，日本の自動車産業に自由化をもたらした功績は，通産省や他の政府機関ではなく，三菱のものであると考えるべきである。

三菱の反乱は，通産省に混乱と動揺をもたらした。1969年5月26日大平正芳通産大臣は，日本経済新聞のインタビューに答えて，古い「政府主導型」ではなく，新しい「民間主導型」とみられる分野に対して，通産省は介入するつもりはないと語った[24]。このコメントは，通産省内と産業界において議論を巻き起こし，それは1973年秋の石油ショックの時まで続いた。新しい形態の産業政策について，通産官僚の意見は分かれていた。通産省を退官したOBたちは懸念を表明し，産業界のリーダーたちはこれを好機ととらえ，評論家たちは千差万別の意見を提示していた。ある評論家は通産省が「飼い犬に手を咬まれた」と表現し，別の評論家は「成長した息子（産業界）は，親（通産省）の恩を忘れがちだ」と述べ（これは佐橋の発言である），通産省はアメリカの商務省のような組織に成り下がる恐れがあると述べる者もいた（つまり企業の手先になってしまうという意味であるが，これは通産省関係者からみた商務省の印象であり，彼らは自分たちの省が産業界ではなく国民全体の利益を代表している機関であると考えていた）。

一方で，通産省に対してさまざまな批判が巻き起こった。通産省がノイローゼになっているとか，産業界の「過保護ママ」のようだとか，官僚による「総会屋」であるとか，公害問題には驚くほどの無関心さであるとか，企業が「通産省に泣きつく」のをやめる時が来たといった意見があった[25]。

省内では，大臣官房企画室長の天谷直弘（1968年10月〜1971年6月）が，通産省への多くの批判に応え，「新しい通産省」や「産業政策への新しいアプローチ」を目指す論文を発表した。天谷は，最も名の知られた「省内理論家」であった。天谷が大臣官房総務課課長補佐であった1962年1月，彼は「時代はわれわれに何を求めているか」と題する論文を発表して有名になった。同論文は，佐橋の言う「官民協調方式」とともに，通産省の基本的政策ラインとして「産業構造」を改善する方針を力強く擁護する内容であった。しかしこの「最初の天谷論文」執筆当時の天谷はまだ若手であったため，年長の通産官僚からは批判的な意見が起こり，天谷を「生意気な小僧」呼ばわりする者もいた。そして天谷は，シドニーの日本領事館に異動させられ，1966年までそこで勤務することになった。しかし，天谷は1980年には通商産業審議官（1976年に事務次官に次ぐポストとして新設された）に就任した。

「第二の天谷論文」（正式には「新通産政策の基本方向」と題され1969年6月に発表された）は，通産省が今後高度成長に関する国民の価値観の変化に対応しなければならないと論じた。天谷によると，国民の価値観の変化は，日本が先進産業社会から脱産業社会に移行し始めたために生じたものであり，1950〜60年代の重化学工業化と同じくらいの抜本的な産業構造の変革が必要とされていた。

この新しい産業構造のいくつかの特徴としては，(1) 第三次産業（サービス業）の成長と日用品産業の組織的な拡大，(2) 原材料処理のための自動化された工場，(3) ハイテク製品の製造企業を頂点とするピラミッド型の産業体制，(4) 医療および教育部門における技術革新，(5)「知識集約型産業」に関連した産業展開などがあった。天谷は，通産省が国際化の推進や公害対策において，さらには製品安全性や消費者保護の向上にも主導的に取り組むべきであると率直に認めていた。また「民間主導型」という考えを受け入れていたものの，これが何を意味するかについては詳しく説明してはいない[26]。

第二の天谷論文は，1970 年代の産業構造の変化に対してその後実を結ぶ通産省の政策の核を含んでいた。しかし，同論文に対する省内の反応には，賛否両論があった。「民間主導型」政策は，マクロ政策を志向するヨコ割政策局を重視することによって，ミクロ政策を志向するタテ割産業部局を放棄することを意味しているようにみえた。多くの通産官僚にとって，これは受け入れがたいものであった。熊谷事務次官は，産業政策そのものがミクロ・レベルでの政府介入を意味し，そうでないものは単なる経済政策であると考えていた[27]。省内の主流は熊谷の考え方と同じであったが，1973 年の機構改革によってタテ割局は，高度成長期に比べてより目立たない形に変えられた。

他の通産官僚らは，天谷が書いたことをより婉曲的に表現することを好んだ。たとえば両角は，経済成長は持続すべきだが，現在強調されるべきはそのスピードではなく，社会全体のために「成長を活用すること」であると主張した。両角は，通産省の新しい政策が社会問題に対応するものになりすぎて，新産業の育成がおろそかになることを懸念していた。また両角は，通産省が社会厚生問題に関与しすぎると，他省庁との間で所管に関するやっかいな争いが生じることも理解していた。彼はさらに，欧米諸国が考えているような国際分業論を明確に否定していた。つまり日本は，コンピューター産業，航空産業，宇宙産業などでも競争すべきで，これらの産業を他国に譲るべきでないということである[28]。

「民間主導型」経済に関するさまざまな意見を受けて，通産省は産業構造審議会に 1970 年代の新しい産業政策について諮問した。研究調査関係の責任者は天谷であったため，1971 年 5 月に出された同審議会の答申は，彼のアイディアの多くを追認し，拡大させた。そこでは，高度成長が公害や公共施設への不充分な投資，地方における過疎化，都市の過密化などといった問題を引き起こしたと認めていた。また新しい産業構造にとってどのような産業が適当かという判断をするにあたって，既存の基準に2つの新しい基準を加えることを提言した。すなわち，需要における所得弾力性と生産性の成長率の高さとともに，「過密・環境基準」と「労働内容基準」を加えるという提言であった。これらの新しい基準の導入は，過密化や公害問題を引き起こしているとみられる産業を退出させ，付加価値が高く，高度な技術を持ち，公害を起こさない産業を育成することを意味していた。そのターゲットは，「知識集約型産業構造」であった。これを構成するのは，IC制御による機械，コンピューター，ロボットなどを使った海洋資源開発，オフィス・通信機器，ファッション性の高い製品（家具なども含む），システム・エンジニアリング，ソフトウェア開発，産業コンサルティングといった経営支援サービスなどであった。こうした政策を遂行するために，通産省の完全な機構改革を同時に行うことが提言され，両角事務次官（1971年6月～1973年7月）がこれを実施した[29]。

1971年の春の時点では，産業構造審議会の答申は，まるで夢のようなもので，長期的な目標のように思われていたが，同年の夏には答申の前提となった条件はすでに時代遅れなものとなっていた。大平と宮沢の両通産大臣は，日米間の繊維をめぐる貿易摩擦の解決を実現できなかった。佐藤首相は，1971年7月に田中角栄を通産大臣に任命し，同問題の解決を依頼した。田中角栄は党人派の政治家であったが，異色の存在であった。田中は上級官僚の出身でないばかりか，大学教育すら受けていなかった。田中は，建設，鉄道，不動産といった事業で財を成し，1947年に故郷の新潟県の選挙区で国会議員に29歳の若さで当選を果たした。その10年後，岸内閣で郵政大臣に任命され，史上最年少の閣僚となった。そして1962年，田中が44歳の時に，池田内閣で大蔵大臣を務めた（1962年7月～1965年6月）。

この重要なポストを無難にこなした後，田中は自民党の幹事長に就任した。そして2回の総選挙（1967年1月と1969年12月）において自民党に勝利をもたらし，佐藤首相から絶大な信頼を受けるようになった。大蔵省と通産省において，田中は行動的な大臣として知られた。田中は，官僚に自らの要求を伝え，彼らを自分の個人的なブレーンとして利用し，聡明さと度量の大きさで官僚たちの尊敬と忠誠を勝ち取ることに成功した[30]。彼の記憶力の良さは有名で，新聞各社は田中を「コンピューター付きブルドーザー」とあだ名した。また田中は自身の財力に加え，内閣と自民党で重要なポストを歴任したこともあって，豊富な資金を持っていた。そしてその資金を，自分の派閥を拡大するために効果的に使った。だが，それが最終的には彼の失脚の原因となった。

田中の通産大臣就任直後に「ニクソン・ショック」が発生した。ニクソン大統領とキッシンジャー国家安全保障問題担当大統領補佐官が，沖縄と繊維産業の交換取引を反故にした佐藤首相に報復したのか，問題が山積する中で単に日本に事前通知するのを忘れただけだったのかは，今日でも定かではない（キッシンジャーは，日本の政治過程をある程度理解するのに5年を要したことを認めている）[31]。ニクソンとキッシンジャーは，日本に対して不満を抱える理由は十分あると思っていた。日本の資本自由化はいっこうに進まず，明らかに過小評価されていた円の切り上げに対するアメリカの要求はつねに拒否されていた。ベトナム戦争によってアメリカの経常赤字は増大する中で，繊維紛争は解決せず，アメリカのマスコミは日本に対してきわめて批判的になっていた（たとえば，1970年3月2日付 *Time* 誌の日本における「温室経済」に関する記事や，1970年3月7日付 *Business Week* 誌の「日本株式会社」についての記事を参照）。

いずれにせよ，1971年7月にニクソン政権は，東アジアにおける最大の同盟国である日本と事前に調整することなく，中華人民共和国に対するアメリカ政府の政策を根本的に転換した。そして1971年8月16日には，ドルと金の兌換を停止し，アメリカ市場における輸入品に10パーセントの課徴金を課した。これを受けて，1971年8月26日に日本銀行は1949年にドッジが設定した為替レートから円を切り離した。そして同年12月19日，固定相場制の終了を決めたスミソニアン合意に基づいて，円を16.88パーセント切り上げ，1ドル＝308円とした。こうした劇的な展開が起こる前から，日本の専門家たちは「日米経済戦争」に関するさまざまな著書を出版し，「日米協調の時代はもう戻らないだろう」と論じていた。それが的外れであったことは後に明らかになるのであるが，1971～72年の時点でそれを知る者はいなかった。

田中は，ニクソン・ショックをうまく利用することに成功した。彼は，「中国行きの船に乗り遅れるな」というスローガンによって，日本が北京政府を承認することを公然と主張し，佐藤内閣の存続を困難にした。そしてそれは，佐藤の意中の後継者であった福田赳夫が首相の座に就くことも効果的に妨害した。福田にとって不運だったのは，米中関係の劇的な転換のわずか2週間前に外務大臣に任命されたことだった（中国共産党が，佐藤を妨害するキャンペーンを行っていたことも，田中を間接的に支援した。中国共産党は，佐藤が軍国主義を復活させようとしていると主張し，佐藤および彼の息のかかった後継者とは交渉しないと圧力をかけた）。

1971年10月15日，田中はニクソン政権が望んでいた輸出規制の実施を決定し，同時に日本の繊維業界に対して2000億円の「救済措置」（過剰機械の政府調達，輸出減少に対する補償，「生産調整」と事業転換に対する長期・低利の融資など）を与え，繊維紛争を巧みに解決した[32]。また田中は，日本の人口過密問題に対してこれまでにない形のリーダーシップを発揮した。1969年に第二天谷論文が発表された後，通産省は何人かの優秀な若手官僚に，この人口過密問題を調査させた。その結果，日本の総工業生産の73パーセントが太平洋側の狭いベルト地帯に集中し，3300万人の人々が3大都市（東京・大阪・名古屋）の30マイル（約48キロメートル）圏内に住んでいることが明らかになった。これは日本の総人口の32パーセントが，国土の1パーセントに住んでいることを意味していた。

さらに東京では，通勤ラッシュ時には交通は時速5.6マイル（約9キロメートル）しか進まないこと（ある路線では約4キロメートルのみ），東京は土地のわずか12パーセント（ワシントンD.C.では43パーセント，ロンドンでは23パーセント）しか道路用地として使用されていないこと，さらに1960年代には22の県で急激な人口減少が発生したことなどが明らかになった（田中の出身地である新潟県のある地域では，女性のみの消防団があることもわかった）。これらの問題を解決するために，通産省は巨額の費用を要する大規模な産業再配置計画を提案した。この計画には，日本中に新幹線網を張り巡らせること，四国や北海道を巨大な橋やトンネルで本州と結ぶこと，工業地帯を東京・神戸間の太平洋ベルトからその他の地域に移転させるために強力な税制上の優遇措置を設けること，などが含まれていた。

こうした計画の責任者は，1969年10月から1971年7月まで企業庁立地指導課長を務めていた小長啓一であった。田中が通産大臣に就任した際，彼は小長を秘書官に任命していた。小長は，田中のベストセラーとなった『日本列島改造論』のゴーストライターでもあった[33]。同書は1972年6月，田中が自民党総裁（および総理大臣）の座を福田赳夫と争う自民党大会の，ちょうど1カ月前に出版された。同書の内容は，通産省の計画を修正しまとめたものであったが，100万部以上も売れ，総裁選における田中の勝利を確実なものとした。1972年7月7日，田中は通産省から総理官邸に移った。そして後任の通産大臣には，同じく党人派で派閥の領袖であり，総裁選挙の終盤で田中支持に回った中曽根康弘を指名した（マスコミは，田中と中曽根の間で巨額の資金がやり取りされたのではないかと報道した）。

田中内閣の成立は，日本政治が大きな転換点を迎えたことを示しているかのようにみえた。それまではつねに官僚出身の政治家が支配的であったのに対して，田中内閣は党人派政治家を中心としていた。これらの政治家は，官僚に対して何をすべきかと指示を与え，政策の誤りを指摘することができる「積極的な政治家」であった。こうした政治家は，池田内閣以降はあまりみられなかった。しかし彼らは，とくに公共支出の面で積極的になりすぎたため，石油ショック後は官僚出身の政府を復活させることとなる。

田中内閣は，多くのことを成し遂げることに成功した。中でもとくに大きな功績は日中国交正常化である。しかし田中内閣は，発足とほぼ同時に深刻なインフレを引き起こし，それは後に「狂乱物価」と呼ばれるようになった。田中の産業再配置政策がインフレの直接的な原因となったわけではなかったし，田中の大規模建設プロジェクトは必要性の高いものが多かった（しかし田中が建設業界を支配していたことから，これらのプロジェクトには政治的な利益以上のものがあったと指摘する者もいた）。狂乱物価の根本的な原因は，日本の財政システムと，それを運用する責任が政治家と官僚に分断されていることにあった。その意味で狂乱物価は，人口過密や公害と同じく，高度成長の副産物であったとも言える。そして田中内閣が終わるころには，「経済統制」や「経済警察」といった，占領期以降は聞かれなくなっていた言葉が復活していた[34]。

事の本質は，過剰流動性にあった。大蔵省は，日本が通貨の過小評価による貿易面での有利さを放棄することを強いられるとは予想していなかった。そして1971年末に導入された円・ドルの為替レートは，依然として円を過小評価したものであった（変動為替制が導入されたのは，1973年になってからであった）。しかし多くの企業では，より高めに設定された社内の為替レートに基づいて取引を行い，その差益を得ていた。*Mainichi Daily News* によると，「1972年ごろから，日本企業は1ドル＝270～280円のレートを取引に使っており，稼いだドルを日本銀行に1ドル＝301円で売ることで，1ドルあたり20円の差益を得ていた」という[35]。さらに政府が後押しした1960年代後半の投資ブームによって，産業界はかなりの過剰能力を抱えていた。その結果として，設備投資は1970年代前半を通じて落ち込んでいた。また海外において保護主義政策を招く恐れがあったため，輸出促進という従来の調整手段は，以前ほど簡単に使うことができなくなっていた。1970年3月30日に，政府は最高輸出会議を，「貿易会議」に改称するといった措置までとっていた。日本は保護貿易政策を維持し，国内産業を守るために，特定の品目（たとえば材木など）の輸入を制限するといったことを続けていた。

田中内閣はこうした経済環境の中で，かつてないほどの大量の政府支出を行った。それは，工業分散計画のためでもあり，資本自由化やニクソン・ショックや繊維輸出規制などによって被害を受けたと主張する産業の補償に支出するためであった。通産省も，1971年のニクソン・ショックの後，（中小企業を救済するという名目で）一般会計と財政投融資で2340億円の増額を認めた。そして田中は，大蔵省主計局に圧力をかけて，自らの要求をすべて認めさせた。これによって相沢英之主計局長は，1973年度予算を前年度比24.6パーセント増加させた[36]。John Campbellが指摘するように，「（田中の列島改造）計画の実質的な効果は，多額の政府支出を正当化しただけのようである。この予算自体は，日本の財政史上最大のバラマキであったが，自民党や大蔵省に高尚かつ遠大な口実を与えることとなった」[37]。

この結果としてもたらされたインフレは，第一次世界大戦中に米騒動を引き起こした価格上昇とよく似ていた。1917年の時と同じように，投機ブームの中心となったのは総合商社であった。商社は使い道のない多額の余剰資金を蓄えていて，土地に投資を始めたため，かつてない速度で不動産価格が高騰した。たとえば三菱商事は，NHKが東京の中心部に所有していた土地を，公示地価の数倍にもなる1平方メートルあたり600万円という破格の値段で買収し，批判を浴びた。しかし三菱商事には十分の資金力があり，不動産はインフレに対する最適なリスクヘッジであった[38]。

しかし総合商社が，日用品に対して投機を行い，値上がりを期待して買い占めをするようになると，深刻な政治的問題が発生した。1917年の場合と同様に，マスコミと国民は，買い占めと売り惜しみが狂乱物価の根本的な原因ではないかと疑い始めた。そして1973年下半期に鉄鋼価格が急騰すると，独占とカルテルに批判が集まり始めた。これは本来は違法行為のはずであったが，通産省の行政指導による庇護のもとに横行していることが知られていた。1930

年代に政府が産業指導をすることを正当化したのは，財閥支配の防止という名目であったが，消費者団体の多くは，「民間主導型」経済が「財閥主導型」経済になってしまったと批判していた。

1973年3月10日，経済企画庁に新設された物価調整課は，政府に物価調整の新しい権限を付与することを目的として，「生活関連物資等の買占め及び売惜しみに対する緊急措置に関する法律」案を国会に提出した。「公害国会」の時と同様に，この法案をめぐっては，通産省と大企業に対して厳しい批判の声が浴びせられた。同法案は可決され，同年7月6日から施行されたが，それは石油ショックによってインフレ問題が複雑化するよりも前のことであった[39]。

通産省の省内組織の「新しい姿」が明らかにされたのは，正にこの狂乱物価の真っただ中であり，第一次石油ショックのわずか3カ月前のことであった。中曽根通産大臣と両角事務次官は，通産省に批判的な勢力を納得させ，新しい問題に対処することを可能にし，すでに確立されている政策遂行能力を守るために，通商産業省設置法を改正し，同省の組織再編を行った（1973月7月25日）。これは，1952年以来初めての全体的な組織再編であり，省内では「世紀の改革」と呼ばれた。

この組織再編で両角は，通産局と貿易振興局を改称したものの，双方ともに存続させた。また，企業局の名称は産業政策局となり，その中には産業構造課と企業行動課の2つの課が新設された。また軽工業局と重工業局は，基礎産業局として（金属と化学が）統合された。そして新たに電子機器，コンピューター，自動車，一般機械（この組み合わせについては後述する）の所轄は，新設の機械情報産業局に集約された。さらに繊維雑貨局は，生活産業局となった。そして新たな外局として，資源エネルギー庁が設置された。同庁は，石油，石炭，省エネルギー，（原子力発電を含む）電気事業に関する行政を，1つの強力な組織に統合したものである[40]。

両角は新しい機構が発足した日に退任し，新体制の運営を後任の山下英明事務次官に任せた（山下は1943年入省組で，在カナダ日本大使館の一等書記官，重工業局次長，化学工業局長，通産局長，企業局長を歴任した）。1973年10月6日に「第四次中東戦争」が勃発すると，その10日後に石油輸出国機構の6カ国は，石油価格を21パーセント引き上げ，さらに10月20日にはイスラエルを支持する国への石油輸出を停止した。「石油ショック」が日本と世界を直撃することとなったのである（そして，それは「ニクソン・ショック」よりもはるかに重大な影響をもたらした)。1973年11月16日，政府は消費節約を目的とした「石油緊急対策」を閣議決定した。そして中曽根通産大臣をはじめ日本の政界のリーダーたちは，中東諸国を訪問し，これまで重視してこなかった国々との友好関係を構築しようとした。当時日本は世界最大の石油輸入国であり，そのほとんどを中東に依存していた（関係強化のために中曽根が合意したプロジェクトのひとつは，バンダレ・シャプール［1979年のイラン革命後はバンダレ・エマーム・ホメイニと改称］での石油コンビナート建設に30億ドルを投資するというものであった。皮肉なことに，山下事務次官は退任後，三井物産の役員となり，この建設事業に携わることとなった。しかし予算超過，革命，イラン・イラク戦争の影響によって，このプロジェクトは日本が行った最も高額な海外援助プロジェクトとなってしまった)[41]。

本書にとって石油ショックが重要であるのは，それが日本国民に官僚機構の必要性を再認識させたからである。日本は明治維新以来何らかの形で，エネルギー政策を持っていた。そして毎日新聞の言葉を借りれば，1970年代のエネルギー問題は，通産省にとって過去の権威を取り戻す「千載一遇のチャンス」を与え，通産省は巧妙にその解決に挑んだのであった[42]。

通産省が直面した問題は，すでに「狂乱」していた物価に対する石油ショックの影響であった。まず灯油の価格が上昇し，その後供給が途絶えてしまった。さらにトイレットペーパーや家庭用洗剤が品薄になった。人々は，企業が危機を利用し，カルテルによって巨利を得ようとしていると信じ，米騒動の時と同じような雰囲気が日本全体を包んだ。中曽根通産大臣は，通産省内に対策本部を設け，各局長をはじめ，生活産業局の紙業課長（トイレットペーパーを管轄）や基礎産業局の化学製品課長（洗剤を管轄）とともに，自身もメンバーに加わった。タクシー運転手たちがLPガスの不足のためにストを決行したり，大阪で主婦たちが灯油不足でデモをしたり，トイレットペーパーを求めてスーパーマーケットで長蛇の列ができたりといったことが起きると，通産省の幹部はパニックを鎮めるために緊急出荷を行うよう指示した。「鉄は産業のコメである」というスローガンを聞いて仕事をしてきた古い産業政策官僚たちが，日用品や主婦への対応に追われることとなったのである。占領期に入省した通産省の幹部たちは，商工省があらゆる物資を統制していた経済安定本部時代のようだったと語っている[43]。

この混乱の中で，2つの新しい法律が制定された。「国民生活安定緊急措置法」と「石油需給適正化法」（ともに1973年12月22日）である。これらの法律は，卸・小売業者に対して在庫についての報告を義務づけること，指定された品目に標準価格を設定すること，日用品について供給計画を立てること，違反者を罰することなどの幅広い権限を通産省に与えた。中村隆英は「石油需給適正化法」を，吉野信次の「輸出入品等ニ関スル臨時措置ニ関スル法律」（1937年9月）になぞらえ，角間隆は1973年に成立したこれらの法律が，佐橋の特振法案に回帰するようなものであると指摘した[44]。要するに，これら2つの法律は，通産省の行政指導を合法化し，行政指導が国民の利益に資するものであると公式に認める内容であった。この2法は，「第三次統制時代」を作り出すことはなかったが，日本における「自主統制」と「国家統制」の間のバランスを後者の側に揺り戻す結果をもたらした。

1973年には，インフレ率は29パーセントにも上昇した。通産省の行政指導が国益に資するか，大企業を利するだけかは，依然として論名の的であった。この問題を正面からとらえようとしたのは，公正取引委員会であった。1972年10月24日に田中首相は，非常に個性的で独立心の強い元官僚の高橋俊英を公正取引委員会委員長に任命した。高橋は大蔵省銀行局長（1963～65年）を務めた経験があった（高橋が局長をしていたころ，銀行局は特振法案をめぐって佐橋と対立していた）。そのころ，独占禁止法はかなり軽視されていたが，高橋は独禁法を守ることが自分の任務であるという信念を持っていた。また高橋は，1972～73年に起きた一連の出来事は，独禁法がないがしろにされていることと深く関連していると確信していた。

高橋が，自分の方針を明確にするためには，どの業種（たとえば鉄鋼など）を選んでもよかったが，石油ショックもあって，石油精製と石油元売業者がターゲットに選ばれた。1973年11月27日，公正取引委員会の職員が，日本石油連盟と12の石油会社を捜索し，帳簿類を調査させるよう要求した。公正取引委員会によると，「石油連盟の主導で，石油会社が製品価格を引き上げ，供給を制限した疑いで家宅捜索が行われた」[45]のである。

1974年2月19日，公取委の捜査官が集めた証拠に基づいて，高橋は石油連盟と12の石油会社が違法な価格カルテルを結成したとして，東京高等検察庁に告発した。これは世間にきわめて大きな衝撃を与え，高橋の写真は多くの週刊誌の表紙を飾った。そして石油会社が，こうした共同でとった行為はすべて通産省の行政指導に従って行われたとする声明を発表すると，さらに大きな衝撃が走った。

検察側は，当時の基礎産業局長で石油業界の行政指導の責任者であった飯塚史郎をはじめとして多くの通産官僚を聴取し，行政指導の目的や，石油連盟が果たした役割，さらには通産省にとって新聞に報道されてほしくない多くのことについて尋問した。山下事務次官は記者会見を行い，通産省が違法行為を容認したという嫌疑を怒ったように否定し，もし通産省が行政指導をしていなかったら，石油製品の価格は 2 倍以上に上がっていただろうと主張した。しかし通産省は，明らかに守勢に立たされていた。そして 1974 年 4 月 16 日に朝日新聞が，石油業界の会社役員となった 5 人の元事務次官を含む 50 人の元通産官僚の天下りリストを掲載すると，通産省はさらに厳しい立場に立たされた[46]。

1974 年 5 月 28 日に検察は，石油連盟と 12 の石油会社とその 17 人の役員を独占禁止法第 3 条および第 8 条違反で起訴した。その起訴状によると，1972 年 12 月～翌年 11 月までの間に，各社の役員たちは 5 回にわたって会合を持ち，価格引き上げと市場への出荷制限を違法に取り決めたとされていた。通産省は起訴されず，起訴状の中で行政指導に言及されることはなかった。だが被告側は，通産省とその行政指導が自らの弁論の核心であると主張した。各社の役員たちは，最高 3 年の懲役または 50 万円の罰金を科せられる可能性があった[47]。

こうしてかの有名な「闇カルテル裁判」が始まった。新聞報道によると，主婦連合会のメンバーたちは，起訴のニュースを聞いて「万歳」と叫んだというが，経団連は明らかに不満を感じていたという。高橋公取委委員長は，この裁判が他の産業に向けた警告でもあると述べた。行政指導を行った通産省は，石油会社の「裏切りにあった」と述べ，将来の政策遂行のために問題の全体を再検討する予定であると表明した。山下通産事務次官は記者会見で，日本の企業家たちが今回の件で，「自暴自棄」となったり，「やる気をなくす」ことがないように願っていると語った。

このケースは，独禁法制定以来初の刑事訴訟であり，行政指導が行われるようになって初めて，政府の職員が行政指導を職権上批判した事例であった。この裁判は 1980 年まで続き，最終的に東京裁判所は通産省が行政指導を通じて企業に生産制限を行わせる権限はないという判決を下した。しかし裁判そのものよりも重要であったのは，高橋公取委委員長が独禁法の強化を試みたということである。1974 年 9 月 18 日，公取委は企業にカルテルを解消させ，価格の引き下げを命令する権限を含む独禁法の改正案を提案した（当時の独禁法のもとでは，公取委は勧告を出す権限しかなかった）。また同改正案は，ある分野において独占的な力を持つようになった企業を分割する規定を強化すること，状況証拠のみに基づいて価格維持に関する告発ができるようにすることなどといった，他のいくつかの修正提案も含んでいた[48]。

この改正案には，経団連と通産省が激しく反発した。しかし田中首相が7月の参議院選挙で多額の資金を使ったことや，首相が職務上の行為で個人的な利益を得ていたこと，またその詳細を税務当局に申告していなかったことなどをめぐるスキャンダルが11月になって表面化し，公取委には追い風が吹いた。これらの疑惑に関連して田中首相に法的な措置がとられることはなかったが，田中首相は11月26日に辞任することとなった。自民党に対する国民の評価が過去最低レベルに落ち込んだため，自民党副総裁の椎名悦三郎は，「クリーン三木」として知られていた三木武夫（佐橋事務次官時代の通産大臣）を後任首相に指名した。田中の金権政治が傷つけた自民党のイメージを回復する努力の一環として，三木は国会で高橋の改正法案を支持した[49]。

三木と高橋にとって不運であったのは，首相の支持だけでは法改正には不十分であったということである。衆議院は首相の顔を立てるために独禁法改正法案を通過させたが，それは椎名が同法案を参議院で廃案に持ち込むとの理解があったからである。そして実際に，同法案は廃案となった。1976年2月，高橋は挫折と病気のため公取委委員長を辞任した。高橋が辞任すると，経済評論家は彼のことを公取委の歴史の中で最も華やかで有能な委員長であったと評価した。また当時かろうじて過半数を維持していたにすぎない自民党は，高橋の改正案が国民の強い支持を受けていたことを理解し，1977年6月3日に高橋の案の修正の度合いを大幅に弱めた独禁法改正法案を国会で成立させた。この法改正によって，企業が明らかに違法なカルテルを結ぶことが多少難しくなり，独占企業を分割する公取委の権限が限定的ではあるが認められた[50]。

闇カルテル事件と独禁法改正が通産省に与えた影響は，行政指導は国益のためにのみ行うこと，またその権限を濫用しないようにすることなどを，同省に認識させたことである。通産省がこの教訓を受け入れるのは簡単ではなかったが，最終的にはそれに納得した。両角元事務次官は若手官僚に向けた講演の中で，時には腹立たしいこともあるかもしれないが，役人は法の範囲内で，法に基づいて活動するよう義務づけられていると語った[51]。

省外で起こったこれらの事件と，省内からの改革を求める圧力を受けて，ついに通産省は国際化へと動き始めた。1974年に産業政策局に新設された産業構造課は，ハーヴァード大学で学んだエコノミストである並木信義の主導で，1969年の天谷論文と1971年の産業構造審議会の提案をも超えた新しい計画書を作成した。この計画書は，石油ショック，欧米との経済摩擦，経済成長に対する国民意識の変化，当時の不況なども考慮に入れたものであった。

1974年11月1日，通産省は産業構造の「長期ビジョン」を公表した。この文書は公的な議論のために，その後10年間にわたって毎年改訂されて出版された。この「長期ビジョン」は，エネルギー節約と石油備蓄に関連した厳しい基準を提案し，「知識集約型産業構造」のあるべき姿を提示し，保護主義が日本経済にとって重大な脅威であると指摘し，日本は自らのために「国際化」する必要があると主張した。そして国民と政治家に対して，日本経済が現在置かれた立場を説明し，繁栄を続けるためにとるべき方向性を示した。さらに，「計画主導型市場経済」の概念を提示したが，これは基本的に佐橋が提唱した「官民協調形式」を制度化したもので，予算優先順位，投資計画，研究開発支出についての調整を毎年行う責任を産業構造審議会に与えた[52]。

この「長期ビジョン」が公表された翌年には，ついに資本自由化が実現された。1973年5月1日，政府は日本が「100パーセント自由化された」と発表したが，例外として22業種を保護し，依然として合弁事業や子会社に関する従来の規定を適用し，さらに貿易と資本取引に関する多数の行政上の規制を維持していた（これらは「非関税障壁」と呼ばれるものである）。自由化の適応外とされた業種のうち4つは他の国にも共通してみられる「聖域」，つまり農業，鉱業，石油，小売業であった。もうひとつは皮革産業であり，これは日本における部落民の生活を保護するために含められた。残りの17業種は，通産省が育成中であった新戦略産業であった。

これらの新戦略産業の中で最もよく知られているのは，コンピューター産業であろう。通産省は1960年代後半から国内におけるコンピューターの研究開発に資金を投入し，企業の系列化を促進し，外国技術を導入し，市場競争を抑制してきた。つまり通産省は1950年代の行政手法に基づく標準的な産業育成計画を立案・遂行してきたのである。通産省が機械情報産業局を設置したことは，この計画を反映していた。機械情報産業局は，通産省が自動車に次ぐ重要輸出品と位置づけた産業の発展を導くために，コンピューターと機械産業，たとえば半導体，NC工作機械，ロボット，ビデオレコーダーなどの電化製品とを連携させた。しかし1970年代中ごろには，通産省も保護政策を政策手段として使うことはできないということを理解し，1976年4月1日をもってコンピューター産業を完全自由化することを決定した。17業種のうち，他のほとんども，小売業を含めて同時に自由化された。

次に現れた国際化の大きな兆しは，通産省が同省の主要な法的権限を廃止するという決定であった。「外国為替及び外国貿易管理法」（外為法，1949年）と「外資法」（1950年）の廃止である。GHQが臨時手段として外為法を承認してから約30年後の1979年11月11日，国会は大蔵省と通産省の提案による「外為法改正案」を可決した。この改正法は1年後に施行され，外資法を廃止し，外為法の基本的目的にある文言を「原則禁止」から「原則自由」に変更し，政府の介入権限を国際収支上の問題または緊急時に限定した[53]。1977年における日本の貿易黒字は前年度比77パーセント増の175億ドルにのぼり，日本経済にも余裕が生まれ，警戒を緩めることができたのである。

また，1970年代の新しい経済環境は，通産省が過去50年にわたって精緻化してきた古い機能を活用するチャンスを同省に与えた。たとえば，1970年代後半に通産省は「構造不況業種」（繊維，ゴム，鉄鋼，アルミニウム，造船，石油化学の一部）において，カルテルを結成させることに力を注ぎ，どのくらいの市場シェアを消滅させるか，またどのくらいの人数の雇用者を維持もしくは退出させるかを割当てた。そして通産省は「特定不況産業安定臨時措置法」（1978年5月15日）に基づいて，100億円の基金を設立した。これは，企業が過剰設備を解体する費用の調達を目的としていた（このうち80億円は日本開発銀行から，20億円は産業界から供出された）。また同法には，設備能力が過剰になることを防ぐための「投資抑制カルテル」と企業合併を独禁法の例外とする規定も含まれていた（公取委はこれに反対した）。これらはすべて通産省にとってはなじみ深いものであった[54]。

より進歩的な面をあげれば，石油ショックの数年後に通産省は発電施設のほとんどを，石油を燃料としたものから，天然ガス，LPガス，石炭を燃料としたものへと転換させた。また原子力発電を以前より58パーセント増加させた（1980年現在）。また国内の43の高炉のうち約半分を，重油からコークスとタールを使ったものに転換した（今後すべての高炉を転換予定）。通産省は石油輸入量を1973年の水準から10パーセント以上削減し，国内石油供給の100日分を備蓄し，石油供給源を中東から他の地域（おもにメキシコなど）へと分散した。さらに冷房コストを削減するために，ファッション・デザイナーの森英恵に依頼して，夏向けの男性用「省エネ・ルック」（ネクタイ無しの半袖スーツ）を作成した。1979年7月，江崎真澄通産大臣はこの省エネ・ルックに身を包んだ写真を公表し，通産省の職員にもこのファッションを取り入れるよう推奨した。しかし大蔵省は，省エネ・ルックはあまりに威厳がないとして，同省の職員向けには採用しなかった。

1970年代に通産省を取り巻いた混乱にもかかわらず，通産省の幹部たちは1970年代の末には満足し得る成果を手にしていた。戦後日本は，官僚たちが設定した長期目標を大きく上回る成長を成し遂げ，西欧と北米に肩を並べた。1930年代の貧困の時代と1940年代の死と破壊の時代を経て，日本人は世界トップレベルの所得水準を持つまでになった。そして，1970年代に2度の石油ショックを経験し，依然として海外の経済状況によって商業活動が影響を受けるという脆弱性を持ちながらも，日本経済はより強靭なものとなったのである。

日本経済が達成した偉業には，世界中から称賛の声が上がった。ロンドンの*Times*誌（1980年7月21日付）は，日本が「世界の指導的工業国」となったと評した。しかし，通産省の幹部たちは慢心せずに，日本の産業構造の将来像を描くことに力を注ぎ続けた。だが1人あたりGNPが他の先進工業民主国家と同等になったことは，明らかにひとつの時代の終わりを意味していた。日本経済の将来の課題は，日本が世界の富裕国のひとつであるという，これまでとは違った新しい前提に基づいたものとなる。また日本の経済的偉業を目の当たりにして，世界はどのようにして日本がこれほど急速な成長を長期間維持することができたのか，関心を抱くようになった。とくに経済を再活性化しようとしているアメリカは，非常に強い関心を示し，現代日本経済の歴史が提示する教訓とはいったい何なのか，繰り返し問うようになったのである。

注

1 鈴木（1969）pp. 49, 124に引用。
2 通産省（1965）『昭和40年度 通商産業省年報』p. 69.
3 名和（1974）pp. 39–40.
4 角間（1979a）pp. 73–75.
5 Kato Hidetoshi（1971）“Sanken: A Power Above Government,” *The Japan Interpreter*,

7: 36-42; 名和（1976a）pp. 81-82, 265-66; 山本（1972）pp. 74-75.

6 『エコノミスト』1976年7月6日，13日号。

7 Pearl, Allan R.（1972）"Liberalization of Capital in Japan, Parts I and II," *Harvard International Law Journal*, 13, nos. 1 and 2: 245-70.

8 "Japanese Economy Attracts Oil Money," *Washington Post*, Oct. 5, 1980.

9 この葬儀に関する問題については，角間（1979b）pp. 47-49；松林（1973）p. 138；佐橋（1967）pp. 299-306. 川原英之氏追悼集刊行会編（1968）も参照。

10 通産省と公正取引委員会の合意内容とその分析については，上野（1978）pp. 24-26.

11 大慈弥・内田（1972）p. 31. 毎日のスクープに関する山本のコメントについては，松林（1973）p. 166；名和（1974）p. 42.

12 浦田（1973）.

13 日本民政研究会（1970）p. 156.

14 柴野（1975）p. 27；Organization for Economic Cooperation and Development（1977b）p. 29.

15 "Japan: Environmentalism with Growth," *Wall Street Journal*, Sept. 5, 1980. 通産省内の変化については，政策時報社（1970）pp. 127-29.

16 英（1970）p. 123；名和（1974）p. 45.

17 前田（1975）p. 17.

18 "MITI: Japan's Economic Watchdog," *Business Week*, Aug. 19, 1967；鈴木（1969）p. 47.

19 英（1970）pp. 184-89.

20 日本製電気製品の価格の違いについては，同上。グレープフルーツなどの件については，角間（1979b）pp. 214-20.

21 "Study on Trade Deficit with the Japanese," *Wall Street Journal*, Apr. 29, 1980. 1965～77年に日本国内で生産された自動車の総数や，毎年の自動車の輸出入台数については，小松（1978）p. 41.

22 角間（1979b）pp. 149-51；*Mitsubishi Group*（1971）pp. 34-35；鈴木（1969）pp. 64-66；山本（1972）pp. 54-57, 88-91, 191, 200.

23 この件に関する熊谷事務次官の見解は，エコノミスト編集部（1977）pp. 276-77；松林（1973）pp. 191-92.

24 産業政策研究所（1970）pp. 29-30；鈴木（1969）pp. 66, 84-86.

25 斎藤（1977）p. 61; 鈴木（1969）p. 60; 山本（1972）pp. 60-61; 鈴木（1969）pp. 45-46; 青木（1975）p. 143; 本田（1974）上巻，p. 41; *Fifty Years*（1975）p. 398; 角間（1979a）p. 71.

26 日本民政研究会（1970）p. 164；名和（1975）p. 85；鈴木（1969）pp. 31-32.

27 熊谷のインタビューを参照，鈴木（1969）pp. 83, 92-93.

28 松林（1973）pp. 220, 223.

29 太田真一郎「産業構造政策」磯村（1972）所収，pp. 312-15.

30 吉國二郎・元大蔵事務次官が，田中の能力と人柄を高く評価していたことについては，松林（1976）pp. 232–33.

31 "Kissinger Says It Took Him Five Years o Understand Japan," *Los Angeles Times*, Feb. 10, 1978.

32 Destler（1979）p. 305.

33 同書は日刊工業新聞社によって出版された。同書の英語版は，Simul Press 社から *Building a New Japan: A Plan for Remodeling the Japanese Archipelago* という題名で 1973年5月に出版された。

34 『通産ジャーナル』1975年5月24日号，p. 18.

35 *Fifty Years*（1975）p. 372.

36 通産省の予算については，『昭和47年度版 通商産業省年報』p. 65，田中と相沢に関しては，斎藤（1977）p. 63を参照。

37 Campbel（1977）p. 257.

38 "Japan's 'Economic Animals,'" *Far Eastern Economic Review*, Mar. 26, 1973, pp. 32–33.

39 大西（1975）p. 47；小松（1978）p. 148.

40 この組織編成に関しては，通産ハンドブック編集委員会（1974）pp. 360–61．新体制への批判については，本田（1974）上巻，pp. 35–38.

41 石油ショックに対する日本の初期の対応については，Johnson（1976）．バンダレ・シャプールについては，*Economist*（London），June 30, 1979, p. 82; "Mitsui Plans to Finish Stalled Work in Iran on Petrochemical Unit," *Wall Street Journal*, May 7, 1980.

42 角間（1979b）p. 270に引用。

43 青木（1975）pp. 139–40；トイレットペーパー不足とトイレットペーパーを求める行列の写真は，小松（1978）pp. 152–55.

44 中村（1974）pp. 169–73; 角間（1979b）p. 195; これらの法律の概要と内閣による法案修正の詳細については，MITI Information Office, *News from MITI*, no.73–55（Dec. 15, 1973），no.73–56（Dec. 15, 1973），and no. 73–67（Dec. 28, 1973）。

45 "FTC Raids," *Japan Times*, Nov. 28, 1973.

46 朝日新聞が作成したリストは，渡辺洋三「石油産業と戦後経済法体制」東京大学社会科学研究所（1975）第8巻所収，p. 275．他にも以下を参照。"Probe Into Oil Products Price-fixing," *Japan Times*, Mar. 14, 1974; "Prosecutors Probe," *ibid.*, Mar. 20, 1974; "Probers to Grill MITI," *ibid.*, Mar. 25, 1974; "MITI Role Questioned," *ibid.*, Apr. 16, 1974; "MITI Says Oil Industry's Acts Completely Lawful," *ibid.*, Apr. 17, 1974; "Prosecutors Get Oil Price Report," *ibid.*, May 8, 1974.

47 1974年5月29日の『日本経済新聞』，『朝日新聞』，*Japan Times, Mainichi Daily News, Wall Street Journal.*『朝日新聞』の連載「石油カルテル」1974年5月29～30日，"Oil Companies Are Indicted," *Japan Economic Journal*, June 4, 1974; "Letter from Tokyo," *Far Eastern Economic Review*, June 3, 1974も参照。この事件の展開と結末については，角間（1979b）pp. 154–70, 178–89; *Japan Economic Journal*, Oct. 21, 1980, editorial; *Japan-Times Weekly*, Feb. 14, 1981.

48 "Antimonopoly Law," *Japan Times*, May 30, 1974; "MITI-FTC Dispute," *Mainichi Dai-*

ly News, June 29, 1974.

49　Johnson, Chalmers（1975）"Japan: The Year of 'Money-Power' Politics," *Asian Survey*, 15: 25–34; Johnson, Chalmers（1976）"Japan 1975: Mr. Clean Muddles Through," *Asian Survey*, 16: 31–41.

50　独禁法改正についての詳細は，小松（1978）p. 174；椎名が独禁法改正を廃案に持ち込んだことについては，名和（1976a）p. 94；"FTC Head Takahashi Quits," *Japan Times*, Feb. 6, 1976 も参照。

51　両角（1974）.

52　通産省（1974）p. 268. 1975年度版は1975年8月20日に発表された。1974年度版の「長期ビジョン」の英訳版は，ジェトロによって *Japan's Industrial Structure: A Long Range Vision* の題名で発表された（1975年度版についての補足も掲載されていた）。JETRO（1975）*Japan's Industrial Structure: A Long Range Vision*（Tokyo: JETRO）.

53　*News from MITI*, no. 79–34（Dec. 20, 1979）; *Look Japan*, Jan. 10, 1980.

54　Saxonhouse（1979）.

第9章　日本型モデルとは？

近代国家の歴史は，国家機能の継続的な拡大の歴史であった。国家の役割は，国防，司法，通信といった伝統的な分野から，教育，身体的・精神的・道徳的な健康，産児制限，消費者保護，環境バランス，貧困根絶などにも広がっている。そして全体主義的な国家においては（その名称が示唆するように），国家と社会の境界線を取り払おうとする試みまで行われている。全体主義的国家体制のもとでは，国家はあらゆることに介入しようとする。本書の冒頭では，規制型国家と発展指向型国家の区別を行ったが，この2つの種類だけでは20世紀末における国家機能のすべてを言い尽くすことはできない。今日の世界には，福祉国家，宗教国家，平等主義国家，国防国家，革命国家などといったさまざまな国家が存在している。そして国家が果たす無数の役割には優先順位があり，国家が最優先するものによって，その国家の本質が規定されると言ってもよい。もちろん，国家の最優先課題が変わることで，国家の性質が変わる可能性もある。また優先順位に混乱が生じて，ひとつの国家の異なる機関が相反する活動を行うこともあり得る。

日本の国家システムの経済面における有効性は，その最優先課題によって説明することができる。過去50年にわたって，日本の国家は経済発展を最優先してきた。しかしそれは，この期間を通して国家がつねに経済を発展させることに成功してきたというわけではない。だが，最優先課題についての一貫性と継続性により，国家が多くのことを習得し，この期間の後半でははるかに効果的に目標を達成することができるようになった。第二次大戦期の帝国主義のように，悲惨な結果をもたらした経済政策もあったが，日本の最優先課題が一貫していたということは間違いない。日本のような経済発展を望む国家は，日本と同様の政策目標を掲げる必要がある。つまり，規制型国家や福祉国家や平等主義国家といったシステムを導入するよりも前に，まず発展指向型国家でなければならない，ということである。もちろん，経済発展に専念することで必ずしも成功を得られるというわけではない，それは単なる前提条件でしかないのである。

20世紀の半ばにかけて，日本の最優先課題が驚くほど一貫していた一方で，その目標達成への過程が決して平坦な道ではなかったことは，留意されなければならない。日本が1955年以降に達成した持続的かつ偉大な成功に疑念の余地はない。1970年代末の日本の経済規模，そして資源が乏しい中で1人あたりのGNPを9000～1万ドル（1978年現在）にまで高めた総合的な英知を考慮すると，日本は今後数十年にわたって自国民を養いつつ，他国民の福祉にも貢献することができるだろう。ここで強調すべきは，高度経済成長システムが貯蓄率や金融システムや雇用体制などといった特定の制度や機関に還元できないということである。ましてやそれは，特定の個人や組織がある特定の時期に作り上げたものでもない。日本の成功は，1927年に発生した金融恐慌の辛い経験に端を発し，1973年の石油ショック後の調整まで続いた学習と適応の過程から生まれたものである。

国家としての最優先課題と同様に，高度経済成長システムは，選択したものというよりは，必要に駆られて構築したものである。つまり，それは，昭和時代を通じて日本が直面した一連の経済危機の中から生み出された。1927年の金融恐慌と1973年の石油ショックの他にも，主なものとしては1931年の満州事変，1930年代のファシズムによる資本主義への挑戦，1937～41年の日中戦争，太平洋戦争，1946年の経済崩壊，1949年のドッジ・ライン，1954年の朝鮮戦争休戦後の不況，1960年代初頭の貿易自由化，1965年の不況，1967～76年の資本自由化，1970年代初めの公害問題などがあげられる。日本が紆余曲折を経て，政策目標を達成する手段について構想を練り上げ，その構想を厳正かつ徹底的に実行に移したのはすばらしいことであった。しかし日本の高度経済成長システムが，人類史上最も苦難に満ちた近代化のプロセスのひとつから生まれたということを考慮しないとすれば，歴史と事実関係を無視することになる。

日本が経験した歴史を繰り返すことなしに，他の国が日本と同じ最優先課題と高度経済成長システムを取り入れることは不可能ではないが，制度を抽象化してとらえることには，潜在的利点とともに潜在的な危険性もある。そもそも日本人に最優先課題を植え付け正当化したのは，貧困と戦争の歴史に他ならない。また日本人の間に存在する合意（コンセンサス），つまり経済発展のために身を粉にして働くことに対する幅広い支持は，文化的な特性というよりは，むしろ苦難の経験と経済的な目的のために多くの国民が総動員された経験の産物である。集団利益を個人的な欲求に優先させる意欲は，貧困や戦争や占領の経験を持たない世代では，明らかに低下している。戦争と戦後のインフレによって日本人のすべてが平等に貧しくなったことと，移民の流入を遮断してきたことで，日本においては他の国にみられるような格差の問題に直面することはなかった。

日本の国家としての最優先課題は，何よりもまず日本が置かれた状況についての認識に由来するものであり，文化や社会組織や島国気質などではなく，合理性の産物であると言える。ここで言う状況とは，後進性，天然資源の不足，人口過多，貿易の必要性，国際収支の制約などである。他の国が日本の最優先課題と制度を借用することは可能であるが，1950～60年代の状況によって作り出されたナショナリズムは，借りるのではなく自ら作り出す必要がある。1920～30年代の日本では，国家に経済発展の責任を負わせることによって，経済問題の解決を図った。国家が1930年代に実行した政策の多くが，状況を改善するどころか悪化させたことは言うまでもないが，より好ましい選択肢があったとしても，日本が最優先した課題の合理性が否定されるわけではない。海外投資や貿易黒字や市場の多角化などによって多少改善されたものの，日本を取り巻く状況は，今日でも存在している。経済の育成が，日本国家の最優先課題であったのは，それ以外の選択肢を選んでいたら，貧困や社会崩壊や他国への従属などを引き起こしていたかもしれないからである。昭和時代に起きた急激な政治体制の変化にもかかわらず，経済発展はつねに国家の最優先課題であり続け，それは今後も変わることはないであろう。

アメリカの占領軍が日本経済システムの変革を目指して強い決心のもとに力を尽くしたにもかかわらず，経済発展を達成するための国家の政策手段にはかなりの程度の連続性が存在しているのは，おそらく驚くべきことであろう。大きな断絶は，経済的安定を保障するために帝国主義的政策を利用するのをやめたことである。この政策は，悲惨な結果をもたらしたために，戦後は完全に否定されることとなった。しかしだからといって，戦時期の純粋に経済発展を目指す政策が否定されたわけでも，それらが否定されるべきであるというわけでもない。それどころか，占領が終了し，平和が戻ってからは，それらの政策が再び利用されるようになったのである。それは決して驚くべきことではない。戦後のアメリカの積極財政がニュー・ディール政策に端を発し，戦後のソ連の全体主義が第一次5カ年計画におけるスターリン主義から始まったのと全く同様に，戦後日本の経済発展主義は1930年代における経済的状況に起源を持っている。その意味では，1930〜40年代の経験は，戦後の日本にとって，決して全面的にネガティブなものではなかった。この期間に，発展指向型国家の政策が初めて試され，有効性が証明されたものは採用され，そうでないものは破棄されたのである。不況の克服にも，戦争遂行にも，戦後復興にも，アメリカによる経済支援からの自立にも，経済の発展は不可欠であった。何かの目的のために経済発展を実現する政策手段は，他の目的にも同様に有効であった。

戦前と戦後の日本の間には，驚くほどの連続性が存在している。吉野と岸は，1920年代末の産業合理化政策が，不況克服に有効であることを見出した。彼らの後継者であった歴代の通産次官である山本，玉置，平井，石原，上野，徳永，松尾，今井，佐橋らは，1950〜60年代にかけて近代的かつ競争力のある企業を育成するために，これらの政策手段を再利用した。そして日本は，競争の利点を失うことなく，競争を協調に置き換えようとした。政府による為替の統制は，1933年から1964年まで途切れることなく継続され，その後緩和されたものの，一定程度存続された。また1934年の「石油業法」は，1962年に制定された「石油業法」の雛型となった。戦時期の企画院による経済計画とその立案・遂行方法は，戦後の経済安定本部や経済企画庁によって継承された。とくに，計画遂行に外貨予算を利用するという手法には，顕著な連続性がみられる。通産省の機構上のユニークな特徴である重要産業ごとのタテ割り局，企業局，官房（商工省の総務局と軍需省の総動員局の後身）は，それぞれ1939年，1942年，1943年に創設されたものである。これらは1973年まで通産省内でその機能を変えることなく存在し，名称まで同じであったケースもあった。行政指導の起源は，1931年制定の重要産業統制法である。そして当然のことながら，産業政策自体も，1935年においても1955年と同様に行政用語のひとつとして存在していた。

おそらく，最も重要な連続性は，産業政策の実施に携わった人物のつながりにある。吉野，岸，椎名，植村，そして政治，銀行，産業，経済関係の行政機関の指導者たちのほとんどすべてが，戦前，戦中，戦後を通じて公的セクターにおいて重要な地位を占めていた。商工省と通産省の連続性は，単に歴史的かつ組織的なものだけではなく，人的なものでもあったのである。1970年代はひとつの時代が終わりを迎えた時期であったが，この時に起きたとくに重要な変化は，世代の交代であった。1970年代以降の官僚のトップは，もはや戦時期や占領下での勤務経験を持っている人々ではない。1980年代に新たに通産官僚となる人々は，1960年代に生まれた若い日本人である。彼らは平和と繁栄が当たり前だと考えており，それ以前に生まれた日本人とは全く異なる人々である。

1970年代の後半に通産省が苦痛を伴う変化を強いられた理由のひとつは，1935年あたりから1965年にかけて日本経済を主導した佐橋に代表される世代の人々の考え方が，日本と通産省が直面する新しい問題に対処できなくなったことであった。かつての通産省のリーダーたちは，ほとんど重化学工業化政策の推進者であった。しかし1970年代以降の時代が求めているのは，すでに工業化され，国際的に責任のある立場にある経済を動かすことができるスペシャリストである。通産省がそうしたリーダーを育成し，そして彼らがポスト産業化時代の「知識集約型産業」に重点を置く産業構造の創設に着手したことは，評価に値する。彼らがすでに一度産業構造の抜本的な転換を成功させた組織の中で育ったことを考えると，彼らがこの困難な挑戦に成功する可能性も高いだろう。

国家主導型の高度経済成長システムの根本的な問題は，官僚と民間企業との関係である。この問題が初めて露呈したのは，吉野の臨時産業合理局のもとで産業政策が立案された時点であったが，その後も三菱自動車の反乱や，通産省の行政指導による石油精製業界のカルテルを公正取引委員会が糾弾したように，継続して問題化した。これは，資本主義に基づいた発展指向型国家に内在する問題で，決してなくなることはない。過去50年にわたって，日本はこの問題に対する3つの解決策を考案し，実行してきた。それらは，自主統制，国家統制，協調の3つである。そのどれもが完全な解決策ではないが，国家が経済発展を最優先課題とする上では，純粋な自由競争体制や国家社会主義よりは望ましい選択肢である。

自主統制とは，国家が民間企業に認可を与えて，発展目標を達成する手段を行使させることを意味する。その典型的な例は，国家が支援するカルテルである。そこでは，国家が指定した産業にカルテルを認可し，その産業の民間企業がカルテルの形成と運営を行う。これは1931年の「重要産業統制法」のもとで採用され，鉄鋼業界では1958年の公開販売制度から1965年の住友金属事件に至るまでの期間にとられたアプローチであった。このタイプの官民関係の最大の利点は，発展指向型国家の枠組みの中では，競争と自由な経営を最も促進することである。一方，最大の欠点は，（財閥支配のように）特定の産業が最大手企業によって支配される可能性があることと，（戦時期の統制会のように）最大手企業と国家の利益が相反する可能性があることである。このタイプの官民関係は，典型的には大企業に好まれる。

国家統制は，企業の経営と所有を分離し，経営を国家の監督のもとに置こうとするタイプである。これは一般的に，1930年末の「革新官僚」（ないし「統制官僚」）や，戦後復興期・高度成長初期の官僚全体が好んだ官民関係であった。その最大の利点は，国家の最優先課題が民間企業の利益よりも優先されることである。その最大の欠点は，競争を抑制するため，それゆえ非効率的な経済活動を排除できず，無責任な経営を助長することである。こうした例は，戦前の満州と戦時期の電力産業，戦時期の軍需産業，戦後の石炭産業，そして100を超える現在の特殊法人などに見出される。太平洋戦争中に日本の産業が業績不振に陥った原因が，非効率的な国家統制であったというのは定説となっている。

第三のタイプの官民関係である官民協調体制は，最も重要なものである。本書が対象としている50年間を通じて，これら3つのタイプがすべてみられたが，1920年代以降の大まかな流れとしては，（国家と企業の力関係の推移にともなって）まずは自主統制に始まり，その後対極の国家統制となり，さらにその2つを融合する官民協調体制が主流となっていった。このタイプの最大の利点は，所有と経営を民間企業に委ねているため，国家統制のケースよりも競争の水準が高まり，自主統制のケースと比べて国家が社会目標を自由に設定することが可能で，民間の意思決定に対してより大きな影響力を行使することができるということである。その最大の欠点は，こうした体制を構築することがきわめて困難であるということである。1950～60年代には官民協調が主流となったのは，1930～40年代において自主統制と国家統制がうまく機能しなかったためである。高度成長期における官民協調体制は，社会主義の弊害なしに社会目標の達成を図るという，非常に困難なものであった。

官民協調体制の主なメカニズムは，政府系金融機関への選択的なアクセス，特定の対象への減税措置，参入企業の利益を保証するための政府の指示による投資調整，（民間カルテルでは困難な）不況下での政府の負担による均等配分，商品化と販売に対する政府支援，衰退産業への政府の支援などである。

この種の官民関係は，日本に特有のものというわけではない。ただ日本人は，他の資本主義諸国と比べて，それをより洗練することに努力し，より多くの業種に適用させたのである。アメリカのいわゆる「軍産複合体」も，経済的な関係を意味し，単なる政治的なものではないという点では，これと同じものである。アメリカ国防総省とボーイングやロッキードやノース・アメリカン・ロックウェルやジェネラル・ダイナミクスといった企業との関係を，他の産業にまで広げ，政府に重要産業を選定し，さらにそれらをいつ整理するかを決定する権限を与えれば，戦後日本における官民協調体制とよく似たものがアメリカにも出現するだろう。アメリカの国防産業における政府と業界の関係，たとえば核兵器研究所の経営と所有に関する例外的な規定や，かつての原子力委員会，さらには航空宇宙局〔NASA〕のような公的機関の存在について，アメリカ人は例外的であると考えている。一方で，日本の代表的な産業においては，そうしたものがごく当たり前だった。アメリカが航空機，宇宙産業，原子力といった分野で競争力を持っているように，日本が鉄鋼産業，造船，電気製品，鉄道輸送機関，合成繊維，時計，カメラなどといった分野で競争力を持っていることも重要なことだと言えるだろう。

上述のように，資本主義的な発展指向型国家における官民協調体制は，それを形成するのも維持するのも容易ではない。同じ教育を（東大法学部などで）受け，早期退職し企業に天下りすることで民間企業とのつながりを深め，官民の指導者たちが共通した見解を持ち，官民協調体制に対する強い支持があってもなお，この体制を軌道に乗せることには困難が伴う。民間企業は政府からの支援を歓迎するが，（鉄鋼産業と自動車産業のケースからもわかるように）政府から命令されることを嫌う。（石油化学産業や繊維産業のケースにみられるように）政府は育成対象の産業における過当競争や先行投資を嫌がることが多い。しかしながら，日本人は協調体制を形成するために力を尽くし，そのためにさまざまな独自の制度を開発してきたのである。たとえば，1927年の商工審議会，1943年の内閣顧問，1949年の産業合理化審議会のような公的な「審議会」，通産省のタテ割り原局と各産業における業界団体，国家と民間企業の間での（たとえば通産省と経団連の間での）人事交流，特振法案が廃案になった直後に設置された公的な「懇談会」，政府官僚と銀行・産業界の代表が法的な拘束を受けずに自らの活動を調整することを可能にする行政指導の実施，などがある。

これらに加えて，日本人は官民協調に対する社会的な支持を生み出した。これらのうち２つについては，すでに述べた。それは，政府と民間セクターの指導者たちが受ける官僚主義的な教育と広大な官僚OBたちのネットワークである。官民協調体制に対する社会的な支持はこれ以外にも存在する。そしてそれらは他の社会においても再現できるものである。なぜなら，それらは長年にわたって繰り返されてきた慣習によるものではあるが，純粋に文化的なものではないからである。本書が指摘してきたように，日本では1930年代よりも1950年代のほうが，より広く社会的な合意と協調がみられた。この事実は，それらが歴史的環境と政治的意識の変化によってもたらされたのであり，あまり変化しない文化的要因によってもたらされたのではないことを示唆している。官民協調体制に対する社会的な支持の例は他にも，(1) 産業金融システムによる株主の無力化，(2) 終身雇用を享受する労働貴族，非正規社員，中小下請け企業，企業別労働組合などに細分化された労働体制，(3) 郵便貯金で集めた個人預金を政府予算に組み入れ，官僚が別枠で管理する予算で投資する制度（財政投融資），(4) 石油開発や原子力開発，鉱業の段階的な廃止，コンピューター・ソフトウェア開発などといったリスクの高い分野を所管する約115の特殊法人（これらは1930年代の国策会社や戦時期の営団や占領期の公団の後身である），(5) 単に商品の小売を行うだけではなく失業者や高齢者などを雇用することで福祉拡大要求を抑制している流通システム，などがある。

アメリカと違って，日本では短期の業績のみで経営者が評価されることはない。これは，日本において民間企業経営者と政府との協調体制に対して，社会的な支持がある大きな理由のひとつとなっている。1920年後半以降の産業政策の根幹は，効率性を大きく損なうことなく市場競争を協調体制と代替させる方策を探すことであった。これと同様に，産業合理化運動は短期の業績以外に経営者を評価する基準を考案することに重点を置いていた。そうした基準には，完全雇用の維持，生産性の向上，市場シェアの拡大，コスト削減，長期的な経営革新などがあった。

盛田昭夫ソニー会長は，アメリカ産業の衰退の原因は，収益性に重点を置き過ぎたことであると考えている。盛田は，「アメリカの経営者のボーナスは，各年度の収益を反映しているが，もし経営能力が収益のみに基づいて判断されるのならば，アメリカの経営者は自社の設備を最新のものにする必要があることを知っていても，最新設備に投資するという決定はほとんど行わないだろう」と述べている[1]。また盛田は，戦後日本のインセンティブ構造が，発展指向型の目標に沿って調整されてきた一方で，アメリカのインセンティブ構造は少しでも早く収益を上げることで示される個人成績に沿って調整されてきたと考えている。その帰結は，長期的計画の欠如だけではなく，法外な役員報酬，社用飛行機，豪華な邸宅，労働者と経営者の間の報酬の大きな格差といった形で現れている。戦後日本においては，企業役員と一般の工場労働者の生活水準は，それほど大きく違っていなかった（盛田は，ソニーのアメリカ子会社のアメリカ人社長が，盛田以上の給与を会社から得ているとしている）。だが日本の経営者が，他に類をみないほどの額の交際費を使えることは，留意すべきである。国税庁は，1979年における交際費の総額を約2兆9000億円（138億ドル）と算出しているが，これは会社役員が1日あたり3800万ドルを飲食やゴルフや贈答品に使っていることを意味する[2]。

要するに，日本における経営者に対する柔軟な評価制度は，他の国よりも円滑な労使関係の構築に寄与し，他の企業や政府と協調することをも容易にする。こうした日本の慣習は，戦後の環境要因によってもたらされたものである。盛田によれば，「日本の歴史をひもといても，円滑な労使関係が自然に発生したと示唆するものは全くみられない」。戦前日本の資本主義体制においては，「労働者はつねに搾取されていた」のである。戦後日本では，インフレと国家的な苦境によって国民所得における格差がなくなり，収益性以外の尺度を重視する経営者の業績評価が生まれ，高度成長期を通して平等な分配が可能となった。こうした社会条件は，日本がアメリカなどの国と競争する上でかなり有利に働いたが，他国に移植することは容易ではない。たとえアメリカの経営者の報酬を減らしたとしても，短期的収益性以外の尺度を設定するには，株式市場を通じて貯蓄を産業に配分しているアメリカのシステムを革命的に転換させる必要があるからである。

日本で取り入れられた最優先課題と官民協調に対する社会的支持を，他の社会で模倣することはできないかもしれないが，それに匹敵することを想像するのは容易である。つまり，経済発展を最優先し官民協調へのインセンティブを与えるという戦後日本の方法に匹敵するような操作を自国の社会制度に対して行うことは可能かもしれない。もしそうであれば，実際に実行する際の指標として，日本の高度経済成長システムを抽象化したモデルが必要となる。現代日本研究の専門家の間では，こうしたモデルを構成する諸要素と，各要素の重要性について意見が異なるだろう。ただ，通産省の歴史検証に基づいた筆者自身の見解では，発展指向型国家の特徴とは，以下の通りである。まずこうした議論を可能にするために，日本特有の歴史を追体験する必要はないこと，また，国民を動員するための社会的要素と協調に対するインセンティブが，日本を見習おうとする社会にはすでに存在することを仮定して議論を展開する（ただし，この仮定が必ずしも現実的でないことは，本書が示そうとしてきた通りである）。

経済発展モデルにおける第一の要素は，小規模で低コストかつ非常に優秀な行政能力を持つエリート官僚組織である。官僚の質は，その給与によって測られるのではなく，公共政策と行政に関連したトップレベルの教育機関における学習能力と成績に基づいて示されるべきである。官僚の一部は技術者やエンジニアから採用する必要があるが，大多数は公共政策の立案と遂行にたずさわるジェネラリストでなければならない。それらは法学と経済学を専攻した者であるべきだが，一般に専門家は組織には不向きであるため，法曹関係者や経済学者ではないほうがよい。ここで必要とされる人材を最もよく表現する用語は，プロフェッショナルや公務員や専門家などではなく，「管理者」であろう。そして，こうした人材を経済に関連した部局の中で頻繁に配置転換し，早めに，遅くとも55歳までには，退職させることが好ましい。

こうした官僚の任務は，第一に，発展させるべき産業を特定すること（産業構造政策），第二に，選ばれた産業を速やかに発展させるための手段を選定すること（産業合理化政策），第三に，指定された重要分野における経済的健全性と有効性を保証するための市場競争の監督である。こうした任務は，市場調和的な方法を用いた国家介入によって遂行されるべきである（以下参照）。

経済発展モデルの第二の要素は，官僚が主導し，効果的に活動することを可能にする政治体制である。具体的には，政府の立法機関と司法機関の機能は，「安全弁」としての機能に限定されなければならないということである。立法・司法機関は，官僚が行き過ぎた場合（さまざまな場面で間違いなく起こり得る）に，官僚の業務に介入し抑制できるようスタンバイしていなくてはならない。しかしより重要な役割は，社会に多数存在する利益団体を官僚機構に寄せ付けないことである。なぜなら，もし利益団体の要求を満たそうとすれば，発展指向型国家の優先事項が歪められてしまうからである。そして，無視することが難しかったり，形式的な方法で対処できないような利益団体，または政治体制の存続を左右するような利益団体については，政治指導者が官僚にそれらの利害にある程度沿うような形でうまく対処させるようにしなければならない。

この種の関係に類似した海外の例は，戦時期のマンハッタン計画や戦後の原子力潜水艦計画とアメリカの立法府との関係があげられる。発展指向型国家の政治体制は，君臨すれども統治せずの原理に基づいている。つまり，権力者として君臨する者は政治家であるが，実際に統治するのは官僚である。しかし，官僚が政治的圧力に制約されず主導的役割を果たせる環境を作り出す任務を政治家が積極的に果たさなければ，官僚が効果的に統治することはできないということを忘れてはならない。

こうした形態の政治体制は，さまざまな帰結をもたらす。第一に，こうした体制とつながりを持たない集団は，自らの不満に政府の目を向けさせるために，時として社会運動を起こす（日本では1960年の安保闘争，1960年代末の大学紛争，成田空港建設と原子力船建造計画への反対運動，反公害運動などの例がある）。こうしたデモは，国家が無視し続ける利益団体が起こすこともあるが，単に政治的参加への要求を反映したものである場合もある。いずれにせよこうした運動が起きた場合には政治家が「安全弁」としての機能を果たし，政治家が官僚に指示をして必要最低限の範囲で政策の優先順位を修正させ，デモの「熱」をさますのである。聡明な政治家は，つねにこの種の不満の噴出に対して準備をしている（たとえば，1970年の日米安保条約の更新に対する佐藤栄作の戦略）。経済成長政策が順調で，その恩恵が公平に分配されている限り，政治リーダーたちはこうした問題を対処療法的に扱うことができる。また，経済成長に国民の注意を集中させ，その成功に誇りを持たせるようなプロジェクト（1964年の東京オリンピックや1970年の大阪万博など）も有効な手段である。

資本主義に基づいた発展指向型国家と共産主義的な開発独裁との重要な政治的相違点は，資本主義国家において非戦略的分野は単に黙殺されるだけなのに対して，共産主義国家ではそれらを直接的・強制的に解体しようとすることである。後者には大規模な警察力と抑圧のための機関が必要となり，資源を浪費し，効果的に国際通商を進めることとも調和しないため，好ましくない。これは間違いなく，日本が1940年代に学んだ教訓である。

日本の政治体制は，アルゼンチン，ブラジル，チリ，ウルグアイなどの官僚権威主義体制とも区別して考えるべきである。これらの国家においては，支配的地位にあるエリート集団が，既存の経済集団を権力から排除し，多国籍企業との協力関係を築くことによって工業化を促進しようとしている。こうしたエリート集団は，工業化促進のためにテクノクラート的な政治的取り決めを利用し，自分たちのルールを強制的な方法で適用させようとしている[3]。こうした点で，日本とこれらの体制は大きく異なっている。日本の場合は，多数の有権者が政治家を選出する民主主義体制であり，政権与党が経済成長と効果的な経済の運営によって有権者の支持を得ることで体制の安定が保たれる。高度経済成長期において，こうした有権者と政権与党の連携は，日本の置かれた状況について国民に広く共有された認識によって形成されたものであった。1970年代の初めになるとこの連携は弱体化し始めたが，石油ショックと新たな産業構造の必要性が認識されるようになると，再び強固なものとなったように思われる。つい最近まで日本人は，外国資本との協力に対して懐疑的であった。韓国の発展指向型国家システムは，対照的に，官僚権威主義的な要素も持っており，その点で戦後日本のケースとは区別されるべきである。

戦後の日本は，市場社会主義的国家（ユーゴスラビアやハンガリーなど）とも異なっている。これらの国々では，市場経済と政治統制を統合しようとするさまざまな試みがなされてきた。この体制に内在する矛盾した緊張は，高度経済成長を官民協調によって成し遂げた戦後日本よりも，国家統制を志向していた時期（1930〜40年代）の日本にみられたものに似ている[4]。

資本主義に基づいた発展指向型国家システムがもたらす帰結としては，時折発生する抗議デモの他にも，「汚職」スキャンダルが周期的に発生するということがあげられる。これは，権力と統治が分離されているため，そしてそれが政府内の者に，経済発展のための計画を私利私欲のために利用する機会を与えるために，発生するのである。こうしたスキャンダルが起こるのは，官僚の間ではなく，おもに政治家の間であるが，経済発展のための努力が社会全体を利するように行われている限りは，残念なことではあるが，こうしたスキャンダルは大した問題ではないと認識され，ある程度黙認されてしまう。しかし官僚の間で汚職が発生するようになった場合は，早急な対処と体制の再構築が必要となるであろう。

経済発展モデルの第三の要素は，政府が経済に介入する上での市場調和的な介入手段を，完璧なものにすることである。産業政策の実施にあたって，国家は最優先課題を維持しつつ，競争を維持するよう最大限努力する必要がある。競争の促進は，国家統制の弊害，非効率性，インセンティブの欠如，汚職，官僚主義といった問題の発生を抑制するためにも必要となる。効果的かつ市場調和な政策手段は，自明なものではなく，国家の管理者と民間企業の経営者との間の対立の中から生まれてくるべきものである。国家と民間企業の協調関係も，自然と発生するものではない。国家は過剰に介入しようとする傾向があり，民間企業は経営に関する意思決定に対する介入を嫌う。国家か民間企業のどちらかが明らかに支配的になってしまうと，1940年代末（国家の優位）や1970年代初め（民間企業の優位）の日本でみられたように，経済発展は頓挫してしまう。日本のケースから得られる明確な教訓は，国家は市場を必要とし，民間企業は国家を必要とするということである。両者がこれを認識したことで，協調が可能となり，高度経済成長が実現されたのである。

日本の事例は，国家介入における市場調和的な手法のあらゆるものを含んでいる。たとえば，融資だけではなく政策的な指示も行う政府系金融機関の設立，多岐の分野にわたって対象を限定しタイミングよく行われる減税措置の多用，経済全体に対する計画やガイドラインの作成，意見交換・政策協議・フィードバック機能・意見集約などの機能を持った公式かつ常設のフォーラム，さまざまな民間ないし半官半民の組織（たとえばジェトロや経団連など）への政府機能の一部委託，高リスクまたは採算の見込みのない分野における特殊法人の利用，一般会計予算とは別の独立した「投資予算」の設置と活用，競争の維持というよりは経済発展や国際競争力強化を目的とした独占禁止政策の方向づけ，政府の指導・支援による研究開発（コンピューター産業など），経済発展の目的達成のための政府の許認可権の利用，などである。

そして最も重要な市場調和的政策手段は，行政指導であろう。誰にも監督されることのない自由裁量権を官僚に与えているに等しい行政指導は，当然のことながら濫用されやすく，誤った使い方をすれば，市場に深刻な被害をもたらす危険性がある。しかし行政指導は，資本主義に基づいた発展指向型国家には不可欠である。なぜなら，すべての不測の事態に備えて複雑な法律を整備してしまうと，創造的な行政を抑制してしまうからである。日本の産業政策の最大の長所のひとつは，法律に頼ることなく，個々別々で複雑な状況に対処できる能力である。複雑な法体制は，弁護士にとってはありがたいものだが，経済発展のためにはならない。日本の政治経済は，驚くほど弁護士との関係が希薄である。他の国において弁護士が果たす役割の多くは，日本では行政指導を行う官僚が担っている。

もちろん日本も法律に基づいた社会ではあるが，日本の法律はきわめて簡潔で抽象的である。日本人は，官僚によって作られた政令，省令，規則，行政指導を通して，法律に具体的な意味を付与していくのである。日本を含めて，官僚はすべて，規制を作る権限を濫用する傾向がある（たとえばアメリカの国税庁が引き起こした税制上の混乱がよい例である）。だがこの問題の解決法は，官僚の自由裁量権をなくすのではなく，より優れた人材を官僚に登用することである。しかし，官僚による権力濫用がはなはだしい場合には，被害を受けた側が裁判を起こす必要があるだろう。日本でも1970年代以降は，それまで以上に法廷に問題が持ち込まれるようになった（たとえば，公害訴訟，八幡・富士合併事件や闇カルテル事件などでの公取委の対応）。しかしながら，他の社会と比べると，日本人は可能な限り訴訟を避ける傾向があり，その代わりに具体的な問題については，政府による特別措置に頼ることが多い（丸善石油事件など）。つまり，新しい法律をわざわざ作らないことで，他の分野に影響を与えないようにしているのである。最もよい言い方をすれば，日本の行政指導は国際的な交渉を行う上で外交官に与えられた裁量権と同じようなものである。この成功は，法体制ではなく官僚のスキルや良識や誠実さにかかっている。いかに精緻に作られていても，法体制が実務を行うものに対して何をすべきかを教えてくれることはない。

経済発展モデルの第4の，そして最後の要素は，通産省のような主導的官僚機構（pilot agency）である。しかし問題は，主導的官僚機関が必要とする権限はどのようなものであるかを明らかにすることである。支配的な存在になるほどの強い権限は与えてはならないし，有効性を失くしてしまうほど権限を奪ってもいけない。通産省自体は，偶然の出来事の積み重ねによって形成された。商工省は，農業行政と商工行政が分離されたことによって生まれた。そして商業分野の機能を少しずつ削減しながら，産業分野の機能を強化し，企画院と軍需省総動員局の合併を通じて企画立案能力を獲得し，軍需省の時代に石炭，石油，電力に関する行政が一本化されてはじめて，エネルギーに関する包括的な行政権限を獲得したのである。そして戦争で企業局が設置されたことによって，ミクロ・レベルでの介入権限を得た。最終的に，商工省と国際貿易を管理する機関（貿易庁）が合併して通産省が誕生した。通産省は，運輸，農業，建設，労働，金融に関する権限を持ったことはないが，これらの分野に対して（とくに金融には）日本開発銀行などの組織を通じて強い影響力を行使してきた。佐橋滋の特振法案をめぐる政治的な争いは，主として通産省がその権限を産業金融にまで広げようとしたことをめぐって発生した。

いうまでもなくこうした主導的官僚機関の活動の範囲の定義は，論争を呼ぶ。通産省の経験から考えると，産業政策を扱うこうした機関は，少なくとも計画立案，エネルギー，国内生産，国際貿易，金融の一部（とくに資本供給と税制）を所管する必要があるだろう。また，こうした機関は教条主義的にならないようにしなければならず，その機能は必要に応じて強化もしくは削減できるようにすべきである。通産省の主な特徴は，その規模が小さいこと（経済官庁の中では最小規模である），政府の資金の間接的な管理（これによって通産省は大蔵省主計局に従属しなくてすむ），「シンクタンク」機能，ミクロ・レベルでの産業政策の実施のためのタテ割り局，省内の民主主義的な体制である。通産省に相当する政府機関は，他のどの先進工業民主主義国にも存在しない。

以上で述べた経済発展モデルの4つの要素は，単にそのモデルを構成するものに過ぎず，完全なものではない。このシステムがもたらす社会的・政治的影響には，規範的なものや思想的なものを含めてさまざまあり，このモデルを導入しようと考えている社会は，この点を慎重に考慮すべきであろう。何度も述べたように，日本人はこの政治経済のシステムを好んで採用したというよりは，それを前の世代から継承したのである。それはいろいろな意味を持っているが，とくに言及すべき点としては，資本主義に基づいた発展指向型国家においては，他の民主主義国家とは多くの面で異なった対立のパターンが生み出されるということである。

日本は，官僚支配のシステムである。30年以上も前にS. N. Eisenstadtが指摘したように，既知のすべての官僚体制は2種類の対立をもたらす。つまり，官僚内部の対立と，中枢政治権力と官僚との間の対立である[5]。本書における通産省の事例研究は，それぞれの種類の対立について数多くの実例を提示している。政策，予算，最優先課題についての官庁間の所管争いは，まさに日本の官僚機構の活力の源であると言える。商工省が誕生したのも，農業官僚と産業官僚の間の対立が原因のひとつであった。1930年代には，商工省の革新官僚らが，自らの産業発展計画を推進するために軍部と連携し，大蔵省や外務省といった保守的な省庁と対立した。しかし戦時中は，商工省および軍需省の背広組は，軍人官僚とつねに衝突した。そして，通産省は，産業官僚と外務官僚との間の対立から生まれた。高度経済成長期には，通産省はつねに公正取引委員会と対立してきた。また公取委との対立ほど派手ではなかったが，より重要な争いを大蔵省と繰り広げた。すべての省庁が，政府内における自らの影響を拡大するために，より小規模な省庁（経済企画庁・防衛庁・環境庁など）の重要なポストに，自らの出向者を据えようと，互いに競い合っている。

この種の対立や競争は，発展指向型国家において重要な機能を果たしている。とりわけ，官僚を団結させ，モチベーションを高め，自己満足や柔軟性の欠如や傲慢さといった弊害を競争によって予防することに貢献する。官僚にとって最も深刻な脅威は，政界や民間の利益団体ではなく，他の官僚なのである。他方で，官僚間の対立は，意思決定を遅延させたり，競合する省庁の利害調整で政策のひずみを生じさせたり，高リスクの問題の解決を先送りさせたりする。こうした弊害を完全に防ぐことは不可能で，省庁間の調整は，国家の政治指導者にとって，最もやっかいで時間のかかる作業であるが，同時に最も重要な任務なのである。

日本人は，官僚間の競争を緩和させる革新的な方法をいくつも編み出してきた。そのひとつは政策立案・調整の初期段階を，若手のあまりまだ色のついてない官僚に行わせることである。そして年配の高級官僚は，下から上がってくる政策を単に了承するだけのようにみえる立場に置かれる。こうして，高級官僚は直接責任を負うことなく，最終的な決定を行ったり調整をしたりすることができるのである。もうひとつの慣行は，官僚出身の政治家を大臣や首相に充てることである。そうして，官僚機構に関する専門知識やOBネットワークや現役官僚への影響力を利用して，政治的な利害調整を行うのである（だがそれが，吉田対通産省のケースのように，官僚の内部抗争をひとつ高次のレベルに引き上げるだけという可能性もある）。また別の慣行としては，利害調整のために予算編成過程を利用する方法がある。それには，予算編成を官僚の手に委ねる必要があり，大蔵省の影響力が大幅に強化されることになる。さらに別の方法としては，利害調整のために審議会のような制度で官僚の代理人を利用する方法がある。さらに日本ではこれらの他にも，どの国家システムにも存在する利害調整と対立解消の慣行がみられる。これらの中には，情報のコントロールや漏洩を通じた官僚による報道機関の操作や，一部の政治家にだけブリーフィングを行うこと，あるいは官僚の実際の業務規範に関する秘密保持などが含まれる。

これとは別のもうひとつの対立，つまり官僚と政治指導者との対立も，同じくらい共通にみられる現象である。発展指向型国家システムが有効に機能するためには，君臨と統治を分離する必要があるが，この分離そのものが公式に承認されることはない（それはいわばシステムの「ウラ」であり，「オモテ」には現れない）。その結果，この分離の境界線が問題化するのは不可避である。官僚が（1930年代のように）権限を逸脱していると政治指導者が確信したり，あるいは政治家が（「福田台風」や田中角栄内閣の時のように）権限を逸脱していると官僚が確信した場合には，熾烈な争いが発生する。通産省の歴史を振り返ると，この種の対立が数多く存在したことがわかる。小川商工大臣と吉野・岸の対立，財閥よりの大臣と革新官僚との対立，小林商工大臣と岸および企画院内部の「アカ」の対立，1944年の東條首相と岸の対立（おそらくこれは官僚間の対立のほうの好例だろう），通産省設立の際の吉田・白洲対商工省幹部の対立，そして今井と佐橋の対立と，それをめぐる政治家の介入，などである。

官僚内部の対立を緩和するために使われる方法は，官僚と政治家の対立を緩和する上でも有効である。一般的には，対立を未然に防ぐか，もしくは対立を個人化するということが行われる。対立の個人化は，競合する2つの立場を，それぞれひとりのリーダーに代表させる形で行われる。戦後の重要な政治家（吉田，岸，池田，佐藤，福田，大平）は，すべて官僚出身の政治家であった。日本の政治指導者たちが，エリートとされる官僚から来ているのは当然のことであるが，戦後日本において彼らを活用したことは，発展指向型国家システムの効果的な運営と利害調整にとっては，明らかに有益なことであった。

経済発展モデル構築の思考実験をここで行った理由は，日本の経済的な成功から目をそらすためでも，他国に日本型モデルを推奨するためでもない。通産省の歴史からは，非常に厳しい教訓が読み取れる。日本は海外の経験や技術を借り入れることで成功したなどといわれるが，日本の政治的成功の秘訣は，自前の政治的資産を見出し，活用したことにある。通産省の発展過程は，苦難に満ちたものであったが，その特殊な性質と同省を取り巻く環境は，国家と社会との特別な相互作用から生まれたものであった。官僚，財閥，銀行制度，同質的な社会，市場などといったものを日本の強みに変え，それによって成功を成し遂げたのである。軍部の追放，財閥の合理化，国会の強化，社会階級の平等化などといった戦後の改革も重要な点ではあるが，発展指向型国家の諸制度は，日本人自身らによる革新と経験から生まれたものである。

したがって，日本の成功を模倣しようとする国は，自国にある素材を使って，自らの発展指向型国家の諸制度を自分の手で作り上げるべきであると言えよう。たとえば，アメリカのような国が必要とするものは日本とは異なり，個人の貯蓄率を高め，投資し，労働し，国際的に競争するための規制緩和と動機づけなのである。日本人は，国家の滅亡を回避するために，互いに効果的に協力することを学んだ。1940 年代の戦争と経済的苦難の経験をふまえて，戦時期の社会・経済動員体制が 1960 年代に至っても維持されたのである。日本におけるような国家目標達成に関する社会的合意が存在しないアメリカでは，すでに重荷となっている規制的な官僚機構をさらに複雑にするよりも，自らの長所を基礎として，規制緩和を通じて国民の競争への意欲を解き放つほうが良いだろう。

こうした政策は，アメリカにおいては長期的には非現実的かもしれない。しかし，アメリカにとって核保有国間の軍事力バランスを維持すること，経済を活性化すること，環境・エネルギー・福祉・教育・生産に関する政策の調整を行うこと，資本の浪費をやめることなどの重要性を考慮すれば，アメリカ人も自分たち独自の「主導的官僚機構」を構築することを真剣に考えるべきかもしれない。アメリカ人は，とくに自国政府の政策の将来を展望し，その効果を調整することを学ぶ必要がある。アメリカではあまりにも長い間，農業政策は総合的な経済政策の枠外に置かれ，通商と経済問題は国務省内部のハイアラーキーの中で軽視されてきた。またあまりにも長い間，さまざまな規制措置が経済効果に関する費用対効果分析をせずに採用され，経済目標の設定や経済戦略を欠いたまま複雑な法令の数だけが増え続けてきた。アメリカが主導的官僚機構を持つこととなれば，こうした問題の解決に務めることになるだろう。果たしてアメリカにおいてこのような官僚機構を，議会や裁判所や利益団体の制約から自由に設置できるかは定かではない。しかしもし経済的動員が国家の最優先課題となるならば，通産省が重要な研究対象となるだろう。Peter Drucker が言うように，「実効性を持った公共機関は非常に例外的であるが，政策プログラムを作成するだけの大多数の公共機関よりもはるかに有益な存在なのである」[6]。

注

1 Jameson, Sam and John F. Lawrence（1980）“U.S. Problem Not Labor but Managers – Sony Chief,” *Los Angeles Times*, Oct. 29, 1980.

2 “Firms Go Wild on Expenses: Japan’s Taxmen Indulgent,” *San Francisco Examiner*, Jan. 6, 1981.

3 官僚権威主義モデルへの批判については，Collier, David, ed.（1979）*The New Authoritarianism in Latin America*, Princeton, NJ: Princeton University Press.

4 Comisso, Ellen（1979）*Workers’ Control Under Plan and Market: Implications of Yugoslav Self-Management*, New Haven, Conn: Yale University Press.

5 Eisenstadt, S. N.（1956）“Political Struggles in Bureaucratic Societies,” *World Politics*, 9: 20–36.

6 Drucker（1973）, p. 53.

参考文献

日本語文献

青木和明（1975）「通産省の消費者志向は？」『政界往来』1975年6月号，138～44ページ。
赤星潤（名和太郎の筆名）（1971）『小説通産省』ダイヤモンド社。
秋元秀雄（1975）『小説・通産省』二見書房。
秋美二郎（1956）『通産官僚――政策とその実態』三一書房。
朝日新聞経済部編（1974）『経済政策の舞台裏』朝日新聞社。
阿部康二（1955）『一万田尚登伝』東洋書館。
天谷直弘（1975）『漂流する日本経済』毎日新聞社。
有沢広巳（1937）『日本工業統制論』有斐閣。
有沢広巳監修（1976）『昭和経済史』上・下，日本経済新聞社。
有沢広巳編（1954）『戦後経済10年史』商工会館出版部。
池田勇人（1952）『均衡財政――占領下3年の思い出』実業之日本社。
磯村英一編（1972）『行政最新問題事典』帝国地方行政学会。
磯村英一，黒沼稔（1974）『現代日本の行政』帝国地方行政学会。
伊藤大一（1967）「経済官僚の行動様式」日本政治学会編『現代日本の政党と官僚』岩波書店。
稲葉秀三（1965）『激動30年の日本経済』実業之日本社。
稲葉秀三（1977）「官僚としての和田博雄」『月刊官界』1977年2月号，176～84ページ。
猪野健治（1972）『天下り官僚』日新報道。
井上鼎（1973）『体系官庁会計事典』技報堂。
今井久夫（1976）「喧嘩信介――官僚一代」『月刊官界』1976年11月号，104～12ページ。
岩川隆（1977）『巨魁――岸信介研究』ダイヤモンド社。
岩武照彦（1960）『随筆 虎の門』通商産業調査会。
岩波講座（1977）『日本歴史』第22巻，岩波書店。
上野裕也（1978）『日本の経済制度』日本経済新聞社。
浦田朋夫（1973）「産業界に輩出する官僚出身者」『経済往来』1973年10月号，146～53ページ。
エコノミスト編集部編（1977）『戦後産業史への証言』第1巻（伊東光晴監修），第2巻（森川英正監修），毎日新聞社。
遠藤湘吉（1966）『財政投融資』岩波書店。
遠藤湘吉編（1975）『日本経済の群像』学陽書房。
大久保昭三（1975）『裸の政界』サイマル出版会。
大蔵省大臣官房調査企画課編（1977）『大蔵大臣回顧録』大蔵財務協会。
大沢悦治（1975）『電力事業界』教育社。
大慈弥嘉久，内田忠夫（1972）「日本の官僚行政と官民協調体制」『現代経済』1972年9月号，26～37ページ。
太田晶（1978）「通産省の“閥”研究」『人と日本』1978年10月号，38～46ページ。
大西恭一（1974）『経済企画庁』教育社。
岡義武編（1958）『現代日本の政治過程』岩波書店。
小田橋貞寿（1971）『日本の商工政策』教育出版。
尾林賢治（1971）「“日本株式会社”の縮図――産構審の官民協調ぶり」『日経ビジネス』1971年7月26日号，68～70ページ。
柿崎紀男（1979）「審議会――官僚への奉仕の軌跡」『エコノミスト』1979年7月31日号，82～87ページ。
角間隆（1979a）『ドキュメント通産省 Part 1――「新官僚」の時代』PHP研究所。
角間隆（1979b）『ドキュメント通産省 Part 2――霞ヶ関の憂鬱』PHP研究所。
金山文二（1978）「聖域の掟―官僚道の研究」『中央公論』1978年7月号，230～45ページ。
加納隆（1974）『資源エネルギー庁』教育社。
川原英之氏追悼集刊行会編（1968）『美しい心――川原英之氏の追憶』。
官界編集部（1976）「エネルギー業界を動かす通産OB群」『月刊官界』1976年3月号，128～35ページ。
官界編集部（1976）「通商国家日本をになう通産省」『月刊官界』1976年10月号，152～57ページ。
岸信介，矢次一夫，伊藤隆（1979）「官界政界六十年（1）満州時代」『中央公論』1979年9月号，178～96ページ。
岸信介（1979）「官界政界60年（2）商工大臣から敗戦へ」『中央公論』1979年10月号，286～304ページ。
北野重雄（1944）『軍需省及び軍需会社法』高山書院。
行政調査会（1926）『各官庁許可認可事項の整理に関する調査集』第1巻，1926年1月21日。
京都大学法制経済研究会（1949）『公務員辞典』高文社。
草柳大蔵（1969a）「“威光業”小林中の内幕」『文藝春秋』1969年1月号，178～88ページ。
草柳大蔵（1969b）「佐橋滋――天下らぬ高級官僚」『文藝春秋』1969年5月号，162～74ページ。
草柳大蔵（1974）「通産省――試されるスター官庁」『文藝春秋』1974年8月号，110～26ページ。
経済企画庁編（1976）『現代日本経済の展開――経済企画庁30年史』大蔵省印刷局。
経済団体連合会編（1971）『石川一郎追想録』鹿島研究所出版会。
小島和夫（1975）『法令類似用語辞典』ぎょうせい。
小島恒久（1976）「戦後の石炭政策と石炭産業」『書斎の窓』1976年4月号，1～7ページ。
後藤新一（1977）『高橋是清――日本の“ケインズ”』日本経済新聞社。
小中陽太郎編（1978）『東大法学部――その虚像と実像』現代評論社。
小林正彬（1977）『日本の工業化と官業払下げ』東洋経済新報社。
小林正彬ほか編（1976）『日本経営史を学ぶ』第3巻，有斐閣。
小松勇五郎（1978）『激動の通産行政――回顧と展望』時評社。
財界展望編集部（1978）「通産官僚の生態，徹底研究」『財界展望』1978年8月号，62～95

ページ。
斎藤精一郎（1977）「大蔵省の沈没」『週刊文春』1977年5月26日号，56～66ページ。
榊原英資（1977a）「“行政改革”の貧困」『諸君』1977年11月号，68～78ページ。
榊原英資（1977b）『日本を演出する新官僚像』山手書房。
阪口昭編著（1972）『石川一郎――日本を開いた財界人の生涯』鹿島研究所出版会。
佐橋滋（1967）『異色官僚』ダイヤモンド社。
佐橋滋（1971a）「官僚諸君に直言する」『文藝春秋』1971年7月号，108～15ページ。
佐橋滋（1971b）『憂情無限』産業新潮社。
佐橋滋（1972）『日本への直言』毎日新聞社。
産業技術調査委員会編（1974）『技術開発制度と通産省大型プロジェクト』産業科学協会。
産業構造審議会国際経済部会編（1972）『日本の対外経済政策』ダイヤモンド社。
産業構造調査会編（1964）『日本の産業構造』全5巻，通商産業研究会。
産業政策研究会（1967）『産業政策の理論』経済発展協会。
産業政策研究所編（1970）『通産省20年外史』産業政策研究所。
産業政策史研究所（1975）『商工行政史談会速記録』全2巻，通商産業調査会虎の門分室。
産業政策史研究所（1976a）『わが国大企業の形成発展過程』通商産業調査会虎の門分室。
産業政策史研究所（1976b）『大正・昭和時代商工行政年表』通商産業調査会虎の門分室。
産業政策史研究所（1977a）『産業政策史研究資料』通商産業調査会虎の門分室。
産業政策史研究所（1977b）『商工省，通産省行政機構及び幹部職員の変遷』通商産業調査会虎の門分室。
産業政策史研究所（1978）『燃料局石油行政に関する座談会』通商産業調査会虎の門分室。
椎名悦三郎（1970）『私の履歴書』第41巻，日本経済新聞社。
椎名悦三郎（1976）「日本産業の大実験場・満州」『文藝春秋』1976年2月号，106～114ページ。
塩口喜乙（1975）「聞書 池田勇人――高度成長政治の形成と挫折」，朝日新聞社。
資源開発運営調査会編（1973）『財界人事典』資源開発運営調査会。
篠原三代平（1976）「異説・日本株式会社論」『エコノミスト』1976年11月5日号，104～14ページ。
紫野浩一郎（1975）『環境庁』教育社。
渋沢貴次郎（1966）『高級公務員の行方』朝日新聞調査研究室内部資料120号，1966年5月10日。
下村治（1976）「高度成長と日本人」『文藝春秋』1976年2月号，126～34ページ。
衆議院（1963）『商工委員会記録』第43国会，1963年5月21日。
重要産業協議会編（1943）『産業設備営団開設』東方社。
商工行政調査会編（1941）『商工省要覧』商工行政社。
白沢照雄（1974）『農林省』教育社。
城山三郎（1975a）『官僚たちの夏』新潮社。
城山三郎（1975b）「通産官僚人物小史」『中央公論』1975年8月号，303～19ページ。
人事行政調査会編（1972）『公務員人事行政の変遷』人事行政調査会。
杉本栄一編（1979）『通商産業省』教育社。
鈴木健二（1978）「“警察”を締め出して防衛庁を乗っ取る大蔵官僚」『サンデー毎日』1978

年7月30日号，132～34ページ。
鈴木幸夫（1963）「産業政策業界再編をめぐる財界リーダーの意識とビヘービヤー——その底流をさぐる」『経済評論』1963年5月号，34～45ページ。
鈴木幸夫（1969）『経済官僚——新産業国家のプロデューサー』日本経済新聞社。
政策時報社編（1968）『通産省——その人と組織』政策時報社。
政策時報社（1970年～隔年刊）『日本の官庁』政策時報社。
高島節男（1963）「日本の産業行政と協調方式」『経済評論』1963年5月号，26～33ページ。
高島忠（1976）「経済厚生の実現と産業政策」『政界往来』1976年7月号，114～25ページ。
高瀬荘太郎先生記念事業会編（1970）『高瀬荘太郎』。
高瀬雅男（1974）「日本における独占規制法の系譜」『法律時報』1974年1月号，76～87ページ。
高根正昭（1976）『日本の政治エリート——近代化の数量分析』中央公論社。
竹内直一（1978）『こんな官僚はやめてしまえ』日新報道。
田尻育三，塩田満彦，竹村好夫（1978）「岸信介研究——権力への野望」『文藝春秋』1978年7月号，100～168ページ。
田中申一（1974）『日本戦争経済秘史——15年戦争下における物質動員計画』コンピューター・エイジ社。
溪内謙ほか編（1974）『現代行政と官僚制』第2巻，東京大学出版会。
通産省記者クラブ（1956）『通産省』朋文社。
通産省記者クラブ（1963a）『通産省の椅子』近代新書出版社。
通産省記者クラブ（1963b）「通産省の顔——経済官僚の生態」『中央公論』1963年10月号，72～86ページ。
通産ハンドブック編集委員会編（1965～76）『通産ハンドブック』商工会館，年刊。
通商産業省（1949年～会計年度ごとに1巻）『通商産業省年報』26巻，通商産業省。
通商産業省（1951）『通商産業行政機構沿革小史』通商産業省。
通商産業省（1957）『産業合理化白書』日刊工業新聞社。
通商産業省（1960）『商工省35年小史』通商産業調査会。
通商産業省（1962）『商工政策史』第3巻『行政機構』商工政策史刊行会。
通商産業省（1964）『商工政策史』第11巻『産業統制』商工政策史刊行会。
通商産業省（1965）『通商産業省40年史』通産資料調査会。
通商産業省（1969a）『通商産業省20年史』通商産業省。
通商産業省（1969b）『商工政策史』第21巻『化学工業 下巻』商工政策史刊行会。
通商産業省（1970）『商工政策史』第17巻『鉄鋼業』商工政策史刊行会。
通商産業省（1971）『商工政策史』第6巻『貿易』商工政策史刊行会。
通商産業省（1972）『商工政策史』第10巻『産業合理化』商工政策史刊行会。
通商産業省（1974）『産業構造の長期ビジョン』通商産業調査会。
通商産業省（1975）『通商産業行政四半世紀の歩み』通商産業調査会。
塚田一三（1942）『産業合理化論』日本出版社。
辻清明ほか編（1976）『行政学講座』第2巻，第4巻，東京大学出版会。
東京大学社会科学研究所編（1974, 1975）『戦後改革』第3巻，第8巻，東京大学出版会。
東京大学社会科学研究所編（1979）『ファシズム期の国家と社会』第2巻，東京大学出版会。

戸田栄輔（1977）「目標を見失った通産官僚――さまよう高度成長の旗手」『エコノミスト』1977年5月31日号，24～29ページ。
富岡隆夫（1974）『中小企業庁』教育社。
内政史研究会（1976）『田中申一氏談話速記録』内政史研究会。
中曽根康弘（1975）『海図のない航海――石油危機と通産省』日本経済新聞社。
中村隆英（1969）「戦後の産業政策」新飯田宏，小野旭編『日本の産業組織』岩波書店。
中村隆英（1974）『日本の経済統制――戦時・戦後の経験と教訓』日本経済新聞社。
名和太郎（1974）『通産省』教育社。
名和太郎（1975）「官界人脈地理」『月刊官界』1975年11月号，80～88ページ。
名和太郎（1976a）『稲山嘉寛』国際商業出版KK。
名和太郎（1976b）「複雑な通産人脈を泳ぎきる」『月刊官界』1976年4月号，35～41ページ。
名和太郎（1976c）「官界人脈地理――通産省の巻」『月刊官界』1976年12月号，40～49ページ。
名和太郎ほか（1975）「クラブ記者放談」『通産ジャーナル』臨時増刊，1975年4月24日，48～58ページ。
西山又二（1977）『小金義照伝』逓信研究会。
日本開発銀行（1963）『日本開発銀行10年史』日本開発銀行。
日本工業倶楽部50年史編纂委員会編（1967）『財界回想録』全2巻，日本工業倶楽部。
日本長期信用銀行産業研究会（1972）『重要産業戦後25年史』産業と経済。
日本貿易研究会（1967）『戦後日本の貿易20年史』通商産業調査会。
日本貿易振興会編（1973）『ジェトロ20年の歩み』日本貿易振興会。
日本民政研究会編（1970～71）『高級官僚総覧』全2巻，評論新社。
野田経済研究所（1940）『戦時下の国策会社』野田経済研究所。
土師二三生（1977）「池田勇人論」『月刊官界』1977年1月号，230～37ページ。
発明協会編（1975）『特許庁』教育社。
英好久（1970）『燃え上る日米経済戦争』エール出版社。
福本国夫（1959）『官僚』弘文堂。
藤原彰，今井清一，大江志乃夫編（1972）『近代日本史の基礎知識』有斐閣。
本田靖春（1974）『日本ネオ官僚論』正・続，講談社。
毎日新聞社編（1980）『昭和史事典』（別冊『1億人の昭和史』）毎日新聞社。
前田靖幸（1968）「政策介入の変質と通産官僚」『経済評論』1968年2月号，29～40ページ。
前田靖幸（1975）「通商産業政策の歴史的展開」『通産ジャーナル』臨時増刊，1975年5月24日，8～18ページ。
升味準之輔（1968）『日本政党史論』第4巻，東京大学出版会。
松林松男編（1973）『回顧録・戦後通産政策史』政策時報社。
松林松男編（1976）『回顧録・戦後大蔵政策史』政策時報社。
松本清張（1963～66）『現代官僚論』全3巻，文藝春秋社。
三沢重雄（1967）「政治決定過程の概観」日本政治学会編『現代日本の政党と官僚』岩波書店。
御園生等（1968）「経済官僚の機能と今後の方向」『経済評論』1968年2月号，8～19ページ。

三宅晴輝（1954）『小林一三伝』東洋書館。
村瀬直養氏追悼録編纂委員会編（1970）『村瀬さんの思い出』。
両角良彦（1974）「新官僚像」『人事院月報』1974年6月，1〜3ページ。
安原和雄（1974）『大蔵省』教育社。
山内一夫（1977）『行政指導』弘文堂。
山本正雄編（1972）『経済官僚の実態』毎日新聞社。
吉田茂伝記刊行編輯委員会編（1969）『吉田茂』吉田茂伝記刊行編輯委員会。
吉富重夫（1941）『行政機構改革論』日本評論社。
吉野信次（1935）『日本工業政策』日本評論社。
吉野信次（1937）『日本国民に訴う』生活社。
吉野信次（1962）『商工行政の思い出』商工政策史刊行会。
吉野信次（1965）『さざなみの記』市ヶ谷出版社。
吉野信次追悼録刊行会編（1974）『吉野信次』。
吉本重義（1957）『岸信介伝』東洋書館。
読売新聞政治部編（1972）『総理大臣』読売新聞社。
臨時行政調査会（1967）『行政の改革』時事通信。
渡辺武（1966）『占領下の日本財政覚え書き』日本経済新聞社。

英語文献

Abegglen, James C.（1970）“The Economic Growth of Japan.” *Scientific American*, 222: 31-37.
——. and Rapp, William V.（1970）“Japanese Managerial Behavior and ‘Excessive Competition.’” *The Developing Economies*, 8: 427-44.
——et al.（1980）*U. S. – Japan Economic Relations*. Berkeley: University of California, Institute of East Asian Studies.
Aliber, R. Z.（1963）“Planning, Growth, and Competition in the Japanese Economy.” *Asian Survey*, 3: 596-608.
Allinson, Gary D.（1975）*Japanese Urbanism: Industry and Politics in Kariya, 1872-1972*. Berkeley: University of California Press.
Anderson, Irvine H., Jr.（1975）*The Standard-Vacuum Oil Company and United States East Asian Policy, 1933-1941*. Princeton, N.J.: Princeton University Press.
Bartlett, Randall（1973）*Economic Foundations of Political Power*. New York: Free Press.
Bell, Daniel（1976）*The Cultural Contradictions of Capitalism*. New York: Basic Books.
Berger, Gordon Mark（1977）*Parties Out of Power in Japan 1931-1941*. Princeton: N.J.: Princeton University Press.
Bieda, K.（1970）*The Structure and Operation of the Japanese Economy*. Sydney, Australia: Wiley.
Bisson, T. A.（1945）*Japan's War Economy*. New York: Institute of Pacific Relations.
Black, Cyril E., et al.（1975）*The Modernization of Japan and Russia*. New York: Free Press.

Blaker, Michael, ed. (1978) *The Politics of Trade: U. S. and Japanese Policymaking for the GATT Negotiations*. New York: Columbia University, East Asian Institute.

Boltho, Andrea (1975) *Japan: An Economic Survey, 1953-1973*. London: Oxford University Press.

Borg, Dorothy, and Okamoto Shumpei, eds. (1973) *Pearl Harbor as History: Japanese-American Relations 1931-1941*. New York: Columbia University Press.

Broadbridge, Seymour (1966) *Industrial Dualism in Japan*. Chicago: Aldine.

Campbell, John Creighton (1977) *Contemporary Japanese Budget Politics*. Berkeley: University of California Press.

Chandler, Alfred D., Jr. (1980) "Industrial Revolutions and Institutional Arrangements." *Bulletin of the American Academy of Arts and Sciences*, 33: 33-50.

Chen, Edward K. Y. (1979) *Hyper-growth in Asian Economies: A Comparative Study of Hong Kong, Japan, Korea, Singapore, and Taiwan*. London: Macmillan.

Chō Yukio (1974) "Exposing the Incompetence of the Bourgeoisie: The Financial Panic of 1927." *The Japan Interpreter*, 8: 492-501.

Clark, Rodney (1979) *The Japanese Company*. New Haven, Conn.: Yale University Press.

Cohen, Jerome B. (1949) *Japan's Economy in War and Reconstruction*. Minneapolis: University of Minnesota Press.

Consider Japan (1963) Comp. by staff of the *Economist*. London: Duckworth.

Craig, Albert M., ed. (1979) *Japan: A Comparative View*. Princeton, N.J.: Princeton University Press.

Dahrendorf, Ralf (1967) *Society and Democracy in Germany*. Garden City, N.Y.: Doubledy.

——. (1968) *Essays in the Theory of Society*. Stanford, Calif.: Stanford University Press.

Destler, I. M., Fukui Haruhiro, and Satō Hideo (1979) *The Textile Wrangle: Conflict in Japanese-American Relations, 1969-1971*. Ithaca, N.Y.: Cornell University Press.

Doi Teruo and Shattuck, Warren L., eds. (1977) *Patent and Know-how Licensing in Japan and the United States*. Seattle: University of Washington Press.

Drucker, Peter F. (1973) "Managing the Public Service Institution." *The Public Interest*, 33: 43-60.

Duus, Peter, and Okimoto, Daniel I. (1979) "Fascism and the History of Prewar Japan: The Failure of a Concept." *Journal of Asian Studies*, 39: 65-76.

Economic Planning Agency (1961?) *New Long-range Economic Plan of Japan (1961-1970): Doubling National Income Plan*. Tokyo: The Japan Times.

Esman, Milton J. (1947) "Japanese Administration: A Comparative View." *Public Administration Review*, 7: 100-112.

Fahs, Charles B. (1940) *Government in Japan: Recent Trends in Its Scope and Operation*. New York: Institute of Pacific Relations.

Gilpin, Robert (1975) *U.S. Power and the Multinational Corporation*. New York: Basic Books.

Fifty Years of Light and Dark: The Hirohito Years (1975) Comp. by staff of the *Mainichi*

Daily News. Tokyo: Mainichi Shimbun Sha.
Hadley, Eleanor M. (1970) *Antitrust in Japan*. Princeton: N.J.: Princeton University Press.
Haitani Kanji (1976) *The Japanese Economic System: An Institutional Overview*. Lexington, Mass.: D. C. Heath.
Harari, Ehud (1973) *The Politics of Labor Legislation in Japan*. Berkeley: University of California Press.
Hata Ikuhiko. (1976) "Japan Under the Occupation," *The Japan Interpreter*, 10: 361-80.
Havens, Thomas R. H. (1974) *Farm and Nation in Modern Japan*. Princeton: N.J.: Princeton University Press.
Heeger, Gerald (1973) "Bureaucracy, Political Parties, and Political Development." *World Politics*, 25: 600-607.
Henderson, Dan Fenno (1975) *Foreign Enterprise in Japan: Laws and Policies*. Tokyo: Tuttle.
Hewins, Ralph (1967) *The Japanese Miracle Men*. London: Secker and Warburg.
Ho, Alfred K. (1973) *Japan's Trade Liberalization in the 1960's*. White Plains, N.Y.: International Arts and Sciences Press.
Hollerman, Leon (1967) *Japan's Dependency on the World Economy: The Approach Toward Economic Liberalization*. Princeton, N.J.: Princeton University Press.
——. (1979) "International Economic Controls in Occupied Japan." *Journal of Asian Studies*, 38: 707-19.
Ide Yoshinori and Ishida Takeshi (1969) "The Education and Recruitment of Governing Elites in Modern Japan." In Rupert Wilkinson, ed., *Governing Elites: Studies in Training and Selection*. New York: Oxford University Press.
Itō Daiichi, (1968) "The Bureaucracy: Its Attitudes and Behavior." *The Developing Economies*, 6: 446-67.
Itō Mitsuharu (1972) "Munitions Unlimited: The Controlled Economy." *The Japan Interpreter*, 7: 353-63.
Itoh Hiroshi, ed. (1973) *Japanese Politics: An Inside View. Ithaca*, N.Y.: Cornell University Press.
Iwasaki Uichi (1921) "The Working Forces in Japanese Politics." Ph.D. Dissertation, Columbia University.
Johnson, Chalmers (1972) *Conspiracy at Matsukawa*. Berkeley: University of California Press.
——. (1974) "The Reemployment of Retired Government Bureaucrats in Japanese Big Business." *Asian Survey*, 14: 953-65.
——. (1975) "Japan: Who Governs ? An Essay on Official Bureaucracy." *Journal of Japanese Studies*, 2: 1-28.
——. (1976) "The Japanese Problem." In Donald C. Hellmann, ed., *China and Japan: A New Balance of Power*. Lexington, Mass.: D. C. Heath.
——. (1977) "MITI and Japanese International Economic Policy." In Robert A. Scalapino, ed., *The Foreign Policy of Modern Japan*. Berkeley: University of California Press.

——. (1978) *Japan's Public Policy Companies.* Washington, D. C.: American Enterprise Institute.

——. (1980) "Omote (Explicit) and Ura (Implicit): Translating Japanese Political Terms." *Journal of Japanese Studies,* 6: 89-115.

Kaplan, Eugene J. (1972) *Japan: The Government-Business Relationship.* Washington, D. C.: U. S. Department of Commerce.

Kindleberger, Charles P. (1973) *The World in Depression, 1929-1939.* Berkeley: University of California Press.

Kodama Fumio (1978) "A Framework of Retrospective Analysis of Industrial Policy." Institute for Policy Science Research Report No. 78-2. Saitama University, Graduate School of Policy Science. July 1978.

Kubota Akira (1969) *Higher Civil Servants in Postwar Japan.* Princeton. N.J.: Princeton University Press.

Kurzman, Dan (1960) *Kishi and Japan.* New York: Obolensky.

Langdon, Frank C. (1961) "Big Business Lobbying in Japan: The Case of Central Bank Reform." *American Political Science Review,* 55: 527-38.

MacDonald, Hugh H., and Esman, Milton J. (1946) "The Japanese Civil Service." *Public Personnel Review,* 7: 213-24.

Magaziner, Ira C., and Hout, Thomas M. (1981) *Japanese Industrial Policy.* Berkeley: University of California, Institute of International Studies.

Marshall, Byron K. (1967) *Capitalism and Nationalism in Prewar Japan: The Ideology of the Business Elite, 1868-1941.* Stanford, Calif.: Stanford University Press.

Matsumura Yutaka (1961) *Japan's Economic Growth, 1945-60.* Tokyo News Service.

Ministry of Finance, Tax Bureau (1977) *An Outline of Japanese Taxes, 1977.* Tokyo: Ministry of Finance, Printing Bureau.

Mitsubishi Group (1971) Comp. by staff of the *Mainichi Daily News.* 2nd. ed Tokyo: Mainichi Shimbun sha.

Morley, James W., ed. (1971) *Dilemmas of Growth in Prewar Japan.* Princeton, N.J.: Princeton University Press.

Nettl, J. P. (1968) "The Sate as a Conceptual Variable. " *World Politics,* 20: 559-92.

Noda Nobuo (1970) *How Japan Absorbed American Management Methods.* Manila: Asian Productivity Organization.

Ohkawa Kazushi and Rosovsky, Henry (1973) *Japanese Economic Growth: Trend Acceleration in the Twentieth Century.* Stanford, Calif.: Stanford University Press.

Organization for Economic Cooperation and Development (1972) *The Industrial Policy of Japan.* Paris: OECD.

——. (1977a) *The Development of Industrial Relations Systems: Some Implications of Japanese Experience.* Paris: OECD.

——. (1977b) *Toward an Integrated Social Policy in Japan.* Paris: OECD.

Ozaki, Robert S. (1970) "Japanese Views on Industrial Organization." *Asian Survey,* 10: 872-89.

——. (1972) *The Control of Imports and Foreign Capital in Japan.* New York: Praeger.
——. (1978) *The Japanese: A Cultural Portrait.* Tokyo: Tuttle.
Passin, Herbert, ed. (1975) *The United States and Japan.* 2nd. rev. ed. Washington, D. C.: Columbia Books.
Patrick, Hugh, and Rosovsky, Henry, eds. (1976) *Asia's New Giant: How the Japanese Economy Works.* Washington, D. C.: Brookings Institution.
Peattie, Mark R. (1975) *Ishiwara Kanji and Japan's Confrontation with the West.* Princeton, N.J.: Princeton University Press.
Pempel, T. J., ed. (1977) *Policymaking in Contemporary Japan.* Ithaca, N.Y.: Cornell University Press.
Radio Report on the Far East (1945) Comp. by U. S. Federal Communications Commission, Foreign Broadcast Intelligence Service. Washington, D. C., Aug. 17.1942-Oct. 14.
Rice, Richard. (1979) "Economic Mobilization in Wartime Japan: Business, Bureaucracy, and Military in Conflict." *Journal of Asian Studies*, 38: 689-706.
Roberts, John G. (1973) *Mitsui.* Tokyo: Weatherhill.
Roser, Foster B. (1950) "Establishing a Modern Merit System in Japan." *Public Personnel Review*, 11: 199-206.
Saxonhouse, Gary R. (1979) "Industrial Restructuring in Japan." *Journal of Japanese Studies*, 5: 273-320.
Scalapino, Robert A. (1953) *Democracy and the Party Movement in Prewar Japan.* Berkeley: University of California Press.
Shiba Kimpei and Nozue Kenzō (1971) *What Mckes Japan Tick?* Tokyo: Asahi Evening News Co.
Spaulding, Robert M., Jr. (1967) *Imperial Japan's Higher Civil Service Examinations.* Princeton: N.J.: Princeton University Press.
Stone, P. B. (1969) *Japan Surges Ahead: The Story of an Economic Miracle.* New York: Praeger.
Supreme Commander for the Allied Powers. (1951) *History of the Nonmilitary Activities of the Occupation of Japan, 1945-1951.* 55 monographs. Washington, D. C.: National Archives.
Tiedemann, Arthur E. (1974) "Japan's Economic Foreign Policies, 1868-1893." In James W. Morley, ed., *Japan's Foreign Policy, 1868-1941.* New York: Columbia University Press.
Titus, David Anson (1974) *Palace and Politics in Prewar Japan.* New York: Columbia University Press.
Tōbata Seiichi, ed. (1966) *The Modernization of Japan.* Tokyo: Institute of Asian Economic Affairs.
Weber, Max (1968) *Economy and Society.* Ed. by Guenther Roth and Claus Wittich. New York: Bedminster Press.
Wildes, Harry Emerson (1954) *Typhoon in Tokyo: The Occupation and Its Aftermath.* New York: Macmillan.

Wilson, James Q.（1975）“The Rise of the Bureaucratic State.” *The Public Interest*, 41: 77–103.

Yamamura Kozo（1967）*Economic Policy in Postwar Japan*. Berkeley: University of California Press.

Yoshida Shigeru（1962）*The Yoshida Memoirs*. Cambridge, Mass.: Houghton Mifflin.

Yoshino, M. Y.（1971）*The Japanese Marketing System*. Cambridge: Massachusetts Institute of Technology Press.

訳者あとがき

本書の原著は，1982年にStanford University Pressから出版された*MITI and the Japanese Miracle: The Growth of Industrial Policy, 1925-1975*である。原著が出版されたわずか数カ月後には，同書の日本語版が『通産省と日本の奇跡』（矢野俊比古監訳，TBSブリタニカ，1982年）として出版された。（ちなみに旧訳版の翻訳を監修した矢野俊比古氏は，1981年に通産事務次官を退官したばかりの人物で，翻訳作業は当時の通産省職員が行っており，同省が原著に対して高い関心を持っていたことがうかがわれる）。それらは発売と同時に研究者のみならず，一般の読者や政府関係者の間でも大きな話題を集め，国際的なベストセラーとなった。そして出版から35年経ったいまでも，日本政治・日本経済・東アジア政治経済などの研究のみならず，その他の幅広い分野にも影響を与え続けており，まさに政治学の「古典」と呼ぶにふさわしい著作である。

しかし旧訳版はすでに絶版となっており，入手することも困難になってきたため，このたび「ポリティカル・サイエンス・クラシックス」シリーズの一環として新訳書を出版することになった。旧訳版は一般向けの訳書として出版されたためか，文末注・脚注のほとんどが省略され，本文の中にも訳出されていない部分も多々あった。本書は研究書としての原著のすばらしさをできる限り忠実に再現するために，本文・文末注・脚注のすべてを訳出している（ただし通産省の歴代幹部や組織構成などを示したAppendixだけは割愛している）。また，訳文もなるだけ読みやすい文章にすることを心がけた。なお，外国人名については，文献の著者名は原語表記とし，それ以外はカタカナ表記とした。本書の出版によって，この優れた研究書が，日本の読者や研究者にとってより身近なものとなるならば，訳者にとっては望外の喜びである。

本書の著者であるチャルマーズ・ジョンソン教授は，アメリカの政治学者で，日本・東アジアの政治経済と国際政治の専門家であった。ジョンソン教授は，

1931年アリゾナ州フェニックス市に生まれ，その後アメリカ海軍に入隊し，朝鮮戦争（1950～53年）が勃発すると，海軍大尉として日本に派遣され，通信関連の業務に従事した。その後海軍を退役し，カリフォルニア大学バークレー校で経済学を学び，1961年に同校で博士号（政治学）を取得した。1962年からカリフォルニア大学バークレー校政治学部で教鞭をとり，同学部の学部長も務めた。1967～73年にかけては，コンサルタントとしてCIAに政策上の助言を行ったという。1988年からは，カリフォルニア大学サンディエゴ校大学院国際関係・太平洋学研究科で教授を務めた。大学教員としての職は1992年に引退したが，1994年に日本政策研究所（Japan Policy Research Institute）を設立し，同研究所の代表を務めながら，精力的な執筆・言論活動を行った。そして2010年11月20日に79歳で亡くなった。

日本においては日本政治経済の専門家として知られるジョンソン教授であるが，実は元々は中国政治を研究していた。ジョンソン教授の最初の著書である *Peasant Nationalism and Communist Power*（Stanford University Press, 1962）は，第二次大戦期における毛沢東と中国共産党の活動とその後の同党の台頭の政治的背景についての研究であった。その後もジョンソン教授は，中国関連の研究書を数冊出版し，カリフォルニア大学バークレー校中国研究センターの代表も務めた。しかし中国研究のかたわら，日本のゾルゲ事件や松川事件などに関する研究も行い，それらに関する著書も出版している。そして1970年代以降は，ジョンソン教授の研究対象は日本の政治経済へと移り，1982年には本書の原著である *MITI and the Japanese Miracle* が出版され，その他にも日本の産業政策や発展指向型国家システムに関する著書を複数出版した。そうした著作には，*Japan: Who Governs? The Rise of the Developmental State*（W. W. Norton & Company, 1994）などがある。

しかし大学教員を退職した1990年代半ば以降は，アメリカの外交政策についての批判的な分析がジョンソン教授の主要な研究テーマとなった。ジョンソン教授は，近年のアメリカの対外政策が，覇権主義的な性質を強くしていると指摘し，そのような強権的なアプローチには，重大な‘blowback’つまり「報復」（あるいは「反動」といった意味）が生じる危険性があると警鐘を鳴らした。2000年に出版された *Blowback: The Costs and Consequences of American Empire*（Metropolitan Books, 2000）は，アメリカで大きな反響を呼んだ。同様にアメリカの外交政策を批判的に分析した言語学者のノーム・チョムスキーとともに，ジョンソン教授の言論は，全米の世論に大きな影響を与えた。実はアメリカの一般的な読者には，*Blowback* のほうが本書よりも広く知られている。

とは言え，本書におけるジョンソン教授の通産省と産業政策の研究も，前述のように多方面で大きな反響を巻き起こした。原著が出版された1980年代初頭には，日本が世界経済を支配するのではという日本脅威論がアメリカなどで盛んに論じられるようになっていた。そのため，海外の政府関係者や学識者のみならず一般の人々の間でも，日本に対する関心が非常に高まっていた。しかしジョンソン教授が本書で論じているように，アメリカ人の多くは日本もアメリカと同様に政治家が政策を決定し，官僚は議会の決定に従って政策の遂行を行うだけの存在であると考えていたために，日本の政治経済システムの本質はなかなか理解されずにいた。そうした中で本書は，日本とアメリカは同じ資本主義・民主主義国家であっても，政策決定過程や政官関係や市場における政府の役割といった点に根本的な違いが存在するという点を明らかにした。その意味で，ジョンソン教授やその後同様のアプローチをとった研究者らは，‘Japan revisionist’ つまり「日本異質論者」と呼ばれた。

日本経済の台頭によって海外でジャパン・バッシングと呼ばれた反発が欧米で発生すると，日本国内では日本異質論は日本の特異性を批判するものであると誤解されることもあったが，本書の主旨は日本や通産省を批判することを目的として書かれたものではない。むしろジョンソン教授は，複雑な法規制に縛られて活力を失っていたアメリカ経済の当時の状況に対して批判的な姿勢をとっている。ジョンソン教授は，日本の政治経済システムについて，その歴史的背景（1920年代後半〜30年代の恐慌と経済疲弊，1940年代の戦時経済，終戦直後の物資不足と貧困，1960年代以降の自由化圧力）を考慮すれば，発展指向型国家システムの構築が日本にとって最も合理的な選択であり，日本経済の「奇跡」はその帰結であったと評価している。もちろん日本を手放しに賞賛するものではないが，本書の事例検証においては，数々の難局を乗り越えるために全力を尽くした多くの通産官僚への深い敬意が込められている。

ジョンソン教授は，日本の独特な制度やその成り立ちについて分析を行っているが，それらは単純な文化論的研究とは一線を画している。本書第1章でも触れられているように，文化論的研究の中には日本の伝統的文化や国民性とされるものが，経済成長のカギとなったとする安易な主張をするものがあった。

しかし本書では，文化的な要素を所与のものとしてとらえるのではなく，文化そのものについても分析の対象としている。本書でも，官僚の世界観やメンタリティを説明するため，官僚社会の独自の文化や言語にも言及しているが，こうした文化的要素の多くは，発展指向型国家の制度や日本が置かれた歴史的・経済的状況によって作り上げられた副産物であるという主張が展開されている。1920年代以前の日本には，戦後日本経済の特徴とされる文化（職場への忠誠心・貯蓄志向・官民協調など）や制度（官僚の天下り・系列システム・産業の二重構造など）の多くは，まだ存在していなかったという点を考慮すると，本書の主張は非常に説得力を持ったものであると言える。

このように制度の発展過程に影響を与えた歴史的な要因に注目しつつ，制度がもたらす因果効果を分析するアプローチは，1990年代になって比較政治研究の分野で展開されるようになった「歴史的制度論」と呼ばれる分析手法と通底している。これは，本書の原著が出版された当時には，まだ提唱されていなかった手法であるが，そうした手法を先取りしたジョンソン教授の先見の明も，特筆に値するだろう。また旧訳版の監訳者の矢野氏によると，本書の原著が出版された当時は，戦前の商工省・軍需省にみる戦後の産業政策のルーツについては，通産省関係者の間でも認識されていなかったという。これもジョンソン教授の慧眼に驚かされる点である。

そして本書が提示した発展指向型国家論（developmental state theory）は，その後多くの研究者によって受容され，日本の他の産業や東アジア諸国の研究で応用されるようになった。たとえば，日本のコンピューター産業（Anchordoguy 1989）や，韓国経済（Woo 1991），台湾経済（Wade 1990）などの成長過程の研究や，後進開発国（韓国・台湾・トルコ・シリア）の比較分析（Waldner 1999）などがある。しかし当然ながら，同理論に批判的な主張を行う研究者も現れた。たとえば，Calder（1988）は日本の経済政策の大勢は産業の育成や合理化ではなく，主に生産性の低い産業や危機に瀕した産業（農業・中小企業・1960年代の繊維産業など）に向けた保護政策や経営支援や損失補償などであったと主張している。さらにCalderは，こうした政策には政治家や圧力団体の影響が反映されており，経済官僚が政策立案を主導する余地は限られていたとしている。このように，経済成長における政府の役割や産業政策の効果については，専門家の間でも意見の分かれるところであるが，本書が提示した発展指向型国家論が東アジアの政治経済の研究に与えた影響は，非常に大きいものがあった。

もうひとつ重要なことには，日本の政策立案者（とくに国家官僚）の間では，発展指向型国家論と共通した見解が広く受け入れられ，今日でも一部の政策立案に影響を与えているということである。本書第8章に論じられているように，1970年代以降に日本経済の国際化や規制緩和などが進んだ結果，外為法や官製カルテルや保護関税といった通産省の法的な政策ツールの多くは失われ，1950～60年代にかけて通産省がとったような直接的・強制的な産業行政手法は，現在の日本国内ではみられなくなった。しかし開発途上の段階において政府主導のアプローチが経済成長の促進に有効であるという見解は，いまでも多くの官庁の間に生きている。

その顕著な例として挙げられるのは，日本のODA政策である。人道支援や草の根活動などを重視する欧米のODA政策とは違って，日本のODAは伝統的に政府主導の大規模プロジェクトへの支援に重点が置かれている。つまり日本政府のODAの多くを占めているのは，NGOや民間団体による活動ではなく，開発途上国の政府が行うインフラ整備や人材育成などの事業への支援なのである。それは，経済成長には政府の積極的な関与が不可欠であるとする見解を反映したものであると言えるだろう。たとえば2016年度版のODA白書には，開発途上国におけるインフラ開発などを通じた持続可能な経済成長と所得分配の重要性が指摘され，「これらは，日本が戦後の歩みの中で実現に努めてきた課題でもあります。日本は自らの経験や知見，教訓および技術を活かし，『質の高い成長』とそれを通じた貧困撲滅を実現すべく支援を行っています」（外務省 2016，p. 29）との記述があり，ODA政策の背景に，日本の過去の「成功体験」があることがうかがわれる。ODA政策の立案・遂行は，外務省をはじめ経産省・財務省・国交省など多くの官庁がかかわっているが，その多くが政府主導型開発の有効性を重視しており，こうした考え方が日本のODA政策の形成に大きな影響を与えていると言えるだろう。

さらに，経済自由化や行政改革による規制緩和などによって，かつて存在した官僚機構の法的な政策ツールの多くが失われたが，行政指導や天下りといった非公式の政策ツールは，日本の政治経済システムの非常に重要な要素としていまでも機能している。1990年代以降，世界経済のグローバル化やIT技術の飛躍的な革新などによって，日本を取り巻く環境は大きく変動したが，日本の官僚機構はかつての通産省のように新しい環境の中で自らが果たす役割や存在意義を模索し，外部の変化に順応する努力を続けている。本書における通産省の制度発展過程の分析は，官僚機構の将来を考察する上でも，非常に重要な示唆を与えてくれるだろう。

さて話は変わって，個人的なことではあるが，訳者はジョンソン教授の孫弟子にあたる。訳者の博士課程における指導教官のひとりであるマリー・アンチョルドギー教授（ワシントン大学）は，カリフォルニア大学バークレー校でジョンソン教授の指導を受けた人物である。また訳者自身も，学部はカリフォルニア大学バークレー校政治学部，修士課程はカリフォルニア大学サンディエゴ校大学院国際関係・太平洋学研究科と，まさにジョンソン教授が教鞭をとっていた機関で学んだ。さらに訳者の博士論文も，「発展指向型国家論」を応用し，日本の主導的官僚機構と業界団体の制度的発展を，陸軍将校と商工・通産官僚らの政策アイディアに焦点を当てながら，戦前日本・満州・戦後日本の事例検証を通じて分析したものであった。そのためジョンソン教授の代表作の日本語訳を手がける機会を得たことは，非常に感慨深いものがある。しかしこれほどジョンソン教授と縁がありながらも，訳者が在籍していたときには，すでにジョンソン教授は退職されていたため，残念ながら個人的にお会いする機会はなかった。しかし多少なりともゆかりのある人間が新訳を手がけたことを，天国のジョンソン教授も喜んでくださるのではないかと思う。

最後に本書の出版にあたってお世話になった方々にお礼の言葉を記したい。「ポリティカル・サイエンス・クラシックス」の監修者である早稲田大学の河野勝先生と立命館大学の真渕勝先生，そして同プロジェクトを訳者に紹介してくださった関西学院大学の北山俊哉先生には，すばらしい機会を与えていただいたことに対して感謝の意を表したい。とくに河野先生には原稿の細部に至るまで目を通して，非常に有益かつ緻密な校正をしていただき大変ありがたく思っている。また翻訳作業にあたっては，旧訳版を参考にさせていただいた。旧訳版の監訳者である矢野氏をはじめ関係者の方々に，深くお礼を申し上げたい。そして勁草書房の上原正信氏には，長期にわたってさまざまな面でサポートしていただき，深く感謝している。多くの方々のお陰で，ようやく本書の出版を実現することができたが，翻訳の誤りなどがあれば，それはすべて訳者の責任に帰するものである。

2017 年 8 月

佐々田 博教

引用文献

外務省編（2016）『2016 年度版 開発協力白書 日本の国際協力』外務省。

Anchordoguy, Marie（1989）*Computers, Inc: Japan's Challenge to IBM*, Harvard University Press.

Calder, Kent（1988）*Crisis and Compensation: Public Policy and Political Stability in Japan*, Princeton University Press.

Wade, Robert（1990）*Governing the Market: Economic Theory and the Role of Government in East Asian Industrialization*, Princeton University Press.

Waldner, David（1999）*State Building and Late Development*, Cornell University Press.

Woo, Jung-en（1991）*Race to the Swift: State and Finance in Korean Industrialization*, Columbia University Press.

事項索引

ア　行

カ　行

サ　行

タ　行

ナ　行

ハ　行

人名索引

ア　行

カ　行

サ 行

タ 行

ナ 行

ハ 行

マ 行

ヤ　行

ラ　行

ワ　行

著者紹介

チャルマーズ・ジョンソン（Chalmers Johnson）

1931年生まれ。カリフォルニア大学バークレー校でPh.D.（政治学）を取得。
カリフォルニア大学サンディエゴ校教授，日本政策研究所（Japan Policy Research Institute）所長などを務め，2010年逝去。専門は東アジアの政治。
主著：『帝国解体――アメリカ最後の選択』（岩波書店，2012年），
『ゾルゲ事件とは何か』（岩波書店，2013年），
『アメリカ帝国への報復』（集英社，2000年），
『中国革命の源流――中国農民の成長と共産政権』（弘文堂新社，1967年）など。

訳者紹介

佐々田 博教（ささだ ひろのり）

1974年生まれ。ワシントン大学でPh.D.（政治学）を取得。立命館大学国際インスティテュート准教授などを経て，
現在：北海道大学大学院メディア・コミュニケーション研究院准教授。専門は比較政治，政治経済，日本政治。
主著：『制度発展と政策アイディア――満州国・戦時期日本・戦後日本にみる開発型国家システムの展開』（木鐸社，2011年），
The Evolution of the Japanese Developmental State: Institutions Locked in by Ideas (Routledge, 2013),
『なぜリージョナリズムなのか』（ナカニシヤ出版，2013年，共著）など。

ポリティカル・サイエンス・クラシックス監修者略歴

河野 勝（こうの まさる）

1962年生まれ。1994年スタンフォード大学政治学部博士課程修了。現在，早稲田大学政治経済学術院教授，Ph. D.（政治学）。*Japan's Postwar Party Politics*（Princeton University Press, 1997），『制度』（東京大学出版会，2002年）ほか。

真渕 勝（まぶち まさる）

1955年生まれ。1982年京都大学大学院法学研究科修士課程修了。現在，立命館大学政策科学部教授，京都大学名誉教授，博士（法学）。『大蔵省統制の政治経済学』（中央公論社，1994年），『行政学』（有斐閣，2009年）ほか。

ポリティカル・サイエンス・クラシックス 10

通産省と日本の奇跡

産業政策の発展 1925-1975

2018年2月20日　第1版第1刷発行

著　者　チャルマーズ・ジョンソン

訳　者　佐々田（ささだ）博教（ひろのり）

発行者　井村寿人

発行所　株式会社　勁草（けいそう）書房

112-0005 東京都文京区水道2-1-1　振替 00150-2-175253

（編集）電話 03-3815-5277／FAX 03-3814-6968

（営業）電話 03-3814-6861／FAX 03-3814-6854

三秀舎・牧製本

ISBN978-4-326-30262-8　Printed in Japan